조선시대 속의 일본

조선시대 속의 일본

허남린 엮음

景仁文化社

발간사

　여기에 실린 글들은 2010년 8월 하순 브리티시 콜럼비아대학에서 개최되었던 "조선시대 속의 일본"이라는 제하의 워크샵에서 발표되고 토론되었던 논문들이다. 조선과 일본 사이에 전개된 상호관계는 한국과 일본에서 많은 학자들에 의해 다방면에 걸쳐 활발히 연구되고 있다. 특히 지난 수 십 년간에 걸쳐 출판된 수준 높은 수 백 편에 달하는 논문들과 수 십 권의 저서들은 이를 잘 대변하고 있다. 그러나, 한국과 일본을 벗어나면 근세의 조일관계에 대한 연구는 아직도 초보적인 단계에 머물러 있다.

　북미에서 근세의 조일관계에 대한 학술모임을 개최하는 것은 쉬운 문제가 아니다. 왜냐하면 이에 참여할 수 있는 연구자가 거의 전무하기 때문이다. 한 두 사람의 연구자가 있기는 하지만, 논의의 초점을 조선에 맞추게 되면 상황은 더욱 악화된다. 이러한 상황의 제약 하에서 그럼에도 근세 조일관계의 지역적 연구지평을 넓히고자 밴쿠버에서 학술모임을 개최하기로 했던 것은 큰 의미가 있는 행사였다. 본 워크샵에서는 논문 발표자들을 포함하여, 관련분야의 다양한 연구자들이 참여하여 열띤 논의를 전개했다. 이러한 논의의 성과를 모은 것이 본 편집물이다.

　여기에 실린 논문들은 각 연구자가 개별적인 연구자원을 활용하여 산출해낸 워크샵 발표문을 기반으로 하고 있다. 다루어진 주제는 조선과 일본의 통신사 외교 및 근세적 국제질서의 구조, 부산왜관 및 쓰시마의 통사의 역할, 조선의 행실도 및 윤리가치에 투영된 일본 등을 망라하고 있다. 이들 논문들은 조선과 일본의 상호교섭의 다양성 및 중층성을 이해하는 데에 일조를 할 것으로 기대하고 있다.

　조선과 일본의 국제관계 연구에 매진하고 있는 몇 분의 개별적 연구자들을 2010년 워크샵에 초빙하여 상호의 관점을 논의하고 제기되는 쟁점을 심도있게 토론할 수 있었던 것은 한국학중앙연구원(The Academy of Korean Studies)의 한국학진흥사업단에서 시행하고 있는 해외한국학 중핵대학 프로그램(Overseas Leading University Program for Korean Studies)에 의한 재정지원으로 가능했다. 이 자리를 빌어 본 워크샵의 개최에 따른 재정을 지원해준 한국학중앙연구원의 한국학진흥사업단에 심심한 감사의 뜻을 표한다. 그리고 본 편집물의 출판을 가능하게 하고, 편집에까지 큰 도움을 주신 손승철 교수님께 감사를 드리며, 경인문화사의 편집진에게도 깊은 고마움을 드린다.

2013년 3월
허 남 린

목 차

발간사

국 문

東아시아의 近世的 秩序
-「鎖國」論에서 근세 동아시아
「國際關係」論으로 -

아라노 야스노리(荒野泰典, 일본 릿쿄대학)

I. 머리말 -과제의 설정 -

일찍이 근세 동아시아의 국제사회는 중국·일본·조선·유구 등의 「쇄
국」을 전제로 많이 이야기되어 왔다. 이에 대하여 필자는 1983년 歷史
學研究會(이하 「歷研」으로 약칭)가 주최한 학술대회에서 「쇄국」 개념을
바꾸어 「海禁·華夷秩序」 개념을 제시하고, 그에 따라 일본을 중심으로
동아시아 국제질서의 형성부터 해체까지를 일관된 시점에서 그려내려고
시도하였다. 이 해에 「歷研」의 학술대회 全體會의 테마는 「동아시아
세계의 재편과 민중의식」으로, 필자에게 주어진 과제는 幕末維新期 소
위 「쇄국」의 해체과정에서 왜 일본이 주변 여러 나라에 대해 침략성을
드러내지 않을 수 없었는가 하는 무거운 질문에 민중의식의 동향까지
포함하여 답하는 것이었다. 그 질문에 대하여 필자가 준비할 수 있었던
것은,

① 근세 일본은 나가사키(長崎)·사츠마(薩摩)·쓰시마(對馬)·마츠마에
(松前)라는 소위 「네 개의 창구」를 통하여 동아시아(나아가서는 지구적

세계)와의 관계성을 유지하고 있었다는 사실에 근거하면서(그림 Ⅰ·Ⅱ 및 참고도 참조),

　② 그와 같은 관계들이 동아시아 국제사회의 전통과 논리에 기초하여 구축되었고, 동시에 그것은 17세기 후반부터 19세기 중반에 이르는 동아시아 전체 평화의 일환을 구성하고 있었다는 것을 제시하고,

　③ 그 관계성 속에서 일본 안에 「침략성」이 배태되어 幕末의 대외적 위기 속에서 구체적으로 발동되기까지를 근세초기부터 일관된 과정으로 구조적, 역사적으로 그려내는 시도였다.

　그러한 시도가 성공적이었는지의 여부는 차치해 두고, 이후의 논의는 시도 자체가 아니라, 이와 동시에 필자가 제시했던 「쇄국」 개념 비판과 「海禁·華夷秩序」론을 중심으로 주로 근세 일본사 연구자 사이에서 전개되었기 때문에, 본고에서 필자에게 주어진 테마 「동아시아의 근세적 질서」에 대해서 충분한 검토가 이루어졌다고는 할 수 없다. 그와 같은 연구 상황과 근래의 동아시아를 중심으로 한 세계정세에 비추어, 이러한 주제 설정은 대단히 시의적절하다고 생각한다.

　다행히 20년 남짓한 논의와 시행착오를 통하여 필자는 「쇄국」 개념의 비판과 「해금·화이질서」론을 거의 통찰할 수 있는 상태까지 이르게 되었다고 할 수 있다. 또한 그것과 관련하여, 물론 일본 중심이라는 한계성이 있기는 하지만, 동아시아 국제질서에 대해서도 필자 나름의 이미지를 풍부하게 하기 위한 소재를 제공할 수 있었던 것은 아닌가 생각하고 있다.

　본고에서는 일찍이 필자가 제시했던 구상에, 그 동안의 지식을 얼마간 덧붙이는 형식으로 살을 붙여가면서, 「동아시아의 근세적 질서」를 그려내고, 그 해체과정에 대해서도 몇 가지의 논점을 제시하고자 한다.

　그 전제로서 약간 완곡한 듯하지만, 「쇄국」 개념의 비판에 대해서 필자 자신이 도달한 견해를 제시하는 것으로 시작하고자 한다. 현재 필자

는 소위 「鎖國」觀은 「開國」觀과 세트가 되어 근대 일본인의 정체성의 근간을 형성하고 있었던 것(「쇄국·개국」언설)으로 생각하고 있으며, 근세 국제관계론이 그 言說을 벗어났다는 점에서, 그것에 대신하는 것으로 실태와 논리의 양면에서 脫構築되지 않으면 안 된다고 생각한다. 그것을 슬로건 형식으로 말하자면, 「쇄국·개국」언설에서 근세 「국제관계」론으로, 라는 것이 되며, 그것은 동아시아 국제정치사에 대해서도 동일한 말을 할 수 있을 것이다.

물론 이 언설 자체에 대해서도 그 발생부터 현대에 이르기까지의 경험을 세밀하게 밝혀야 한다는 중대한 임무가 남아 있다. 그것은 일본이나 동아시아에 머물지 않고, 근대 비유럽사회의 밑바닥에 흐르는 보편적인 문제(과제)이기 때문이다.

II. 「쇄국」론에서 근세 동아시아 「국제관계」론으로 -「쇄국」론 비판을 중심으로 -

여기에서는 「쇄국·개국」이라는 언설의 형성 과정과 역사적 성격에 대해서 개관하고, 이러한 논의에서 벗어나 근세동아시아 「국제관계」론을 구축해야 할 필요성을 제시하고자 한다.

「쇄국」이라는 용어는 엥겔버트 켐퍼(Engelbert Kaempfer)가 쓴 『日本志』 부록의 논문을 나가사키의 전직 네덜란드通詞인 시츠지 타다오(志筑忠雄, 1760~1806)가 번역하여 『鎖國論』(1801년)이라고 명명한 것에서 비롯되었음은 주지의 사실이다. 그러나 그 용어가 소위 「개국」을 계기로 일본사회에 인지되고 정착되어 가는 과정과 그 역사적 의의가 충분히 밝혀졌다고 보기는 어렵다. 여기에서는 본 논문의 논의의 전제로서 그러한 점, 요컨대 「쇄국·개국」이라는 언설의 형성과 정착 과정, 그 역사적 의의에 대해서 필자가 지금까지 밝힐 수 있었던 사항을 중심으로 정리하겠다.

① 「쇄국론」에서 캠퍼가 기술하고 있는 것은 「쇄국」 긍정론이라는 것.

② 「쇄국론」이 성립한 뒤에도 「쇄국」이라는 용어는 본서에 부응하는 형태로 일부 지식인에게 알려져 있기는 했지만, 당시 일본의 국제관계의 실상을 나타내는 용어로서 사회적으로 인지되고 있었던 것은 아니다. 역자인 시츠지 자신도 본서를 번역한 의도를 포함하여 여러 가지로 예측 가능한 것들이 있기는 하지만, 적어도 본서에서 캠퍼는 언설의 소개자·해설자라는 입장에서 벗어나지 않고 있다. 1830년 무렵이 되어서야 겨우 소수의 蘭學者(예를 들면 다카노 쵸에이(高野長英)) 등이 부정적인 의미를 담아서 사용하게 되지만 극히 소수에 불과하다.

③ 「쇄국」이라는 용어가 지식인(蘭學者) 만이 아니라 다이묘(大名)나 幕府官吏(役人) 등 정치가 레벨에서도 사용하게 된 것은 페리(Metthew Calbraith Perry)의 來航에 따른 「개국」 이후의 일이다. 그러나 이 단계에서 「쇄국」에 대한 평가는 是是非非가 있기는 해도 반드시 부정적인 것은 아니다.

④ 메이지 신정부가 정권을 장악한 이후 「開港」은 「개국」, 즉 나라를 여는 일임과 동시에 새로운 국가 만들기의 시작이라고 인식되기도 했으며, 이와 같은 인식과 짝을 이루어, 요컨대 부정되고 극복되어야 할 근세적인 체제로서 「쇄국」이 對置되었고, 「부모의 원수」와 동일한 「봉건제도」(후쿠자와 유기치(福澤諭吉))의 일환으로 규정되었으며, 「未開」·「야만」적인 「근세」의 표징의 하나가 된다. 「쇄국·개국」이라는 언설의 성립이다. 이 언설은 머지않아 이웃한, 같은 체제를 취하는 조선·중국에 대해서도 향해지게 된다.

⑤ 더욱이 근대화와 식민지 획득 경쟁에 뒤쳐진 원흉으로서의 성격

이 「쇄국」에 부여되고, 「천추의 유감」(토쿠토미 소호, 德富蘇峰)이라는 말까지 언급하게 되는 것은 조약개정 교섭이 실패한 뒤에, 한편으로는 구미열강의 이기주의에 고통을 당하고, 다른 한편으로 청국을 비롯한 동아시아 여러 나라와의 알력으로 고민하기 시작한 이후의 일일 것이다. 이리하여 「쇄국·개국」이라는 언설은 교육 현장이나 여러 언론 등 다양한 채널을 통하여 사회에 침투하게 된다.

⑥「쇄국」관은 근대 이후 일본과 동아시아 여러 나라와의 정치적·문화적 교류와 알력을 통해서 이들 여러 나라와도 공유하게 되었다.

이상의 정리를 통하여 「쇄국·개국」이라는 언설의 특징으로 다음의 세 가지 점을 지적할 수 있다.

첫째로, 이 언설은 근대 일본인의 논의이며 근세의 논쟁이 아니라는 점이다. 「쇄국」이라는 단어가 생기고 나서 일반적으로 인지되기까지 반세기 이상의 시간차는 그 단어의 수용을 거부하는 것, 즉 근세 일본인이 자신들의 체제가 정당하다는 인식, 요컨대 정체성이 있었다고 생각할 수 있다. 그것을 뒤집는 계기가 되었던 것이 페리 來航에 의한 「개항」이었다.

*18세기 말부터 19세기 초에 걸쳐 이른바 「외압」이 겉으로 드러나 있던 시기에, 막부를 중심으로 자신들의 전통적인 국제관계 체제를 「祖法」으로 삼는 의식을 명백히 하고, 이것을 「쇄국」의 「祖法化」로 삼는 견해도 발표되었다. 그러나 이 논의의 성립에 있어서 「祖法觀」이 「확립」되었다고 생각되는 단계에서 「쇄국」이라는 단어는 아직 생겨나지 않았거나 이제 막 생겨났을 뿐이며, 당연한 일이지만 일반에게는에는 인식되어 있지 않았다. 또한 「쇄국」과 거의 같은 시기에 「海禁」이라는 용어도 이 체제의 호칭으로 사용되기 시작하였다는 것도 잊어서는 안 된다.

둘째, 「쇄국·개국」 언설은 병렬적인(대등한 가치를 가지고 나열되어 있는) 세트가 아니며, 「暗」 대 「明」, 「未開」·「野蠻」 대 「文化」·「文明」,

「近世」대「近代」처럼 상호 대비되고 서로 대립하는 관계, 즉「對偶」관계에 있다는 사실이다. 따라서 이 관계가 성립된 이후의「쇄국」이라는 용어에는 이전부터 그 반대의, 즉 긍정적인 여러 가치를 내포하는「개국」=「근대」가 섞여 들어가 있고, 때로는 그것이 암묵적인 전제가 되어 있다(그 반대도 또한 사실이었다).

셋째, 이 관계가 성립된 이후 소위「쇄국·개국」은 자명한 전제가 되고, 그 컨텍스트에 편승한 언설만이 同工異曲으로 축적을 거듭하게 되었다. 예를 들면「쇄국」의 공과를 논의하는「鎖國得失論」이 그러하다. 한편 근세 국제관계의 실태에 대한 연구는 위에서 언급한 컨텍스트에 따른 것 이외에는 거의 심화되지 않았고, 연구사의 현저한 편중 현상을 낳았다.

戰後가 되어 그와 같은 경향은 상당히 시정되었다. 우선 60년대 초에 이와오 세이이치(岩生成一)씨가 戰前부터 대외교섭사의 실증적인 연구를 토대로「쇄국」이 막부의 국내지배와 궤를 같이하여 확립되었다는 것을 밝혔고,「쇄국」을 근세적 봉건제의 일환으로 규정하였다. 이와오씨가 성급하게「쇄국」의 득실을 논하기 전에 그 실태 연구를 진행했어야 했다는 것을 역설하고, 그에 걸맞는 풍부한 연구실적을 남긴 것은 특기할 만한 하다. 이와오씨에게 있어서 戰前부터의「쇄국」연구는 일단의 완성을 보았다고 해도 좋을 것이다.

그 연구는 다음 두 가지 연구의 흐름으로 계승되었다. 하나는「歷研」을 중심으로 한 흐름으로, 그 가운데 한 사람인 아사오 나오히로(朝尾直弘)씨는「쇄국」을「兵農分離」·「石高制」와 함께 幕藩制 국가의 인민지배 장치의 하나로서 구조적인 관련성을 제시하고, 더 나아가 위에서 언급한 세 가지를 幕藩制(요컨대, 日本 封建制)의 3대 특질로 규정하였다. 그 가운데 아사오씨는 소위「쇄국」을「동아시아」와의 관계성에서 논의한다는 것, 대외관계는 국가지배의 일환으로서 근세를 통하여 문제삼아야 한다는 것 「쇄국」 형성과 해체기로 연구가 편중되는 것을 시정해야 한다는 것)을 제기하고, 그것이 위에서 언급한 「쇄국」의 규정과 서로 호응하여 근세 국제관계연구를 활성화시켰다.

또 하나는 사회경제사(이하 「社經史」로 약칭) 계열을 중심으로 한 非「역연」 계통의 연구의 흐름으로, 무역실태 등의 연구에서 「쇄국」을 비판하는 조류의 하나가 생겨났다. 구미, 특히 미국의 사회학·정치학 등의 이론이나 연구 성과를 유연하게 받아들이면서 근세 일본의 국제관계사를 재구축하는 시도는 「역연」계열 보다도 이이쪽에 친화적이라는 인상이 있다.

이상 두 가지의 흐름과 중립적으로 이와오씨 자신도 그 가운데에 있었다. 戰前부터 대외교섭사(혹은 대외관계사)의 실증적인 연구도 부지런히 계속하고 있었다. 70년 초에는 중세 대외관계사 연구자인 다나카 다케오(田中健夫)씨로부터도 「쇄국」론 비판이 제기되었다. 소위 「쇄국」은 동시대의 중국(명·청)이나 조선의 「해금」과 유사한 제도,이며 일본의 독자적인 체제라고 볼 수 없다. 또한 「쇄국」은 중세 대외관계로부터의 단절만이 아니라 계속이라는 관점에서도 보아야 할 것이라고 하였다.

이와 같이 필자가 근세 대외관계 연구를 시작했던 1970년대 중반에는 근세 대외관계사 연구가 한편으로 幕藩制 사회/국가의 재생산/지배와의 구조적인 관련성이 명확하게 인식되고, 다른 한편으로 동아시아와의 관련성(구체적인 관계와 비교사)의 시점을 획득하여 그때까지의 「쇄국」관을 극복하기 직전까지 왔다고 해도 좋을 것이다.

그러한 성과에 고무되면서 진행했던 나 자신의 연구와, 그 사이에 풍부하게 축적된 「네 개의 창구」에 관한 연구에 힘입어, 필자는 「머리말」에서 기술한 것처럼 1983년 「歷研」의 학술대회에서 「쇄국」 개념을 대신하여 「해금·화이질서」라는 대응개념으로 근세 국제관계를 재구성할 것을 제기하였다. 그 이유는 다음과 같은 세 가지 점을 들 수 있다.

①「쇄국」(나라를 닫는 것, 혹은 그 상태)이라는 용어가 원래 형용모순(形容矛盾)을 포함하고 있다는 것. 근세 일본이 「네 개의 창구」로를 통하여 동아시아 지역 내에서의 관계를 유지하고 있었던 것은 이미 주지의 사실이 되어 있다. 그 후 연구의 진전 속에서 근세 국제관계에는 일본인의 「해외도항」이나 크리스트교 금지, 관계 상대국의 한정 등 관계를 제한하는 측면과, 조선통신사 등 외교사절의 왕래나 「네 개의 창구」를 통한 활발한 무역 등 국제관계를 진흥하고 편성하는 두 가지 측면이 있다는 것이 밝혀졌다. 그러나 이러한 사실들을 통칭할 때는 여전히 「쇄국」이라는 용어가 사용되고 있으며, 형용모순이 해소되기는 커녕 점점 혼미를 심화시키고 있는 것처럼 필자는 판단하였다. 원래 「나라를 닫는다」라는 의미의 네덜란드어를 번역해서 만든 「쇄국」이라는 용어에는 그 이상의 의미가 없기 때문에 도리어 자의적인 해석의 확장을 가능하게 하고 있다. 따라서 위에서 언급한 두 가지 측면에는 각자에 대응하는 내용을 지니는 용어(명칭)을 붙이고, 그것들의 관계성도 포함하여 생각하는 것이 타당하다. 그래서 선택한 용어가 「해금」과 「화이질서」였다(그 의미·내용에 대해서는 뒤에서 기술).

②「쇄국」이라는 개념은 유럽과의 관계에만 주목함으로써 생겨난 것이며, 다른 지역과의 관계는, 동아시아도 포함하여, 원래부터 누락되어 있다. 동아시아와의 관련성을 축으로 근세 대외관계의 재구성을 시도할 경우에는 이 개념은 장애일 뿐이다(다만 「쇄국」이라는 용어는 이미 기술한바와 같이 비유럽지역의 근대인의 심성을 고찰할 때 비로소 적극적인 의미가 있다).

③「쇄국·개국」 언설은 「근대」가 모든 사람에게 희망이었던 때에는 시대의 견인차로서 역사적인 역할을 수행하였다. 그러나 근대사회가 벽에 부딪치고, 근대의 여러 가치를 포함하여 재검토할 필요가 있게 되자 이 언설 자체도 비판의 대상이 되지 않을 수 없다. 일본에서 「쇄국」 비

판이 명확한 형태를 취하는 것과, 고도 경제성장이 오일쇼크로 한 계단 하락하는 한편, 공해문제 등의 사회문제가 분출되기 시작한 것과 거의 궤를 같이하고 있었다는 점은 그 관련성을 상징적으로 보여줄 것이다. 일본에 있어서 근대화의 문제가 일단락되고(잠시 좌절되고), 세계, 특히 동아시아와의 공생·협조가 일본의 중심 과제가 되어 있는 현재로서는 그에 대응할 새로운 언설이 필요하다.

이상의 사실 모두가 83년 단계에서 명확하게 필자의 내부에서 언어 화되었던 것은 아니었지만, 지금 회고해 보면 대충 이상과 같은 것이었 다고 할 수 있다. 그 후의 연구 과정에서 필자는 소위「쇄국」에 관하여 차츰 다음의 두 가지 과제를 의식하게 되었다.

하나는 근세 일본의 국제관계의 실태에 대한 심도 있는 해명이다. 이 문제는 근세「국제관계」론의 구축이 필요하, 이 글과 관련된 형태로 표 현하자면, 그것은 근세 동아시아 국제관계론의 구축이 될 것이다.

또 하나는「쇄국·개국」언설의 형성·정착과 역사적 역할의 규명이 다. 이것은 이미 기술한 것처럼 일본인 뿐만 아니라 비유럽계 근대인의 심성과 정체성에 깊이 관련된 문제이며, 동아시아인들의 자립과 공생을 위한 기초적인 작업이 되기도 한다고 필자는 생각한다.

이하는 첫 번째 점에 대해서 83년 보고에 그 후의 지식을 보충하면 서 기술하기로 한다.

Ⅲ. 동아시아의 근세적 질서 -형성과 구조 -

1. 근세적 질서의 형성 -「왜구적 상황」과 국가간 네트 워크의 재건-

16세기 중반부터 17세기 후반에 걸쳐 동아시아 전체가 커다란 변동에 휘말려 구체제가 붕괴되고, 그 가운데에서 새로운 질서를 담당하는 세력들이 등장하여 새로운 국제질서를 재구축해 갔다. 「대변동」의 구체적인 현상으로는 16세기의 이른바 후기왜구, 유럽세력의 중국해역 출현, 도요토미 히데요시(豊臣秀吉)의 조선침략, 후금(청)의 중국정복 등을 말하는데, 모두가 明에 대하여 무역을 요구했다는 점에서는 공통적이었다.

필자는 이러한 상황을 총체적으로 「왜구적 상황」이라고 부르고 있다. 이 용어가 겨냥하는 바는 소위 「쇄국」이나 「남만무역」 등 유럽 중심의 언설을 상대화하고, 일본을 포함하는 동아시아인들의 자생적이고 보다 주체적인 활동을 기본 축으로 하여, 이 시기의 일본의 국제관계를 총체적으로 재구성한 것이었다. 이것과 관련하여 다음의 세 가지 점을 확인해 보고자 한다.

첫째는, 이 대변동의 근원적인 에너지가 되었고, 이 해역의 경제활동 상황을 지탱했던 것은 중국해역 사람들의 민족과 국경을 초월한 「자유로운」 결속(네트워크)이었다는 점이다. 이 네트워크의 대표적인 것이 華人(중국인) 네트워크인데, 중국의 모든 해역에서 전개되는 항구도시(지역적인 교역 센터)를 연결하고 있었다. 그런 의미에서 이 네트워크는 국가를 매개로 하지 않는 민간 레벨의 네트워크임과 동시에 항구도시 간의 네트워크이기도 하였다. 16세기 후반부터 규슈(九州) 각지에서 형성된 「唐人町」이나 동남아시아 각지에 생긴 「日本町」도 이들 항구도시의 구성요소였다. 15세기 이래 이 지역을 덮고 있던 국가 간 네트워크

(명 중심의 조공무역을 축으로 하는 국제질서)가 쇠퇴했기 때문에, 원래 그 기반이기도 하였던 華人 네트워크가 국가 간의 네트워크를 대신하여 역사의 표면으로 뛰쳐나온 것이었다. 그 네트워크를 대표하는 존재가 왜구였다.

「왜구적 상황」은 이 네트워크에 당시 세계 은생산의 대부분을 7차지했다는 일본과 중남미산 은이 유입됨으로써 발생하였다. 그런 의미에서 중국해역의 국가와 민족의 자생적인 발전에, 유럽인의 「대항해시대」가 접합된 결과 이러한 「상황」이 생겨났다고 볼 수도 있다. 그리하여 이 지역은 미증유의 호경기에 들어가고, 사람·물건·정보의 흐름은 급속하게 증대하고 가속화되어 종래의 낡은 시스템을 기능정지로 몰아놓고 붕괴시켰다. 그 가운데 새로운 세력이 성장하고, 때로는 외부 세력이 휘말려 들어오기도 하며, 상호간에 대립과 협조, 연대와 경합 등을 반복하면서 패권을 다퉜다.

그러한 시행착오를 통하여 새로운 국제질서가 구축되어 가는 것이지만, 동시에 그것은 이 해역에서 華人 네트워크와 그 배후에 있는 중국(명)의 압도적인 지위가 상대화되어 가는 과정이기도 하였다. 소위 「南蠻貿易」은 日中간의 중계무역(은과 생사의 교환)으로, 포르투갈 세력이 말라카·마카오·나가사키 루트를 설정하고, 위에서 언급한 華人 네트워크의 일부를 점거함으로써 형성된 것이었다. 이것은 포루투갈인의 얼굴을 한 華人 네트워크라고 할 수도 있는데, 華人 네트워크가 포르투갈 세력에 의해 상대화되었다는 의미에서도 「왜구적 상황」의 일환이었으며, 소위 朱印船 무역도 같은 의미를 가지고 있었다. 「중화」와 화인 네트워크의 상대화를 상징하는 사건이 명의 멸망과 청에 의한 「중화」의 점거(명청교체)였는데, 그것은 동시에 주변민족의 성장을 상징하는 현상이기도 하였다.

두 번째는, 국제관계에는 항상 외교(국가간 네트워크)와 지역간 교류

(민간 레벨의 네트워크)의 대항관계가 배태되어 있다는 것이다. 국가는 성립 이래 항상 영역 외부와의 관계(국제관계)를 통괄하는 권한이 국가에 있다고 주장하며, 동아시아에서는 그것을 전통적으로 「외교권」은 국왕에게 있고, 「인신(人臣)」에게는 없다고 표현해 왔다. 그 이데올로기가 정책으로 나타난 것이 「해금」이었다. 절대주의시대의 유럽에서도 「외교」는 국왕대권의 하나였다는 것을 상기해 보자.

민간 레벨의 통교네트워크를 담당했던 왜구들이 「왜구」인 까닭에 무장을 강화하고 중국·조선 연안을 습격하는 흉포함을 보이게 된 것은 「해금」 정책, 즉 국가권력의 살아있는 탄압에 대항하기 위한 것과 관련이 있다. 중국 연안의 밀무역기지인 雙嶼가 명군의 습격으로 괴멸된 이후, 그들은 더욱 무장을 강화하고 흉포해졌다고 한다. 왜구의 주된 피해자들 또한 민중이었다. 東中國海 「상업」의 주요한 담당자이기도 했던 그들은 국가권력의 탄압, 즉 「해금」을 매개로 한 동아시아 국가권력으로부터뿐만 아니라 민중으로부터도 기피당하는 존재가 되었다.

세 번째는, 왜구적 사회는 밀무역을 축으로 구성된 자력 사회라는 것이다. 자력 사회에서는 자위를 위해 무장하지 않을 수 없다. 중세 일본의 무라(村)의 세계와 마찬가지로 바다의 세계도 가혹한 자력구제의 장이었다. 또한 밀무역은 원래 불법적인 행위이며, 상대도 정해지지 않았고 상호간에 신용의 기초도 없다. 그렇다고 해서 이 사회가 완전히 무법지대였다는 것을 의미하지는 않는다. 나름의 규율과 법칙, 그것을 감시하고 지키는 존재가 있었다. 타네가시마(種子島)에 철포를 들여올 때 포르투갈인들을 태웠던 정크선의 선장으로 알려진 王直으로 대표되는 왜구의 우두머리들이 그것이다. 그들의 존재는 상호 분쟁을 조정하고, 항해와 무역의 안전을 보장하는 존재에 대한 욕구가 다름 아닌 이 사회의 주민들 자신에게도 강했다는 것을 보여주고 있다.

위에서 기술했다시피 「왜구적 상황」은 이 해역의 무역에 직접·간접

으로 참여해 왔던 여러 세력의 패권경쟁이라는 양상을 보인 것인데, 그
것은 누가 어떠한 시스템으로 이 해역과 그 배후지인 동아시아 지역에
평화와 안정을 가져올 수 있는가 라는 경쟁이기도 하였다. 그것은 이 지
역 주민들의 강한 소망에 기초한, 뜨거운, 그만큼 치열한 레이스이기도
하였다.

이 레이스에는 두 개의 위상이 있었다고 필자는 생각한다. 하나는 국
가 또는 국가와 대등한, 예를 들면 유럽 각국의 동인도회사라든가 굉장
한 해상세력이었던 鄭氏와 같은 여러 세력 간의 대항관계이다. 소위 「외
교」 관계가 그에 해당한다. 또 하나는 앞의 관계에 뒤덮혀 보이지 않게
된 경향이 있기는 하지만, 확실하게 존재하는 국가 레벨과 민간 레벨의
대항관계이다. 그 전형적인 예가 명정부와 왜구와의 대항관계인데, 예를
들면 일본의 戰國大名과 왜구가 연대하거나, 때로는 명정부와 당시의
단계에서는 왜구의 범주로 간주되었던 포르투갈인들이 연대하는 것처
럼, 때와 장소에 따라서 각각의 관계는 상당히 복잡하게 뒤엉키는 경우
가 많았다. 본고에서는 국가 간의 관계를 외교관계라고 부르고, 외교관
계와 민간 레벨의 관계도 포함한 관계를 총체적으로 부르는 경우에 국
제관계라는 용어를 사용하고자 한다. 이것을 도식화시키면 국제관계＝
(외교관계＋민간 레벨의 관계)가 된다.

도요토미 히데요시의 海賊停止令(1588년)은 일본의 영주 권력과 왜구
의 결속을 구조적으로 끊는 전략을 내세웠다는 점에서 일본열도를 「왜구
적 상황」에서 탈피시키는 전략의 제1탄이며, 일본의 통일정권이 「해금」
을 향하여 발을 내디딘 제1보이기도 하였다. 그것은 두 가지의 네트워크
사이의 뒤섞인 관계를 정리하고, 민간 레벨의 네트워크를 「국민」과 단절
하여 국가 간의 네트워크에 편입하여 재구축하기 위한 최초의 포석이기
도 하였다(「국민」과 「해금』에 대해서는 뒤에서 기술함).

2. 근세적 국제질서의 구조 -일본을 중심으로-

「왜구적 상황」이 극복되고, 동아시아에 주변국가와 국가에 버금가는 세력에 의한 국제질서가 형성되기까지의 경위에 대해서는 생략하지 않을 수 없지만, 간략히 언급하면(국가 간 네트워크의 재편을 중심으로 정리하면), 일본의 근세국가(막번제 국가) 형성과 중국의 명청교체라는 두 가지 동향을 주축으로, 남방으로부터 포르투갈·스페인·네덜란드·영국의 동아시아 진출·정착과 러시아의 북아시아 진출·정착이라는 두 가지 동향을 부수적인 축으로 전개되었다. 그 결과 동아시아 각 세력 간에 일정한 세력균형과 합의가 성립되고 그것이 18세기부터 19세기 중반까지 동아시아 국제질서(「근세적 질서」)의 기본적인 틀이 되었다. 그것을 일본을 중심으로 그림으로 표시한 것이 그림 Ⅰ·Ⅱ이다. 그림 Ⅰ이 정치적 관계를, 그림 Ⅱ가 무역을 중심으로 한 경제적인 관계를 나타낸다. 「參考圖」는 그것을 중국을 중심으로 조감하기 위해서 하마시타 타케시(浜下武志)씨가 그린 개념도를 빌렸다.

우선 그림Ⅰ을 보자. 여기에서 근세 일본의 국제질서의 특징은 다음과 같이 다섯 가지로 정리할 수 있다.

① 근세 일본에는 네 개의 해외로 열려진 창구(네 개의 창구, 四つの口)가 있었다. 이 「창구」들은 각각 특정한 관계상대를 가지고 있었다. 즉 나가사키에서의 중국인·네덜란드인, 사츠마에서의 유구, 쓰시마에서의 조선, 마츠마에에서의 蝦夷地(아이누와 코리야크[1]) 등의 선주민)이다.

② 다만 도쿠가와 막부(德川幕府)는 1635년 이래 「해금」 체제를 취하고 국제관계를 앞에서 언급한 「네 개의 창구」로 한정하고, 그 「창구」에서 특권을 갖지 못한 일반 「국민」이 사적으로 국제관계에 관여하는 것을 금지했다. 통상 이 체제 하에서 「일본인의 해외도항이 금지되었다」

---

1) 러시아 연방의 극동에 위치한 캄챠카 지방의 선주민(번역자 주).

고 표현되지만, 실제로는 조선의 부산 왜관에는 적어도 500인 이상의 일본인(對馬人)이 상주하고 있었으며, 그 외에 유구나 에조치에도 일본인이 도항하고 있었다. 나가사키에서의 일본인과 외국인의 관련성을 포함하여 그 특징은 일본인이 「사적으로」(혹은 국가권력의 매개 없이) 해외로 도항하거나 혹은 외국인과 접촉하는 것을 금지한다는 점에 있고, 본질적으로 중국·조선에 있어서 「해금」(「국민」이 사적으로 해외에 나가거나 외국인과 접촉하는 것을 금지하는 것)과 같다.

③ 동아시아 전체에서 보면, 일본·중국·조선·유구의 모든 왕권이 「해금」정책을 통하여 국제관계를 독점하고, 그렇게 함으로써 구축된 국가 간 네트워크에 의해 이 해역 전체에 질서와 평화를 가져왔다. 그것에 기초하여 조선통신사나 유구국왕의 사절(사은사·경하사)의 來日이 있었고, 네델란드 상관장의 에도참부(江戶參府)도 있었으며, 서로간의 표류민이 각기 송환되고, 안정된 무역관계가 유지되고 있었다.

④ 쇼군(將軍)은 실질적인 「국왕」으로 국제관계 전체를 총괄하고 있었지만, 일상적인 관계는 직할도시(나가사키)와 세 곳의 大名(藩), 즉 유구(시마즈·사츠마번)·조선(宗·쓰시마번)·하이지(마츠마에·마츠마에번)이 「家役」으로서 배타적으로 담당하고, 그 대가로서 그곳에서 얻어지는 무역이익을 비롯하여 여러 이익을 독점적으로 누리고 있었다. 다시 말하면 도쿠가와 장군은 각각의 국제관계를 직할도시와 세 大名과의 「御恩」과 「奉公」 관계(봉건적 주종관계)를 통하여 총괄(지배)하였다. 그 점은 관료기구를 통하여 국제관계를 통괄했던 중국·조선·유구 등과 질적인 차이가 있지만, 일본에서는 이들 네 개의 「창구」가 관료적인 역할을 수행하고 있었다.

⑤ 그것들의 관계는 18세기말부터 19세기 초에 걸친 「외압」의 표면화(유럽 자본주의 세력의 등장) 속에서 동아시아 국제사회의 전통에 기초한 「통신」(조선·유구)·「통상」(중국·네델란드)·「撫育」(에조치)이라는 세 개의

카테고리로서 이념화되었다. 한편 幕末 개항 후에 화친조약을 체결한 뒤 미국·영국·러시아 등은 「통신」의 카테고리에 들어가 있는 것을 확인할 수 있지만, 그것은 이 체제가 상당한 유연성을, 요컨대 단순한 「개항」만으로는 쉽게 무너지지 않는 강인함을 가지고 있었다는 것도 시사하고 있는 것으로 필자는 생각한다.

다음으로 이들의 관계를 일본을 중심으로 하는 무역관계에서 관찰해 보자. 그림Ⅱ를 참조하기 바란다. 이 그림에서는 우선 다음 세 가지 점을 지적해 두고자 한다.

첫째는 각각의 「창구」에서는 직접 접촉하고 있는 상대와의 무역과 동시에 각각의 상대를 매개로 중국시장과 연결되어 있다. 요컨대 「네 개의 창구」를 통한 경제권은 각각의 「창구」를 중심으로 하는 국지적인 시장권과 중국과 일본의 시장을 잇는 동아시아 지역 내의, 그 의미에서는 광역 시장권이라는 복층구조로 이루어져 있다.

둘째로, 이 경제권은, 예를 들면, 바타비야로부터 도항해 오는 네델란드나 唐船의 일부를 통해서, 한편으로는 동남아시아 해역으로부터 인도양을, 다른 한편으로는 필리핀(마닐라)·아카푸르코의 태평양 루트를 통하여 아메리카 대륙으로, 또한 북방지역을 통하여 러시아·아메리카 대륙 북방의 쌍방으로, 요컨대 지구적 세계로 통하고 있었다.

셋째로, 일본시장은 직접으로는 동 아시아 지역 내의, 다시 그것들을 통하여 지구적 세계의 국제시장을 느슨하게 연결하고, 국내시장과의 관계성 속에서 무역품의 내용도 수량도 변화하고 있다.

이상의 내용을 간략하게 정리하면, 근세 일본은 동아시아와 정치적으로도 경제적으로도 동아시아의 국제적인 관계성 속에서 존재하고 있었다는 것이다. 그 관계는 얼핏 보면, 명을 정점으로 하는 15세기 동아시아의 국제관계를 재생한 것처럼 보이지만 다음의 여섯 가지 점에서 차이가 있다.

우선 첫 번째로, 일본이 「해금」 체제를 취하고, 「왜구적 상황」을 극복한 것. 14세기 중반에 이 해역에서 「왜구」가 출현한 이래 그 실태 여하와 상관없이(여러 가지 논의가 있지만), 동아시아 국제사회에서 끊임없이 중요한 안건이었으며, 중국·조선 정부가 일본정부에 들이대던 여러가지 요구 가운데 가장 우선시된 것이 왜구의 금압이었다. 바꿔 말하면 일본정부가 국가의 정당성을 중국·조선으로부터 인정받기 위한 제1의 요건이 왜구의 금압이었다. 토요토미 히데요시는 해적정치령을 내림으로써 그 요건을 충족시켰고, 도쿠가와 정권도 당연히 그러한 방침을 계승하였는데, 좀 더 부언하면 그러한 실적을 토대로 히데요시가 명에 「勘合」을 요구한 것도 역사적으로도 국제관계론적으로 충분히 근거있는 일이었다(후술).

둘째로, 중국 대륙에서 명이 청으로 교체되고 있다. 이것이 명청교체의 결과임은 두 말할 필요도 없다. 예를 들면 일본에서는 「華夷變態」(「華」가 「夷」로 바뀌었다)로 파악했지만, 그것은 「夷」라 하더라도 그에 어울리는 내실을 갖추면 「華」가 될 수 있다는 것을 기정사실화한 것이다. 그것이 일본·조선·베트남 등 주변제국의 자기중심적인 국가의식(小中華意識)을 뒷받침하게 되고, 화이의식의 확산을 한층 촉진시키게 되었다고 할 수 있다(화이의식의 보편화와 확산화). 이것이 19세기 중반부터 구미 자본주의의 동아시아 진출에 대하여 일본뿐 아니라 중국·조선 등에서도 마찬가지로(혹은 일본 이상으로) 격렬하게 불타올랐던 攘夷意識·운동의 핵이 되었다.

셋째, 일본과 중국(청)과의 직접적인 외교관계가 없어지고, 조선·유구, 그리고 나가사키로 내항하는 중국선을 매개로 하는 간접적인 관계가 되었다. 양국 정부의 직접적인 관계는 19세기 후반의 日淸修好條規(1871년)까지 기다리지 않으면 안되었다. 주지하는 바와 같이 16세기 중반에 명과의 직접 관계(감합무역)가 단절된 이후, 그것의 회복은 일본 중앙정권(豊臣·德川政權)의 지속적인 대외정책의 중심이 되었다. 그 실패의 결과가 이것인데, 동시에 중국과 직접적인 관계가 없어도 정치적·경제적으로 국가로서 존립할 수 있을만한 조건을 도쿠가와 정권이 손에 넣었다고 할 수도 있다. 정치적인 조건이「해금」정책을 취함으로써 동아시아 국제사회에서 국가로서의 정당성을 계속 확보하면서, 자신을 정점으로 하는 화이적인 국제관계(日本型 華夷秩序)를 설정할 수 있었던 것이며, 경제적인 조건이 중국 시장과 일본 시장을 연결하는 복수의 통로를 확보한 것이었다(그림 Ⅱ 참조). 바꿔 말하면 이것은 상호간에 허용할 수 없는 국가의식(중화의식과 일본형 화이의식)이 직접적으로 서로 부딪혀 분쟁을 일으키는 상황을 회피하는 수단이기도 했다. 또한 이것을 계기로 일본(의 국가와 사회)는 고대 이래 중국 중심의 국제질서에서 일정한 거리를 두고, 근세를 통하여 자립을 강화해 가게 된다.

네 번째로, 중국선이 나가사키에 내항하고 있는데, 이것은 중세까지는 원칙적으로 없었던 것이었다. 명은 일본에 대한 해금정책을 취하고, 일본에서는 勘合船 이외의 배가 도항하는 것을 금지하였으며(감합부를 지참하지 않은 배는「왜구」로 단정하고), 중국인이 사적으로 일본에 도항하는 것을 금지하고 있었기 때문이다. 그러나 앞에서 기술한 바와 같이「왜구적 상황」속에서 많은 중국인이 비합법적으로 일본에 내항하고, 그들과 전국 다이묘들과의 연대로 규슈 각지에는「唐人町」이 형성되었다. 이러한 동향이 후술할 유럽인·일본인 등의 무역활동과 함께 두절된 감합무역을 보충해 주고도 남음이 있었을 테지만, 국제적으로는(중국측에서 보면) 그들은 범죄자(왜구)였다. 일본의 통일정권이 그들의 내항을 인정하고, 직접적인 관계를 갖는 것은 그들의「범죄」에 가담하는 것을 의미하고, 국제적인 對面을 상실해가는 것으로 이어진다(각지의「唐人町」설치에는 전국大名의 적극적인 관여가 있었고, 왜구의 두령 王直이 그들과의 사이에 넓은 인적 네트워크를 가지고 있었던 것도 알

려져 있다). 히데요시가 해적정지령으로 전국다이묘들에게 왜구(비합법
적인 도항자)의 포박을 명하고, 그들과 관계맺는 것을 금지하도록 한 것
은 왜구행위의 금지와 동시에 영주계급 전체를 국제적인 범죄로부터 발
을 씻을 수 있도록 하는 것, 요컨대 일본이라는 나라를 「왜구적 상황」으
로부터 벗어나도록 하는 것에 목표가 있었기 때문이다(秀吉의 조선침략
은 국제관계론적으로 보면 왜구금압이라는 秀吉의 공적에 대하여 아무
런 인사도 없는 「무례함」을 규탄한다는 명목도 있었다). 그 배려는 도쿠
가와 정권도 공유하고 있었고, 명과의 국교회복 교섭이 성공할 전망이
없다고 간파한 단계(대략 1620년대 초반)에서 내항 중국인과의 직접 관
계를 단절하고, 국내적인 조치로 그들의 내항지를 나가사키에 한정한 뒤
는 나가사키의 町政機構를 통하여 간접적으로 지배하게 된다.

중국 본토로부터의 중국인의 내항은 淸정부의 「遷界令」의 해제(1684
년)로 공인되었다. 그러나 청과의 직접적인 관계를 달가와하지 않은 도
쿠가와 막부는 그때까지의 중국인(당시의 호칭은 「당인」)이라는 자리매
김은 변하지 않았으며, 도리어 대거 내항하게 된 변발 등의 「夷俗」화된
중국인을 새롭게 설치한 「唐人屋敷」에 가두고 데지마의 네델란드인과
동일하게 취급하였다. 이 경우를, 예를 들면 아라이 하쿠세키(新井白石)
는 「비인간적」이라고 보았던 것처럼, 도진야시키에 가둬 둔 것은 밀무
역에 관한 대책 등의 직접적인 목적 외에 내항하는 중국인들의 「이속」
에 따른 면이 많은 것은 아닐까. 하여튼 이 상태는 幕末·개항까지 유지
되었다.

다섯 번째는 유구가 청과 책봉관계에 있으면서 일본 다이묘 시마즈
씨(사츠마번)의 속령이 되었다. 1609년 시마즈씨의 유구정벌 이후 그 속
령이면서 중국왕조(명·청)의 책봉을 받고 있는 소위 「양속」 관계에 있었
던 것은 주지의 사실일 것이다. 그것은 어쩌면 「왜구적 상황」 속에서 구
래의 지위를 박탈당한 유구왕조가 근세를 살아남기 위해 거의 주체적으

로 선택한 것일지도 모른다는 생각을 필자는 지워버릴 수 없다.

여섯 번째로, 유럽세력이 동아시아의 외연부로 정착하였다. 중세 유구왕국이 명과 주변지역과의 중계무역으로 일종의「대항해시대」를 구축했던 것은 주지의 사실이지만, 근세에 있어서는 그 역할의 일부를 유럽세력이 담당하게 되었다(그 외는「후기왜구」나 일본인 등). 바타비아로부터 나가사키에 정기적으로 상선을 파견한 네델란드 동인도회사도 포루투갈(마카오)·스페인(필리핀), 17세기 전반, 일단 인도로 물러난 영국동인도 회사도 얼마 뒤 중국해역으로 복귀하였다. 이들 유럽세력은 19세기 전반(대략 아편전쟁)까지는 동아시아 여러 나라·여러 민족이 상호간에 형성한 국제관계나 각각의 국가·민족의 존재형태(신분제 등의 사회관계나 정치적 상황)에 의거·적응하는 형태로밖에 정착할 수 없었다. 유럽세력 가운데 포루투갈·스페인 등 구교국이 근세국가의 신체제에 적응하지 못하고 배제되고, 네델란드만이 일본시장에 남게 된 것도 그 신호였다(영국은 주지하다시피 당초 목표로 하고 있던 중국시장에 대한 정책에 실패하고, 네델란드와의 경쟁에 패해 일본시장에서 철수하였다). 크리스트교나 과학기술 등도 포함한 그들의 행동양식이나 문화는 이 해역에서 새로운 요소이기는 했지만, 전체적으로 보면 19세기 중반까지 상대적인 위치에 머물러 있었다. 그러나 그와 동시에 그들의 활동으로 인하여 동아시아 지역이 지구적 세계와 직접 연결되었다는 역사적 의의도 빼놓아서는 안될 것이다.

「왜구적 상황」과 그것이 극복되는 과정에서, 이러한 질서가 주어진 것이고, 15세기 단계와의 차이를 대략 정리하면, 일본 등 주변 제국의 성장과 이 지역이 구조적으로 지구적 세계의 일부로 들어가게 된 충격의 크기라는 것이 된다. 그것들은 서로 어우러져「중화」의 구조를 변화시키고 그 지위를 상대화하였다. 그림Ⅰ·Ⅱ는 이 질서를 일본측에서 본 것인데, 그것을 중국 중심으로 한 하마시타의「参考圖」와 함께 비춰보면, 그 객관적인 위치가 보인다(14). 하마시타씨도 역설하듯이 중국은 한 세계의 중심으로서, 관계를 가지고 있는 지역(혹은 「세계」)은 동아시아 뿐 아니라 전방위로 각각 독자의 논리를 가진 주변지역(「세계」)과 접촉 하였다. 각각의 「세계」는 참고도에서 원으로 둘러쌓인 부분으로 표시되 고 있는 데, 이 그림에서는 동중국해역권·동남아시아권과 미국 대륙을 연결하는 「환태평양권」이 떨어져 나가고 있는데, 19세기 이후의 동아시 아 국제관계의 전제로서 이 요소를 간과할 수는 없을 것이다(후술).

그러나 그것은 그것대로, 「중화」는 상대지역과의 접촉 방법, 그 관계 성의 성격, 역사적 경위, 나아가 그때 그때마다 상호의 역학관계 등에 따라서 다양한 논리를 적절히 사용하면서 그 중심성을 유지해 왔다. 중 국을 정점으로 하는 동아시아의 화이주의적인 국제질서도 그 중심성을 지키기 위한 복수의 국제관계 편성원리의 하나에 지나지 않았다. 명청교 체에 있어서 화이의식의 보편화 및 확산 경위는 중국의 중심성이 주변 을 감아들이면서 해체·재편되는(그런 까닭에 어느 의미에서는 강화되 는) 과정을 잘 보여주고 있다. 1949년 이래 중국의 「혁명」도 아편전쟁 이후 「중화」가 재편되는 과정의 일환일지도 모른다.

우리들이 주장해 온 「일본형 화이질서」도 「중화」의 주변부에 위치하 는 국가군이 각각 유지하게 된 얼마간의 「소중화주의」가 구체화된 것의 하나에 지나지 않는다. 그 주변성이 세계관의 형태로 단적으로 표현된 것이 일본인이 중세 이래 유지해 왔던 「삼국세계관」이었다. 그러나 그 와 같은 주변성이 반드시 각각의 「국민」이 길러온 「소중화의식」과 그 표현형태의 허구성을 따질 근거가 될 수 있다고는 볼 수 없을 것이다. 각각의 「소중화의식」이 허구적이라면 本家本元이라는 「중화의식」도 또 한 본질적으로 허위의식에 다름아니기 때문이다. 그래서 「중화의식」이 편성원리인 동시에 또한 그 이상의 설명원리인 것처럼, 주변 여러 국가 의 그것도 서로 같은 성격을 가지고 있기 때문이다.

3. 海禁과 華夷秩序 -그「국제관계론」적 의미-

여기에서는 근세 일본의「네개의 창구」에 있어서 국제관계를「해금」·「화이질서」라는 두 가지의 개념으로 다시 정리함으로써 그 의미를 새롭게 확인해보고자 한다.

우선「해금」에 대해서 기술하겠다.「해금」이라는 용어가 중국 명대에 이념화되고, 언어화되었다는 것은 주지의 사실이지만, 이 용어는 다음 세 가지 점에서 전근대 동아시아 국제사회에 보편화될 수 있다고 생각한다. 하나는 明律의「下海通蕃之禁」조항에서도 알 수 있듯이, 문자 그대로「私人」(국가의 특권에 연결되지 않은 일반「국민」)이 해외로 나가거나, 외국인과 교류하는 것을 금지하는 것이라는 것. 둘째, 이러한 정책이 취해진 명대에서 그러했듯이 그 목적은 국내의 불온분자가 해외세력과 손을 잡는 것(그럼으로써 국내지배를 위협하는 것)을 예방하기 위한 것이었다는 것. 세 번째, 그것이 국가 성립이래 국가가 계속 가져 왔던「人臣에 外交 없다」(외교는 국왕 특권이다)는 국가 이데올로기를 체현한 것이라는 것.

전근대에 국한된 일은 아니지만, 특히 전근대에 있어서는 국가가 국제관계를 독점하거나 혹은 독점적인 관리 하에 놓으려고 하는 경우에 취해지는 극히 일반적인 정책으로, 그 목적은 국내의 불온분자가 국외의 세력과 연결되어 질서나 치안, 국가지배 등을 위협하는 것을 방지하기 위한 것이었다. 그 때문에 이와 같이 철저한 수단이 취해지는 것은 국가가 지배하의 주민을 일일이 장악할 수 없기 때문에, 즉 국가의 인민지배가 강한 때문이 아니라 근대국가에 비해 상대적으로 약함, 혹은 불충분함 때문이었다.

그것은 현재 일본의 출입국관리와 비교해 보면 잘 알 수 있다. 현재 일본은 비교적 질서가 잘 유지되고 있고, 그럼으로 우리 서민들의 일상

생활은 안전하고 평화스럽다(혹은 이론이 있는 사람도 있을지 모르지만). 그것은 국가의 관리가 꽤 철저하게 이루어지고 있다는 것을 암시하고 있지만, 이 총체는 우리들의 눈에는 교묘하게 숨겨져 있기 때문에 일상생활에서 국가의 관리를 실감할 수 있는 것은 외국에 왕복할 때 여권 체크나 이사할 때 주민표의 이전 정도일 것이다. 그것은 국가권력이 우리들을 관리하고 있지 않기 때문이 아니라 國民背番號制 등이라고 말해질 정도로 우리들 국민 개개인의 생활 구석에 이르기까지 관리되고 있는 결과인 것이다. 바꿔 말하면 전근대 국가의 출입국관리가 해금처럼 눈으로 보이고 직접적이며, 게다가 폭력적이어서 세련되지 않은 것은 근대국가와 비교하여 권력의 집중과「국민」에 대한 장악 정도 등이 훨씬 약하고 미숙하였기 때문이다. 당연히 개인이 방치된 상태였다는 것은 아니다. 각각의 개인은 家·村·町(마찌) 등의 혈연적·지연적인 사회집단, 나아가서는 신분·직능·종교·민족 등에 의한 사회집단 등에 중층적으로 귀속되었고, 그러한 사회집단은 근세사회보다 훨씬 강한 자율성을 갖고 존재하였다. 16세기부터 18세기에 걸쳐서 유럽이나 이슬람에 있어서도 국가는 미처 그다지 눈에 띠는 존재가 아니었고, 조금 양상은 달라도 동아시아에 있어서도 사회집단을 어떻게 통합할 것인가 하는 것이 이 단계의 국가에 던져진 문제였다.

예를 들면 근세 일본에서의 가혹했던 크리스트교 금압을 중국이나 조선의 해금과 구별하여「쇄국」이라고 말하는 의견도 있다. 그러나 필자가 이미 지적한 것처럼 크리스트교의 금지는 근세 일본에 국한되지 않고, 국가를 형성하고 있던 동시기 중국해역의 국가는 예외 없이 크리스트교를 금지하고 있었다. 금지 이유는 크리스트교가 국내 질서를 뒤흔드는「邪敎」라고 판단했기 때문이라는 점에서도 서로 통한다. 일본에서는 크리스트교도가 그 구성요소인「불온분자」와 해외세력을 연결 짓는 것이 크리스트교(선교사와 신도)라고 단정되었기 때문에 탄압은 보다 철저하고, 전국적인 것이 되었다. 그러한 일본정부의 단정에 정당성을 제공할 수 있었던 사건이 「島源·天草의 난」이며, 이 난의 성격을 그와 같이 규정할 수 있도록 막부에 의해 상당히 연출되고, 그에 걸맞는 논의와 함께 세상에 선전되었다고 생각한다.

한편 근세일본의 해금을 「쇄국」이라고 부를 때, 「인민」 혹은 「서민」에게 있어서는 「쇄국」이었다고 말할 때가 간혹 있다. 그러나 이미 설명한 바와 같이 특권에 연결되지 않는 일반 피지배층에게 있어서 국제관계가 닫혀있었다는 것을 명확하게 보여주는 것이 다름 아닌 「해금」이었다. 더군다나 만일 그 점에 대해서 철저하게 논의하려면 막말 유신기의 「개국」이 일반서민에게 있어서도 「개국」이었는지 여부에 대한 검토가 이루어져야 하는데, 그와 같은 작업은 대부분 등한시되고 있다. 여기에도 「쇄국·개국」 언설에 사로잡혀 있는 일단을 볼 수 있다.

다음으로 화이질서라는 것에 대해서 정리해 보자. 이미 「화이질서」가

① 각각의 에스닉 그룹이 자기(혹은 자문화) 중심적인 의식(에스노센트리즘)을 기층에 갖는 국가의식이고,

② 그 에스닉 그룹의 대소나 그 그룹의 정치적인 성숙도(예를 들면 국가를 형성하고 있는가 아닌가, 부족사회의 단계에 있는가 등)와 관계 없이 유지하고 있고(漢民族 만의 「전매특허」는 아님),

③ 모든 국제사회에 있어서는 여러 가지 규모의 다양한 발전단계의 에스노센트리즘이 경합하고 있다는 것을 전제로 하지 않으면 안된다는 것을 제언해 왔다.

나는 그것에 기초하여, 예를 들면, 아이누의 시선으로 일본인의 화이의식도 상대화되는 것에 주의를 환기하고, 조선왕조의 명에 대한 전통적인 종속의식 「事大」 안에도 거대한 중국의 압력을 제어하는 일종의 주체적인 기미의식이 있었다는 주장에도 동의를 표해 왔다. 복속, 즉 그 의례는 경우에 따라서는 강한 자기주장의 반대이기도 하다는 것을 잊어

서는 안될 것이다. 중국왕조의 「화이의식」을 수용하는 토양도 되고, 동시에 각각의 에스닉 그룹이 「중화」를 모방하면서 자신이 「화」인 이유에 가탁하면서 국가의식을 고양하고, 모두 「소중화의식」과 그에 상응한 「화이질서」를 갖게 되었던 것이다. 일본의 화이의식도 그와 같이 형성되었다. 구체적인 과정에 대해서는 이미 몇 번이나 정리한 적이 있기 때문에 반복하지 않겠다. 여기에서는 그렇게 설정되었던 근세 일본의 「화이질서」가 「네 개의 창구」에서 어떻게 구체화되고 있었는가를 확인해보고자 한다.

앞에서 보았듯이 근세 일본의 「네 개의 창구」에서의 국제관계는 조선·유구의 「通信」, 중국·네델란드의 「通商」, 에조치의 「撫育」이라는 세 가지의 범주에 따라 체제가 편성되어 왔다.

「통신」은 쌍방의 국왕이 「우의를 통한다」는 관계를 축으로 체제가 편성되었다. 예를 들면 일조관계에서는 그렇게 되기까지의 역사적 경위로부터, 조선통신사가 來日은 했어도 도쿠가와장군의 사절이 직접 조선에 파견된 적은 없고, 쓰시마번(宗氏)이 그것을 대행할 뿐이라고 하듯이, 약간 변칙적인 면도 있지만 「통신」이 원칙이었다(그것을 상징하는 것이 쌍방의 「국서」의 교환이고, 통신사의 중심적인 역할이었다). 따라서 「통신」의 상징적 행사인 통신사가 來日할 때 사절이 부산을 출발하여 돌아갈 때까지의 제 비용은 모두 일본측이 부담하였다. 그 외에 쌍방의 표류민인 표착하였을 때 구호와 송환비용은 일본 국내에서는 일본측이(조선 국내에서는 조선측이) 부담하였다.

이러한 관계 속에서 쓰시마번은 조선과의 통교무역을 허락받았는데(그 기준이 되는 것이 「己酉約條」 등 조선에서 宗氏에게 제시한 제규정), 그 통교 상태는 근세에 들어와 상당히 희박해진 듯하지만 소씨(對馬藩)가 조선국왕에 보내는 조공사절의 형태를 취하고 있었다. 한편 부산에서 다수의 일본인(외교승이나 對馬藩士, 및 특권상인들)이 체재하였던 「왜관」은 일본측의 사절을 접대하기 위한 시설이고, 그 조영은 기본적으로 조선측이 부담했다.

그런데 나가사키에 있어서 중국·네델란드와의 「통상」 관계에서는 모두 상인(町人) 레벨의 관계로 도시 나가사키가 그 조정기구를 통하여 그들의 관계를 담당하였다. 데지마·도진야시키 모두 죠닝(出島) 또는 나가사키라고 하는 마찌(唐人屋敷)가 출자한 비용으로 조영되었고, 내항한 중국인·네델란드인 모두 그 임차인으로서 임차료를 지불하고 체재하였다. 네델란드 상관장의 에도참부 비용도 모두 네델란드측이 부담했고, 표류민의 구호와 송환 비용도 중국측·네델란드측의 부담으로 무역결제 안에서 처리되었다. 게다가 「통상」 관계는 도쿠가와장군의 은혜로 허용되고 있다는 원칙은 중국측·네델란드측이 내항할 때마다 부담하는 도쿠가와장군과 幕閣, 나가사키의 마치도시요리(町年寄) 이하 지역 관리(役人)들에 대한 다량의 습관적인 선물로 표현되었다. 이러한 존재 형태를 임시로 나가사키 시스템이라고 부른다면, 그것은 중국 廣州에서 소위 廣東시스템과 극히 유사하다. 이것은 어느 쪽의 모방이라기보다는 모두 동아시아국제사회가 오랜 시간에 걸쳐서 가꿔온 긴 전통에 의거한 것으로, 「통상」(즉 「互市」) 관계를 처리하고 상대를 대우하였기 때문에 발생한 것이었다고 할 수 있다.

역시 근세적 질서에 있어서 이와 같이 쉽게 타협하지 못한 상호간의 「화이의식」이 직접 대적하면서 야기되는 분쟁을 방지하기 위해서 완충장치로서 에조치와 유구·쓰시마, 거기에 도시 나가사키 등의 경계적인 존재가 유효하게 기능한 사실도 잊어서는 안된다. 첨언하면 이것들의 존재를 허락하고 또는 그것들의 존재에 의거하는 것에서 이 질서 그 자체도 존립할 수 있었다. 이것에 대해서도 기술할 필요가 있지만 후일을 기약하고자 한다.

Ⅳ. 맺음말 -「지역질서의 재편」을 향하여 -

여기에서는 「지역질서」의 재편이라는 것과 관련하여 근세 측면에서 본 유의점을 열거하고자 한다.

우선 재편 과정이 「불평등조약체제」 하에서 동아시아 여러 나라가 세계자본주의 틀 속에 위치하게 되면서 각각의 화이질서가 분단·해체·재편되고, 그에 대한 대응으로 해당지역으로 일본의 침략성이 표면화된 것. 이것은 이미 1983년 단계에서 대략적인 견해는 제시했지만 보다 구체적으로 그 과정을 추적할 필요가 있다.

다음으로, 「개항」은 각자의 국가가 열려진 단계에서 그 양상이 다르고(예를 들면 일본의 페리에 의한 「개항」은 포경으로 인한 환태평양의 활성화와 밀접한 관련이 있다), 그것이 그후 역사적 전개에 끼친 영향은 결코 적지 않다. 즉 「외압」은 이 시대에 공통으로 주어진 조건이므로, 그것이 표면화되는 방법은 나라에 따라 달랐다는 점을 검토방법의 전제로 하고자 한다.

세 번째로 「개항」은 우선은 국가 간 네트워크가 재편되는 레벨 문제이고, 그것이 어느 레벨까지 미치고, 일반인에게까지 「개국」이 되는가에 대해서는 엄밀한 검증이 필요하다. 유신정부가 당초는 도쿠가와막부의 정책을 답습하여 크리스트교를 엄금하고, 1866년에 일반인의 해외도항을 인정하기는 하였지만, 실태는 정부계통의 관리나 유학생, 商社員, 官約移民[2] 등에 국한 한 것을 시작으로 소위 「개국」 언설을 의심하게 하는 점이 많다. 이 시점에서 국제관계의 근대화 과정을 검토해볼 필요성을 통감하는데, 이에 대해서는 금후의 과제로 삼고자 한다.

네 번째는 「쇄국·개국」 언설의 성립과정에 대한 검토와 중복되는 것이긴 하지만, 근대화와 함께 근세에서는 오히려 「表」이었을 일본해 연

---

2) 정부가 주선한 이민(번역자 주)

안지역이 「裏」의 일본으로 위치지어진 것이다. 이 점에 대한 검토는 이미 사회사 분야 등에서는 진행되고 있는데, 그것들에 기초하여 국제관계론의 시점에서 다시 생각해보고자 한다.

[참고문헌]

荒野泰典「日本の鎖國と對外意識」『歷史學硏究別册』1983年、後、「鎖國」
　　　にカッコを付して、『近世日本と東アジア』(東京大學出版會、
　　　1988年)に收錄。
同　　　「國際認識と他民族觀-「海禁」「華夷秩序」論覺書-」,『現代を生き
　　　る歷史科學2過去への照射』, 大月書店,1987年
同　　　「海禁と鎖國」,『アジアのなかの日本史Ⅱ』東京大學出版會, 1992年
同　　　「東アジアのなかの日本開國」,『近代日本の軌跡1 明治維新』, 吉川
　　　弘文館, 1993年
同　　　「海禁と鎖國の間で」,『新しい歷史敎育②日本史硏究に學ぶ』, 大月
　　　書店, 1993年
同　　　「東アジアへの視点を欠いた鎖國論」,『徹底批判『國民の歷史』』, 大
　　　月書店, 2000年
同　　　『鎖國を見直す』, かわさき市民アカデミー講座ブックレット14, 2003年
同　　　「日本型華夷秩序の形成」,『日本の社會史1』, 岩波書店, 1987年
同　　　「東アジアの華夷秩序と通商關係」(『講座世界史1世界史とは何か』,
　　　東京大學出版會, 1995年)
同　　　「江戶幕府と東アジア」,『日本の時代史14 江戶幕府と東アジア』, 吉
　　　川弘文館, 2003年
同　　　「近世日本において外國人犯罪者はどのようにさばかれていたか?
　　　-明治時代における領事裁判權の歷史的前提の素描-」,『史苑』
　　　181号, 2009年
同　　　「「開國」とは何だったのか-いわゆる「鎖國」との關連で考える-」,
　　　『開國史硏究』第10号, 2010年
大島明秀　『「鎖國」という言說-ケンペル著・志筑忠雄譯「鎖國論」の受容
　　　史-』, ミネルヴァ書房, 2009年
藤田 覺『近世後期政治史と對外關係』, 東京大學出版會, 2005年
ヨーゼフ・クライナー編『ケンペルのみたトクガワ・ジャパン』, 六興出版,
　　　1992年
岩生成一「鎖國」,『岩波講座日本歷史10』, 岩波書店, 1963年
同　　　『日本の歷史14 鎖國』, 中央公論社, 1969年(後に中公文庫)

朝尾直弘「鎖國制の成立」, 『講座日本歷史4』, 東京大學出版會, 1970年
同　　　『日本の歷史17 鎖國』, 小學館, 1975年
同　　　「將軍政治の權力構造」, 『岩波講座日本歷史10 近世2』, 1975年
山口啓二「日本の鎖國」, 『岩波講座世界歷史16』, 岩波書店, 1970年
同　　　『鎖國と開國』, 岩波書店, 1993年
佐々木潤之介「鎖國と鎖國制について」, 『幕藩制國家論 下』, 東京大學出
　　　　版會, 1984年
速水融編『歷史のなかの江戸時代』, 東洋経済新報社, 1977年
社會経濟史學會編『新しい江戸時代像を求めて-その社會経濟史的接近
　　　　-』, 東洋経済新報社, 1977年
ロナルド・トビ『近世日本の國家形成と外交』(創文社, 1990年, 速水融・永
　　　　積洋子らの翻譯, なお, 原著はState and diplomacy in early modern
　　　　Japan : Asia in the development of the Tokugawa Bakuhu(Princeton
　　　　University Press, 1984)
田中健夫 「鎖國について」, 〔『歷史と地理』(255号、1976年), 後『對外關係
　　　　と文化交流』(思文閣出版, 1982年)에 再錄〕。
同　　　『中世對外關係史』, 東京大學出版會, 1975年
同　　　「東アジア通交機構の成立と展開」(『岩波講座世界歷史16 近代3』岩波
　　　　書店, 同『倭寇-海の歷史-』, 教育社歷史新書<日本史>66, 1982年
アンソニー・リードAnthony Reid『大航海時代の東南アジアⅠ』, 法政大學
　　　　出版會, 1997年(한편、原著는 1988年)
浜下武志 「東アジアの國際体系」, 『講座國際政治1國際政治の理論』, 東
　　　　京大學出版會, 1989年
羽田 正『勳爵士シャルダンの生涯』, 中央公論新社, 1999年

　＊ 本稿는 日本國際政治學會 2006年度研究大會 部會2「19世紀東アジア
　　　地域秩序の再編」(10月15日)에서 발표한 것을 원고로 작성한 것이다(未
　　　發表).

『참고도』 중국과 주변관계(청대를 중심으로)

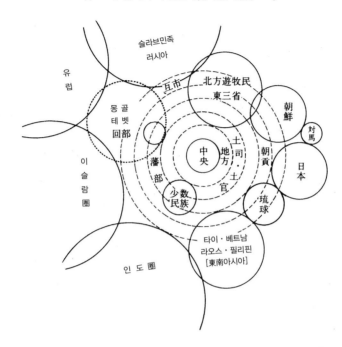

* 출전: 濱下武志, 「東アジアの國際體系」, 『강좌국제정치 1 국제정치의 이론』

  (동경대학출판회, 1989년)

그림 I . 18세기경 東아시아의 국제질서 - 일본을 중심으로 -

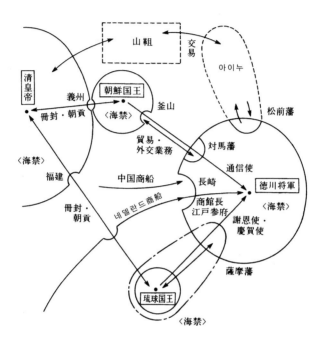

주) (1) 부산·의주 이외 조선의 교역소(회령·경원)과 청의 러시아와의 교역소는 본
　　그림에서는 생략하였다.
　(2) 청의 海禁은 1717년 이후

＊출전: 荒野泰典, 『近世日本と東アジア』(동경대학출판회, 1988년)

그림Ⅱ. 17세기후반－19세기 중반의 동아시아무역과 일본

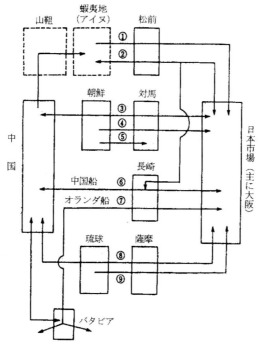

[注] (1) 交易品(槪略)
　　　①→鷹・金(～17世紀半ば), 木材(17世紀末)
　　　②米・日用品など←海産物・毛皮など
　　　③生糸・絹織物←銀(～18世紀初), 藥種・毛皮など←→銅(18世紀半ば～)
　　　④人蔘(～18世紀半ば), 木綿→
　　　⑤米→
　　　⑥生糸・絹織物←銀・銅(～17世紀末), 絹織物・藥種ほか←→銅・海産物(18世紀～)
　　　⑦生糸・絹織物←銀(～17世紀末), 絹織物→銅(17世紀末～)
　　　⑧生糸・絹織物←銀(～18世紀半ば), 藥種・絹織物(ほか←→銅・海産物(18世紀半ば～)
　　　⑨砂糖
　　(2) 蝦夷地の重要性は, 18世紀に入り, 海産物が長崎の中國貿易の主要な輸出入品となり, またそのこ
　　　ろ農業における金肥(魚肥)使用が盛んになつて, とくに增大.
　　(3) 琉球は, このほかに1万石余の貢米を上納(薩摩藩へ).
　　　*荒野泰典, 『近世日本と東アジア』(東京大學出版會, 1988年) による.

朝鮮時代 『行實圖』에 나타난 日本의 表象

孫承喆(강원대학교)

Ⅰ. 서론

조선시대, 조선인들에게 日本, 또는 日本人은 어떤 이미지를 갖는 존재였을까. 역사적으로 보면, 조선인들에게 일본은 친근한 상대는 아니었다. 일본은 늘 부담스럽고, 회피하고 싶고, 때로는 공포의 대상이었고, 때로는 혐오의 대상이었다. 그렇다면 조선인들이 일본 또는 일본인, 나아가 일본문화에 대해서 갖고 있는 否定的인 이미지는 어떻게 만들어졌으며, 그것은 어떻게 전승되었을까.

역사적으로 조선시대, 조선인들에게 가장 충격적인 사건은 14세기 후반, 반세기 이상에 걸쳐 자행된 倭寇의 약탈과 16세기 후반, 7년간의 壬辰倭亂이었다. 왜구의 약탈과 임진왜란은 조선인에게 많은 傷處와 苦痛을 주었으며, 이것은 곧바로 조선인의 부정적인 日本認識으로 고착되었다.

조선왕조에서는 儒敎理念을 통해 국민들을 敎化했는데, 그 대표적인 수단이 『行實圖』의 편찬과 보급이었다. 『行實圖』란 유교이념의 보급과 풍속교화를 목적으로 제작한 官撰對民敎化書로서, 타인에게 모범이 될 만한 사람들의 행적('行實')과 그 내용을 그린 揷畵('圖')를 수록한 책이

다. 즉 유교의 기본덕목인 三綱(忠·孝·節)과 五倫(義, 親, 別, 序, 信)을
강조한 『行實圖』를 편찬하여 보급했다.

그런데 이들 『行實圖』 속에 倭寇와 壬辰倭亂과 관련된 내용이 다수
삽입되어 있다.

종래의 『行實圖』에 관한 연구들은, 『行實圖』의 편찬과 보급과정, 편
찬목적, 그리고 체제나 삽화형식, 판본형태, 한글보급, 여성수난 등, 敎
育史, 社會史, 美術史, 書誌學的인 측면에서 다루었을 뿐, 일본과 관련
한 연구는 거의 없다.[1]

---

1) 행실도에 관한 기존연구로는 한국에서는 金元龍, 1965, 「三綱行實圖 刊本攷」 『東
亞文化』4, 서울大學校 東亞文化研究所. 金恒洙, 1988, 「『三綱行實圖』편찬의
推移」 『震檀學報』85, 震檀學會. 金勳埴, 1985, 「16세기 『二倫行實圖』보급의
社會史的 考察」 『歷史學報』107. 金勳埴, 1988, 「『三綱行實圖』보급의 社會
史的 考察」 『震檀學報』85. 震檀學會. 朴珠, 1992, 「『東國新續三綱行實圖』
烈女圖의 分析」 『논문집』20, 효성여대 여성문제연구소. 이혜순, 1998, 「烈女像
의 전통과 변모—『三綱行實圖』에서 朝鮮후기 「烈女傳」까지」 『震檀學報』85.
震檀學會. 志部昭平, 1989, 「諺解三綱行實圖의 傳本とその系譜」 『東洋學』
19, 단국대학교 동양학연구소. 최승희 1993, 「世宗朝 政治支配層의 對民意識
과 對民政治」 『震檀學報』76. 震檀學會. 河宇鳳, 1983, 「世宗代의 儒教倫理
普及에 대하여 : 孝行錄과 『三綱行實圖』를 중심으로」 『全北史學』7. 노영구,
2004, 「공신선정 전쟁평가를 통한 임진왜란 기억의 형성」 『역사와 현실』51, 한
국역사연구회. 宋日基·李泰浩, 2001, 「朝鮮시대 '행실도' 판본 및 판화에 관한
연구」 『어문학』88, 한국어문학회. 이수경, 2004, 「朝鮮時代 孝子圖-行實圖類
孝子圖를 중심으로」 『미술사학연구』242-243. 李光烈, 2004, 「光海君代, 『東國
新續三綱行實圖』 편찬의 의의」. 서울대대학원, 권정아, 2006, 「『東國新續三
綱行實圖』의 烈女 분석」, 부산대대학원. 吳允禎, 2008, 「17세기 『東國新續
三綱行實圖』연구」, 홍익대 대학원 등, 일본에서는 金永昊, 2010, 「淺井了意
の『三綱行實図』翻譯—和刻本·和譯本の底本と了意」 『近世文芸』(通号 91).
岩谷 めぐみ, 2008, 『三綱行實圖』群の「烈女」篇の成立—朝鮮時代の烈女傳
と日本の列女傳について (特集 東アジアの文學圈—比較から共有へ) 『ア
ジア遊學』114. 金子 祐樹, 2008, 「『東國新續三綱行實図』第十八卷に見る
忠臣像の変遷と東國人事例限定化との關連」 『高麗美術館研究紀要』6. 嚴
基珠, 1997, 「近世の韓·日儒教敎訓書—東國新續三綱行實図」「本朝女鑑」「本

본고에서는 『行實圖』에 수록된 일본관련 내용을 발췌, 분석하여, 그 가운데에 나타난 조선인의 일본 내지 일본인에 대한 記憶과 認識, 그리고 그것이 어떻게 傳承되고 있는가를 살펴보고자 한다.

Ⅱ. 『行實圖』의 편찬과 내용

조선시대에는 총 5회에 걸쳐 행실도를 편찬했다. 1434년(世宗 16)에 『三綱行實圖』가 최초로 편찬·간행된 이후, 『續三綱行實圖』(1514, 中宗 9), 『二倫行實圖』(1518, 中宗 13), 『東國新續三綱行實圖』(1617, 光海君 9), 『五倫行實圖』(1797, 正祖 21)를 편찬했고, 『三綱行實圖』와 『二倫行實圖』를 중심으로 기존 행실도들을 여러 차례 중간했다.

이와 같이 三綱과 五倫에 관한 서적의 편찬과 간행, 그리고 그에 수반된 忠臣·孝子·烈女들에 대한 포상과 대우는 일반 백성들의 의식과 행동에 깊은 영향을 주었으며, 삶의 모범적인 사례로 존숭되고 인식되었으며 기억되었다.

이들 행실도 가운데에는 일본과 관련하여 총 591건의 삽화와 글이 수록되어 있다. 그 내용을 보면, 『三綱行實圖』에는 총 316건 가운데 9건, 『續三綱行實圖』에는 총 69건 가운데 3건, 『東國新續三綱行實圖』에는 1,587건 가운데 576건, 『五倫行實圖』에는 총 150건 가운데 3건이다.

朝列女伝」을 中心으로 해서」 『比較文學研究』 通号 70. 伊藤 英人, 1994, 「中世韓國語－三綱行實図諺解用例分析」 『朝鮮學報』 151. 菅野 裕臣, 「諺解三綱行實図研究(全2)」 『朝鮮學報』 通号 145. 平木 實 解題, 「『續三綱行實図』と敎化敎育」 『朝鮮學報』 105. 中村 幸彥, 「朝鮮說話集と仮名草子－『五倫行實図』을 主로」 『朝鮮學報』 49. 등 참조.

〈『行實圖』의 일본관련 삽화 일람표〉

行實圖名	수록건수	孝子	忠臣	烈女	計
『三綱行實圖』	330	2		7	9
『續三綱行實圖』	69	1		2	3
『二倫行實圖』	48				0
『東國新續三綱行實圖』	1,587	89	54	433	576
『五倫行實圖』	150			3	3
總 計	2,184	92	54	445	591

* 孝子, 忠臣, 烈女의 숫자는 일본관계임.

1. 『三綱行實圖』

1) 편찬과 구성

1428년(세종 10년) 9월, 晉州에서 金禾가 아버지를 살해하는 일이 일어났다. 世宗은 이 소식을 듣고 곧바로 經筵에서 孝悌의 마음을 돋우고, 풍속을 두텁게 하는 방안을 강구하도록 했다. 이에 卞季良은 고려시대 權溥가 지은 『孝行錄』을 널리 刊布하여 백성들이 읽게 하는 것이 좋겠다고 건의했다. 세종은 직제학 偰循에게 명하여 集賢殿에서 『삼강행실도』를 편찬토록 했다. 그리하여 4년 뒤인 1432년 6월 초고가 완성하여, 刻板을 완료한 후, 1434년 11월, 전국에 반포·보급했다.

책의 구성은 揷畵를 먼저 실었고, 이어 행적과 詩를 붙였다. 이것은 읽는 사람이 우선 그림을 통해서 흥미를 갖은 연후에, 그림의 설명을 읽도록 하려는 의도로 보여 진다. 그러나 이 시기는 아직 訓民正音이 반포되기 이전이라서, 행적을 한문으로만 기록하였다. 그림의 화법은 모두 線畵이어서 畵風을 알기가 어렵지만, 『東國新續三綱行實撰集廳儀軌』에는 『夢遊桃源圖』의 작가로 유명한 安堅이 그린 것으로 전하고 있다.

　權採의 서문에 의하면, "중국으로부터 우리 동방에 이르기까지 古今의 글에 기록되어 있는 것을 모두 찾아 모아서, 孝子·忠臣·烈女로서 특별히 기록할 만한 자를 각각 110인씩을 선정하여, 앞에는 형상을 그리고, 뒤에는 사실을 기록했으며, 아울러 시를 붙였다. 孝子는 太宗이 하사한 <孝順事實>의 시를 기록했고, 겸하여 臣의 高祖인 權溥의 『孝行錄』 가운데 名儒 李齊賢의 贊을 실었다. 나머지는 輔臣으로 하여금 나누어 편찬하게 했고, 忠臣과 烈女의 시는 文臣으로 하여금 짓게 하였다."고 했다.

　『三綱行實圖』에는 왜구와 관련하여 9인의 행적을 수록했다.

2) 왜구관련

　『三綱行實圖』에는 왜구와 관련하여 烈女 7건, 孝子 2건 등 총 9건을 수록했다. 그 내용을 발췌해 보면 다음과 같다.

① 최씨가 분내어 꾸짖다(崔氏奮罵)

　<원문>

　烈婦崔氏 靈巖士人仁祐女也 適晉州戶長鄭滿 生子女四人 其季在襁褓. 洪武己未 倭賊寇晉 闔境奔竄 時滿因事如京 賊入里閭 崔年方三十餘 且有姿色 抱携諸息走避山中 賊四出驅掠. 遇崔露刃以脅 崔抱樹而拒 奮罵曰 死等爾 汚賊以生 無寧死義 罵不絶口 賊遂害之 斃於樹下 賊擄二息以去 第三兒習 甫六歲 啼號屍側 襁褓兒猶匍匐就乳 血淋入口 尋亦斃焉 後十年己巳 都觀察使張夏以聞 乃命旌門 蠲習吏役

　<번역>

　烈婦 崔氏는 영암에 사는 士人 崔仁祐의 딸이다. 진주의 호장 鄭滿에게 시집가서 자녀 넷을 낳았고, 막내는 갓난아이였다. 洪武(1379) 己未에

왜적이 진주에 침구해오니, 온 경내 사람들이 도망쳐 숨었다. 이때에 정만은 일이 있어 서울에 갔었다. 왜적이 마을에 들어왔다. 최씨는 30여 세였고, 자색도 있었다. 여러 자식을 데리고 산속으로 피난하였다. 왜적이 사방에서 노략질하다가 최씨를 만나 칼을 뽑아 협박하였다. 최씨가 나무를 안고 항거하며 분연히, "죽기는 마찬가지이니, 도둑에게 더럽히고 사는 것보다는 차라리 의리를 지키고 죽는 것이 낫다." 하고 꾸짖는 소리가 입에서 끊이지 않았다. 왜적이 드디어 최씨를 살해하여 나무 밑에서 죽였다. 왜적이 두 자식을 잡아가고, 셋째 아이 졀은 6세였는데 최씨 옆에서 울부짖었다. 갓난아이는 어미의 젖을 빨아 피가 입으로 들어가더니, 조금 뒤에 죽었다. 10년 뒤 1389년(기사년)에 觀察使 張夏가 조정에 아뢰니, 명하여 정표하고 鄭졀의 吏役을 면제시켰다.

【詩原文】　良인上計赴王京　倭寇攘陷邑城
　　　　　　賦幸生寧死義　中心取舍已分明
　　　　　　賊勢縱橫闔郡驚　兒被擄若爲情
　　　　　　可憐抱樹捐生處　風響依稀罵賊聲

【시역문】　지아비는 일이 있어 서울에 가고, 왜구는 노략하여 읍성을 함락했네.
　　　　　　도둑에게 욕당함보다 의리 지켜 죽으리라, 마음속에 결정이 이미 분명하였네.
　　　　　　도둑이 마구 날뛰어 온 고을 놀랬는데, 아이들과 잡히니 심정 어떠했을까.
　　　　　　가엾게도 나무안고 죽은 그곳에, 울어대는 바람소리가 적을 꾸짖는 소리같구나.

『高麗史節要』신우 5년(1379) 5월 己巳條에 의하면, <왜적의 기병 7백과 보병 2천여 명이 진주를 침범하니, 楊伯淵이 禹仁烈·裵克廉 등과 함께 班城縣에서 싸워 13급을 베었으므로 물건을 차등있게 하사하였다>[2]라는 기사가 있다. 왜구의 침입 시기나 지역을 보면, <烈婦崔氏>의 기사와 일치한다.

이 내용으로 볼 때, 1379년 5월, 왜구가 진주일대를 침입했고, 그 때에 진주 경내에 있던 최씨가 변을 당했다. 나이가 30여세로 용모도 있던 여인을 겁탈하려 했으나 반항을 하자 살해했고, 아이 넷 중에 둘은 붙잡아 갔고, 갓난아이는 어미의 젖을 빨다가 죽었고, 당시 6세이던 아이(鄭習)만이 살아남아 16세때에 役을 면제 받았다. 붙잡혀 간 두 아이는 정습보다 위였으므로 대략 10세 전후로 추정된다. 짧은 기사이지만, 당시 왜구의 잔혹행위를 엿볼 수 있다.

② 세처녀가 못에 뛰어들다(三女投淵)

<원문>

洪武十年三月 倭寇江華府 萬戶金之瑞 府使郭彦龍 率府民 遁于摩利山 府吏之處女三인 將見獲 遂投于江

<번역>

洪武 10년 3월에 왜적이 江華府에 침입하니, 萬戶 金之瑞와 府使 郭彦龍이 府民을 거느리고 摩利山으로 도망했다. 府吏의 처녀 세 사람이 붙잡히게 되니, 드디어 강에 몸을 던졌다.

<이하의 자료에서는 詩를 생략함>

『高麗史節要』권30, 신우 3년(1377) 3월 己巳條에 <왜적이 또 강화

---

2) 『高麗史節要』31, 5년 5월 ; 孫承喆 編, 『韓日關係史料集成』2, 256 사료 398번.
　　『高麗史』121, 열전 34 ; 孫承喆 編, 『韓日關係史料集成』2, 74 사료 85번.

부를 침범하니, 萬戶 金之瑞, 부사 郭彦龍이 摩利山으로 도망쳤다. 왜적이 드디어 크게 노략하여 지서의 처를 사로잡아 갔다. 강화부 관리의 처녀 세 사람이 적을 만나, 몸을 더럽히지 않으려고 서로 끌어안고 강에 빠져 죽었다.>3)고 기록되어 있다.

이 내용으로 보면, 1377년 3월 왜구가 강화부를 침입하여 萬戶 金之瑞의 처를 잡아갔고, 또 세 처녀를 겁탈하려 하자, 이를 피해 강으로 뛰어 들어 자살했음을 알 수 있다.

③ 열부가 강에 뛰어들다(烈婦入江)

<원문>

烈婦 京山人 進士裵中善女也 旣笄 歸士族李東郊 善治內事 洪武庚申 倭賊逼京山 闔境擾攘 無敢禦者 東郊時赴合浦帥幕 未還 賊騎突入烈婦所居里 烈婦 抱乳子走 賊追之及江 江水方漲 烈婦度不能脫 置乳子岸上 走入江 賊持滿注矢擬之曰 而來 免而死 烈婦顧見賊 罵曰 何不速殺我 我豈汚賊者邪 賊發矢中肩 再發再中 遂歿於江中 體覆使趙浚 上其事 族表里門

<번역>

열부는 京山 사람이며 進士 裵中善의 딸이다. 笄禮4)을 치르고 나서

---

3) 『高麗史節要』 30, 辛禑 3년 3월 ; 孫承喆 編, 『韓日關係史料集成』 2, 234 사료 319번.

『高麗史』 121, 열전 34 ; 孫承喆 編, 『韓日關係史料集成』 2, 74, 사료 84번.

士族 李東郊에게 출가하여 가정
일을 잘 다스렸다. 洪武, 庚申年
(1380)에 왜적이 경산을 침공하니
온 경내가 요란하여 감히 막을 자
가 없었는데, 이동교는 이때 合浦
의 元帥의 幕에 가서 아직 돌아오
지 않았다. 적의 기병이 열부가 사
는 마을에 돌입하였으므로, 열부
가 젖먹이 아들을 안고 달아나는
데, 적이 뒤쫓아 왔다. 강에 이르
니 강물이 바야흐로 불어났으므로,
열부가 벗어나지 못하리라고 생각
하고, 젖먹이 아들을 언덕 위에 두
고 강으로 달려 들어갔다. 도둑이

활을 당기어 겨누며 말하기를, "네가 나오면 죽음을 면할 것이다." 하였
으나, 열부가 적을 돌아보고 꾸짖기를, "왜 빨리 나를 죽이지 않느냐? 내
가 어찌 도둑에게 더럽혀질 사람이냐?" 하니, 적이 화살을 쏘아 어깨를
맞히고 두 번 쏘아 두 번 맞히어, 드디어 강 가운데서 죽었다. 體覆使 趙
浚이 그 일을 아뢰어, 里門에 旌表하였다.

『高麗史節要』 권31, 辛禑 8년(1382) 6월 기사에는, <전법판서 趙浚
을 경상도 體覆使로 삼았다. 이때는 왜구의 침범이 매우 강성하여, 각
고을이 소란해서 백성들이 모두 산골로 도망하였으며, 나라에 기강이 없
고, 장수들은 둘러서서 보기만 하고 싸우지 않으니, 적세는 날마다 성하
여졌다. 조준이 오자 호령이 엄하고 밝으므로, 장수들이 몹시 두려워하
여 잇달아 전승하니, 道民들이 그 덕택으로 조금 편안해졌다. 이보다 앞
서 …… 경산부 사람 裵仲善의 딸이 아이를 업고 왜적에게 쫓기다가 所

---

4) 여자가 15세가 되면 시집을 가기 이전이라도 비녀를 꽂는 의식.

耶江에 이르렀는데 강물이 한참 불어 있었다. 그 여자(배중선의 딸)가 도망칠 수 없음을 알고, 물속으로 뛰어 들어갔다. 적이 강 언덕에 이르러 활을 당기며 말하기를, "네가 나오면 죽음을 면할 수 있다." 하였으나, 여자가 말하기를, "나는 선비의 딸이다. 일찍이 烈女는 두 지아비를 섬기지 않는다는 말을 들었다. 죽더라도 네놈에게 욕을 당할 수는 없다." 하였다. 적이 활을 쏘아서 먼저 아이를 맞혔다. 그리고 적이 활을 당기며 전과 같이 말했으나, 끝내 나오지 않고 해를 당했다.>⁵⁾는 기사가 있다. 따라서 이 기록을 보면, 1382년 6월에 경산에서 일어난 사건임을 확인할 수 있다.

④ 김씨가 왜적에게 죽다(金氏死賊)

<원문>

金氏 書雲正金彦卿妻也 居光州 洪武丁卯 倭寇本州標掠村落 突至其家 家人奔竄 彦卿夫婦 匿林莽間 倉卒 金行不逮遂見執 賊欲私之 金曰 寧就萬死 義不受辱 竟不肯屈 賊害之 永樂甲辰 命訪境內善行 州上其事 乃旌門閭

<번역>

金氏는 書雲正 金彦卿의 아내이다. 光州에 살았는데, 洪武 丁卯(1387년)에 왜구가 本州에 침입하여 촌락을 노략하다가 돌연히 그 집에 이르니, 식구들은 도망해 숨고 김언경 부부도 달아나 숲 사

---

⁵)『高麗史節要』권31, 신우 8년 6월 ; 孫承喆 編,『韓日關係史料集成』2, 276, 사료 471번.
　　『高麗史』권121, 열전 34 ; 孫承喆 編,『韓日關係史料集成』2, 75 사료 86번.

이에 숨는데, 창졸간에 김씨의 걸음이 미치지 못하여 드디어 붙잡혔다.
도둑이 간통하려 하니, 김씨가 말하기를, "차라리 만 번 죽을지언정 의리
가 욕볼 수 없다." 하고 끝내 굽히지 않으니, 도둑이 노하여 살해하였다.
永樂, 甲辰 (1424년)에 명하여 경내의 착한 행실을 찾게 하였을 때에 州
에서 그 일을 아뢰어, 里門에 旌表하였다.

『高麗史節要』 권32, 辛禑 13년(1387) 11월에, <왜구가 光州를 침략
하여 前 書雲正 金彦卿의 처 김씨를 잡아 가서 욕보이려 하니, 김씨가
땅에 엎어져 적을 꾸짖으며 크게 고함치기를, "너희들은 곧 나를 죽여
라. 의리상 욕은 당하지 않겠다." 하여, 드디어 해를 당하였다>[6]고 기
록되어 있다. 성폭행을 거부하는 김씨를 왜구가 살해하는 장면을 묘사
했다.

⑤ 경씨의 아내가 절개를 지키다(慶妻守節)

<원문>

慶德儀妻某氏 居井邑縣 洪武己巳 倭
寇本縣 某被執 守節而死

<번역>

慶德儀의 아내 某氏는 井邑縣에 살
았는데, 洪武, 己巳(1389년)에 왜구가
本縣을 침입하여 모씨가 붙잡혔으나 절
개를 지켜 죽었다.

『三綱行實圖』에는 1389년 己巳로 기록

---

6) 『高麗史節要』 32, 辛禑 13년 11월 ; 孫承喆 編, 『韓日關係史料集成』 2, 295,
   사료 536번.
   『高麗史』 121, 열전 34 ; 孫承喆 編, 『韓日關係史料集成』 2, 76 사료 88번.

되어 있으나, 『高麗史節要』에는 1387년 12월조에, <왜구가 정읍현을 침략하여 前醫正 景德宜의 처 安氏가 사는 마을에 들어가니, 안씨가 두 아들과 세 여종을 끌고 후원 움 속에 숨었다. 적이 찾아내어 난행을 하려 하자, 안씨가 꾸짖고 항거하니, 적이 머리끝을 부여잡고 칼을 뽑아 위협하였다. 안씨가 온 힘을 다해 꾸짖기를, "죽을지언정 네놈들의 말은 듣지 않겠다." 하였다. 적들이 노하여 그를 죽이고, 아들한 명과 여종 한 명을 잡아갔다. 또 중랑장 李得仁의 처 이씨를 붙잡아서 욕보이려 하니, 이씨가 죽기로 대항하였으므로 적들이 드디어 죽였다>.[7]고 기록했다.

안씨의 겁탈과 살해, 그의 아들과 여종의 납치를 기록했다. 또 중랑장 이득인의 처를 살해한 사실을 기록했다.

⑥ 송씨가 죽기로 맹세하다(宋氏誓死)

<원문>
宋氏 驛丞鄭寅妻也 居咸陽 洪武己巳被倭虜 倭欲之 宋誓死不從 遂見害

<번역>
宋氏는 驛丞 鄭寅의 아내이다. 咸陽에 살았는데, (洪武 己巳(1389년)에 왜구에게 잡히어 왜구가 욕보이려 하니, 송씨가 죽기로 맹세하고 따르지 않고 드디어 살해되었다.

『高麗史節要』에는 왜구가 함양에 침입한 기사가 4개(1379. 9. 1384. 11. 1388. 8. 1389. 7)가 있는데, 1389년 7월, "왜구가 함양·진주를 침범

---

7) 『高麗史節要』 32, 신우 13년 12월 ; 孫承喆 編, 『韓日關係史料集成』 2, 사료 537번.
　『高麗史』 121, 열전 34 ; 孫承喆 編, 『韓日關係史料集成』 2, 76, 사료 89번.

하니, 절제사 金賞이 가서 구원하였으나 패하여 죽었다"는 기록이 있다. 원전에 1389년 기사년으로 연대가 나와 있으므로 이때를 가리키는 것 같은데, 더 이상의 기록이 없어 진위를 확인하기는 어렵다.

⑦ 임씨가 발을 잘리다(林氏斷足)

<원문>

林氏 完山府儒士柜之女也 適知樂安郡事崔克孚 倭寇本府 林被執 賊欲之 林固拒 賊斷一臂 又斷一足 猶不屈 被害

<번역>

林氏는 完山府의 儒士 林柜의 딸인데, 知樂安郡事 崔克孚에게 출가하였다. 왜구가 本府를 침입하여 임씨가 붙잡혔는데, 도둑이 욕보이려 하였으나 임씨가 굳이 거절하였다. 도둑이 한 팔을 자르고 또 한 다리를 잘랐으나, 오히려 굴하지 않고 살해되었다.

이 기사는 『高麗史』나 『高麗史節要』에는 나오지 않는데, 완산은 현재의 전라북도 전주와 완주의 옛 지명이다. 『高麗史節要』에는 왜구가 전주를 침범한 기사가 1378년 10월, 1383년 8월, 1388년 5월 등 3건이 나온다. 이 가운데 1378년 10월에, <왜적이 林州를 침범하고, 또 전주를 도륙하고 불태웠다>는 기사가 있고, 1388년 5월에, <왜적이 전주를 침범하여 관사를 불태우고, 또 金堤·萬頃·仁義 등의 현을 침범하였다.>는 기사를 보면 둘 중의 하나에 해당 될 것으로 추정된다.[8] 이 내용으로

---

8) 『高麗史節要』30, 신우 4년 10월 ; 孫承喆 編, 『韓日關係史料集成』2, 사료 385와 『高麗史節要』33, 신우14년 6월 ; 孫承喆 編, 『韓日關係史料集成』

만 보아 어느 때인지는 알 수 없으나, 『太祖實錄』 7권, 4년(1395) 4월 庚寅條에 의하면, 「完山의 節婦 林氏의 旌門을 세웠다. 임씨는 완산사람 崔克孚의 아내며, 待聘齋의 학생 林柜의 딸이다. 왜구에게 붙들리어 욕을 보이려 하니, 반항하여 왜구가 한쪽 팔을 베어내고, 또 한쪽 다리를 잘랐어도 반항하므로, 왜구가 찔러 죽였다.」는 기사가 있다.

⑧ 신씨가 적의 목을 조르다(辛氏扼賊)

<원문>

辛氏 靈山人 郎將斯蔵女也 性沈毅有識
度 洪武壬戌六月 倭賊五十餘騎 寇靈山 斯家
避亂 欲濟蔑浦 賊追之甚急 斯一家已在船矣
二子 息 悅 推挽之 會夏方盛 水纜絶 船忽著
岸 賊追及射斯 上船又槍之 執辛 欲下船俱去
辛不肯 賊露刃擬之 辛大罵曰 賊奴汝殺則殺
我 汝旣殺我父 不共戴天之讐也 寧死不汝從
遂扼賊 蹴而倒之 賊怒害之 年二十矣 典法判
書趙浚 時體覆防倭 具事牒史館 且聞于朝 立
石紀事 以旌表之

<번역>

辛氏는 靈山 사람이다. 郎將 辛斯蔵의 딸인데, 천성이 침착하고 굳세며 식견과 도량이 있었다. 1382년(洪武 壬戌) 6월에 왜구 50여 명이 말을 타고 영산을 습격해 왔다. 신사천이 가족을 이끌고 피란하여 蔑浦를 건너려 하는데, 도둑들이 매우 급히 쫓아왔다. 신사천의 가족이 이미 다 배 위에 오르고 두 아들 辛息·辛悅이 배를 앞뒤에서 밀고 당기는데, 때마침 여름 장마 물이 한창 불었으므로 물결은 빨라서 닻줄이 끊어져 배가 홀연 언덕에 닿았다. 도둑들이 쫓아와서 신사천을 쏘아 쓰러뜨리고

2, 사료 545번.

배 위로 올라와 다시 창으로 찌르고는, 신씨를 잡아 배에서 내려 데려가
려 하였다. 신씨가 불응하자, 도둑이 칼을 뽑아 신씨를 겨누니, 신씨가
크게 꾸짖어 말하기를,

　"도둑놈아! 네가 나를 죽일테면 죽여라. 네가 이미 우리 아버지를 죽
였으므로 하늘 아래 함께 살 수 없는 원수이니, 차라리 죽을지언정 너를
따르지는 않겠다."

　하고, 드디어 적의 목을 누르고 발로 차서 넘어뜨렸다. 적이 성을 내
어 살해하니, 그때 20세였다. 典法判書 趙浚이 그때 體覆防倭使로서 이
사실을 갖추어 史館에 移牒하고, 조정에 아뢰어, 비석을 세워 사실을 기
록하고 旌表하였다.

　辛斯蕆의 기사에 관해서는 앞의 <烈婦入江>의 기사가 실려 있는『高
麗史節要』권31, 8월 6월조에 趙希參과 裵仲善의 기사와 함께 수록되어
있다. 여자의 몸으로 아버지를 살해한 것에 대한 항의와 절개를 지킨 것
에 대한 孝女로서의 정표를 했다.

⑨ 반전이 아버지를 사다(潘買贖父)

　<원문>

　散負潘贖 安陰人 洪武戊辰 倭賊突入 執其父以歸 持銀帶銀塊 赴賊中
買父而來

　<번역>

　散員 潘贖은 安陰 사람이다. 1388년(洪武 戊辰)에 倭賊이 돌연히 침
입하여 그 아버지를 잡아갔는데, 반전이 銀帶와 銀塊를 가지고 왜적의
속으로 달려가서 아버지를 사 왔다.

　安陰은 현재의 경상남도 함양군 일대에 있던 옛 고을인데,『高麗史
節要』에 의하면 왜구가 함양에 침구한 것은 1379년 9월과 1380년 8월

에 2차례 있었다. 그 가운데 1380년 8월 기사에는, <왜가 沙斤乃驛에 둔을 쳤는데, 원수 裵克廉·金用輝·池湧奇·吳彦·鄭地·朴修敬·裵彦·都興·河乙沚가 공격하였으나 패전하여 朴修敬과 裵彦, 죽은 士卒이 500여명이나 되었다. 왜적이 드디어 咸陽을 도륙하였다.>9)는 기록이 있는 것으로 보아 1380년 8월의 일로 추정된다.

이상 9건의 왜구가해의 참상을 보면, 가해형태는 주로 여인을 겁탈하는데, 그것을 거부하면 살해했고, 어린아이를 납치하는 양상을 보이고 있다. 또한 揷畵에 그려진 왜구가 소지한 무기는 활·창·칼이 등장하는데, 활과 창은 日本 중세 무사들이 소지했던 활과 흡사하고, 창은 길이가 2미터이상에 薙刀의 길이만 1미터이상이 되는 大薙刀(오오나키나타)였다. 좀더 고증되어야 하지만, 상당히 사실적으로 묘사했다고 생각된다.10)

2. 『續三綱行實圖』와 『二倫行實圖』

1) 편찬과 구성

1506년 反正에 의해서 집권한 中宗은 흐트러진 國家紀綱을 바로잡기 위해, 즉위 초부터 『三綱行實圖』의 간행에 적극적이었다. 『續三綱行

---

9) 『高麗史節要』31, 辛禑 6년 8월 ; 孫承喆 編, 『韓日關係史料集成』2, 사료 435번.
『高麗史』121, 열전 34 ; 孫承喆 編, 『韓日關係史料集成』2, 74, 사료 83번.
10) 日本 중세무사의 무기에 관해서는 棟方武城 執筆, 笹間良彦 監修, 2004 『日本의 甲冑·武具』(東京美術) 및 『蒙古襲來繪詞』 참조.

實圖』의 편찬은『三綱行實圖』를 보완하는 의미가 강하였다. 편찬초기부터 건국초기 이래 烈女와 孝子 중에『三綱行實圖』에 포함되지 않은 사람들을 찬집하라 했고, 反正중에 忠節로 죽은 사람도 수록하도록 했다. 또한 中國 사례가운데, 明 초기의 기록에서 빠진 부분도 보완하도록 하여, 1514년(中宗 9) 6월에 간행했다.[11]

편찬체제는 成宗때 중간한『三綱行實圖』刪定諺解本과 같은 체제로 했는데, 揷畫의 上段部分에 諺文으로 행적을 수록하여 일반인도 쉽게 읽을 수 있게 했고, 뒷면에 漢文原文과 詩를 수록했다. 그러나『三綱行實圖』에서와 같이 수록인물을 同數로 하지 않고, 孝子 36인, 忠臣 5인, 烈女 28인으로 總 69인을 수록했다. 이 중 왜구와 관련하여 3인의 행적이 수록되어 있다.

한편『續三綱行實圖』와 더불어 1518년(中宗 13)에 慶尙道 觀察使 金安國에 의해『二倫行實圖』가 개인적으로 편찬 간행되었다.『二倫行實圖』는 木版本 1冊으로 간행했는데, 兄弟·宗族·朋友·私生의 4부분으로 되어 있으며, 모두 48인을 수록했다. 그러나 수록인물 모두 中國人이다.

2) 왜구관련

『續三綱行實圖』에는 왜구관련하여 孝子 1인, 烈女 2인 등 총 3인이 수록되어 있다.

① 得仁이 倭를 감동시키다(得仁感倭)

<諺文>

金김得득仁인ᄋᆞᆫ 둥릭사ᄅᆞ미라 나히 져머셔 아비 죽거늘 지비 艱난ᄒᆞ되 어미 孝효養양ᄒᆞ믈 지그기 ᄒᆞ더니 어미 죽거늘 侍씨墓모 三삼年년ᄒᆞᆫ 후에 아비

를어 墳분 墓므ㅅ겨틔遷쳔葬장ㅎ고또三삼年
년侍씨墓므ㅎ니대되거상을아홉히를ㅎ니라
마초와녀름사오나와釜브山산개예녑히흐터
나와도즉ㅎ다가得득仁인의侍씨墓묘幕막애
와보그誠셩孝효를感감激격ㅎ야嗟차嘆탄ㅎ
고간후에잇댜감머육과뿔와香향과가져다가주
더라康강靖졍大때王왕朝됴애벼슬이시니라

<원문>

金得仁東萊縣人 幼年喪父家貧 養母至孝
母歿 廬墓三年後 遷其父墓于母塋 又居三年
前後居喪九年値年飢釜山浦 倭奴四散剽掠猝至得仁廬 感其誠孝嗟嘆而去
後以海茱米香遺之 康靖大王三年特授豊儲倉副奉事

<번역>

金得仁은 東萊縣人이다. 어렸을 때, 아버지가 죽고, 집이 가난했지만 어머니를 지극히 奉養하였다. 어머니가 죽거늘 侍墓를 3년한 후에 아버지를 어머니 墓 옆으로 옮겨 3년을 居喪하여, 居喪하기를 9년에 이르렀다. 이때에 釜山浦에 흉년이 들었는데, 倭奴들이 들어와 약탈을 하다가 得仁이 侍墓하는 것을 보고, 진실로 孝道하는 것에 감탄하여 돌아가면서 海草와 쌀과 香料를 가져다 주었다. 康靖大王 3년에 특별히 豊儲倉의 관직을 하사했다.

『成宗實錄』 1년(1470) 2월 병진조에 의하면, 慶尙道 觀察使 尹慈가 道內 烈女와 孝子 等을 馳啓한 內容이 있는데, 「東萊人 金得仁은 아버지가 일찍 죽었는데, 孝誠을 다하여 어머니를 섬기다가 어머니가 죽으니, 3年間 侍墓하며 피눈물을 흘려 몹시 衰弱해졌습니다. 墓가 바닷가에 있었는데, 마침 倭人이 몰래 도둑질을 해 왔다. 金得仁이 墓 곁을 떠나지 않고, 흙집 속에 숨어서 朝夕奠을 廢하지 않았다. 倭賊 두 세사람이

와서 劫迫하였지만, 金得仁이 孝誠이 있는 것을 알고는 稱歎하고 돌아 가더니, 나중에 쌀을 가지고 와서 주었습니다.」[12]고 한다.

『高峰集』續輯 2에는 金得仁에게 1472年(成宗 3)에 豊儲倉 副奉事 의 官職을 특별히 下賜하였다는 記錄이 있고, 權鼈의 『海東雜錄』 권5에 는 旌門했다는 記事가 있다.[13]

② 藥哥가 貞節을 지키다(藥哥貞信)

<원문>

藥哥善山人趙乙生妻也　乙生爲倭
寇搶去　藥哥未知存歿　不食肉不茹葷
不脫衣服而寢　父母欲奪志　矢死不從
凡八年而乙生還　爲夫婦如初

<번역>

藥哥는 善山人이고, 趙乙生의 妻
이다. 乙生이 倭寇에게 잡혀가자, 藥
哥는 죽었는지, 살았는지 모른채, 고
기와 마늘 파를 먹지 않고 옷을 벗지
않고 잤으며, 父母가 뜻을 바꾸려했
으나, 죽음으로 맹세코 좇지 아니한지 八年만에 乙生이 살아 돌아와 처 음처럼 夫婦가 되었다.

『世宗實錄』 2年(1420) 1月 庚申條에 의하면, 「王이 처음 卽位하여 中外에 敎書를 내리어, 孝子·節婦·義夫·順孫이 있는 곳을 찾아 實迹으 로 아뢰라고 하니, 數百人이 되었다. 王이 말하기를, "마땅히 그 중에 特 行이 있는 者를 選拔하라."하니, 左·右議政과 議論한 結果 41人이었다.

---

12) 『成宗實錄』 1년 2월 丙辰條, 孫承喆 編, 『韓日關係史料集成』 7, 사료 12번.
13) 『高峰集』續輯 2, 天使 許國·魏時亮의 問目에 답함. 權鼈『海東雜錄』 권5. 孝子

······ 善山의 船軍 趙乙生의 妻, 藥加伊는 丙子年에 남편이 왜적의 포로
가 되어 死生을 알지 못하매, 酒肉과 냄새나는 나물을 먹지 않고, 부모
가 改嫁시키려 하니, 눈물을 흘리면서 좇지 않았다. 8년이나 되어 그 남
편이 돌아와서, 함께 살아 아내의 도리를 다하였다.」14)는 기사가 있다.
병자년은 1396年이므로, 14年만에 그 마을에 旌門을 세워 포상하고, 그
집의 徭役을 免除토록 했다.

③ 崔氏가 守節을 하다 (崔氏守節)

<원문>
崔氏忠州人與副使韓約定婚 約從征日本
戰歿 崔終身守節 事聞旌閭

<번역>
崔氏는 忠州人이다. 副使 韓約과 혼인
을 약정했다. 韓約이 日本征伐 戰爭에서 죽
자, 崔氏가 종신토록 수절했다. 이일을 듣
고 旌閭했다.

日本征伐이란 1419년 對馬島征伐을
말하는데, 『세종실록』1년 12월 임오조
에 의하면, 「全羅道 觀察使가 보고하기를, "靈光郡에 거주하는 知甲山
郡事 金該의 아들 金彦容의 所志를 보고했는데, 그 안에 이르기를, '아
버지 該가 東征할 때에 左軍節制使 朴實이 都鎭撫가 되어 尼老郡 접전
에서 左軍이 패전할 때, 아버지는 반인 韓約과 함께 싸우다가 몸에 화살
두 개를 맞고 칡넝쿨 밑에 숨어 엎드린 것을 約이 보고 왔다 하는데, 지
금까지 생사를 알지 못하니, 韓約과 함께 對馬島에 가서 <아버지를>

---

14) 『世宗實錄』2년 1월 경신조. 孫承喆 編, 『韓日關係史料集成』3, 사료 226.

찾아보기를 원합니다.' "하므로 그대로 따랐다.」15)는 기사가 있다. 이 기사에 의하면 韓藥이 對馬島 征伐에 참전하였다가 살아 돌아온 것으로 되어 있다. 그리고 직급도 반인으로 되어 있다.

그러나 『高峰續集』 雜著 2에는 「崔氏는 忠州 사람으로 府使 韓約과 정혼한 사이였다. 韓約이 日本으로 征伐을 나갔다가 전사하자, 崔氏는 종신토록 절개를 지켰다. 그 사실이 朝廷에 알려지자 旌閭를 내려 표창하였다.」16)는 기록이 있고, 『新增東國輿地勝覽』 第14. 忠淸道에는, 「本朝 崔氏 崔環의 사촌 누이동생이다. 副使 韓約과 혼인을 정하였는데, 日本征伐에 從軍하였다가 전사하니 일생을 수절하였다. 일이 朝廷에 알려지자 旌門을 세웠다.」17)는 기록이 있는 것으로 보아, 對馬島征伐 중에 전사한 것이 틀림없다.

3. 『東國新續三綱行實圖』

1) 편찬과 구성

1592년 4월 14일, 시작된 壬辰倭亂은 조선사회를 밑바닥부터 흔들어놓은 대전란이었다. 전쟁 발발 후, 20일도 되지 않아 서울이 함락되고, 宣祖는 義州로 피난하여 1년이 넘도록 돌아오지 못했다. 당시 많은 사람들이 國家를 위해, 國王을 위해, 子息으로서 父母를 위해, 女子와 아내로서 절개를 지키기 위해 죽었다. 이들의 節義가 오랜 전란으로 인멸되지 않도록 하면서, 이들에 대한 旌門이나 復戶 등의 포상을 시행하는 것은 국가와 유교질서의 회복 그리고 국왕의 권위 신장을 위해 가장 효과적인 方法으로 생각했다.

---

15) 『世宗實錄』1년 12월 壬午條、孫承喆 編, 『韓日關係史料集成』 3, 史料 217.
16) 『高峰續集』 雜著 2.
17) 『新增東國輿地勝覽』 第14. 忠淸道.

忠臣·孝子·烈女에 대한 기록과 포상에 대한 논의는 국왕의 환도이후인 1593년 9월부터 시작된다. 그러나 여러 이유로 곧바로 시행되지 못하다가 1595년 7월, 宣祖의 교시가 내려지면서 본격화된다. 宣祖는 전란 중에 死絶한 사람들에 대하여 旌表한 내용을 책으로 인출하여 전국에 반포할 것을 지시했다.[18] 그러나 당시는 전쟁 중이었고, 또 丁酉再亂의 발발로 忠臣·孝子·烈女에 대한 행적을 조사하거나 정표하는 일이 제대로 시행할 수 없었다. 더구나 전쟁이 종결된 이후에도 1601년부터는 功臣册封의 錄勳作業이 시작되어, 난중의 死節人에 대한 정문과 책의 간행은 뒤로 미루어질 수 밖에 없었다.

1608년 光海君이 즉위한 후에도 宣祖代와 마찬가지로 旌門對象者에 대한 자료수집과 내용검증 작업은 계속되었고, 1612년(광해군 4) 4월, 旌門이 일괄적으로 이루어지면서 책의 간행도 본격화 되었다. 『東國新續三綱行實撰集廳儀軌』에는 이 과정을 다음과 같이 수록하고 있다.

「壬辰年 이후로 各道 各府에서 實行을 보고하여 本曹에 보내온 孝子·忠臣·烈女들에 대한 기록이 그동안 계속 쌓여 卷軸을 이루고 있습니다. 壬辰倭亂 초기에 報告된 것은 備邊司 郎廳에서 선발하여 위의 재가를 받아 이미 旌門하고 포상했고, 그 후 계속 報告된 숫자 또한 많아, 種類別로 나누고 等級을 정해 議政府에 보고했습니다. 그러나 간혹 議政府의 자리 이동이 빈번하여 여러 해 동안 의정부에 유치되었던 것을, 금년(1612년) 2월 24일에 의정부가 立啓하여 보고한 것이 재가 되었습니다. 이에 지금 各道·各府에 나누어 안배하여 旌門·賞職·復戶 등의 일을 거행하고 있습니다.」[19]

이어 纂集廳이 설치되어 본격적으로 운영되면서, 1617년(광해군 9) 3월에 『東國新續三綱行實圖』18권, 총 50질을 간행하였다. 『東國新續三

---

18) 『宣祖實錄』 28년 7월 癸未.
19) 『東國新續三綱行實撰集廳儀軌』 壬子 5월 23일조.

綱行實圖』은 三國時代부터 朝鮮(本朝)까지 우리나라의 인물만을 대상으로 했는데, 孝子 8권, 忠臣 1권, 烈女 8권, 續附 1권 등 18권으로 구성했고, 총 1,587건을 수록했다.[20]

『東國新續三綱行實圖』에 수록된 1,587건의 사례가운데 임진왜란 때에 왜군으로부터 피해사례는 576건에 달하며 종류별로는, 忠臣 54건, 孝子 89건, 烈女 433건이다.

2) 임진왜란 관련

① 「忠臣圖」

忠臣圖에는 총 99건이 수록되어 있는데, 그 중 임란관련기사가 54건이다. 忠臣圖에는 임란때 왜군과의 전투에서 전사한 統制使 李舜臣을 비롯하여 宋象賢, 高敬命, 金千鎰 등 잘 알려진 장수들을 비롯하여 주로 현직 관리가 많다. 대표적인 예로 李舜臣에 관한 기사는 다음과 같다. 우측상단에 <舜臣力戰>이라고 제목을 붙였고, 插畵의 절반은 해전의 모습을 그렸고, 나머지 절반에는 삽화의 내용을 漢文과 諺文으로 설명했다. 원문내용을 보면,

○ 舜臣力戰

<원문>

統制使李舜臣牙山縣人智勇遇人壬辰倭亂爲統制使作龜船擊倭累捷戌冬率舟師與賊大戰于南海　津中乘勝逐此舜臣爲飛丸所中臨絶謂左右曰愼勿發喪揚旗鳴鼓猶我之生如其言竟大捷而還　昭敬　大王錄功贈職今

---

20) 수록인물에 대해서는 연구마다 차이가 있다. 예를 들면 송일기·이태호는 1,179명, 김혁 1,618명, 박주 1,679명로 파악했다. 한편 김항수는 1,587건, 이광열은 1587건, 1670명, 정일영은 1586건 등으로 파악했는데, 몇몇 사례에서 1명 이상의 인물이 동시에 등장하므로 '건'으로 칭하는 것이 타당하다고 본다.

〈舜臣力戰〉   上朝旌門21)

<번역>

統制使 李舜臣은 牙山縣人이다. 智勇이 보통 사람보다 나았다. 壬辰倭亂 統制使 되어 龜船을 만들어 여러 번 이기다. 무술년 겨울에 舟船을 거느리고 남해 섬 한가운데서 왜적과 싸워 크게 이기고, 이 틈을 타서 적의 무리를 쫓아가는데, 舜臣이 날아오는 탄환을 맞았다. 배에서 죽을 때, 좌우에서 달려들자, 나의 죽음을 발설치 말고, 북을 쳐서 내가 살아있을 때처럼 하라고 했다. 그 말대로 하여 마침내 크게 이기어 돌아오다. 昭敬大王이 錄功을 贈職하고 上朝에 旌門하였다.

이 내용으로 보아, 統制使 李舜臣將軍의 마지막 전투였던, 1598년 11월 19일, 島津義弘, 宗義智, 立花統虎 등이 이끄는 500여 척과의 결전에서 왼쪽 가슴에 적의 탄환을 맞고 전사하는 장면을 기록한 것이다. 배의 오른쪽 끝부분에 李純臣의 쓰러져 있는 모습이 묘사되어 있다. 한편 忠臣圖에는 장군이외에도 일반 백성인 良人의 기사도 있다. 예를 들면, 幼學 朴選의 경우를 예로 들어 보자.

○ 朴選罵賊

<원문>

幼學朴選咸陽郡人有操行壬辰倭亂以病不能避賊賊至迫令擔負選固拒罵賊曰我朝鮮士也義不爲 賊奴投賊大怒寸斬之今 上朝旌門22)

---

21) 『新續忠信圖』 卷 1, 90.
22) 『新續忠信圖』 卷 1、52.

<번역>

幼學 朴選은 咸陽郡人이니 품행이 반듯했다. 임진왜란에 병이 나서 왜적을 피하지 못했다. 왜적이 다가와서 逼迫하면서 짐을 지라고 했는데, 朴選이 굳게 버티면서 왜적을 꾸짖기를, '나는 朝鮮의 선비이다. 義로써 왜적

<朴選罵賊>

에게 부림이 당할 수 없다.'고 했다. 왜적이 대노하여 촌촌이 베었다. 이에 上朝에 旌門 하였다.

이 插畫를 보면, 朴選이 두 번 그려져 있는데, 위의 그림은 朴選이 산에 엎드려 있고, 아래 그림은 朴選의 옆에 있는 짐을 지라고 하는 모습과 이를 거절하자, 칼로 내려치는 모습이 그려져 있다. 한 插畫에 사건의 진행 상황을 보여주고 있다.

또한 忠臣圖에는 官吏, 良人뿐만 아니라 私奴와 私婢도 5건이 수록되어 있는데, 그중 여 자인 私婢도 3건이 있다. 私婢 莫介의 기사를 소개하면,

○ 莫介把刃

<원문>

私婢莫介京都人縣監李汝機妻尹氏婢也壬辰倭亂尹氏遇賊將被害莫介大呼曰賊奴殺吾主耶突入賊前手把自刃賊殺之時年十八今 上朝旌門[23]

<번역>

私婢 莫介는 서울 사람이다. 縣監 李汝機의 妻尹氏의 婢이다. 壬辰倭

---

23) 『新續忠信圖』 卷 1、84.

<莫介把刃>

亂에 尹氏가 왜적 만나 해를 입게 되어 莫介가 크게 소리치면서, 왜적 놈이 내 주인을 죽이려 한다고 하면서, 왜적에게 달려들어 손으로 칼을 잡으니, 왜적이 막개를 죽였다. 나이 열여덟이었다. 上朝에 旌門했다.

이 내용을 보면, 莫介가 주인인 尹氏의 죽음에 항변하다가 왜군에 의해 함께 죽임을 당한 모습을 보여주고 있다. 그런데 忠臣이란, 일반적으로 國家나 國王을 위해 충성을 바친 경우를 말하는데, 莫介의 행위가 忠臣에 해당되는지, 忠臣의 기준이 무엇인지 애매하다.

忠臣圖에 수록된 임란관련 揷畵는 54건인데, 수록자의 신분은 현직 관리였던 兩班이 36건, 良人 8건, 中人 5건, 賤民 5건이었으며, 지역별로는 전라 14건, 서울 11건, 경상 10건, 강원 5건, 충청 4건, 황해 4건, 경기 3건, 함경 3건으로 전라도 지역이 가장 많았다. 포상관계는 參議 高敬命이 旌閭되고, 나머지는 모두 旌門하였다.

② 「孝子圖」

孝子圖에는 총 742건이 수록되어 있는데, 임란관계는 89건이다. 孝子의 유형은 부모 및 시부모가 왜군에 의해 위해를 당하는 경우, 같이 죽거나, 대신해서 죽는 경우가 대부분이며. 전가족이 몰살하는 경우도 많았다. 또한 아버지를 따라 왜군에게 대항하며 따라 죽은 경우, 侍墓를 하던 중 전란을 당했으나, 피난하지 않고 죽음을 당하는 경우도 있었다.

父母를 대신하여 죽임을 당하는 경우를 보자.

○ 二子活母

<원문>

〈二子活母〉

幼學金時愓時省京都人
兄弟同居事親至孝壬辰倭
亂負母避賊于坡州賊猝至
兄弟同執母手爭請殺我而
活母賊殺其兄弟不害其母
昭敬大王朝旋門[24]

<번역>

幼學 金時愓과 時省은 서울사람이니 兄弟가 같이 살며 父母를 섬기며 至極히 孝道하였다. 壬辰倭亂에 어머니를 업고 왜적을 피해서 坡州로 갔는데 왜적이 문득 이르거늘 兄弟가 한가지로 어머니의 손을 잡고 다투어 請하기를 '나를 죽이고 어머니는 살려주시오' 하였다. 왜적이 兄弟를 죽이고 그 어머니는 죽이지 않았다. 昭敬大王朝에 旌門하다.

앞의 삽화는 두 아들이 어머니와 함께 전란을 피하던 중, 왜군을 만나 위협을 당하는 장면과 어머니를 대신하여 두 아들이 함께 죽임을 당하는 경우이다. 또한 며느리가 시어머니를 지키기 위해 죽임을 당하는 경우도 있었다. 예를 들면,

○ 終伊負姑

<원문>

良女終伊利川府人 鄭彦忠之孽女忠贊衛徐壽之妻也 平居事嫡姑盡誠
壬辰倭亂姑病不能運步終伊常負而行賊迫之 僮僕告曰負則難免願先少
避姑老賊必不害庶得兩全終伊曰寧死何忍棄姑終不去爲賊所逼罵不終口賊
殺之今 上朝施門[25]

---

24) 『新續孝子圖』 卷6、7.
25) 『新續孝子圖』 卷6、19.

<終伊負姑>

<번역>

良女 終利는 利川府 사람이니 鄭彦忠의 孽女이며 忠贊衛 徐壽의 아내다. 평소에 시어머니를 정성을 다하여 섬기었다. 임진왜란에 시어머니가 병이 들어 걷지 못하므로, 終利가 항상 업고 다녔다. 왜적이 핍박하자, 어린종이 말하기를 '시어머니를 업고 가면 피하기 어렵지만, 원하건데 먼저 피하고 나면, 시어머니는 늙어서 왜적이 해하지 않을 것이므로, 모두 온전할 것입니다' 하였다. 그러자 終利가 말하기를 '차라리 죽더라도 어떻게 시어머니를 버리겠는가'하고, 끝내 가지 않았다. 왜적의 핍박하자, 왜적을 꾸짖으니, 결국 왜적이 죽였다. 上朝에 旌門하였다.

삽화는 모두 4장면이 그려져 있는데, 평소에 시어머니를 섬기는 모습, 시어머니를 업고 피신하는 모습, 업고 가다가 지쳐있는 모습, 그리고 왜군을 만나 살해당하는 순서로 묘사되어 있다.

다음은 戰場에서 아버지와 함께 왜군과 싸우다가, 아버지의 곁을 끝까지 지키다가 죽는 경우이다. 아버지는 忠臣圖에 아들은 孝子圖에 수록되었다.

○ **象乾復讎**

<원문>

別坐金象乾羅州人忠臣金千鎰之子也有學行壬辰倭亂隨父從軍二年不離側入晉州城禦賊城陷賊揮劍先及其父象乾奮刃斬賊父子同死今 上朝施門26)

---

26) 『新續孝子圖』 卷6、145.

<번역>

<象乾復讎>

別坐 金象乾은 羅州사람이니 忠臣 金千鎰의 아들이다. 학문과 행실이 있었다. 임진왜란에 아버지를 좇아 종군하여 2년을 곁에서 떠나지 않았다. 晉州城에 들어가서 왜적을 防禦하다가 성이 함락되자, 왜적의 칼이 먼저 그 아버지에게 향하자, 象乾이 칼을 빼앗아 왜적을 공격하다가 父子가 함께 죽었다. 上朝에 旌門하다.

忠臣圖에 수록된 金千鎰 아들의 기록인데, 아버지를 좇아서 2년간 종군하다가 晉州城 전투에서 아버지와 함께 죽은 경우이다. 왜군의 손에 잘린 목이 들려있다.

孝子圖에 수록된 임란관련 89건의 신분은 현직관리인 兩班이 24건, 良人 50건, 中人 9건, 賤民 6건이었으며, 지역별로는 경상 31건, 전라 19건, 서울 18건, 충청 9건, 경기 8건, 강원 2건, 함경 1건으로 경상도 지역이 가장 많았다. 포상관계는 89건 모두 旌門하였다.

③ 「烈女圖」

烈女圖에는 총 746건이 수록되어 있는데, 임란관계는 433건이다. 『東國新續三綱行實圖』에 수록된 烈女圖의 유형은 守節·廬墓·自殺·奉養·危難등으로 분류되는데, 임란관계는 대부분이 왜군에 의해 危難을 당하여 毁節당할 것을 우려하여 자살하거나 살해당하는 경우가 많았다. 왜군의 만행에 죽기를 결심한 女性들은 강·바다·연못·우물·절벽·언덕·바위·성 등에서 뛰어 내리거나 佩刀를 사용하거나 스스로 목을 매어서 自決하였다. 그렇지 않은 경우는 비참하게 살해되었다. 물에 뛰어 드는 경우가 가장 많았는데, 한 예를 보자.

<孝還投井>

○ 孝還投井

<원문>

良女孝還京都人　保人張應京
之妻也　倭賊縛其夫欲汚孝還　固
拒不從投井而死年十九　昭敬大王
朝旌門27)

<번역>

良女 孝還은 서울 사람이다.
保人 張應京의 아내이다. 왜적이 남편을 묶고 孝還을 더럽히려하니, 강하게 거부하며 우물에 빠져죽으니 나이 열아홉이다. 昭敬大王朝에 旌門하다.

良女 孝還이 남편이 보는 앞에서 정절을 지키기 위해 우물에 뛰어드는 모습을 그리고 있다.

다음은 絶壁에서 뛰어내려 자살하는 사례이다.

○ 二婦墜崖

<원문>

朴氏京都人主簿權紘妻也　紘
有妹權氏參奉韓永立之妻也　朴氏
與權氏避倭賊于伊川山谷中　相約
曰萬一遇賊不可偸生　一日賊猝至
俱墜崖而死　昭敬大王朝旌門28)

<二婦墜崖>

---

27) 『新續烈女圖』卷 3, 29.
28) 『新續烈女圖』卷 3, 10.

<번역>

朴氏는 서울사람이고 主簿 權紘의 아내이다. 紘의 누이는 權氏이고, 參奉 韓永立의 아내이다. 朴氏와 權氏가 함께 伊川의 산속으로 가서 왜적을 피했다. 만약 왜적을 만나면 같이 죽자고 약속하였는데, 어느날 왜적을 갑자기 만나자, 모두 벼랑에서 떨어져 죽었다. 昭敬大王때에 旌門하였다.

두자매가 왜군에게 위난을 당하자, 정절을 지키기 위해 함께 절벽에서 뛰어내려 자살했다. 이와 같이 왜군들은 女性들에게 특히 잔인한 방법으로 만행을 저질렀는데, 그 행태는 형언할 수 없을 정도로 포악했다. 몇 가지 예를 들어보자.

○ 金氏斷頭

<원문>

金氏永興府人幼學金
允洽妻也　壬辰倭亂賊徒
猝至其家欲汚之　金氏抱
兒拒而不從　賊斷頭而去
屍體如生抱兒而坐今　上
朝旌門29)

<金氏斷頭>

<번역>

金氏는 永興府 사람이고, 幼學 金允洽의 아내이다. 임진왜란때에 왜적의 무리가 갑자기 그 집에 와서, 붙잡아 가려하니, 金氏가 아이를 안고 저항을 하였다. 왜적이 목을 자르고 갔으나, 시체가 살아있는 것처럼 아이를 품에 안고 앉아 있었다. 上朝에 旌門하였다.

---

29) 『新續烈女圖』卷 4, 31.

　　삽화를 보면 마루에 앉아서 어린아이에게 젖을 먹이고 있는 김씨의 목을 쳤고, 그 목이 마당에 뒹굴고 있다. 잔인한 모습이다. 뿐만 아니라 죽은 사람의 시신을 몇 번씩 刺害하는 경우도 있었다.

○ 裴氏三斬

＜裴氏三斬＞

<원문>

　　裴氏務安縣人判事尹趌妻也 有孝行丁酉倭亂携兩兒避賊　賊執而欲汚之罵拒不從　賊大怒腰斬三處掛肝於林木　十二歲子忠元 十歲子孝元悲號抱母　賊携而去 後皆逃　還尋母屍葬於先塋之側 今上朝旌門30)

<번역>

　　裴氏는 務安縣사람이고, 判事尹趌의 아내이다. 孝行이 있다. 丁酉倭亂에 두 아이를 데리고 왜적을 피하였으나, 결국 왜적에게 붙잡혔다. 왜적이 겁탈하려고 하자, 왜적을 욕하며 반항했다. 왜적이 화를 내며, 배씨의 허리를 자르고, 배씨의 간을 세 곳의 나무에 걸었다. 12살의 아들 忠元과 10살의 아들 孝元은 슬퍼서 부르짖었다. 왜적이 돌아간 후에 도망하여 돌아와 어미의 시체를 祖上옆에 장사지냈다. 上朝께에 旌門하였다.

　　삽화를 보면, 왜군은 劫奪을 저항하는 裴氏를 세 번이나 베고, 肝을 꺼내어 나무에 걸었고, 이 모습을 두 아이가 보고 있다. 또한 왜군이 잔인하게 죽이는 경우, 조선인의 四肢를 자르는 만행도 있다.

---

30) 『新續烈女圖』卷 8, 46.

○ 李氏斬肢

<원문>

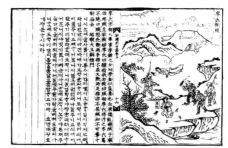

<李氏斬肢>

李氏京都人 奉事李鍵之
女 幼學金以益妻也 壬辰倭
亂避賊于麻田地賊至欲殺
姑 李氏曰願殺我勿殺姑賊
刲 李氏將汚之李氏罵不絶
口 賊怒先斷兩手指不屈 又
斷兩賊足指亦不屈 賊知不
可奪寸斬而死 昭敬大王朝
旌門[31]

<번역>

李氏는 서울사람이고, 奉事李鍵의 딸이고, 幼學 金以益의 아내이다. 임진왜란에 麻田에서 왜적을 피했는데, 왜적이 와서 시어머니를 죽이고자 했다. 李氏가 나를 죽이고 시어머니를 죽이지 말아 달라고 했다. 그러나 왜적이 李氏를 겁탈하려 했다. 李氏가 저항하며 욕하자, 왜적이 화를 내면서, 먼저 두 손가락을 베었다. 그러나 李氏가 계속 저항하자 두 발을 베었다. 왜적이 결국 劫奪하지 못하고 죽이고 갔다. 昭敬大王朝에 旌門했다.

저항하는 李氏를 두손과 발목을 자르고, 그래도 저항하자, 寸斬 즉 난도질을 하여 살해했다는 것이다.

이상 烈女圖에 수록된 임란관계 433건의 신분은, 兩班의 아내나 딸이 173건, 良人 183건, 中人 49건, 賤民 28건이었으며, 지역별로는 경상 123건, 전라 92건, 서울 65건, 충청 43건, 강원 39건, 경기 28, 황해 22건, 함경 19건, 미상 2건으로 경상도 지역이 가장 많았다. 포상관계는 旌

---

31) 『新續烈女圖』卷 3, 16.

門 430건, 旌門復戶 2건, 미상 1건이었다.

4. 『五倫行實圖』

1) 편찬과 구성

『五倫行實圖』는 1797년(正祖 21)에 沈象奎, 李秉模 등이 正祖의 명을 받아, 『三綱行實圖』와 『二倫行實圖』의 두 책을 합하여 수정하여 간행했다.

이 책의 발간목적은 正祖가 서문에서 「이전에 三綱·二倫을 발간하여, 學官에 반포한 후, 百姓을 감화시키고, 풍속을 좋게 이룩하는 근본이 되었으므로, 두 책을 표준삼아 鄕飮禮를 강조하고 시행하게 하고자.」 한 것이었다. 또한 이 책도 權採의 서문에 밝혔듯이 모든 일반 백성을 독자로 하였기 때문에, 圖版을 그려 넣고, 그 위에 諺文으로 설명을 써 넣었고, 그 다음 면에 漢文 原文과 詩를 수록했다.

이 책에는 중국인 133인, 우리나라 사람 17인, 총 150인의 행적을 孝子·忠臣·烈女·兄弟·朋友 의 5권에 나누어 수록했다. 우리나라 사람가운데 日本과 관련해서는 권3, 烈女編에 3인을 수록했는데, 모두 『三綱行實圖』과 동일 인물이다.

2) 倭寇關係

① 최씨가 화를 내어 꾸짖다(崔氏奮罵)

　　<원문>

　　烈婦崔氏 靈巖士人仁祐女也 適晉州戶長鄭滿 生子女四人 其季在襁褓. 洪武己未 倭賊寇晉 闔境奔竄 時滿因事如京 賊攔入里間 崔年方三十餘 且有姿色 抱携諸子走避山中 賊四出驅掠. 遇崔露刃以脅 崔抱樹而拒 奮罵曰 死等爾 與其汚賊而無生寧死義 罵不絶口 賊遂害之 斃於樹下 賊携二子以去 第三兒習 甫六歲 啼號屍側 襁褓兒猶匍匐就乳 血淋入口 尋

亦斃焉 後十年己巳 都觀察使張夏以聞 乃命旌門 蠲習吏役

(*__친 部分은 『三綱行實圖』와 다름)

<언해>

최시는 고려 적 녕암 선비 인우의 딸
이니 딘쥬 호댱 뎡만의 체 되어 네 ᄌᆞ녀
ᄅᆞᆯ 나코 사더니 왜적이 딘쥬를 티니 고을
ᄉᆞ룸이 다 ᄃᆞ라나ᄂᆞᆫᄃᆡ라 뎡만은 셔울가
고 왜적이 녀염에 드러오니 최시 나히 졈
고 ᄌᆞ식이 잇더니 여러ᄌᆞ식을 ᄃᆞ리고 산
듕에 피란ᄒᆞ엿다가 왜적을 만나 칼로 저
히고 겁박ᄒᆞ려 ᄒᆞ니 최시 나모를 안고
ᄭᅮ지저 골오ᄃᆡ 왜적의게 더러이고 사ᄂᆞ

니 출하리 죽으리라 ᄒᆞ고 ᄭᅮ짓기를 그치디 아니흔대 왜적이 드듸여 나
모 아래서 죽이고 두 ᄌᆞ식을 잡아가니 셋째아들습은 나히 게요 뉴 세라
죽엄 겻히서 울고 강보에 아히ᄂᆞᆫ 오히려 긔여 가 졋을 ᄲᆞ라 먹으니 피
흘러 입으로 드ᄂᆞᆫ디라 그 아히 즉시 죽으니라 그 후 십년 만에 감ᄉᆞ 댱
해 나라히 장계ᄒᆞ여 정문ᄒᆞ고 습의 구실을 더러 주니라

이어 詩文이 있으나, 시문의 내용은 『삼강행실도』의 내용과 동일하
다. 諺文을 現代語로 번역해 보면 다음과 같다.

<諺解의 현대어역>

崔氏는 고려시대, 靈巖 선비 崔仁祐의 딸이다. 晉州 戶長 鄭滿의 처
가 되어 네 자녀를 낳고 살았다. 왜적이 晉州에 침구하자 마을사람이 모
두 달아났다. 鄭滿은 서울에 가고, 왜적이 마을에 들어 왔다. 崔氏가 나
이가 젊고 자식이 있었는데, 여러 자식을 데리고 산중에 피난하였다가
왜적을 만났다. 칼로 위협하고 겁탈하려 하니, 崔氏가 나무를 잡고 꾸짖
어 말하되, "왜적에게 겁탈당하느니 차라리 죽겠다."하고 꾸짖기를 그치

지 아니하였다. 그러자 倭賊이 나무아래서 죽이고 두 자식을 잡아갔다. 셋째 아들 鄭晳은 나이가 겨우 6세였다. 시체곁에서 울고, 강보에 있던 아니는 여전히 젖을 빨았다. 피가 흘러 입으로 들어가면서 아이가 바로 죽었다. 그 후 십년 만에 관찰사 張夏가 나라에 장계하여 旌門하고 鄭晳의 세금을 덜어 주었다.

이 내용은 앞의 『三綱行實圖』에서 서술한 것처럼, 1379년 5월, 晉州에 侵入했던 倭寇의 殘酷性을 묘사하는 사건이다.

② 열부가 강에 뛰어들다 (烈婦入江)

<원문>

裵氏 京山人 進士中善女也 旣笄 適郞將李東郊 善治內事 洪武庚申 倭賊逼京山 闔境擾攘 無敢禦者 東郊時赴合浦帥幕 未還 賊騎突入烈婦所居里 裵抱乳子走 賊追之及江 江水方漲 烈婦度不能脫 置乳子岸上 走入江 賊持滿注矢擬之曰 而來免死 裵顧見賊罵曰 何不速殺我 我豈汙賊者邪 賊射之中肩 再發再中 遂歿於江中 體覆使趙浚 上其事 族表里門

(*＿친 부분이 『三綱行實圖』와 다른 부분임)

<諺解>

비시는 고려 적 경산 사름이니 진사 듕션의 쫄이라 낭댱 벼슬 ᄒᆞᄂᆞᆫ 니동교의 체 되어 니뎡을 잘 다ᄉᆞ리더니 왜란을 만나 지아비 ᄡᅡ흠에 가고 혼자 이실 재에 왜적이 집에 드러오거늘 비시 어린 ᄌᆞ식을 안고 ᄃᆞ라나 강ᄀᆞ에 다ᄃᆞᆮ니 왜적이 쫄와 오거늘 비시 면티 못홀 줄 알고 ᄌᆞ식을 언덕에 노코 강에 ᄃᆞ라들려 ᄒᆞ니 왜적이 활에 살을 먹여 쏘려 ᄒᆞ며 닐오ᄃᆡ 네 오면 살리라 비시도라보며 크게 ᄭᅮ지저 굴오ᄃᆡ 날을 ᄲᆞᆯ리 죽이라 내 엇디 왜적의게 더러이리오 흔대 왜적이 엇게를 쏘아 두 번

마쳐 물속의셔 죽으니 톄복ᄉ 됴쥰이 나라히 알외여 졍문ᄒ니라

<諺解의 현대어역>

배씨는 고려 때 경산 사람이니 진사 중선의 딸이다. 낭장 벼슬을 하는 이동교의 처가 되어 집안을 잘 다스렸다. 왜란을 만나 지아비가 싸움에 가고 혼자 잇을 때에 왜적이 집에 들어 왔다. 배씨가 어린 자식을 안고 달아나 강가에 다다르니 왜적이 따라왔다. 배씨가 어린 자식을 안고 달아나 강가에 다다르니 왜적이 따라 왔다. 배씨가 면치 못할 것을 알고 자식을 언덕에 놓고 강에 달려들려 하였다. 왜적이 활에 화살을 먹여 쏘려하며 이르되, "네가 오면 살 것이다." 배씨가 돌아보며 크게 꾸짖어 말하되, "나를 빨리 죽여라. 내 어찌 왜적에게 더럽힘을 당하리요."하였다. 그러자 왜적이 어깨를 쏘아 두 번 맞춰 물속에서 죽었다. 체복사 조준이 나라에 아뢰어 정문하였다.

이 것은 앞에 『三綱行實圖』에서 밝힌 것처럼, 1382년 6월 直前에 慶尙道 京山에서 일어난 사건을 수록한 것이다.

③ 임씨가 다리를 잘리다(林氏斷足)

<원문>

林氏 完山府儒士梶之女也 適知樂安郡事崔克孚 倭寇本府 林被執 賊欲汗之 林固拒 賊斷一臂 又斷一足 猶不屈 被害

<諺解>

님시ᄂᆞᆫ 본됴 젼쥬 션ᄇᆡ 거의 ᄯᆞᆯ이니 낙안원 최극부의 체 되었더니 왜적이 잡아 핍박

ᄒ고져 ᄒ니 님시 좃디 아니ᄒᆞᆫ대 왜적이 ᄒᆞᆫ ᄑᆞᆯ과 ᄒᆞᆫ 다리ᄅᆞᆯ 버히되 오히려 굴티

아니ᄒ고 죽으니라

<諺解의 현대어역>

임씨는 본조 전부 선비 임거의 딸이다. 낙안원 최극부의 처가 되었는데, 왜적이 잡아 핍 박하고자하니 임씨가 좋지 아니하였다. 왜적이 한팔과 한 다리를 잘라도 여전히 굽히지 않고 죽었다.

이와 같이 『五倫行實圖』의 편찬시기가 조선후기 임에도 불구하고, 이 책에 고려말, 조선초기의 인물만을 수록한 것은 『三綱行實圖』와 『二倫行實圖』를 합하여 간행했기 때문이라고 생각한다.

Ⅲ. 『行實圖』의 특징

1. 왜구관련 피해

行實圖에 수록된 왜구관련 기사는 『三綱行實圖』에 9건(1-9), 『續三綱行實圖』 3건(10-12), 『五倫行實圖』(1,3,7)이다. 이상 12건을 도표화하면 표와 같다.

〈왜구관련 피해 일람표〉

順番	題目	年度	分類	地域	身分	被害	褒賞
1	崔氏奮罵	1379	烈女	晉州	士人의 女	殺害	旌門
2	三女投淵	1377	烈女	江華	府吏의 女	自殺	
3	烈婦入江	1380	烈婦	京山	進士의 女	殺害	旌表
4	金氏死賊	1387	烈婦	光州	書雲正의 妻	殺害	旌表
5	慶妻守節	1389(87?)	烈婦	井邑	前醫正의 妻	殺害	
6	宋氏誓死	1389	烈婦	咸陽	驛丞의 妻	殺害	
7	林氏斷足	1388	烈女	全州	儒士의 女	殺害	
8	辛氏扼賊	1382	孝女	靈山	郎將의 女	殺害	旌表
9	潘買贖父	1380	孝子	安陰	散員	拉致	
10	得仁感倭	1460(?)	孝子	東萊	良人	嗟歎	旌門·受職
11	藥哥貞信	1396	烈婦	善山	船軍의 妻	拉致	旌門
12	崔氏守節	1419	烈婦	忠州	副使의 妻	守節	旌閭

이상의 도표를 통해 일람해 보면, 『三綱行實圖』의 왜구관련 기사는 1377년부터 1389년까지 왜구의 약탈이 가장 극심했던 고려말 禑王때에 집중적으로 일어났다. 또한 대상지역도 京畿 江華를 비롯하여 경상, 전라, 충청도 등 전국에 걸쳐 있다. 피해자의 신분은 9건 중 8건이 여성이었으며, 피해형태는 9건 중 殺害가 7건, 自殺이 1건, 拉致가 1건이었다.

한편 『續三綱行實圖』에 수록된 3건은 주로 조선조에 들어와 발생한 사건들이며, 앞의 『三綱行實圖』의 피해사례와 사뭇 다른 형태를 보여준다. 즉 高麗末의 피해사례가 殺害가 많았는데, 조선조가 되면 拉致 1건과 이제까지의 加害 사례와는 반대로 倭寇로부터 차탄을 받은 특이한 사례가 보인다. 조선시대에 들어와 왜구가 점차 소멸되고, 通交者로 전환되는 현상과는 관계가 없는지, 향후 검토해 볼 만하다.

2. 임진왜란 피해

『東國新續三綱行實圖』에 수록된 1,587건 가운데, 약 36%를 점하는 576건이 임진왜란 때의 일본군에 의해 희생된 인물이었고, 희생자 가운데, 433건(75%)가 여성이었다.

〈『東國新續三綱行實圖』의 수록건수와 성비〉

	忠臣圖	孝子圖	烈女圖	합계
남	96 (51)	670 (80)	·	766 (131)
여	3 (3)	72 (9)	746 (433)	821 (445)
총계	99 (54)	742 (89)	746 (433)	1587 (576)

* ( )는 임란관련기사

위의 표에서 알 수 있듯이 『東國新續三綱行實圖』에는 여성피해가 남성보다 훨씬 많다. 남존여비의 유교사회에서는 예상치 못한 사항이며, 또 烈女圖의 수가 전체의 절반이나 된다. 그리고 烈女圖는 시기적으로 거의가 임진왜란 관련 사례이기도 하다. 그만큼 임진왜란 때 부녀자들의 희생이 컸음을 나타내는 기록이다.

〈신분별 분류〉

	양반	양인	중인	천민	계
忠臣	36	8	5	5	54
孝子	24	50	9	6	89
烈女	173	183	49	28	433
계	233	241	63	39	576

또한 이들을 지역별로 분류해 보면,

〈지역별 분류〉

	서울	경기	강원	충청	전라	경상	황해	함경	미상	계
忠臣	11	3	5	4	14	10	4	3		54
孝子	18	8	2	9	19	32		1		89
烈女	65	28	39	43	92	123	22	19	2	433
계	94	39	46	56	125	165	26	23	2	576

　이 도표를 참고해 볼 때, 조선후기 사회의 일반적인 추세이지만, 양반 중심사회에서 양인 내지는 중인, 심지어는 천민 까지도 사회 구성원으로서의 역할이 증대되어 감을 볼 수 있으며, 임란 피해가 역시 전라·경상 지역이 다른 지역에 비해 심했음을 간접적으로 유추해 볼 수 있다.

　한편 『東國新續三綱行實圖』에 등재된 포상형태는 旌門, 旌閭, 旌門復戶, 旌閭復戶, 復戶, 賜米復戶, 賜米旌閭, 立碑, 立石 등이 있다. 포상 대상자가 사는 마을 입구나 집 앞에 세우던 붉은 문을 旌門이라고 하며, 마을 전체를 포상하는 의미에서 마을 입구에 붉은 칠을 한 旌門을 세워 표창하는 것을 旌閭라고 한다. 復戶란 국가에서 호에 부과하던 徭役을 면해주는 제도이다. 임란 관련 수록자의 포상은 忠臣의 경우, 旌門 53건, 旌閭 1건, 孝子는 전원 旌門, 烈女는 旌門 430건, 旌門復戶 2건, 미상 1건으로 576건 중 572건이 旌門의 포상을 받았다.

　이상에서 살펴본 바와 같이, 임란이후에 편찬·간행된 『東國新續三綱行實圖』는 전란 후 흩어진 민심을 규합하고, 유교사회의 教化와 紀綱을 바로 잡는 계기가 되었지만, 반면 日本軍의 만행에 대한 기억은 일본에 대한 적개심과 원한의 감정을 증폭시켜 갔으며, 조선인들에게는 잊을 수 없는 사건으로 기억되었다.

IV. 결론

이상에서 살펴 본 바와 같이, 조선시대 조선인의 日本 내지 日本人에 대한 부정적인 인식은 왜구와 임진왜란에 의한 피해의식으로부터 시작된다. 왜구와 왜군에 의한 살해, 납치, 성폭행, 자살로 이어지는 일본인에 의한 가혹행위는 일본과 일본인에 대한 부정과 거부로 이어질 수밖에 없었다.

주지하다시피 조선왕조는 유교적인 가치관인 三綱五倫을 기본적인 이데올로기로 삼는 국가였다. 국가와 국왕에 대한 忠誠, 부모에 대한 孝道, 奉養, 그리고 죽은 후에도 철저하게 侍墓를 지켰으며, 남편과 자신의 貞節을 지키는 것을 최고의 미덕으로 삼았던 사회였다.

그런데 倭寇와 壬辰倭亂은 이러한 이데올로기를 근본적으로 뒤흔드는 國家·社會·家庭적인 위기를 초래했고, 『行實圖』는 이에 대한 사회적 귀감이 되었다. 『行實圖』의 편찬과 보급이 당초부터 일본을 의식하고 만든 것은 아니었다. 그러나 『行實圖』의 편찬과 보급은 日本에 대한 否定的인 認識을 만들어 냈고, 그것은 대를 이어가면서 확산되었고, 보편화되어 후대에 기억되고 전승되었던 것이다.

15세기 후반, 일본과의 교린체제의 기본 틀을 만든 申叔舟는 『海東諸國紀』에서, 「일본인의 習性은 강하고 사나우며, 武術에 정련하고 배를 익숙하게 다룬다. 우리나라와는 바다를 사이에 두고 서로 바라보고 있는데, 그들을 道理로 대하면 禮節을 차려 조빙하고, 그렇지 않으면 함부로 약탈을 해왔다. 고려 말기에 국정이 문란하여 그들을 잘 어루만져 주지 않았더니, 그들이 연해지역 수천 리 땅을 침범하여 쑥밭으로 만들었다.」고 했다. 誠信과 交隣을 강조했던 申叔舟의 일본관도 일본인을 好戰的이며 否定的으로 보는 기본인식에는 큰 차이가 없었던 것이다.

한편 이 글에서는 다루지 않았지만, 또 하나의 부정적인 인식의 근원은 조선인이 갖고 있었던 儒敎的인 華夷觀에 바탕을 둔, 일본에 대한 문화적인 우월감을 들 수 있다. 조선시대에는 전기 4회와 후기 12회 등, 총 16회에 걸쳐 조선사절이 幕府將軍에게 파견되었다. 이들 사절이 남긴 對日使行錄이 43편이 현존한다.32)

　조선사절의 使行記錄은 각 시대마다 日本의 印象을 나름대로 사실적으로 묘사했다. 그러나 조선시대 전기간을 통해「華夷觀」적인 세계관을 탈피하지 못했고, 文化優越主義에서 벗어나지 못했다. 이러한 장애로 인해 결국은 일본을 客觀的이고 相對的으로 認識할 수 없었으며, 변화하는 韓日關係에 능동적으로 대처할 수 있는 힘을 自生的으로 키워갈 수 없었다.

　물론 이들 사행록에 나타나는 각자의 華夷觀도 시대에 따라 차이를 보여주고 있다.

　宋希璟의 경우, 조선초기 小中華論이 싹터가는 시기여서인지, 일본 문화나 풍속에 대해 그다지 夷狄視하거나 배타적인 인식의 표현은 적었다. 그러나 退溪·栗谷에 의해 朱子學이 심화되고 禮的 秩序가 강조된 金誠一의 시대에는 철저한 華夷論적 입장에서 일본을 夷狄視하여, 華夷論적 名分論에 집착하여 일본사회나 문화에 대한 현실적인 이해가 어려웠다. 그리고 이러한 인식은 임진왜란을 겪으면서 피해의식과 증오심에 더욱 부정적인 성격을 강하게 했다.

　그러나 18세기에 접어들면서 元重擧의 사행록은 實學의 산물로 평가될 만큼 화이관의 변화를 보여준다. 元重擧는 조선인과 일본인의 同質性을 밝히고, 조선인과 비교하여 일본인의 장점을 기술했다. 이러한 認識은 이후, 洪大容·朴趾源·朴齊家 등 北學派의 일본관 형성에 큰 영향을 주었으며, 丁若鏞과 金正喜에게 까지 이어졌다고 파악되고 있다.33)

---

32) 孫承喆,「외교적 관점에서 본 朝鮮通信使, 그 기록의 虛와 實」『韓國文學과 藝術』제2집, 崇實大學校 韓國文藝硏究所.
33) 河宇鳳,「元重擧의 日本認識」『조선통신사 사행록연구총서』7, 396쪽.

그렇지만 18세기의 實學者들도 日本을 함께 살아가야 할 <共存의 對象>으로 인식하지는 못했다.

　조선인에게는 조선전기와 후기가 별로 다르지 않게 일본은 여전히 조선을 掠奪하고, 侵略했다. 일본은 늘 加害者였고, 조선은 被害者였으며, 일본은 늘 警戒의 대상, 怨恨의 대상이었다. 그리고 이러한 기억과 인식은 19세기에 접어들어, 조선에 대한 외세의 침략이 시작되면서 일본도 倭洋一體로 인식되었다. 나아가 20세기의 植民地時代를 경험한 또 다른 피해인식은 현재의 한국인에게도 綿綿히 이어지고 있다.

　조선시대 500년의 한일관계는 다양한 관계가 존재한다. 약탈과 통교, 침략과 전쟁, 교류와 협력 등, 과거의 다양한 <歷史經驗을 共有>하지 못하는 한, 한국과 일본이 <共生의 時代>를 열어 가기에는 아직도 요원하기만 하다.[34]

---

34) 이 글은 ≪한일관계사연구≫ 제37집의 글을 재수록한 것이다. 이글 중, 『三綱行實圖』의 내용은 2010년 3월, 제2기 韓日歷史共同硏究委員會의 『韓日歷史共同硏究報告書』 제2卷의 <「14-15世紀 東아시아 海域世界와 韓日關係(-倭寇의 構成問題를 포함하여-)」3. ≪三綱行實圖≫의 倭寇關聯記述>과 『東國新續三綱行實圖』의 내용은 『壬辰倭亂과 東아시아世界의 變動』(京仁文化社, 2010) 「『東國新續三綱行實圖』를 通해 본 壬辰倭亂의 記憶」을 수정·보완하여 재수록한 것이다.

조선전기 통신사의 개념과 성격

장순순(가천대학교)

I. 머리말

조선시대 한일관계를 이해하는 중요한 키워드 가운데 하나는 단연 통신사이다. 조선시대 통신사는 그 중요성만큼이나 많은 학자들의 연구 주제가 되어온 것도 사실이다. 그럼에도 불구하고 통신사에 대한 대부분의 연구가 주로 조선후기에 집중되어 있고, 통신사제도 및 통신사행을 통해서 나타나는 상호인식·문학·문화교류에 치우쳐온 감이 있다.

본 글은 조선전기 통신사의 성격을 규명하기 위한 목적으로 작성되었다. 먼저 통신사의 개념을 규명하기 위하여 통신사가 동아시아 외교사절 가운데 조일관계에서만 나오는 사절명이었는지에 대해서 밝혀보고, 조선전기 통신사와 후기 통신사의 차이점에 대해서 알아보고자 한다. 기존에 이루어진 대부분의 연구에 따르면 통신사가 조선전기부터 시행된 외교사행이었다는 것에는 동의하지만, 조선전기 통신사가 그 성격이 후기의 그것과 어떠한 차별성이 있고 당시의 역사적 상황 속에서 어떠한 전개과정을 거쳤는지에 대해서는 구체적인 연구가 적다. 그것은 조선전기 통신사에 대한 현재까지 연구가 조선전기 통신사를 독자적인 주제로 하여 그것을 규명하는 형태로 다뤄지기 보다는[1] 조선후기 통신사행의 언급을 위한 서설 정도로 취급되어 온 것에 기인한다. 그 결과 막연히 조선전기 통신사는 후기의 그것과 유사한 것으로 정의되어 온 감이 있다. 그러나 통신사가 파견된 시기는 조선시대 전기간에 해당되며, 일본으로서는 室町時代 초기부터 織豊政權期를 거쳐 江戶時代에 해당되는 시기이다. 그리고 그 성격이나 형태는 양국의 독자적인 정치양상과 넓게는 동아시아의 국제적 양태를 반영하고 있으며, 또한 매우 다양하기 때문에 획일적으로 유형화하는 것은 매우 곤란하다. 따라서 조선전기 통신사는 시대적인 배경이나 조일관계의 양상이 조선후기 통신사와 다른 만큼 조선후기를 기준을 조선전기 통신사를 규정하는 것은 문제가 있을 수밖에 없다고 생각한다.

Ⅱ. 통신사의 개념

'통신사'는 通信과 使가 합쳐진 말로 글자 그대로 해석하면 '信義를 통하는 사절'이라고 할 수 있다. 1479년(성종10) 통신사 파견에 대한 조정의 논의가 있을 때 성종은 "사자를 보내 報聘하는 것은 이웃나라의 교제하는 예절이다. 예로부터 일찍이 일본과 通信하였기 때문에 통신사를 보내려고 한 것이지만 뱃길이 매우 곤란하고, 일본에서 사절에게 대우하기를 야박하게 한다면 반드시 보낼 필요는 없다."[2]라고 하여 통신사의 파견은 쌍방간의 신의를 전제로 이루어지는 것임을 분명히 하였다. 따라서 조선정부에게 있어서 통신사란 신의를 전제로 한 국가간의 사절이었다고 할 수 있다.

---

1) 최근 한국에서의 조선전기 통신사에 대한 연구는 손승철, 『조선시대사학보』27, 조선시대사학회, 2003, 「통신사의 시작문제와 연구현황」, 『한일관계사학회 2009년 학술대회자료집 - 조선전기의 통신사와 한일관계』, 2009가 있다.
2) 『성종실록』성종10년 12월 경신(9일)

조선정부의 이러한 입장은 임진왜란 이후 국교재개논의 과정에서 德川幕府의 통신사 파견 요청에 대한 일련의 대응과정에서도 잘 볼 수 있다. 당시 선조는 다 '소위 通信이라는 것은 신의로 서로 대하는 것'으로 용이하게 허락할 수 없는 일이라고 못박았다.[3] 결국 조선과 일본 상호간에 신의가 회복되지 않은 상태 즉, 임진왜란에 대한 일본의 책임 소재가 분명히 밝혀지지 않은 상황에서 통신사의 파견은 불가능하다는 입장이었다.

그러나 조선은 황폐화된 국토와 내정의 파탄에 직면하여 일본에 대한 방비를 늦추고 백성들의 생활을 안정시키기 위해서는 언제까지나 단교할 수 없다는 판단을 하였다. 더구나 북방의 여진족의 성장에 따라서 새로운 전쟁의 위험이 커가고 있던 상황이었으므로 일본과의 새로운 전쟁을 피하고자 하는 현실론이 힘을 얻어 일본에 대한 경계 속에서 수교라는 방침을 채택하게 되었다.

결국 조선은 일본측에 두 가지의 강화조건(德川幕府將軍의 국서와 犯陵賊 소환)을 제시했고, 그것이 對馬島를 통해서 이행되자 1607년 呂祐吉 일행을 통신사가 아닌 回答兼刷還使로 파견하였다. 1607년 제1차 회답겸쇄환사의 파견을 앞두고 사절의 명칭을 어떻게 할 것인지를 두고 의견이 분분하였는데, 중론은 상대방이 신의에 입각한 교린의 상대로서 적합한지에 대한 확인 없이 사절을 파견할 수 없다는 의견이었다. 더욱이 조정에서는 통신사의 파견뿐만 아니라 명칭사용에 있어서도 논란이 많았다. 일본의 요구대로 사절을 파견하되 통신사 명칭을 쓰지 않고 보내자는 의견도 지배적이었다. 그래서 '通信과 通信이 아닌 사이에 그 措語를 해야'한다는 의견이 있기까지 하였다.[4] 결국 '通諭使'라는 명칭도

---

3) 『선조실록』 선조38년 5월 무자(15일)
4) 『선조실록』 선조 39년 5월 갑신(17일)
　　許筬議, "前啓辭起草之時, 臣亦嘗與聞其末議, 而聖慮所及, 高出常情數等, 臣何敢更爲容喙於其間? 第今此之行, 非直爲通信也, 本擬先爲偵探,

논의가 되었지만 결국 일본국왕의 국서에 답하고 왜란 당시 잡혀간 피로인을 쇄환하기 목적을 가진다는 '회답겸쇄환사'로 정해졌다. 이러한 사실은 '통신' 내지 '통신사', '신사'라는 용어는 교섭 당사국 쌍방간의 신의가 전제가 되어야한다는 것임을 분명히 한 것으로 통신사가 교섭 당사국간에 신의를 서로 통하는 관계에서 이루어진 사절임을 단적으로 보여주는 예라고 할 수 있다.

때문에 그후 통신사라는 명칭의 사절이 파견될 때까지는 상당한 시간이 필요했다. 1차 회답겸쇄환사가 파견되고 2년 후인 1609년(광해군1)에는 己酉約條가 맺어졌으며, 1611년부터는 對馬島의 세견선이 정식으로 도항해 옴으로써 외교 및 교역관계가 모두 재개된 이후에도 회답겸쇄환사는 1617년, 1924년 두 차례에 걸쳐서 더 파견되었고, 1636년에 가서야 통신사라는 명칭이 사용되었다. 이는 1636년 통신사 파견에서야 조선이 德川幕府를 교린관계의 상대로 인정하였음을 보여주는 것으로, 이후 통신사는 關白의 承襲祝賀를 목적으로 정례적으로 파견되었다.

그러면 신의를 전제로 한 통신사가 대일외교사절에만 한정되었을까? 기존의 연구에 의하면 '통신사' 내지 '신사'는 동아시아 외교사절 가운데 조일관계에서만 나오는 사절명으로 조선에서 일본에 파견한 국왕사절, 즉 조선왕조의 대일기본정책인 교린을 실현하기 위한 외교적인 목적을 가진 신의의 사절[5])을 의미하는 것으로 정의되어 왔다.

그런데 『조선왕조실록』에서 '통신' 내지 '통신사', '신사'를 찾아보면 기존의 개념만으로 한정되지 않는다. 즉 '통신', '통신사', '신사'라는 용어가 조선과 日本幕府와의 관계에서만 보이는 것이 아니다.

다음은 『조선왕조실록』에서 발견한 통신사, '신사'에 관한 사례이다.

更得實情然後, 方定通信, 如聖敎所云耳。其書契之辭, 不可曰通信, 不可曰非通信, 通信·非通信之間, 其措語不如是, 恐無可設之辭。臣之愚意以爲, 雖如是爲之, 固無不可……"

5) 손승철, 「조선시대 '통신사' 개념의 재검토」, 『조선시대사학보』27, 2003, 15쪽

논지전개를 위해서 예문을 제시하고자 한다.

① **일본통신사** 대사성 朴瑞生·부사 대호군 李藝·서장관 전 부교리 金克柔가 길을 떠나는데, 新主의 嗣位를 하례하고, 前主에게 致祭하기 위함이었다. 그 서계에 이르기를, "이제 九州에서 온 使客으로 인하여 비로소 새로 큰 명을 받아 位號함을 알았는데, 기쁘고 경사로운 마음 이길 수 없어, 이에 사신 성균 대사성 박서생과 대호군 이예를 보내어 귀국에 가서 하례를 드리게 하는 바이며, 변변하지 못한 토산물은 조그마한 성의를 표한 것뿐이니 영납하기를 간절히 바랍니다. 생각하건대 귀국과 우리나라는 대대로 옛 호의를 닦아 일찍이 조금도 변한 적이 없었는데, 이제 선대의 뜻을 잘 이어받아 더욱 信義를 돈독히 하여, 끝내 그 명예를 영구히 한다면 이 어찌 양국의 다행한 일이 아니리오…….6)

② 더욱이 전에 일본국에서 온 사신이 말하기를, "우리나라에서 수차 **통신사**를 보내었는데 오랫동안 報聘하지 않았으니, 만약 끝내 보빙하지 않는다면 교린의 義에 어긋날 것입니다."하였으니, 삼가 생각하건대 성상께서 재결하도록 하소서.7)

③ 일본국 大中大夫左京兆尹 겸 防長豊筑四州太守 多多良政弘이 사람을 보내와서 土宜를 바쳤다. 그 서계에 이르기를 "글을 받들어 조선국 예조참판족하에게 올립니다. ……우리나라(일본국)의 紀州 安樂禪寺는 바로 南方에 福을 심는 곳입니다. 堂宇는 이미 낙성되었으나 대장경이

---

6) 『세종실록』 세종10년 12월 갑신(7일)
　　日本通信使大司成朴瑞生、副使大護軍李藝、書狀官前副校理金克柔發行, 賀新主嗣位, 致祭前主。 書契曰, 今因州來使, 乃知新膺景命, 以正位號, 不勝欣慶。 爰遣臣成均大司成朴瑞生、大護軍李藝, 往致賀禮。 不腆土宜 祗表寸忱, 切希領納。 惟貴國與我邦世修舊好, 未嘗少渝, 今善繼善述, 益敦信義, 以永終譽, 豈非兩國之幸歟。

7) 『성종실록』 성종10년 4월 계묘(17일)
　　況前日本國來使云, 我國數通信使, 而久不報聘, 若終不報, 則有違交隣之義。 伏惟上裁。

없으므로 缺典이 되기에 이제 **通信使 慶彭首座**를 보내어, 가서 그 뜻을
고하고 간곡하게 원하고 바람을 進達하니 맑게 들어주시기를 청합니다.
삼가 변변치 못한 土宜를 가지고서 전날의 친분을 닦고 별폭에 具備하
여 애오라지 작은 정성을 표할 따름입니다."하였는데……8)

④ 전교하기를, "**對馬島通信使**는 말 잘하고 사리에 밝으며 숙련된
朝士로 뽑아서 차송하라"하였다.9)

⑤ 琉球國王 尙德이 內原里主 등을 보내어 來聘하였는데, 그 글에
이르기를, "삼가 생각하건대, 舜士는 부처님의 자손이시니, 백성은 해를
사모하듯이 따르고, 외방에서는 비를 내리는 구름처럼 바라며, 지극히
간절하게 빕니다. 대저 琉球라는 나라는 만리 밖의 더운 남방의 미개한
지방에 있어 鵬蜺와 鯨桓의 소굴이므로, 大國과 남북으로 멀리 떨어져
있어 수개월에 글과 폐백이 미칠 수 있는 곳이 아닙니다. 이로 말미암아
成化6년(1470년, 성종원년)에 마침 일본에서 사신이 가는 편에 冷泉津의
嘉善大夫同知中樞府事 信重에게 청하여 전하에게 글을 올렸더니, 멀리
서 온 사람을 위로하여 주시고 寵命이 분수에 넘치니, 지금까지 德音의
은혜를 잊지 못합니다. 陋邦의 家臣 內原里主 한 사람을 **信使**로 삼고
副秤는 新右衛門尉로 하여 우선 모양만 갖추어 보냅니다. 관원 여럿을
보내야 하겠으나, 근자에 薩州의 소란이 봉기하여 전쟁이 그치지 않거
니와, 薩州는 유구에서 가는 중도에 당하여 장사하는 선박의 왕래가 끊
임없이 서로 잇는 요긴한 나루이기는 하나, 남은 재앙이 縱橫하여 바닷

---

8) 『성종실록』 성종21년 9월 정묘(18일)
　　日本國大中大夫左京兆尹兼防·長·豊·筑四州太守多多良政弘, 遣人來獻土
　　宜。 其書契曰, 奉書朝鮮國禮曹參判足下。 …… 吾國紀州安樂禪寺, 乃南
　　方植福之也。 堂宇已成, 以無大藏, 爲缺典也, 今遣通信使慶彭首座, 往諭
　　其意, 懇陳願望, 請達淸聰。 謹齎不腆土宜, 以修前好, 具備別幅, 聊旌微
　　忱而已。
9) 『중종실록』 중종4년 3월 경술(18일)
　　傳曰, 對馬島通信使, 以能言語諳練朝士擇差。

가가 편안하지 못하니, 이 때문에 사자만을 외롭게 보내고 수행하는 자를 많이 딸려 보내지 않습니다. 또한 이 먼저 우리에게 갈라 준 印篆의 반쪽을 전하에게 두시고 앞으로 올 使者에게 주어 왕래하는 신표로 삼게 하셨거니와, 이제 두 사자가 그 반쪽 인전을 가져가서 전하를 뵙기를 청할 것인데, 그것이 들어맞는 符節입니다. 또 지난날에 내려주신 진귀한 산물은 낱낱이 가져온 품목을 기록하여 이번에는 가는 사자편에 부치니, 멀리 베푸신 은혜가 陋邦에 미친 것을 살피소서.……10)

⑥ 임금이 예조관서 許誠에게 이르기를, 지금 야인은 본래 統紀가 없어 마음대로 출입하고, 하물며 酋長 李滿住가 근래에 信使가 없어 두 마음이 있는가 싶으니, 그 부하로서 來附한 자를 돌려보낼 것이 아니고, 또 사람이 성의로써 왔는데 물리치는 것은 불가하니, 시위를 하도록 허락하는 것이 어떠한가. 다시 정부·육조와 함께 의논하여 아뢰라." 하니, 좌의정 崔閏德 등이 의논하기를, "서울에 머무르는 것을 허락하여도 좋으나, 다만 염려되는 것은 이만주가 찾는다면 서울에 있는 사람을 돌려보내기가 어려우니, 아직 평안도에 머물러 두어서 이만주가 끝내 찾지 않는 것을 기다려서 京城에 와서 살도록 허락하소서."…하니, 임금이 윤덕 등의 의논을 따랐다11)

10) 『성종실록』 성종8년 6월 신축(6일)
辛丑, 琉球國王尙德遣內原里主等來騁。其書曰, 宓惟舜土躬佛天子裔, 下民卽之如日, 外方望之如雲, 至懇至禱。夫球陽之爲國, 居萬里之炎荒, 爲鵬蛻鯨桓之淵, 是以與大國南北阻絶, 非時箋·月裂之所曁也。 由是成化六年, 適假道於日域, 專俑泠泉津嘉善大夫同知中樞府事信重以奉書, 殿下忝慰遠來, 寵命逾分, 于今不忘德音之惠。申差遣陋邦家臣內原里主一介以爲信使, 副神新右衛門尉而爲先容。雖可遣官員數輩, 頃者薩州騷亂蜂起, 干戈未弭, 薩之於球陽, 當其半途, 而商舶絡繹相接之要津, 然餘孼縱橫, 海滋罔寧, 是以觖單介而除煩冗而已。抑亦先是, 割我印篆之半片投置于殿下, 以爲將來使者之見紹, 爲往來之信。今也二件者, 齎其半篆以干謁于殿下, 其契合符節也。加之往日所賜之珍産, 件件齎品記錄以付于今之伴者, 覩遠惠之達於陋邦焉。……。

⑦ 좌의정 金應箕·우의정 申用漑·左贊成 金詮·右贊成 朴說·병조판서 高荊山·左參贊 李自健·병조참의 判柳湄 등이 의논드리기를, "湯站指揮는 제멋대로 외국에 구원을 청할 수 없는 일이고 그가 비록 다시 遼東의 移咨를 보내 칭탁한다 해도 역시 그 사적인 청을 받아들여서 국경 밖으로 출병할 수는 없는 것입니다. 만약 또 와서 다시 말을 한다면 그에게 '우리 국법에는 비록 境內라 할지라도 변고가 나면 반드시 국왕에게 取稟을 해야만 發兵을 할 수가 있다. 邊將은 다만 국경을 잘 지킬 뿐이다. 또 압록강 상·하류는 모두 뱃길을 끊어서 防戍를 튼튼히 하고, 단지 배 2척을 가지고 가까스로 通信使가 왕래할 뿐이니, 만약 대군이 강을 건너게 되면 2척으로서는 쉽사리 건널 수가 없을 것이다. 더구나 우리 주는 湯站과 60여 리나 떨어져 있으니 반드시 구원이 미치지 못할 것이다. 그래도 사유를 갖추어 취품은 해야 하겠는데, 우리 서울이 멀어서 왕래하는 동안에 시기를 놓칠지도 모르겠다.'고 대답하게 하고 또 遼東의 移咨에 대해서도 이러한 뜻으로 대답하게 해야 합니다.……12)

①은 1428년 막부장군 義敎의 장군직 취임과 前장군 義持을 致祭하

11) 『세종실록』 세종17년 6월 갑진(4일)
甲辰, 先是, 上謂禮曹判書許誠曰, 今有野人二名, 自建州逃來, 心欲留京侍衛。卿等謂宜還本土, 使酋長知之, 然後許令侍衛, 予則以謂野人本無統紀, 出入無防, 況酋長滿住, 近無信使, 意其有二心, 其麾下來附者, 不宜遣還。且人以誠來, 却之不可, 許令侍衛何如, 更與政府六曹同議以啓。左議政崔閏德等議, 宜許留京, 但慮滿住根尋, 則居京之人, 勢難送還, 姑留置於平安道, 待滿住終不根尋, 許來居京城。……上從閏德等議。

12) 『중종실록』 중종11년 9월 기묘(1일)
左議政金應箕、右議政申用漑、左贊成金詮、右贊成朴說、兵曹判書高荊山、左參贊李自健、兵曹參判柳湄等議, 湯站指揮, 固不當擅自救助於外國, 雖更藉遼東移咨, 亦不當遽從私請, 出兵疆外。若又來言, 當語之曰, 國法, 雖境內有變, 必取稟國王, 乃得發兵, 邊將唯謹守封疆而已。且鴨江上下, 斷絕舟路, 以固防戍, 只有二船, 僅通使臣往來。若渡大兵, 二船恐未易濟, 況本州距湯站六十餘里, 必未及援, 然當具由取稟。但距國都遼遠, 往來之際, 恐未及機會。若遼東移咨, 亦以此意修答。…… 從之。

기 위하여 통신사로 파견된 박서생 일행이 지참한 국서의 내용으로, 여기에서는 幕府將軍에게 보낸 일본국왕사로서 통신사이다. 당시 세종은 室町幕府로부터 장군의 訃告와 신장군의 취임을 알리는 사절파견이 없었는데도 '交隣之道'의 입장에서 사절을 파견하여 贈儀하고 장군습직을 축하했다.

②는 1479년 통신사 파견에 앞서 예조가 大內氏와 少貳氏의 교전 소식을 上啓하자 성종이 조정에서 일본과 통신할 것인지의 여부를 의논하도록 하였는데, 李承召·李克墩·盧公弼 등이 통신사 파견을 주장하면서 "일본에서 수차례 통신사를 보냈었는데 오랫동안 보빙하지 않았으니, 만약 끝내 보빙하지 않는다면 교린의 義에 어긋날 것입니다."라는 일본 사자의 말을 인용한 것이다. 여기에서 통신사는 일본에서(幕府, 諸巨酋使) 조선에 파견한 사절을 의미한다.

③은 일본 大內政弘이 통신사로 慶彭首座를 보내 대장경을 청구한 내용이다. 이것도 ②의 예와 같이 일본에서 조선에 보낸 사절을 의미한다.

④는 조선이 對馬島에 파견할 사자의 선발에 관한 내용으로 조선에서 對馬島에 보낸 사절을 의미하며, ⑤의 사료에서는 琉球國王 尙德이 보낸 조선에 보낸 琉球國王使를 의미한다.

⑥은 건주로부터 도망온 야인 2명을 평안도에 머무르게 할 것인가를 논의로 조선에서 여진에 보내는 사절을 의미하며, ⑦은 여진족인 湯站 指揮가 조선에 군사를 요청할 경우 어떻게 할 것인가에 관한 논의 내용이다. 결국 거부해야한다는 조정의 논의였다. 인용문에는 조선은 野人과 단 2척의 배로 통신사가 왕래하고 있으므로 대군이 강을 건너서 군사적인 지원을 하는 것은 사실상 불가능하다는 내용이다. 이 사료는 조선과 여진간에 왕래하는 사절에 대해서 통신사라는 명칭을 사용한 예이다.

이상의 예를 통해서 볼 때 '통신사'는 단지 조선국왕이 일본막부장군에게 보낸 국왕사로서의 통신사만을 의미하는 것이 아니라, 일본 막부장군 외에도 조선이 對馬島 및 일본의 지방세력이나 琉球國, 그리고 여진 족에게 보낸 사절도 포함하는 것임을 알 수 있다. 아울러 일본 이외의 지역이나 일본측에서 조선에 파견된 사절도 통신사라는 이름으로 파견 되었다. 이들 지역은 중국을 제외한 주변국에 대한 조선의 대외정책인 교린관계에 놓여 있었는데 - 그것이 對等交隣이든 기미교린이든 -,13) 교린정책에 의거하여 조선이 일본막부장군, 琉球國, 對馬島, 大內氏 등 일본의 지방세력, 여진에 파견한 사절이나 그곳에서 파견되어오는 사절 에 대해서 통신사, 신사라는 명칭을 사용했던 것이다.

이러한 예는 975년 이후 宋과 遼 양국간에 왕래하고 있었던 '國信使' 나 송에서 고려에 파견한 '信使'까지 거슬러 올라갈 수 있다.14) 위에서 예시한 사항은 모두 '통신사'라는 명칭에 한정된 것이지만, '통신사'라 는 명칭이 정착되기 전에 사용되었던 '통신관'의 경우도 마찬가지였다. 대체로 '통신관'은 피로인을 쇄환해왔는데, 1408년 피로인 100여인을 쇄환해 왔던 通信官 朴和, 1413년 通信官 朴賁은 幕府將軍에게 간 사행 이었다면, 1416년(태종16) 7월 왜구에 잡혀 유구국에 팔린 피로인 44인 을 추쇄해온 李藝의 경우도 사절명은 '통신관'이었다.15)

'통신사'의 '信'의 개념이 교린의 개념이라는 것은 1413년 사헌부의 상소문에서도 확인된다.

공손히 생각하건데, 전하가 사대하기를 정성으로 하시고, 교린하기를 信으로 하시며, 국가의 한가한 때를 당하면 갑병을 수리하여 완전하게 하시며, 검약을 숭상하여 용도를 절약하시니, 나라를 지키는 도리가 가

---

13) 민덕기는 조선전기 '교린'의 용례를 검토하여 조선조가 취한 '적례적 교린' 정책과 '기미권 교린' 정책도 똑같이 '교린'으로 표현되었으며, 주로 '交隣 之禮', '交隣之道', '交隣以信' 등의 관용구로서 사용되었다고 밝혔다.(민덕 기, 2007년, 『전근대 동아시아 세계의 한·일관계』, 경인문화사, 19~37쪽)
14) 민덕기, 『전근대 동아시아 세계의 한·일관계』, 경인문화사, 2007, 97~98쪽
15) 『태종실록』 태종16년 7월 임자(23일)

히 지극하다고 하겠습니다.16)

조선후기에 후금이 국호를 淸으로 바꾸기 전에 秋信使와 春信使 등 '信'이 사용된 사절명을 사용하였으나 청으로 국호를 바꾼 후부터는 명칭이 보인지 않는다는 점도 주목할 만한다. 따라서 조선전기 동아시아에서 통신사는 조선이 일본국왕에게 파견한 사절인 국왕사만을 의미하는 것이 아니라17) 조선의 주변국에 대한 대외정책인 교린정책에 따라 교린관계에 있었던 동아시아 각국 내지 세력간에 왕래하는 사절명칭으로도 사용되었다고 할 수 있다. 다만 경우 조선후기에 들어가면서 통신사는 조선정부가 일본 막부장군앞으로 보내는 사절로 한정되고 정례화된다.18)

Ⅲ. 조선국왕사의 파견실태와 통신사 정비 과정

1960년대 이후 30여년 동안 통신사연구를 해왔던 三宅英利는 통신사를 규정하는 한계, 즉 통신사 개념에 대하여 논하면서 1655년(효종6) 이후 통신사를 그 기준으로 삼았다. 그에 따르면 ① 조선국왕이 일본장군에게 파견한 것, ② 일본장군에 관한 길흉경조 또는 양국간에 긴급한

---

16) 『태종실록』 태종13년 8월 임자(6일)
   司憲府上疏。 疏曰, 安不忘危, 保邦之長策; 廣儲糧餉, 軍國之要務。 恭惟殿下, 事大以誠, 交隣以信, 當國家閑暇之時, 修完甲兵, 崇儉節用, 守國之道, 可謂至矣。 ……

17) 손승철이 그의 논문 「조선시대 '통신사' 개념의 재검토」에서 정의한 "조선왕조의 대일기본정책인 교린정책을 실현하기 위한 외교적인 목적을 가진 신의의 사절」을 의미한다.

18) 실제로 『조선왕조실록』을 검색해보면 조선후기의 경우 '通信使', '信使'는 조선국왕이 日本幕府將軍에게 파견한 사절에만 한정해서 나타난다.

문제 해결을 목적으로 하고, 회례·보빙의 의미가 아닌 것, ③ 조선국왕
이 일본장군 앞으로 보내는 서계와 예단을 휴대하고 감, ④ 사절단은 중
앙관리 3인 이하로 편성함, ⑤ 통신사 또는 그에 준하는 국왕사의 호칭
을 갖는 것 등의 다섯 가지 조건을 전제로 하였다. 미야케는 이러한 조
건에 합치되는 첫 통신사는 1413년 정사 朴賁이지만, 이 사행은 경상도
에서 중지되었기 때문에 최초의 통신사는 1428년 정사 박서생이라고 규
정했다.

그러나 조선전기의 통신사를 보면 앞에서 언급한 미야케의 전제 조
건이 반드시 일치하지는 않다. 실제로 1460년 통신사 송처검의 경우 국
왕사 秀彌의 보빙으로 파견된 것이고, 1432년 회례사 이예의 경우도 국
왕사 梵齡의 회례 목적으로 파견되었지만, 사절명이 통신사로도 불리웠
다. 송처검 일행은 심지어 일본측으로부터 報聘使者로 불리우기도 하였
다.[19] 따라서 ②의 조건이 들어맞는 것이 아니다. 또한 사절단의 구성
에 관한 조건인 ④도 통신사만의 조건은 아니다. 이미 1413년에도 檢校
工曹參議 朴賁이 사행에 참여했고, 1422년과 1424년, 1433년 회례사의
경우 正使, 副使, 書狀官의 삼사체제이면서 모두 중앙관리 3인 이하로
편성된 것이었다.[20] 1432년 회례사 이예의 경우도 통신사라는 명칭도
함께 사용되었다. 따라서 기존의 통신사의 개념 정의로는 조선전기 통신
사를 일괄적으로 설명하기에는 어려움이 있다는 점을 주목할 필요가 있
다. 오히려 '통신'이라는 글자에만 한정하여 통신사가 아닌 사절에 대해
서는 전혀 다른 별개의 사절로 파악할 것이 아니라 여러 개의 명칭으로

---

19) 『세조실록』 세조9년 7월 신축(14일)
  日本國王遣使來獻土物。 其書曰, …… 陛下曾傳一書于來, 便承以僉知中樞
  院事宋處儉、大護軍李宗實爲報聘使者, 海上忽遇颶風, 兩船漂沒, 書中所載
  件件方物, 雖不達此方, 旣領禮意之厚, ……
20) 1422년 회례사는 典農寺尹 直提學 박희중, 龍驤侍衛司護軍 이예, 봉예랑 오
  경지, 14124년 회례사는 判繕工監事 朴安臣, 虎翼侍衛司 대호군 李藝, 孔
  達,이었다.

호칭되던 조선국왕사가 통신사라는 명칭으로 통일되었다고 보아야 할
것이다. 더욱이 조선 전기적 상황을 고려하지 않고, 조선후기 통신사를
기준으로 조선전기의 그것을 규정하는 것은 무리가 있다고 생각된다.

다음은 조선전기 조선에서 일본으로 보낸 '조선국왕사'를 표로 작성
하여 제시한 것이다.

〈표 1〉 조선전기 일본에 파견한 조선국왕사 일람표

순서	年代(국왕)	명칭 (정사 이름)	파견대상	목적	기타
1	1392/태조1	미상(승려 覺鎚)	足利將軍	왜구금압요청	
2	1397/태조6	회례사/통신관 (박돈지)21)	大內義弘 일본국대장군	화호, 왜구금압요청, 피로 100명 쇄환	일본국 대장군 방물
3	1399/정종1	미상(崔雲嗣)	일본국대장군 (足利義滿)	보빙, 왜구금압사례	사행도중 표류 당해 중지함
4	1401/태종1	미상(朴惇之)	일본	화호, 왜구금압사례, 備州守 源詳助로부터 일본지도를 구해옴	태종2/7임진(11) 세종20/계유(9)
5	1402/태종2	朝官(미상)	일본대장군	화호, 왜구금압사례, 피로인 쇄환	
6	1404/태종4	미상(呂義孫)	일본국왕 (源道義)	국왕사 周棠에 보빙	
7	1406/태종6	미상(尹銘)	일본국왕	국왕사 周棠에 보빙	
8	1406/태종	회례관(李藝)	일본	피로 70명 쇄환	
9	1408/태종8	일본통신관 (朴和)	일본	피로 100명 쇄환22)	
10	1408/태종8	회례관(金恕)	일본국	피로 20명 쇄환	
11	1410/ 태종10	회례사(梁需)	일본국왕 (源義持)	보빙과 弔喪, 足利義滿사망	귀국도중 해적을 만남

21) 박돈지의 사행은 파견시에는 회례사로, 귀환시에는 통신관으로 칭하였다.
박돈지 일행은 1397년 12월에 大內義弘의 사절에 대한 회답의 의미로 회답
사라고 칭했지만, 도일 후 상경하여 足利義滿에게 태조의 세계를 봉정하였
고, 왜구토벌을 요청하였다.(『태조실록』 태조6년 12월 계묘(25일), 『정종실
록』 정종1년 5월 을유(16일)

12	1413/ 태종13	통신사/통신관 (朴貴)[23]	일본국왕		경상도에서 도항중지
13	1420/세종2	회례사/통신사 (宋希璟)[24]	일본국왕	국왕사 亮倪 회례 (세종즉위 축하), 대장경사급	송희경『노송당 일본행록』
14	1422/세종4	회례사 (朴熙中)[25]	일본국왕	국왕사 圭籌 회례, 대장경하사	
15	1424/세종6	회례사 (朴安臣)	일본국왕	국왕사 梵齡 회례, 대장경, 金字經사급	
16	1428/ 세종10	통신사 (朴瑞生)	일본국왕	國王嗣位, 致祭(足利義持의 사망, 義教 嗣位), 피로 6명 쇄환	
17	1432/ 세종14	회례사/통신사 (李藝)	일본국왕	국왕사 梵齡 回聘, 대장경하 사 국왕답서 예물	귀국도중 해적을 만남
18	1439/ 세종21	통신사 (高得宗)	일본국왕	교빙, 수호	
19	1443/ 세종25	통신사 (卜孝文)	일본국왕	國王嗣位, 致祭(足利義教의 사망, 義勝 嗣位), 피로 7명 쇄환	申叔舟, 『海東諸國記』
20	1460/세조6	통신사 (宋處儉)[26]	일본국왕	국왕사 秀彌 보빙, 대장경· 註解諸經 사급	사행 중 해난조 난으로 중지
21	1475/성종6	통신사 (裵孟厚)	일본국왕	修好	일본내란으로 파견 정지됨.
22	1479/ 성종10	통신사 (李亨元)	일본국왕	修好	일본내란과 正使 의 발병으로 對 馬島에서 귀국.
23	1590/ 선조23	통신사 (黃允吉)	豊臣秀吉	왜정탐문, 秀吉 使臣 玄蘇, 平調信과 동행	金誠一, 『海槎錄』
24	1596/ 선조29	통신사 (黃愼)	豊臣秀吉	강화교섭	황신,『往還日 本日記』

<표1>은 한문종, 『조선전기 대일정책 연구』, 전북대학교 박사학위논문, 193~197쪽 별표3
과, 『조선왕조실록』을 참조하여 다시 작성한 것임.

---

22) 『태종실록』 태종8년 3월 계해(14일). 박화의 사행은 파견목적이나 지역이
구체적으로 명시되어 있지 않다. 다만 피로인 남녀 100여명을 쇄환하여 왔
던 점으로 미루어 사행목적은 피로인의 쇄환과 왜구의 금지에 대한 요청으
로 파악된다.

현재까지 확인된 사료에 의하면 1375년(우왕 원년) 2월에 判典客使 羅興儒가 최초의 통신사이다.23)

　　判典客寺事 羅興儒가 글을 올려 일본과 화친하기를 청하므로, 홍유 를 통신사로 삼아서 보냈다.

나홍유의 사행목적은 『고려사』의 왜구관련기사나 天龍寺僧 周佐德 曳가 작성하여 羅興儒에게 보낸 서장을 통해서 볼 때 왜구금지로 추정 된다. 1375년 2월에 통신사로 파견된 나홍유는 일본에서 첩자로 의심을 받아 체포되는 몸이 되었는데, 일본에 귀화한 진주출신 良柔의 알선으 로 석방되어 京都까지 상경하여 사행목적을 달성하고 다음해 10월에 귀 국하였다.24)

소위 ‘庚寅倭寇’ 이래 고려는 일본에 왜구금지를 요청하기 위해 통신 사 나홍유 외에도 수차례의 사절이 파견되었다. 최초의 사절은 1366년 (공민왕15) 9월 金龍이었다. 이어 11월에는 金逸이 국서와 예물을 가지 고 京都에 가서 장군 足利義銓과 교섭을 하고, 왜구금압을 약속받았다. 그 후에도 1377년 6월 판전객사 安吉祥 등 다섯 차례의 사절이 파견되 었다. 그러나 이들이 어떤 사행명칭으로 갔는지는 명확하지 않다.25) 어 떻든 이러한 사실은 고려가 왜구금지를 위해서 얼마나 많은 노력을 했 는지를 보여주는 사례가 될 것이다.

이러한 노력에도 불구하고 왜구문제는 조선에서도 최대의 과제였다. 조선초기의 대일관계는 倭寇로부터 비롯되었고, 조선초기 대일정책의 최대과제는 왜구의 침입을 저지하는 것이라고 해도 과언이 아니다. 조선

23) 『고려사절요』 권30, 신우 원년 2월, 귀국은 같은 책 2년 10월.
24) 三宅英利, 손승철옮김, 『근세한일관계사연구』, 1991, 51쪽.
25) 손승철, 「조선시대 ‘통신사’ 개념의 재검토」, 『조선시대사학보』27, 조선시대 사학회, 2003, 6~7쪽.

정부는 고려말의 왜구정책을 그대로 계승했지만 한편으로는 그들을 회유하여 평화적인 통교자로 전환시키기 위한 외교적인 노력을 경주하였다. 즉 조선은 태조 즉위 직후인 1392년 11월 승려인 覺鎚를 足利將軍에게 파견하여 왜구금압을 요청하였는데, 당시 장군은 왜구금압과 함께 피로인의 송환을 약속하였다. 사실상 조선국왕사절이 막부장군과 직접 접촉한 것은 이때가 처음이며, 이때부터 九州地方을 비롯하여 一岐, 對馬島등 조선과 근접한 지역의 중소영주들과도 사절왕래가 이루어지기 시작하였다.26)

이어 1397년에는 통신관 朴惇之가 大內義弘의 회례사로 도일하여 상경하여 足利義滿을 만나 태조의 국서와 예단을 전달하고 왜구토벌을 요청하였다.27) 1399년(정종1)에는 戶曹典書 崔云嗣가 보빙과 왜구금압 사례를 목적으로, 1401년 봄에는 檢校參贊 박돈지가 화호를 목적으로 일본에 다녀왔으며, 일본의 지도를 구해왔다.28) 이후에도 조선에서는 室町幕府에 사절을 보냈는데, 태조 이래 임진왜란 이전까지 조선에서 파견한 '조선국왕사'는 모두 24회였다. 그러나 이들 사절의 명칭이 모두 통신사는 아니다. 通信官, 朝官, 回禮使, 回禮官, 通信使 등 그 명칭이

---

26) 손승철, 위의 논문, 8쪽
27) 三宅英利는 박돈지 일행은 통신관이라는 명칭을 사용하였고, 사절이 중앙관리였다는 점, 일본국왕에게 보내는 국서와 별폭을 지참하였다는 점, 왜구토벌요청이라는 현안 해결을 목적으로 하였다는 점에서 통신사로 정의할 수 있지만, 일행의 편성인원이 확실하지 않고, 大內氏의 회례사로서의 성격도 가지고 있었으므로 정확하게 통신사로 규정하기에는 무리가 있다고 보았다. 결국 그는 1397년 박돈지 일행을 통신사의 선행적 형태라고 규정하였다.(三宅英利, 손승철 옮김, 1990, 『近世韓日關係史硏究』, 이론과실천, 70쪽.) 그밖에 中村榮孝, 田中健夫, 仲尾宏 등 제 학자들도 1413년 박분의 사행을 최초의 통신사로 볼 수 있으나 이 사행이 도일하지 못하고 경상도에서 중지되었다는 점을 들어 완전한 의미의 통신사로 볼 수 없다는 주장을 제시하고, 1428년 박서생 이하의 사절을 최초의 통신사로 규정하였다.
28) 『태종실록』 태종2년 7월 임진(11일), 『세종실록』 세종20년 7월 계유(9일)

다양하였다.[29] 더욱이 동일한 사행에 대해서도 사행 명칭이 혼재되어
나타나기도 하였다. 이들 사행은 이후 통신사라는 명칭으로 단일화되는
데 조선전기 통신사의 성격을 규명하기 위해서는 네시기로 시기구분해
볼 수 있다.

　제1시기(1392년~1410년)는 국왕사의 명칭이 혼재되어 나타나는 시
기이고, 제2시기(1413년~1443년)는 회례사와 통신사의 명칭이 혼재하
다가 통신사로 명칭이 일원화되고 통신사가 막부장군을 만나 국서를 교
환하고 사행목적을 달성한 시기이다. 제3시기(1460~1479)는 조선의 대
일정책의 핵심인 교린정책에 의거해 일본 막부장군에게 통신사를 파견
했지만, 중도에 해난사고를 당하거나 일본 국내의 내란상황으로 사행목
적을 달성하지 못하고 중도에서 그쳤으며, 결국에는 통신사의 파견이 중
단된 시기이다. 마지막으로 제4기(1592~1596)는 豊臣秀吉의 등장과 임
진왜란이라는 전란의 와중에서 사행이 이루어진 시기로, 명칭은 '통신
사'이지만 통신사의 의도와는 전혀 다르게 변칙적으로 시행된 시기이다.

　먼저 제1시기(1392년~1410년)는 조선국왕사의 명칭이 분명하지 않
거나 혼재되어 나타난다. 통신관, 회례관, 회례사로 호칭되고 '朝廷에 出
仕하는 신하'라는 의미의 조관이라는 용어도 사용되었으며, 어떤 사행의

---

29) 기존의 연구들에 의하면 조선전기에 일본막부장군에게 파견된 사절 가운데
　報聘使도 있다고 하고, 1399년 최운사, 1404년 여의손, 1406년 윤명이 도
　해한 사절을 제시하고 있다. 그러나 사료에 의하면 이들 사행명은 분명하지
　않다. 다만 이들의 임무가 '報聘'에 있었다는 것으로 나와 있을 뿐이다. 한
　편 '회례사'의 명칭으로 파견된 사절(예: 1410년 회례사 梁需)도 '보빙'의
　임무가 부가되었고, '보빙'의 사전적 의미가 '답례로 방문하는 것'이고, 성
　종 7년에 對馬島 宣慰使 金自貞의 復命記에 보면 "일본국왕이 여러 번 사
　신을 보내 通信하였으므로 우리나라에서도 사신을 보내 報聘하려고 하는
　데, 방금 足下가 병란 때문에 통신할 수 없다고 하니 그렇다면 병란은 언제
　끝날 것입니까?"(『성종실록』 성종7년 7월 정묘(26일))라고 한 질문을 통해
　서도 보빙은 일본국왕사에 대한 답례의 성격을 띠고 있어서 회례사와 별반
　다르지 않다고 생각된다.

경우 명칭을 확인할 수 없는 경우도 있었다. 이들 사행은 모두 막부장군 앞 국서와 예물을 지참하였고, 문재에 뛰어난 사람이 파견되었다.[30] 사행목적은 주로 왜구금압을 요청, 왜구금압에 대한 사례를 위한 사행이거나 보빙, 화호, 왜구에 의해 일본에 납치된 피로인의 쇄환이었다. 1309년 최운사는 보빙과 왜구금압사례를 목적으로 도일하였지만 해상에서 조난을 당하였으며, 1401년 박돈지는 보빙의 목적으로 도일하였는데, 사행 중에 備州守 源詳助로부터 일본지도를 구해오기도 하였다. 1410년 회례사 梁需의 파견 목적은 舊將軍인 足利義滿의 사망을 弔喪하는 것과 보빙을 위한 것이었다. 어떻든 이 시기의 조선국왕사가 왜구금압 요청이나 사례, 피로인의 쇄환, 보빙의 목적이 주였다는 사실은 조선정부가 얼마나 왜구 문제 해결에 골몰했는지를 보여준다.

제2시기(1413년~1443년)는 조선시대에 들어와 통신사라는 명칭으로 일본 막부장군 앞으로 파견된 1413년(태종13) 朴賁 때부터이다. 통신관, 회례관으로도 불리웠던 朴賁의 사행은 한양을 출발하였지만, 도일하지 못하고 경상도에서 중지되고 말았다. 중국 연안에서 발생한 왜구문제의 해결과 1410년 '보빙'과 장군 足利義滿을 弔喪하기 위해 도일하였던 梁需 일행이 귀국 도중 만난 해적을 일본 幕府가 처벌하지 않은 것이 사행 중지의 배경이었다. 결국 조선시대 첫 통신사는 중도에서 중지되고 말았다. 이 시기에는 회례사와 통신사 명칭이 혼재되다가 1439년 고득종 통신사부터 단일화되었다.[31] 1420년 회례사는 대장경청구를 표면에 내세웠지만 실제로는 태종의 對馬島征伐의 진의를 정탐하기 위하여 足利幕

---

30) 『세종실록』 세종1년 12월 신미(1일)

31) 1421년 4월 예조에서는 對馬島主 宗貞盛의 사절 九里安에게 송희경 회례사에게 무례를 범한 일을 힐문하고 都都熊瓦는 왜 회례사를 보지 않았는가를 질책하자 "회례사는 전적으로 본국 정부에 통신하는 것이요. 우리 섬과는 관계가 없기 때문에 보지 않은 것이다"라고 답을 하고 있다.(『세종실록』 세종3년 4월 기해(7일))

府가 파견한 일본국왕사에 대한 회답사절로 회례사 송희경, 從使에는 孔達, 통사 李金이 참여한 사절이다. 1422년에는 회례사 朴熙中, 부사 李藝, 書狀官 吳敬之 등 15내지 20명으로 구성된 사절단이 파견되었으며 일본국왕사 圭籌에 대한 회례와 대장경지급이 목적이었다. 1424년에는 回禮使 判繕工監事 朴安臣과 副使 大護軍 李藝, 從事官 孔達이 국왕사 梵齡에 대한 회례와 대장경 지급을 위해 도일하였다.

1428년(세종10)에는 大司成 朴瑞生이 정사로, 대호군 李藝가 부사, 前副校理 李克柔가 서장관으로 임명되어 통신사라는 명칭으로 일본을 방문하였다. 사행에서 돌아온 박서생은 세종에게 復命하는 자리에서 일본의 국내사정을 보고하였다. 對馬島의 빈곤한 상황을 보고하고 쌀과 콩의 하사를 요청하였고, 왜구의 단속을 위해서는 對馬島와 大內殿의 협조가 필요하며 막부의 중앙통제력이 지방에까지 미치고 못하고 있다는 것으로 알렸다. 막부장군과 수호하는 것이 비록 교린하는 도리는 되지만 왜구문제를 해결하는 근본적인 계책이 될 수는 없다고 하였다. 그는 이제부터는 국가의 부득이한 일과 보빙하는 외에는 사신을 보내지 말고, 각 지역의 大名앞으로 후하게 보내고, 받는 것은 박하게 함으로써 그들을 달래며, 종종 사신을 보내 지극한 뜻을 효유하여 해적의 금지책으로 삼는 것이 좋겠다는 주장을 피력하였다.[32] 이 주장은 세종에게 받아들여졌는데, 이에 대해 中村榮孝는 대일정책에 관한 세종의 방책은 변방의 충실을 계획함과 동시에 내항하는 일본인에게는 優遇策과 제한적인 규정을 병용하여 교린체제를 확립하였다고 논하고 있다.[33] 이러한 박서생의 의견은 뒤 이은 통신사행에서 반영되었다.

1432년에는 국왕사 梵齡의 귀국길에 동반하여 보빙과 일본국왕사에 대한 회례 목적으로 도일하였는데 사절 명칭은 회례사였다. 이들 일행은

---

32) 『세종실록』 세종11년 12월 을해(3일)
33) 中村榮孝, 『日本と朝鮮』, 至文堂, 1966, 112쪽.

귀국 도중 해적은 만나기도 하였다. 이렇듯 회례사와 통신사의 명칭이 혼재되다가 1439년(세종21) 통신사 고득종 때부터 통신사로 명칭이 정착되었다. 1439년 통신사의 사행목적은 양국간의 경조가 아닌 교빙과 수호였으며, 정사 高得宗·부사 尹仁甫·서장관 金禮朦이 파견되었다. 7월 출발에 앞서 예조에서 작성된 '사목'이 고득종에 의해서 다음과 같이 上啓되었다.

　一. 一行 중의 사람으로서 법을 위반하여 매매행위를 하거나, 장소 아닌 곳에 횡행하거나, 사사로이 언어를 통하는 자는 考察할 법이 없었으니, 종사관으로 검찰을 겸해서 고찰을 오로지 담당하게 하여, 만일 범하는 것이 있거든 비밀히 기록하였다가 돌아와서 啓聞하고, 格軍이 범하는 것은 그때그때 곧 논죄할 것.

　一. 배에 익숙하지 못한 사람으로서 富饒한 船軍의 뇌물을 많이 받고 이름을 속이어 바꿔가는 자가 혹 있을까 염려되니, 그 고을 수령으로 하여금 遼東護送軍의 例에 의하여 친히 封項을 점검하여 사람을 보내어 押送하게 하고, 만일 이름을 속인 자가 있으면 수령까지 죄를 줄 것.

　一. 혹시 해적을 만나서 변에 응할 때에 호령에 따르지 않는 자는 군법으로 논할 것.

　一. 무릇 듣고 본 사건은 종사관으로 하여금 日記에 기록하여 돌아와서 啓聞할 것.[34]

'사목'에는 종사관으로 하여금 감찰관을 겸하게 해서 사행에 참여하

---

34) 『세종실록』 세종21년 7월 3일(기유)
　　日本通信使僉中樞院事高得宗啓事目曰, 一, 一行之人, 違法買賣, 非處橫行, 私通言語者, 旣無考察之法. 以從事官兼檢察官, 專掌考察, 如有所犯, 密記回來啓聞. 格軍所犯, 隨卽論罪. 一, 不慣舟楫之人, 多受富饒船軍贈物, 冒名易往者, 慮或有之. 令其守令依遼東護送軍例, 親點封項, 差人押送, 如有冒名者, 并罪守令. 一, 倘遇海賊, 應變之時, 不從號令者, 論以軍法. 一, 凡聞見事件, 令從事官日記載錄, 回還啓達.

는 수행원들에 대한 단속을 강화하였다. 종사관에게는 수행원들이 사사
로이 관할 영역을 벗어나거나 일본인들과 접하는 행위를 단속하고 밀무
역 행위를 규찰하도록 하는 업무 외에 사행 중 일기를 작성하여 계문하
도록 하는 임무가 주어졌다. 그리고 수행원으로 선발된 사람 가운데 배
에 익숙하지 못한 사람이 富饒한 선군의 뇌물을 받고 이름을 속여 사행
에 참여하는 일이 없도록 처벌을 강화할 것과 사행 중 해적을 만나는 변
을 당했을 때 법규의 준수를 위반할 경우 처벌에 관한 사항 등이 명시되
었던 것이다. 이 '사목'은 조선후기 통신사에 있어서 수행원에 관한 단
속규정과 거의 흡사하며, 종사관의 감찰기능 및 사행 중 기록을 작성하
는 임무도 동일하다. 사행 중 작성된 기록은 삼사가 귀국 후 국왕에게
보고되었으며, 통신사를 통한 일본국정탐색의 중요한 자료로 제공되었
을 것이다.

실제로 국정탐색의 업무는 통신사에게 부여된 또 다른 임무였다. 고
득종이 통신사로 일본에 머물렀을 당시 조정에서는 삼포왜인의 증가를
염려하는 논의가 있었다. 薺浦(내이포)에 왕래하는 왜인의 수가 날로 증
가하고 있으므로 접대비용도 문제이지만 변란이 요소가 될 수도 있으므
로 모두 일본에 돌려보내도록 하자는 좌의정 許祚의 의견에 대해서 세
종은 그 말에 수긍하면서도 통신사 고득종의 귀국을 기다려 대책을 세
우라는 명을 내리고 있다.[35] 세종은 고득종이 일본에 가서 직접 듣고 본
정보를 토대로 대일정책을 수립하고자 했던 것이다.

1443년(세종25) 통신사는 足利義敎의 사망과 足利義勝의 장군 습직
축하였다. 1442년 정사에는 卞孝文, 부사에는 尹仁甫, 서장관에는 신숙
주가 임명되고 사행원은 50騎[36]였다. 통신사는 足利義勝의 습직을 축하
하는 내용의 국서와 예물, 구장군의 치제를 위한 제문도 지참하였다. 동

---

35)『세종실록』세종21년 10월 경진(5일)
36)『康副記』嘉吉3년 5월 6일조 및 6월 19일조, 仲尾宏·許芝銀 논문 140쪽 재
   인용.

시에 예조에서는 大內氏에 대하여 서계와 예물을 준비하였으며, 少貳·
管領·對馬島主·一岐州志佐·松浦志佐 등 여러 영주에게도 서계와 예물
을 보냈다. 통신사의 안전을 요청하고 아울러 통신사를 통하여 그들을
회유하려고 했던 것이다.[37) 이는 1428년 통신사 박서생이 세종에게 복
명했던 내용이 대일정책에 반영된 모습이라고 하겠다. 한편 통신사가 막
부 이외 지역의 여러 영주와 우호의 임무를 가졌던 것은 조선후기 통신
사와 다른 점이다.

어떻든 제2시기 통신사는 비록 교토까지 왕래하는 과정에서 일본 해
적들에게 침탈을 당하는 등 안전이 위협을 느끼는 상황은 있었지만, 모
두 장군이 있는 교토에 가서 장군을 직접 만나 국왕의 국서와 별폭을 전
달하는 등 파견목적을 달성하였다.

이 시기에 와서 조선국왕사의 명칭이 통신사로 정리되게 된 배경에
는 세종대가 갖는 정치적 배경을 들 수 있다. 세종대(1418~450)는 건국
이후 찾아온 안정기로 중앙집권체제가 정비되고, 문화가 융성하는가 하
면, 국방에 대해서도 자신을 갖게 되는 시기이기도 하다. 아울러 對馬島
정벌 이후 왜구세력의 침투가 소멸되어 왜구로부터 자국 연안을 보전하
는 것이 비교적 용이했기 때문에 왜구문제가 점하는 대일외교상의 비중
이 엷어진 시기였다. 이에 조선정부는 막부정권과 교린에 입각한 통신관
계를 설정함으로써 일본국내 정보를 체계적으로 확보할 수 있는 합리적
인 통로를 마련하고, 중앙의 막부를 통하여 앞으로 발생할지도 모르는
왜구문제 등을 해결하고자 하였던 것이다.

그러나 제3시기가 되면 구장군 조상과 신장군 습직축하보다는 보빙,
화호를 목적으로 파견된 통신사가 주를 이룬다. 이는 사행의 목적이 국
정탐색이었음을 시사한다. 그러나 이들 통신사는 조선의 바람과는 전혀
다르게 해상조난이나 일본 국내의 내란으로 교토까지 가지 못하고 對馬

島에서 사행이 중지되는 바람에 파견목적을 달성할 수 없었다.

1459년 宋處儉 일행은 足利義政의 사자 秀彌의 來聘과 佛典과 佛具의 거듭된 청구에 응하여 파견한 통신사로 사행목적은 수호였다. 僉知中樞院事 宋處儉을 통신사로 삼고, 行護軍 李從實 副使로 삼고, 宗簿寺注簿 李覯을 書狀官으로 삼아 일본국왕사 秀彌와 더불어 도일하도록 하였다. 이들은 幕府將軍 앞 국서와 예물뿐만 아니라 예조판서로부터 大內多多量, 畠山修理大夫, 左武衛, 佐佐木大繕大夫에게, 예조참판은 大和守에게, 예조참의는 對馬太守 宗氏에게, 예조좌랑은 肥前松浦一岐州太守志佐氏에게 각각의 서계와 예물이 마련되었다.38) 당시 100여명에 달하는 인원이 세 척의 배에 나눠 타 10월 8일 부산항을 출발했지만, 당일 오후 강풍을 만나 對馬島 배 두 척과 함께 수몰되었다.39)

1475년에는 통신사 파견을 위해 정사에 裵孟厚, 부사에 李命崇, 서장관에 蔡壽 등 삼사로 선발되었지만 결국 '日本兵革'을 이유로 시행되지 못하였다.40) 그러나 1475년 사행을 준비하는 과정에서 통신사행에 관한 제반 절차, 즉 '應行諸事'가 정비된 듯하다. 비록 사행이 실시되지 않았지만, 1479년 통신사 등 이후 통신사 파견 준비과정에서 1475년의 예가 참고가 되고 있기 때문이다.41) 1479년 통신사는 정사에 李亨元, 부사 李季仝, 서장관 金許가 내정되었다. 이 사행 목적은 일본과의 修好로 원래 室町幕府의 요청에 의하여 파견되었다가 내란을 이유로 한 일본측의 입국 거부로 어쩔 수 없이 對馬島에서 곧장 귀국하였다.

사행에 앞서 예조에서 통신사가 가지고 갈 '사목'을 마련하였다. 사

---

38) 『세조실록』 세조5년 8월 임신(23일)
39) 『세조실록』 세조6년 1월 신사(3일)
40) 『성종실록』 성종6년 7월 계해(16일)
41) 1479년 통신사를 준비할 당시 예조의 啓上에 "이제 통신사행의 應行諸事는 을미년(1475년, 성종6)의 예를 상고하여 조목조목 기록하여 아룁니다."라고 되어 있다(『성종실록』 성종10년 1월 정축(20일)).

목의 내용은 對馬島主에게는 "足利幕府에서 누차 신사를 보내왔으므로 마땅히 보답하는 사신을 보내는 것이 禮에 마땅한 일이지만 근래 일본 국내의 兵亂으로 시행하지 못했을 뿐이다. 이제 안정되었다고 하므로 통신사를 보내 예전의 우호를 베풀고자 한다. 이에 對馬島主에게는 예물을 내려줄 것이므로 마음을 다하여 통신사를 호송하고 왕환하는 길에 변고가 없도록 해달라."[42]는 것이었다. 또한 조선의 대일통교체제에 대해서 對馬島主가 문의할 경우 답할 내용과 통신사가 지나가는 길에 있는 九州 大名들에게는 누차의 통신사 파견에 답하는 내용을 비롯하여 일본국정 탐색 임무가 부과되었다. 京都와 그 일대의 권력자의 族系職名, 京都兵亂, 산천풍토, 諸巨酋倭에 대한 정보, 수로의 원근, 산천의 모양, 정박되어 있는 배의 모양 및 풍속, 천황승습, 궁궐복식, 관혼상제, 형벌, 관제 등 다방면에 걸쳐 있었다. 아울러 조선에서 생산되지 않는 약재의 무역까지 거론되어 있다.[43]

1477년 정월에는 '日本通信使事目'이 마련되었는데, 이때 비로소 수행원 수가 정해졌으며, 지참 물품의 수량, 상대가 정식화되고 定量化되었다.[44] 通事 3인, 押物 2인, 醫員 1인, 臨時加定數 1인, 領船 1인, 正使

---

42) 『성종실록』 성종10년 3월 신사(25일)
辛巳, 禮曹啓日本國通信使齎去事目, 一。語對馬島主曰, 日本國王屢遣信使, 禮當報聘, 第緣邇來王都兵亂未果耳。今足下使報兵戈已戢, 道路無梗, 故遣通信使以申舊好。並賜足下某物, 其深體此意, 盡心護送, 使得往還無虞"
43) 위와 같음
44) 1477년(성종8) 5월 8일 통신사 파견준비는 정비되었지만, 對馬島主로부터 사행이 곤란하다고 예조에 통보가 왔다. 성종은 이에 동조하지 않았지만, 예조는 성종에게 도주의 말을 빌어 도중에 변이 일어나면 조선국에 충성을 할 수 없다는 말을 전하면서 병란의 평정을 기다릴 것을 상계하였다. 성종의 적극적인 통신사파견 시도에도 불구하고 對馬島主로부터 상세하게 일본국내 병란 상황, 항로의 위험성이 제기되면서 영의정 정창손을 비롯하여 대부분의 신하들이 통신사의 파견시기가 정해진 것도 아니고, 對馬島主의 연기권유에도 불구하고 강행한다는 것은 불가능하며 도주의 호송없이는 성공할 수 없게 되어 굴욕을 초래할 것이라는 의견을 제시하며 연기설을 주장

副使伴倘 1인, 書狀官伴倘 1인, 工人 3인, 船匠 2인, 爐冶匠 2인, 火桶
匠 2인, 吹螺赤 2인을 모두 재능이 있는 사람으로 하고, 螺匠 4명은 左
水營·右水營의 螺匠 중에서 의복이 깨끗하고 물에 익숙한 건장하고 실
은 자를 格軍에 채워서 데려가고, 執饌官奴 2명을 격군에 포함하여 데
려가도록 하였다. 선박은 '中大船 各一新造'였는데, 이 두 척의 항해에
필요한 격군은 樓船에 익숙한 50인으로 구성되었다. 한편 "사·부사와
종사관·압물·의원·통사·군관이 가질 새로 만든 色있는 弓箭에 諸緣을
갖추어 각 10部씩을 軍器寺에서 제급한다"고 되어 있고, 아울러 일본국
왕을 비롯하여 管領, 左武衛, 大內殿, 畠山殿, 京極殿, 山名殿, 大友殿,
少貳殿, 一岐州佐志, 九州松浦志佐, 大馬州太守에게 지급할 물품들의
목록이 정해졌다.45) 그리고 사행에 필요한 盤纏이 정해졌고, 호조로 하

함으로써 이루어지지 않았다.(『성종실록』 성종8년 1월 갑술(8일)·경인(24
일)·계사(27일))
45) 막부장군과 각 지역 대명들에게 지급예정이었던 예물은 다음과 같다.

幕府將軍	안자 1면, 저연구백세면주 20필, 흑세마포 20필, 백세저포 20필, 남사피 10장, 인삼 100근, 표피좌자 1, 표피 10장, 호피 10장, 잡채화석 10장, 만화석 10장, 만화방석 10장, 백자 400근, 청밀 15두
管提	백세면주 10필, 백세저포 10필, 흑세마포 10필, 잡채화석 15장, 표피 2장, 호피 4장
大內殿	백세면주 10필, 백세저포 10필, 흑세마포 10필, 잡채화석 15장, 표피 2장, 호피 4장
左武衛殿	흑마포 15필, 백세면주 15필, 표피 2장, 호피 4장, 잡채화석 15장
畠山殿	흑마포 15필, 백세면주 15필, 표피 2장, 호피 4장, 잡채화석 15장
大友殿	백세저포 5필, 백세면주 5필, 잡채화석 10장
少二殿	백세저포 5필, 백세면주 5필, 잡채화석 10장, 표피 10장, 호피 2장
一岐州左志源義	백세저포 5필, 백세면주 5필, 잡채화석 10장
九州松浦 志佐源武	백세저포 5필, 백세면주 5필, 잡채화석 10장
對馬州太守 宗貞國	백세저포 5필, 흑세마포 5필, 백세면주 5필, 인삼 30근, 栢子 140근, 잡체화석 10장, 표피 4장, 中米 20碩, 燒酒 50병, 桂 5角, 茶食 5각, 淸蜜 5缸, 軍糧價로 5升紬綿 150필, 盤纏으로 10升布 25필, 9승포 25필, 5升正布 30필, 5승면포 30필, 糙米 60碩, 잡채화석 30장, 理首 200首, 脯肉 50貼, 桂 10角, 醢 8缸, 乾飯 10석, 豹皮 2장, 호피 3장, 雀舌茶 20근, 菹 20缸, 虎肉 40항, 多食 10角, 沙魚 200首, 청밀 15병, 燈油 15斗, 소주 100甁, 黃栗 40두, 燒餠 10角, 청주 300병, 乾猪 60口, 油芚 10番

여금 서울과 충청도, 전라도, 경상도에 나누어 배정하도록 되어 있어서
사행에 필요한 물품조달방법도 보다 구체화되고 체계화 되었다.[46]

그리고 바닷길에 익숙한 왜인 2, 3명을 전례에 따라 행로에서 드는
盤纏을 지급하고 데려가도록 하였으며, 삼사를 비롯하여 통신사행에 참
여하는 格軍·指路倭人에게는 열 달의 糧料·鹽醬·饌을 전례를 상고하여
지급하도록 하였다. 심지어 사행의 안전을 기원하기 위하여 통신사의 출
발에 앞서 지내는 기풍제에 관한 규정도 있는데 조선후기와 달리 蔚山
에서 두 곳, 機張에서 한 곳, 東萊에서 두 곳, 金海에서 한 곳. 熊川에서
세 곳, 巨濟 한 곳 등 10곳에서 기풍제를 행하도록 하였다. 또한 돛대
두 개는 경상우도에서 벌채하여 다듬어서 쓰게 하도록 되어 있다. 더불
어 배에 익숙하지 못한 사람이 船軍으로부터 뇌물을 받고 이름을 속여
대신 가는 자가 있을 것을 염려하여 각각 그 소재 관할의 守令이 遼東
護送軍의 예에 따라 친히 점검하여 압송하되, 이름을 속여 대신하는 자
가 있으면 수령도 함께 논죄한다는 규정도 있다.

이 '사목'을 통해서 통신사 파견에 앞서 소용물품의 조달방법, 수행
원의 구성 등 조선전기 통신사의 준비과정을 자세히 알 수 있는데, 이는
조선후기 통신사 파견에 앞서서 준비되었던 '통신사절목'에 해당한다.
이 사목은 초기 통신사파견 때부터 시행되기 시작한 사항들이 점차 대
일관계에 있어서 교린체제의 성립에 따라 정형화됨에 따라 이전의 통신
사 파견 과정에서 시행된 사례들이 전례가 되어 '사목'으로 정비된 것이
라고 볼 수 있다. 그리고 일본국왕 뿐만 아니라 지방의 諸大名에 이르기
까지 지급할 물품이 정해졌다는 것은 조선정부가 여전히 대일현안을 해
결하기 위한 파트너로 일본국왕뿐만 아니라 지방호족까지도 고려하였음
을 보여주는 것이며, 조선이 足利幕府의 지방통제력을 신뢰하지 못하였
음을 보여주는 단적인 예라고 할 수 있다. 따라서 조선은 대일사행을 통

---

46) 『성종실록』 성종8년 1월 정미(8일)

해서 얻은 일본의 국내정세를 토대로 막부장군의 통치력이 미약하여 왜
구를 금지시킬 수 있는 능력이 없다고 판단하고 외교교섭의 대상을 왜
구를 통제할 수 있는 세력인 구주지방의 호족들에게까지 확대하였던 것
이다.[47]

   이어 1479년(성종10)에는 사행원의 자격에 관한 논의도 이루어졌다.
"한갓 武才만을 뽑는 것이 아니라 모름지기 詞章을 잘하는 자를 가려서
아뢰라"라는 성종의 지시가 시사하듯 조선측은 사행에 참여하는 구성원
에 武才뿐만 아니라 문장에도 능한 사람을 선발하였던 것이다. 성종은
1479년 통신사를 수행할 군관을 선발하기 위하여 몸소 후원에 나가 文
臣을 불러 활을 쏘게 하고 이를 관찰하여 글을 쓰도록 하였으며, 그 가
운데 문장에 능한 承文院著作 趙之瑞를 일본에 파견하도록 지시하기도
하였다.[48]

   1479년(성종10) 1월 18일에는 昌城都護府使 李季仝을 日本國通信副
使로 삼고[49], 19일에는 문장에 능한 承文院 著作 趙之瑞가 군관에 임명
되었다[50]. 조지서는 통신사를 따라가는 군관은 무재 뿐만 아니라 문장
에 능한 자를 뽑아서 보내도록 하라는 성종의 지시로 선발된 인물이다.
20일에는 1477년 정월의 '日本通信使事目'을 토대로 한 통신사의 '應行
事目'이 마련되고, 3월에는 예조로부터 '賚去事目'도 만들어졌다.[51] '賚
去事目'에서 對馬島主에게는 병란이 안정되어 사행로가 안전하다는 통
고가 있었으므로 통신사를 보내 우호를 도모하기 위해 통신사를 파견한
다고 사행목적을 밝히고 호송을 부탁하였다. 더불어 우리나라 해안에 출
몰한 왜구의 단속에 대해 감사를 표하고, 三浦에 머물고 있는 興利倭人

  47) 한문종,『조선전기 대일 외교정책 연구-對馬島의 관계를 중심으로-』, 전북대
      학교 박사학위논문, 1996, 139쪽
  48)『성종실록』성종10년 1월 병자(19일)
  49)『성종실록』성종10년 1월 을해(18일)
  50)『성종실록』성종10년 1월 병자(19일)
  51)『성종실록』성종10년 3월 신사(25일)

이 증가하고 있으므로 계해약조에 따라 쇄환해 갈 것을 요청하였다. 또한 통신사에게는 對馬島主가 使船을 접대한 예가 이전과 다르다고 하면 우리 소관이 아니므로 상세하게 알 수 없다는 식으로 편리한대로 응답할 것을 지시하였으며, 一岐·少貳·九州松浦志佐·大內에게는 수차례 信使를 보내 지극한 정성과 충의를 보여줬으므로 예물을 지급하여 厚意를 장려한다고 전하라는 내용도 포함되어 있다.

통신사에게 일본국정의 탐색과 보고의 임무도 명해졌다. 1443년 변효문 일행의 귀국 이후 36년간 교토까지 간 통신사가 없는 상황에서 '국정탐색'은 대단히 중요한 사안이었을 것임은 분명하다. 대상의 범주는 대단히 광범위하고 상세하였다. 먼저 ① 조선측에서 僞使 여부를 판별하기 위해 1474년 일본국왕사 正球首座에게 지급한 牙符 10枚가 막부에 제대로 전달되었는지 막부 관하의 관리들에게 물어볼 것이 주어졌다. 그리고 ② 교토와 그 일대 권력자에게는 布物을 지급하고 그 族系와 職名을 자세히 갖추어 써올 것이며, ③ 일본 국내의 兵亂이 발생한 이유·기간, 사리의 옳고 그름 및 승패관계를 조사해 올 것, ④ 山川風土와 族系 가운데 『해동제국기』에 참고가 될만한 것은 모두 찾아서 묻고, 만약 착오가 있으면 보고 들은대로 標를 첨부할 것, ⑤ 諸巨酋倭로서 이미 사망했는데도 거짓으로 사자를 칭탁하는 경우가 있을 것이니 그 생존여부를 파악해 올 것, ⑥ 水路·山川의 모습과 배의 모양 및 풍속을 見聞한대로 기록하거나 그림을 그리도록 할 것, ⑦ 天皇國王의 나이와 자식의 다소, 궁궐의 복식, 계승자의 나이와 名號, 장자계승 여부, ⑧ 혼인·喪葬·祭祀·刑罰·官制, 천황국왕과 신하의 복색·의장, 군사의 무기와 의복, 조하하는 일시를 듣고 본대로 기록할 것 등이었다.

아울러 사행원들의 단속에 관한 규정도 포함되어 있었다. 활쏘기와 말타기, 題詠은 경솔하게 응하지 말고 强請을 기다려 행하도록 하고, 通事나 工匠은 출입할 때 그곳 사람들과 사적으로 접하는 것을 금하고, 弓

矢·火砲의 제작 방법이 노출되지 않도록 해야 할 것이며, 火砲 같은 무기는 변고를 대응할 때 외에는 깊이 숨겨두고 드러내지 말도록 하였다. 이외에도 우리나라에서 생산되지 않는 약재의 무역, 琉球와 久邊에 대한 정보, 漂流人의 쇄환 등을 요구 등이 포함되어 있었다.

이형원 통신사는 표면적인 통신사의 파견목적은 수호였지만 '사목'의 내용으로 미루어 에 일본국정의 탐색이 중요임무로 주어졌음을 알 수 있다. 그리고 '應行事目'과 '賫去事目'이 모두 갖추어진 상태에서 파견되었다. 이 시기가 되면 통신사 관련 규례와 형식은 어느 정도 완비된 듯한데, 이러한 규례와 형식은 이후 통신사의 기본이 되어 통신사제도의 끼쳤던 영향은 매우 컸다고 할 수 있다.

그러나 철저하게 준비되었던 사행은 간단히 실행되지 않았다. 그해 4월 慶尙右道水軍節度使로부터 大內殿과 少貳殿의 교전소식이 전해졌다. 성종은 통신사의 파견을 일단 중지시키고 조정의 중신들로 하여금 대책을 의논하도록 지시하였다. 鄭昌孫 등은 체재 중인 大內政弘의 사자를 통해서 병란이 생겼다는 것을 확인하고 병란이 끝나기를 기다려 통신사를 파견할 것을 주장하였다. 尹弼商은 對馬島에 사람을 보내 탐문하는 것이 쉽지 않을 것이므로 삼포왜인 중 한 두 사람 厚待하여 보내 사정을 살피고 온 후에 다시 의논하는 것이 좋을 것이라는 의견을 냈다. 결국 성종은 두 의견을 받아들여 大內殿의 사신에게 묻고 왜인을 보낸 후에 다시 논의하기로 하였다.[52] 大內殿 使送 上官人 瑞興은 大內氏가 少貳氏를 이겼다는 것, 통신사의 호송은 對馬島에서 大內領까지는 對馬島主에서 호송하고, 大內領에서 교토까지는 大內氏가 호송할 것이므로 문제가 되지 않는다고 답을 했다. 그리고 對馬島에서 파견된 平國忠이 大內領까지의 호송을 담당하게 되었다는 말을 들었다. 그럼에도 불구하고 조정에서는 통신은 정해진 기한이 없으므로 전쟁이 그치기를 기다린

---

52) 『성종실록』 성종10년 4월 계사(7일)

연후에 보내는 것이 좋겠다는 의견과 大內氏와 對馬島主가 호송의 안전
을 보장하고 있고, 또 일본에서 수차례 사절을 보냈는데 보빙하지 않는
다면 교린의 의에 어긋날 것이므로 보내는 것이 좋다는 의견이 대립하
였다.53) 이에 성종은 후자에 손을 들어주고, 大內殿의 사자 瑞興과 對馬
島主가 특별히 보낸 平國忠을 접견하고 통신사의 안전한 호송을 부탁하
였다.54)

그럼에도 불구하고 통신사는 對馬島에서 정지되었다. 對馬島主가 南
路가 병란으로 막혀있다는 것을 이유로 사행중단을 권고했고, 정사 李
亨元이 발병하였기 때문이었다. 부사 李季仝과 압물관 羅嗣宗의 치계를
접한 조정에서는 논란이 분분하였다. "왜인은 간사스러움이 無常하여
禍患을 예측할 수 없으므로 만약 그 사명을 온전히 한다 하더라도 나라
에 무익하며, 뜻하지 않은 禍가 있다면 뉘우쳐도 소용이 없다."는 의견
과 對馬島主가 信使가 京都에 가는 것을 원하지 않기 때문이라는 의견,
막부가 이미 사행의 파견을 듣고 있는데 도주의 거짓을 믿고 중지하는
것은 불가하다 의견도 있었다.55) 결국 다음날 성종은 사행중지와 귀국
을 命하였다.56) 9월 25일에는 일본 각지의 使送雜物과 路次盤纏雜物은
押領通事로 하여금 여러 관할 관청에 還納하게 하고, 鼎紬와 糧料, 木棉
등은 熊川에 지급하는 등 사행준비 과정에서 마련하였던 물품에 대한
처리가 완료되었다.57) 결국 성종은 "使者를 보내 보빙하는 것은 이웃나
라와 교제하는 예절이다, 朝宗朝에 일찍이 통신하였던 까닭으로 통신사
를 보내려고 했지만 뱃길이 매우 곤란하고, 저들이 또한 대우하기를 매
우 야박하게 한다면 반드시 보낼 필요가 없겠다."58)고 하여 통신사 파견

---

53) 『성종실록』 성종10년 4월 계묘(17일)
54) 『성종실록』 성종10년 5월 임술(7일)·정축(22일)
55) 『성종실록』 성종10년 7월 무진(14일)
56) 『성종실록』 성종10년 7월 기사(15일)
57) 『성종실록』 성종10년 9월 무인(25일)
58) 『성종실록』 성종10년 12월 경신(9일)

의 의지를 접었다.

1592년 통신사가 있기까지 세 차례에 걸쳐서 통신사 파견논의가 있었다. 그러나 통신사 파견은 이루어지지 않았다. 1483년(성종14) 9월에는 大內義弘의 사자 定林寺住持 淸鑑의 요청으로 통신사 파견에 대한 의논이 있었다. 성종은 교린의 도에는 왕래교빙이 없어서는 안된다고 하여 파견의사를 피력했지만 조정의 신하들은 대부분 일본국왕과 大內殿의 요청도 없었고, 일본의 병란과 관련하여 사행로 안전이 확보되는지의 여부도 알 수 없는 상황에서는 어렵다는 의견을 들어 반대하였다.[59] 1489년 足利義尙이 사망하고, 다음해에는 義政가 사망하였다. 더욱이 義材가 장군습직을 할 때에도 통신사 파견에 대한 논의가 있었지만 통신사 파견은 없었다. 조정에서는 전례에 따라 예를 중시하면서도 國家多事를 이유로 일본국왕사 慶彭首座에게 국서와 예물을 위탁하는 정도에 그치고 있다.[60] 이후 1535년(중종30)과[61] 1557년(명종12년)[62] 통신사 파견이 논의되기 하였지만 더 이상 통신사의 파견은 없었다.

제3시기는 통신사에 대한 세부적인 규정이 정해진 시기였다. 비록 통신사가 교토까지 이르지 못하고 중도에서 중단되었지만, 통신사 제도와 규정이 정비되었으며, 이러한 것들이 조선후기 통신사에 기초가 되었음은 두말할 필요가 없다. 조선은 통신사에 대한 제반규정을 상세하게 마련하고, 구성원에 대한 규정을 정비하는 등 적극적으로 통신사파견에 임했지만, 예상치 못한 해상조난과 내란상황에 있는 일본국내사정으로 번

御經筵。 …… 上曰, 遣使報聘, 交隣之禮。 祖宗朝嘗通信, 故欲遣之, 然水路甚艱, 彼亦待之甚薄, 不必遣也。
59) 『성종실록』 성종14년 9월 계묘(9일)·을묘(25일)·병진(28일)
60) 『성종실록』 성종22년 9월 무인(5일)·계묘(30일)
61) 『중종실록』 중종30년 2월 기유(18일)
　　 己酉, 傳曰, 我國事大以誠、 交隣以信。 自庚午年倭奴叛亂之後, 因循不得通信使。 今依祖宗朝例, 遣通信使何如, 其議于大臣。
62) 『명종실록』 명종12년 1월 갑술(20일)·신사(27일)·계미(29일)·갑신(30일)

번히 사행이 중단되는 상황을 경험하게 된다. 조선으로서는 일본국왕이 지역통제력이 약하다는 사실을 알면서도 교린우호의 원칙에 입각하여 연계를 유지하려 했지만 이러한 상황은 足利幕府를 대일외교의 중요한 파트너로 인식할 수 없게 만들었고, 결국 통신사 파견이 중단되게 되었던 것이다.

제4시기(1592년~1596년)의 통신사는 이전의 통신사와는 전혀 다른 형태의 사절로 '통신'이라는 용어가 무색한 사행이었다. 한 동안 단절되었던 통신사는 16세기 말 豊臣秀吉 정권이 수립되면서 파견된다. 히데요시의 정권수립소식이 조선에 전해진 것은 1587년(선조20) 9월이었고, 그해 12월에 通聘을 요구하는 일본사신이 조선에 왔다. 당시 히데요시는 宗氏에게 조선침략에 관한 준비를 차질없이 수행할 것과 동시에 조선이 일본에 歸屬하도록 권유하라는 것을 명하였다. 즉 조선국왕의 入朝를 요구한 것이다. 이러한 豊臣秀吉의 행위는 교린관계에 위배된 것이었다. 宗씨는 바로 일본국왕사를 파견하여 秀吉의 국내통일을 알리고 秀吉의 命과는 달리 통신사파견을 요청하였다.[63] 조정에서는 처음에는 수용하지 않다가 사절단의 임무가 '通信一事'라는 것을 확인하는 한편,[64] 통신사를 이용하여 왜구문제 처리에 대응함으로써 양국분쟁의 해결을 꾀한다는 방침을 세우고 통신사를 파견하기로 하였다.[65] 조선의 사행 목적은 피로인 쇄환과 적괴소환에 대한 關白의 신의에 답하는 것

---

63) 『선조실록』 선조20년 10월 을해(20일)
64) 『선조실록』 선조22년 6월 을사(30일)
65) 『선조실록』 선조 11년 8월 병자(1일)
    對馬島主 宗義智의 통신사 요청을 접한 조선국왕은 이것을 실행하는 전제 조건으로서 1587년 전라도 損竹島에서 일어난 왜구사건의 범인 즉 五島에 있는 적괴 및 叛民 沙乙蒲同의 포박과 피로인 송환을 요구하였다. 이에 對馬島主 의지는 조선측의 요청을 거의 받아들여 叛民 沙乙蒲同과 丁亥賊倭를 포송하고 피로인을 데리고 왔다.(김문자, 1994, 「島井宗室과 1590년 通信使 派遣問題에 대하여」, 『상명사학』2, 상명사학회)

으로 일본국왕의 新立祝賀와 교린의 희망이었다. 1589년 11월 18일 통신사가 편성되어 행에는 상사에 黃允吉, 부사에 金誠一, 서장관에 許筬이 임명되었는데, 對馬島主 宗義智를 통하여 통신사파견이 결정되었다는 사실을 알게 된 豊臣秀吉은 통신사가 곧 조선국왕의 입공행위라고 이해하였다.[66]

7월 21일 교토에 도착한 통신사 일행이 秀吉을 만나 국서와 예물을 전한 것은 그로부터 2개월 후였다.[67] 그러나 답서는 전례와 다르게 교토에서 바로 받지 못하고, 교토 밖에서 대기하고 있을 때 전해졌으며, 그 내용은 명의 침공과 조선의 入朝 방침을 표명한 것이었다.[68] 豊臣秀吉의 답서를 접한 정사 김성일은 크게 분개하면서 조선은 예를 중시하는데 일본이 무력을 과시하여 '先驅入朝'하는 것은 교린의 義에 어긋난다고 하여[69] 답서의 개찬을 요구하면서 답서와 예물을 거부하였다. 그러나 통신사 일행은 그 뜻이 받아들여지지 않은 채 귀국해야만 했다. 애초에 통신사를 이용하여 왜구문제 처리에 대응함으로써 양국분쟁의 해결을 꾀한다는 방침이 무색한 사행이었다.

1596년 통신사는 임진왜란 강화교섭이 이루어지는 과정에서 진행되었다. 1593년 3월, 평양전투 승리의 여세를 몰아 일본군을 추격하던 명군이 벽제전투에서 패한 이후 일본군과 결전을 포기하고, 강화협상을 통해 전쟁을 끝내려 과정에서 이루어진 사행이었다. 1596년 통신사는 원병을 보내온 명 冊封使가 위험을 무릅쓰고 일본사행을 실시하는 과정에서 明使의 요청으로 이루어진 것이었다. 만약 이것이 明將의 불신을 초

---

66) 三宅英利, 손승철 역, 위의 책, 90쪽 참조.

67) 김문자, 「島井宗室과 1590년 통신시 파견문제에 대해서」, 『상명사학』2, 상명사학회, 1994, 126~127쪽.

68) 『續善隣國寶記』(『續群書類從』 제881권, 雜部 31), 손승철 역, 三宅英利, 위의 책, 91쪽 재인용.

69) 金鶴峰 『海槎錄』

래하여 강화가 성립되지 않을 경우, 명군 없이는 방위할 수 없다는 것과 통신사 파견이 왜군의 완전철퇴를 실현화할 수 있다는 기대 속에서 실시된 사행이었다.70) 사행은 關白이 있는 오사카·교토까지도 가지 못한 채 오사카 남쪽에 있는 항구인 堺에 도착하면서 대기명령을 받았고, 결국 히데요시는 만나지도 못한 채 귀국하지 않으면 안되었다.

16세기 말에 이루어진 따라서 두 번의 통신사는 명칭은 통신사였지만, 통신사의 범주로 해석하기엔 적절하지 않다. 통신사가 신의를 통하는 사절, 교린에 입각한 사절이라고 정의할 때 1590년의 사절은 조일 양국 모두 동상이몽 속에서 사절을 인식하였고, 1596년 통신사는 조정의 신하들도 "사신이라는 호를 붙이지 말고 다만 두 사령을 가려 뽑아 '近隨'라는 이름을 붙여 딸려 보냄이 온당하다."고 여러 번 계청하였던71) 사행으로 명칭과는 전혀 어울리지 않는 변칙적인 형태의 사절파견이었음을 부인할 수 없다.72)

이상에서 논의된 바와 같이 다양한 형태의 국왕사 명칭이 통신사로 정착된 것은 세종대였고, 성종대에는 통신사의 규례와 형식이 정비되어 갔다. 성종대 李亨元 통신사가 일본 국내의 내란으로 對馬島에서 사행을 중도에서 그만두고 귀국한 이후, 100여년 이상 통신사의 파견은 이루어지지 못했다. 이후 1592년에 이르러 다시 통신사가 파견되었지만, 1592년과 1596년 통신사는 명칭은 '통신사'였으나 '신의' 및 '교린'을 전제로 한 통신사와는 거리가 먼 것이었다. 1592년 사행에 대해서 豊臣秀吉의 파견요청에 따른 조선은 통신사의 파견으로 이해했지만, 일본측은 入貢使節, 내지 服屬使節로 이해하면서 결국 파행적인 결과를 낳았

---

70) 손승철 역, 三宅英利, 위의 책, 87~99쪽.
71) 『선조수정실록』 선조29년 6월 1일(정유)
72) 『春官志』 권2 「통신사」에는 1596년 사행 일행이 명나라의 책봉사를 따라가게 된 것으로 '近隨陪臣'이라 했으므로 뒤에 통신사의 예로 삼을 수 없다고 황신 일행의 성격이 규정되어 있기도 하다.

으며, 1596년의 사절은 왜란이라는 전란 속에서 애초부터 '신의'가 고려
될 수 없는 것이었고, 결국에는 豊臣秀吉와 만나지도 못하고 귀국할 수
밖에 없는 사행이었다. 따라서 조선전기 통신사를 일괄적으로 함께 설명
하거나 16세기 통신사를 이전의 통신사나 조선후기의 그것과 함께 통신
사로 파악하는 것은 적절하지 않다.

Ⅳ. 조선전기 통신사의 성격

조선후기 통신사는 원칙적으로 일본 막부장군이 교체될 때마다 파견
되었는데, 조선은 이를 별도의 정치적·외교적 현안을 해결하는 기회로
이용했다. 즉 막부와 직접 교섭함으로써 그때 그때의 대일현안을 해결함
은 물론 일본 국내의 정보수집을 통해 대일정책에 이용하고자 하였던
것이다. 물론 조선전기도 예외가 아니어서, 舊將軍의 조상과 新將軍의
습직축하, 화호, 보빙을 목적으로 통신사가 파견되었지만, 하였지만 실
질적으로는 왜구문제 해결 및 확대방지라는 정치적·외교적 현안의 해
결, 일본국내의 정보수집이 통신사의 목적이었다.

그러나 조선후기와 달리 전기는 통신사의 파견에 조일 두 나라 사이
에 합의된 정형화된 절차가 없었다. 때문에 조선전기에는 통신사의 파견
이 있을 때마다 조선에서는 통신사 파견의 적절성에 대한 논의가 분분
하였다. 이것은 조선전기 대일관계의 특징이기도 하다. 그러한 배경에는
조선후기는 德川幕府가 對馬島를 통하여 통신사 파견을 요청한 것과는
달리 足利幕府로부터 공식적인 통신사파견 요청이 없었다는 점에서 찾
을 수 있다. 足利幕府는 공식적인 외교통로를 통해서 통신사의 파견을
요청하거나 구장군의 사망과 새 장군의 장군직 습직 사실을 조선에 통
지하지 않았다.

1428년 통신사 朴瑞生이 義持의 사망과 義敎의 장군취임을 弔祭·慶賀하기 위하여 파견되었으나 장군교체 사실을 조선에 알린 것은 막부가 아니라 조선과 통교하는 지방세력, 즉 宗金과 九州巡撫使인 平常嘉 및 少貳滿貞였다.[73] 당시 세종은 좌우 신하들에게 이르기를 "일본국이 그 왕이 薨하였는데도 사신을 보내어 부고하지 않고, 즉위함에 미쳐서도 또 사신을 보내어 수호의 뜻을 알려오지 않았으므로 우리나라도 또한 통신사를 보낼 필요가 없다. 그러나 우리가 교린하는 예에 있어서 이것을 닦지 않을 수 없기 때문에 사절을 파견하고 贈儀를 전달하였으며. 또 즉위를 축하하였으니"라고 언급하고 있다.[74] 1443년 통신사 卞孝文의 일본 파견도 足利義敎의 사망과 足利義勝의 장군취임에 弔祭와 경하를 표하기 위한 것이지만, 이 또한 막부로부터가 아닌 對馬島 宗貞盛의 보고에 근거한 파견이었고[75], 1489년 足利義尙와 義材의 장군습직을 위한 통신사 파견요청도 大內씨에 의해서였다.

그러나 조선후기 통신사의 파견 절차는 먼저 일본에서 幕府將軍의 승습이 결정되면 對馬島主는 幕府의 명령을 받아 '關白承襲告慶差倭'를 조선에 파견하여 그 사실을 알려온다. 그리고 곧이어 통신사 파견을 요청하는 '通信使請來差倭'를 파견한다. 즉시 조선에서는 예조에서 논의한 뒤 통신사 파견을 결정하고, 이 사실을 부산의 왜관에 알려 對馬島에

---

73) 『세종실록』세종10년 7월 갑자(14일), 8월 을사(26일), 10월 갑진(26일)
74) 『세종실록』세종11년 12월 신사(9일)
　　辛巳受常參, 視事。上謂左右曰, 日本國其王薨, 不遣使訃告, 及卽位, 又不遣使通好, 我國亦不必遣通信使也。然在我交隣之禮, 不可不修, 故遣使致賻, 且賀卽位。彼宜報謝, 又不遣使, 反因求請, 乃遣宗金, 失禮之中, 又失禮焉。今待宗金, 將從何等, 彼輩本不知禮義, 何足責也。前此我國之使至其國, 有不得下船者, 或有薄待而送者, 或其書辭不遜, 今通信使之行則館穀加等, 書契亦恭順, 是可尙已。待人之道, 寧失於厚, 姑厚待之如何。左右對曰, 上敎允當。
75) 『세종실록』세종23년 12월 을미(　일), 25년 1월 무인(22일), 25년 2월 정미(21일)

통보하도록 하였다. 바로 삼사를 선발하고 이어 사절단의 구성에 착수할
뿐만 아니라 사행에 필요한 각종 예단 및 물품을 각도와 관할 관청에 분
정하여 준비한다. 통신사가 한양을 출발하여 부산에 도착하면 다시 對
馬島에서 파견된 '信使迎聘差倭'의 인도를 받아 對馬島에 도착한 후, 對
馬島主의 안내를 받아 장군이 있는 에도까지 왕복한다. 에도에서 통신
사의 임무인 국서를 장군에게 전달하고, 장군의 답서를 수령한 후 對馬
島에 돌아온다. 對馬島로 돌아오면 그곳에서 부산까지는 다시 對馬島主
가 임명하는 '信使送裁判差倭'가 이를 호행하여 무사히 사행을 마치도
록 안내하였다. 사행에서 돌아온 삼사는 국왕에게 복명을 하는 것으로
임무를 마쳤는데, 복명서의 내용은 대부분 사행 중 직접 보고 들은 일본
국내의 정세나 문물에 대한 것이었다.

　足利幕府의 요청이 없었음에도 불구하고 조선이 통신사를 파견한 이
유는 무엇인가? 먼저 들 수 있는 것이 주변국과의 '교린관계' 중시하는
조선의 대외정책이다. 그리고 정치적이고 외교적인 현안을 직접 幕府와
통교함으로써 해결하기 위해서였다. 앞에서도 언급하였다시피 조선초기
대일정책의 최대과제는 왜구의 침입을 저지하는 것이었다. 對馬島정벌
과 같은 무력적인 토벌과 함께 왜구세력을 회유하여 평화적인 통교자로
의 전환시키기 위한 노력을 경주한 결과 왜구의 침입은 약화되었다. 특
히 세종대 국방과 외교 등에 자신감을 갖게 되면서 조선은 막부정권과
교린관계를 통한 통신관계를 설정함으로써 사절을 파견하여 일본국내의
정보를 체계적으로 확보할 수 있는 통로를 마련하고, 다시 발생할 지도
모르는 왜구문제를 비롯한 당면한 외교현안들을 해결하고자 하였던 것
이다.

　둘째, 조선후기 통신사는 일행이 부산을 출발하면서부터 사행 중 소
요되는 비용을 막부를 비롯한 각 지역의 大名들이 일체 부담한 것에 비
하여, 조선전기 통신사는 그렇지 않았다. 원래 조선의 외교에 있어서 무

역은 기본적으로 서계에 명시된 예물의 교환에 한정되어 있었다. 따라서 사자의 지참물은 예물이 주류를 이루지 않으면 안되었는데, 조선전기 통신사의 경우는 이외에 왕명에 의한 특별 품목의 구입이나 경유지에서의 소요비용으로 예컨대 여비 등의 임무수행을 위한 필요한 제반경비나 일본 지방 세력을 회유하기 위한 물품 등이 여기에 더해졌다.76) 통신사 출발에 앞서 對馬島主나 大內氏 등에게 교토까지 통신사의 호송을 요청하고, 답하는 서계와 예물을 지급함으로써 사행로의 안전을 확보하였다. 더불어 부탁하는 예물을 준비하여 통신사의 호송을 요청하거나 지나가는 중소영주들에게도 서계와 각종 예물을 마련하여 지급하였다.

1460년 송처검 일행의 통신사는 거듭되는 일본국왕사의 내빙과 경전의 요청에 답하고, 대장경, 법화경 등을 증정하기 위한 목적이었다. 통신사를 준비하면서 조선정부는 막부 외에도 다른 여러 영주에게 지급할 경전과 예물을 준비하였다. 예조판서 洪允成이 大內多多良에게 여러 가지 경전과 예물을 전하면서 博多로부터의 商人濫行의 금지를 의뢰하였고, 畠山佐佐木大膳에게는 서계와 예물을, 左武衛源公(斯波義敏)・管領(細川勝元)・京極佐佐木大膳大夫 源公(京極持淸)에게도 서계・예물을 가지고 통신사행을 연락하였다. 또 예조참판 黃吉源도 對馬島主(宗成職)에게 서계・예물을 주어 통신사의 호송을 의뢰하였으며, 예조좌랑 金永堅도 一岐 志佐源公(源義)에게 서계・예물과 함께 호송을 의뢰할 예정이었다.77) 조선후기와는 달리 京都까지 上京하는 동안 체계적인 접대나 호송체제가 마련되지 않았기 때문이었다.

세째, 조선후기 통신사 파견이 정례화되었고, 장군의 승습축하가 표면적인 사행목적이었다고 한다면, 조선전기 통신사는 그렇지 않았다. 통신사의 파견목적도 처음 의도와는 달리 정례화 되지 않았다. 그 이유는

---

76) 민덕기, 위의 책, 92~93쪽
77) 『세조실록』 세조5년 8월 임신(23일)

당시 조일양국의 국내외적 상황에 기인한다. 조선후기 통신사가 막부의 요청에 의해서 이루어진 만큼 막부장군이 있는 京都까지 왕복하는데 對馬島主의 호행이 있었고, 통과하는 각 지역의 대명들의 접대를 받으면서 이루어진 안전한 사행이었다고 한다면, 조선전기 통신사의 경우는 중앙권력이 지방에까지 미치지 못하는 당시 상황으로 통신사는 사행 중 안전을 염려해야 하였으며, 때로는 일본국내의 병란으로 말미암아 사행이 중도에서 중단되기도 하였다.

넷째, 조선후기와 달리 조선전기 통신사는 막부 이외 지역의 여러 대명과 우호의 임무를 가졌다는 점이다. 1477년 정월에 예조에서 마련한 '日本通信使事目'에 따르면 통신사가 파견될 때 幕府將軍 앞 국서와 예물을 비롯하여 管領, 左武衛, 大內殿, 畠山殿, 京極殿, 山名殿, 大友殿, 少貳殿, 一岐州佐志, 九州松浦志佐, 大馬州太守에게 지급할 서계와 예물을 준비하였다. 이들 諸大名에게 지급할 서계와 예물은 이미 1443년 통신사부터 있어왔던 일로, 이때 와서는 규례화되었던 것이다. 통신사가 '일본국왕'에게 파견되는 조선국왕사임에도 불구하고 막부 이외에 여러 大名들에게 서계와 예물이 지급되었다는 것은 대일외교현안의 해결에 있어서 室町幕府의 약체관이 반영된 것이다. 즉 室町幕府의 통치력이 지역에까지 미치지 못한다고 판단하였기 때문에 조선은 이들 지역의 세력들과 관계를 함으로서 우호를 다질 필요가 있었을 것이다. 이것은 조선의 다원외교의 실제 모습이라고 할 수 있다.

다섯째, 결국 통신사가 중단된 배경에 대한 것을 들 수 있다. 조선정부는 막부의 무례한 외교자세[78]와 중앙정권으로서의 취약성에 실망했기 때문에 조선정부는 통신사파견에 적극성을 상실해나갔다. 그리고 조선의 대일외교정책인 교린정책에 따라 파견한 통신사에 대해서 막부가 통

---

78) 足利幕府의 無禮한 대조선 외교자세는 민덕기, 『전근대 동아시아 세계의 한·일관계』 74~84쪽에 자세하다.

신사 파견을 거부하는 입장을 보이는 경우도 있었기 때문에, 그 결과 사행일행의 京都 입성이 지체되거나 흔쾌히 이루어지지 않은 경우도 종종 있었다.

1443년 12월 室町幕府가 파견한 請經使 光嚴이 조선에 내항하였는데, 그는 조선에 대해 새 장군이 아직 어리며 통신사 또한 방문한 직후이므로 조선의 신구 장군에 대한 축하·치제용 예물은 자신에게 위탁하는 것이 좋을 것이라고 언급하여 조선의 통신사 파견을 거부하는 입장을 밝혔다. 더욱이 통신사가 일본에 올 적마다 장군의 신체에 이변이 생기므로 일본측은 조선사절의 입국을 기피하고 있다고 전해왔다. 즉 고득종이 왔을 때엔 장군이 살해되더니(1439년), 이번 변효문이 왔을 때엔 장군이 병사하였는데 이는 조선 사절 때문에 不淨을 탔기 때문이라는 일본의 분위기를 전달했다.[79]

당시 일본에서는 통신사의 파견을 災禍라고 여기면서 객관의 대접도 매우 야박했다고 한다.[80] 그리고 조선 건국이래 대일외교의 최대현안이었던 왜구의 문제가 어느 정도 해소되면서 조선은 足利幕府를 교린의 대상으로 삼고, 통신사 파견의 정례화를 시도하였지만 막부는 교린에 입각한 외교적 관계보다는 대장경 청구나 불사의 비용 조달 등 물적 요구에 집착할 뿐이었다. 게다가 내란을 진정시킬 여력이 없는 막부에 대해서 신변의 안전을 도모하지 못하는 상황을 감수해가면서 사절을 파견할 필요를 찾지 못했던 것이다. 결국에는 1489년(성종20) 足利義材의 장군 습직축하를 위한 통신사 파견도 조정에서는 전례에 따라 예를 중시하면서도 통신사파견을 시행하지 않고, 일본국왕사 慶彭首座에게 국서와 예물을 위탁하는 선에서 그치고 말았다. 이런 이유로 1590년 통신사 파견 요청이 있을 때까지 조선은 통신사 파견을 중단하기에 이르렀으

---

79) 『세종실록』 세종25년 12월 정유(17일)
80) 『성종실록』 성종10년 12월 경신(9일)

며, 1590년과 1596년 통신사는 豊臣秀吉政權에 기인한 변칙적인 사절
행위일 뿐이었다.

그러나 조선전기 통신사는 비록 내용면에서는 후기 통신사와 많은
차이가 있지만, 파견준비과정에서 마련된 통신사관련 제 규정과 '사목'
등은 조선후기 통신사의 전형이 되었다는 것에는 이견을 없을 것이다.

V. 맺음말

조선전기에 있어서'통신사', '신사'는 "조선왕조의 대일기본정책인
교린정책을 실현하기 위한 외교적인 목적을 가진 신의의 사절"만을 의
미하는 것은 아니었다. 즉 대일관계에서만 나타나는 사절명칭은 아니었
다. 통신사는 고려시대부터 사용된 사절명칭으로 足利幕府 뿐만 아니라
조선이 對馬島 및 九州의 大名·琉球·女眞에 보낸 사절을 칭하기도 하
였다. 그리고 일본에서 조선에 온 사절을 의미하기도 하였으며, 유구, 여
진 등지에서 온 사절을 의미하기도 한다. 따라서 조선전기에 있어서 '통
신사'란 그것이 기미교린이었든, 적례교린이었든 조선과 교린관계에 있
던 세력 사이에 왕래하는 사절을 의미하는 용어였고, 조선후기에 들어와
대일사절에 한정하는 용어로 정착되었다.

조선전기 일본국왕 앞으로 파견을 시도한 조선국왕사는 모두 24회에
달한다. 그 가운데 京都에 입성한 사절은 19회였다. 그러나 이들 사절
명칭은 통신관, 朝官, 회례사, 회례관, 통신사 등 그 명칭이 다양하였다.
이들 사절은 각각 별개의 특징을 가진 각기 다른 성격의 사절이 아니라
유사한 사절로서 조선의 대일정책의 변화에 따라 명칭이 다르게 사용되
다가 통신사로 명칭이 단일화되는데, 그 과정을 네 단계로 나누어 설명
할 수 있다.

　　제1시기의 국왕사는 명칭이 분명하지 않거나 혼재되어 나타난다. 일본의 사절파견에 대한 답례의 의미인 '보빙'을 목적으로 한 사절이거나 회례사·회례관이 주였다. 막부장군 앞 국서와 예물을 지참하였고, 문재가 뛰어난 사람이 파견되었다. 사행 목적은 주로 왜구금압을 요청하거나 왜구금압 사례, 왜구에게 납치된 피로인 쇄환, 보빙이 주 업무였다.

　　제2시기는 조선국왕사가 통신사로 명칭이 일원화되고, 京都에 가서 幕府將軍에게 國書를 교환하고 파견목적을 달성한 시기이다. 이시기의 통신사 파견목적은 조선후기 통신사의 파견목적인 막부장군에 대한 弔喪과 승습 축하였다. 제1시기의 사행이 왜구문제를 해결하기 위한 사절이라면 제2기는 회례사와 통신사의 명칭이 혼재되다가 1439년부터는 통신사로 정착된 시기이다. 제1시기의 사절들이 대부분 왜구문제 해결에 대한 회례와 보빙의 목적의 사행이라면 제2시기에는 교린정책이라는 대일정책에 입각하여 足利幕府를 상대로 정례적인 사절의 파견을 시도하는 적극적인 대일정책을 구사하였던 시기였다. 이러한 변화는 조선정부의 왜구에 대한 정책이 어느 정도 효과를 거두면서 왜구들이 통교자로 전환된 상황과 맞물린다. 이에 조선은 통신사를 통하여 막부정권과 교린에 입각한 통신관계를 설정함으로써 일본국내 정보를 확보할 수 있는 정례적인 통로를 확보하고, 왜구확대방지 등의 정치적 현안들을 막부를 통하여 해결을 도모하고자 한 것이다.

　　제3시기의 조선국왕사 파견목적은 수호로 실질적으로는 일본국정탐색이었다.[81] 이미 足利幕府는 京都만을 지배하는 지방정권으로 전락한 상태였다. 조선도 九州지역 중소호족들과의 왕래를 통하여 이러한 실상을 알고 있었지만 교린우호의 원칙에 입각하여 막부정권에 통신사를 파견하고, 일본의 국내사정을 직접 보고 듣고자 하였다. 그러나 통신사는

---

81) 1471년 足利義尙가 장군직에 올랐지만 그것에 대한 통신사파견 논의는 없었다.

예상치 못한 해상조난과 일본의 내란상황에 직면하여 번번이 사행이 중
단되었다. 비록 이시기는 모든 통신사가 京都까지 이르지 못하고 중도
에서 중단되었지만, 통신사 제도와 규정이 정비되었으며, 조선후기 통신
사에 기초가 되었음은 두말할 필요가 없다. 조선으로서는 막부정권의 지
역통제력이 약하다는 사실을 알면서도 지속적인 국정탐색을 도모하고
교린우호의 원칙에 입각하여 통신사파견을 시도함으로써 막부정권과 연
계를 유지하려 했지만, 연이은 통신사의 중지 및 내란이라는 일본 국내
상황은 足利幕府를 더 이상 대일외교의 파트너로 인식할 수 없게 만들
었고, 결국 통신사 파견 중단이라는 상황을 초래하였다.

　제4시기는 조선이 의도했던 통신사와는 전혀 다른 형태의 변칙적인
사절 파견이 이루어진 시기이다. 이 시기의 통신사는 신의와는 전혀 별
개의 사자 파견이었다는 점에서 통신사로 규정하기 어려운 사절파견이
었다.

　조선전기에는 9차례에 걸친 통신사파견이 준비되었다. 조선의 대일
외교정책인 교린정책에 따라 이루어졌으며, 파견이 시도된 통신사는 7
차례였고, 그 가운데 3차례만 교토에 이를 수 있었다. 모두 세종대에 파
견된 통신사라는 특징이 있다. 조선전기 통신사의 파견목적은 원칙적으
로는 구장군의 조상과 신장군의 습직축하, 화호, 보빙을 목적으로 하였
지만 실질적으로는 왜구문제 확대방지라는 정치적·외교적 현안의 해결
과 일본국내의 정보수집이 통신사의 목적이었다.

　그러나 조선후기와 달리 전기는 통신사의 파견에 조일 두 나라 사이
에 합의된 정형화된 절차나 규정이 없었다. 足利幕府는 공식적인 외교
통로를 통해서 통신사의 파견을 요청하거나 구장군의 사망과 신장군의
장군직 습직 사실을 조선에 통지하지 않았다. 장군교체 사실을 조선에
알린 것은 막부가 아니라 조선과 통교하는 對馬島主, 大內氏 등 지방세
력이었다. 때문에 조선전기에는 통신사의 파견이 있을 때마다 조선에서

는 통신사 파견의 적절성에 대한 논의가 분분하였다. 이렇게 足利幕府의 요청이 없었음에도 불구하고 조선이 통신사를 파견한 이유는 주변국과의 '교린관계'를 중시하는 대외정책과 왜구문제 확대 방지 등 양국간에 발생하는 정치적이고 외교적인 현안을 해결하기 위한 교섭통로를 만들기 위해서였다.

원래 조선의 외교에 있어서 무역은 기본적으로 국서나 서계에 명시된 예물의 교환에 한정되어 있었다. 따라서 사자의 지참물은 예물이 주류를 이루지 않으면 안되는데, 조선전기 통신사의 경우는 이외에 왕명에 의한 특별 품목의 구입이나 경유지에서의 소요비용으로 예컨대 여비 등의 임무수행을 위한 필요한 제반경비나 일본 지방 세력을 회유하기 위한 물품 등이 여기에 더해졌다. 조선전기 통신사가 후기와는 달리 교토까지 上京하는 동안 체계적인 접대나 호송체제가 마련되지 않았고 1460년 통신사부터 해난조난 등이나 일본내란 등을 이유로 통신사가 중지되었다. 이러한 상황은 막부장군의 통치력이 지방호족에게까지 미치지 못하였기 때문이었다. 결국 대일외교의 현안해결의 모색방법으로 외교교섭의 대상을 왜구를 통제할 수 있는 세력인 구주지방의 호족들에게 까지 확대하게 되었던 것이다. 이것은 조선전기 조선의 다원외교의 모습이라고 할 수 있고, 조선후기 통신사가 德川政權 앞으로만 고정화되었던 것과의 차이점이라고 할 수 있다.

초기에는 통신사파견에 적극적이었던 조선정부는 무로마치幕府의 무례한 외교자세와 중앙정권으로서의 취약성에 실망하면서 신사파견에 적극성을 상실해갔다. 그리고 조선의 대일외교정책인 교린정책에 따라 파견한 통신사에 대해서 막부가 통신사 파견을 거부하는 입장을 보이는 경우도 있었기 때문에, 그 결과 사행일행의 교토 입성이 지체되거나 흔쾌히 이루어지지 않은 경우도 종종 있었다. 그리고 조선건국이래 대일외교의 최대현안이었던 왜구의 문제가 어느 정도 해소되면서 조선은 일본을 교린의 대상으로 인정하고, 통신사 파견의 정례화를 시도하였지만 무로마치幕府는 교린에 입각한 외교적 관계보다는 대장경 청구나 佛事의 비용 조달 등 물적 요구에 집착할 뿐만 아니라 내란을 진정시킬 여력이 없는 막부에 대해서 신변의 안전을 도모하지 못하는 상황을 감수해가면서 사절을 파견할 필요를 찾지 못했던 것이다.

결국 1489년(성종20) 足利義材의 장군습직축하를 위한 통신사 파견도 조정에서는 전례에 따라 예를 중시하면서도 통신사파견을 시행하지 않고, 일본국왕사 慶彭首座에게 국서와 예물을 위탁하는 선에서 그치고 말았다. 이런 이유로 1590년 통신사 파견 요청이 있을 때까지 조선은 통신사 파견을 중단하기에 이른다. 물론 1592년에 통신사 파견이 시도되었지만, 이후 두 차례의 통신사는 통신사의 범주에서 벗어나는 변칙적인 사행으로 종결지어짐으로써 조선전기 통신사는 막을 내리게 되었다.

<부기> 이 글은 UBC Summer Workshop on "Japan in the World of Choson Korea"(2010. 8. 26~27)에서 발표하였으며,『조선전기 통신사의 개념과 성격』(『전북사학』 37, 2010.10)에 수정·보완하여 공간한 것을 재수록한 것이다.

[참고문헌]

『朝鮮王朝實錄』
『增正交隣志』
『春官志』
『高麗史節要』
中村榮孝, 『日本と朝鮮』, 至文堂, 1966.
三宅英利 지음, 손승철 역, 『근세한일관계사연구』, 이론과 실천, 1991.
손승철 편저, 『근세한일관계사』, 강원대학교 출판부, 1987.
한문종, 『조선전기 대일외교정채 연구』, 전북대학교 대학원 박사학위논문, 1996.
민덕기, 『전근대 동아시아 세계의 한·일관계』, 경인문화사, 2007.
민덕기, 『조선시대 일본의 대외교섭』, 경인문화사, 2010.
김문자, 「島井宗室과 1590년 통신사 파견문제에 대해서」, 『상명사학』2, 상명
      사학회, 1994.
손승철, 『조선시대사학보』27, 조선시대사학회, 2003.
손승철, 「통신사의 시작문제와 연구현황」, 『한일관계사학회 2009년 학술대회자
      료집 - 조선전기의 통신사와 한일관계』, 2009.

근세 쓰시마 번의 조선어 通詞의
직계와 보장에 대하여

김우빈(일본 규수대학교)

Ⅰ. 서 론

1. 通詞 정의

쇄국정치 아래, 근세일본에서는 '4개의 창구(四つの口)'라고 불리우는 무역과 외교의 창구가 존재하여, 각각 '통신의 나라,' '이국,' 또는 異域과의 교류가 이뤄지고 있었다.[1] 쓰시마는 그 4개의 창구 중 하나로써, 주로 조선과의 관계를 담당하고 있었다. 생산환경이 열악했던 쓰시마는, 생존을 위해 조선과의 무역에 의존 하고 있었다. 이 곳을 통하여 양쪽의 교린과 실질적 업무를 맡았던 이들이 '通詞'였다.

통사란, 본국과 외국의 사이에서 언어를 통역하는 사람들이지만, 단순히 언어를 통역하는 것이 아닌, 당시 외국에 대한 정보나 지식이 부족했던 상황에서, 외교교린의 실무를 진행하는데 중요한 임무를 맡고 있었다. 근세일본에는 세개의 언어를 대상으로 하는 통사가 있었다. 나가사

---

1) 荒野泰典, 『近世日本と東アジア』(東京大學出版會、1998)

키 히라도(平戶)의 중국어 통사(唐通詞)와 네덜란드어 통사(オランダ通詞), 그리고 쓰시마의 조선어 통사가 그것이다. 중국어 통사와 네덜란드어 통사는 에도막부의 관리직이였고, 조선어 통사는 지방의 번의 관리직이였다. 에도시대, 일본쪽의 조선어 통사는 쵸오슈 번(長州藩)이나, 사츠마 번(薩摩藩)에도 있었던 것으로 보이지만, 그중 중핵이 되는 것은 쓰시마 번의 통사였다.

이러한 통역에 종사하는 사람들은 여러가지로 명칭으로 불리웠다. 예를 들어, 通詞, 通事, 通辭, 通譯, 譯家, 譯師, 譯官, 譯司, 譯士, 通弁, 伝語官 등이 있다.[2] 일반적으로는, 조선 쪽의 통역은 '역관'이라 불리우고, 일본쪽은 '通詞'라 불리우는 경우가 많았다. 본 논문에서도, 조선쪽의 통역에 대해서는 '역관,' 일본쪽의 통역에 대해서는 '통사'라고 통일하여 논술한다.

조선에서는 언제부터 일본어의 통역이 있었는지 자세히 알려져 있지는 않지만, 1393(태조2년) 조선의 조정은 사대교린을 위해 외국어교육기관인 '司譯院'을 설치하였다. 초대에는 한학과 몽학만이 설치되었었지만, 1415(태종15년)에는 왜학이 설치되었다. 조선시대의 기본 법전인 『経國大典』를 보면, 왜학훈도를 포함한 '역관'은 관위가 정9품으로,[3] 통역관의 지위가 그리 높지 않았음을 알수있다. 한학의 학생 정원은 65명 있었던 반면에 왜학 학생의 정원은 31명에 지나지 않았다.[4] 다른 언어와 비교하여, 왜학의 교육을 받은 사람의 수는 그리 많지 않았다.

---

2) 荒野泰典, 『近世日本と東アジア』(東京大學出版會、1998)
   姜信沆, 「韓·日 兩國譯官에 대한 비교연구」(『人文科學』23、1993年) p.47.
3) 漢學訓導, 蒙學訓導, 女眞學訓導의 관위도 正九品이다. 「礼典、生徒條」『経國大典』卷3.
4) 姜信沆, 「韓·日 兩國譯官에 대한 비교연구」(前揚) pp.33~35.

[표 1] 교육기관 및 학생수(『経国大典』권3′ 「예전」 생도)

漢學	65
蒙學	10
女眞學	60
倭學	31

즉 조선에서의 역관은 조정의 관직으로써 설치되어, 이미 14세기부
터 체계적인 교육을 받을 수 있었다. 하지만, 일본의 경우, 이러한 체계
적인 교육기관은 존재하지 않고, 쓰시마에서도 18세기에 이르러서야 유
학자 아메노모리 호슈(雨森芳洲; 1668~1755)에 의해 조선어 교육기관
이 개설되었다.[5]

2. 선행연구

쓰시마 번에 의한 조선어교육과 통사에 관하여, 주로 이즈미 쵸오이
치(泉澄一), 타시로 가즈이(田代和生), 요네타니 히토시(米谷均), 마츠바
라 타카토시(松原孝俊), 조진경, 정승혜 등의 연구가 있다.[6] 이러한 연구

---

5) 아메노모리 호슈의 조선어학교에 대해서는, 저자의 논문을 참조.(KIM Woobinn.
"Amenomori Hōshū's Chosŏn Language School in Tsushima" in Sungkyun
Journal of East Asian Studies, 10-1, pp.113~135.)
6) 선행연구는, 泉澄一『對馬藩藩儒學雨森芳洲の基礎的研究』(關西大學出版
部、1997)、泉澄一編、雨森芳洲編著『芳洲外交關係資料』(關西大學出版
部、1982)、田代和生『近世日朝通交貿易史の研究』(創文社、1981)、田代
和生「對馬藩の朝鮮語通詞」(『史學』60-4、1991)、田代和生『倭館：鎖國時
代の日本街』(文春新書、2002)、田代和生『日朝交易と對馬藩』(創文社、
2007)、米谷均「對馬藩の朝鮮通詞と雨森芳洲」(『海事史研究』48、1991)、松原
孝俊・趙眞環 「雨森芳洲と對馬藩『韓語司』設立経緯をめぐって」(『言語科
學』32、1997)、松原孝俊・趙眞環 「雨森芳洲と對馬藩『韓國司』での教育評
価方法について」(『日本研究』12、1997)、鄭丞惠「우삼방주(雨森芳洲)와 일

에서는 주로 조선과의 무역을 담당하던 그룹 '六十人'과 '아메노모리 호
슈,' 또는 그들 사이의 교제가 주목되어 왔다. 통사에 관한 최근 연구로
는 허지은의 연구가 있어, 이 논문에서는 통사의 기능을 정보수집과 막
부에 전달하는 것으로 파악하고 있다.7)

　하지만, 허지은의 연구에서도 쓰시마의 조선어 통사의 직계에 대해
서는 자세히 설명되고 있지 않다. 본 연구에서는 조선어통사의 직계와
역활을 분석하여, 직위와 직무의 상호관계를 밝히고자 한다. 사료로는
현재 한국국사편찬위원회에 소장되어있는 종가문서 「明和四丁亥年ヨリ
寛政十庚申ニ至 通詞 被召仕方 漂民迎送 町代官 御免札 朝鮮方」를 사
용하여 연구를 진행하였다.8) 통사의 직계제도는 쓰시마 번과 조선과의
사이에서 조선어를 할 수 있는 통사를 확보하기 위해 설치되었다. 쓰시
마 번은 그 댓가로 통사들에게 조선과의 무역권리를 부여하고, 재정부담
을 늘리지 않았으며, 통사의 인원을 확보하여, 대조선관계를 유지하는
방법을 취했다.

<hr>

본에서의 한어교육」 雨森芳洲と日本における 韓語敎育(『문헌과 해석』32、
2005)、鄭丞惠「대마도에서의 한어교육」對馬における 韓語敎育(『언문연구』
130、2006)、鄭丞惠 「日本에서의 韓語敎育과 교재에 대한 槪觀」 日本にお
ける韓語敎育と敎材についての槪觀(『이중언어학』 30、2005)이 있다.
　이 외, 조선어통사와 정보에 관해서는, 木村直也「朝鮮通詞と情報」(岩下哲
典·眞榮平房昭『近世日本の海外情報』岩田書院、1997)、米谷均 「對馬口
における朝鮮·中國情報」(岩下哲典·眞榮平房昭『近世日本の海外情報』岩
田書院、1997)、德永和喜「薩摩藩の朝鮮通詞」(岩下哲典·眞榮平房昭『近
世日本の海外情報』岩田書院、1997)、小川亞弥子「長州藩の朝鮮通詞と情
報」(岩下哲典·眞榮平房昭『近世日本の海外情報』岩田書院、1997)가 있다.
7)「近世對馬朝鮮語通詞의 情報收集과 流通」(西江大學校大學院史學科東洋
　學博士論文、2007).
8) (図書登錄番号5423/MF0000870/청구기호 MF E종가 862)。以降、史料「通
　詞(仮)」로 생략하겠다.

Ⅱ. 朝鮮語通詞의 업무와 직계

1. 통사의 업무

통사의 임무는 주로 세가지로 나눌수 있다. 즉, 왜관 관계, 조선통신사 관계, 그리고, 조선표류민송환 관계의 업무이다.

우선 왜관 관계의 임무에 대하여 간단히 소개한다. 쓰시마 번과 조선과의 관계에서 무역은 중요한 요소였다. 토요토미 히데요시(豊臣秀吉)의 조선침략으로 인해 일단 중단 되었던 쓰시마 번과 조선의 무역이 재개되어1609년 己酉約條이 드디어 체결되어, 막부말까지 쓰시마와 조선과의 사이에는 무역관계가 이어졌다. 기유조약에 의해 조선에 파견된 歲遣船이 한 해에 20척 허가되었다. 그 중 특송선이 3척 포함되어 있다.9) 왜관은 조선쪽과 쓰시마 번이 외교, 무역업무를 행하는 장소였다. 그 중, 통사는 초량왜관에서 이뤄지는 의례나 무역에서 통역의 역활을 수행했다.

허지은의 연구에 의하면, 왜관에서의 통사의 역활을 4개로 나눌수 있다. (1) 통역, (2) 외교사안과 절충, (3) 문서의 번역과 작성, (4) 정보수집이다. 공식적인 교섭에서는 의사소통을 위해 조선어를 사용하여 통역이 필요하였다10) 또한, 통역 할 때 단지 언어를 통역/번역하는 것이 아닌, 양국의 교섭이 성공적으로 이루어 질 수 있게 양국의 의견을 절충하는 것 또한 통사의 역활이였다.11) 조선쪽의 문서에는 한문이나 언문이 섞여져 있어 번역이 필요했다.12) 중국이나 조선 조정의 사정을 파악하기 위해 통사는 정보를 수집하는 의무도 부여받고 있었다.13)

---

9) 田代和生,『近世日朝通交貿易史の硏究』(前揚), p.47.
10) 許芝銀,「近世對馬朝鮮語通詞의 情報收集과 流通」(前揚), p.37.
11) 許芝銀,「近世對馬朝鮮語通詞의 情報收集과 流通」(前揚), pp.37~38.
12) 許芝銀,「近世對馬朝鮮語通詞의 情報收集과 流通」(前揚), pp.41~43.

조선통신사는 토요토미 히데요시의 조선침략 후, 교린관계를 복구하기 위해 파견된 사절이다. 약260년간의 긴 에도시대 동안 조선통신사가 파견된 것은 12회였다.[14] 보통 조선통신사가 파견될 때 필요로 한 통사의 인원수는 약 50여명이었다. 그들은 평상시에 꼭 대조선외교의 창구에서 일하지는 않지만, 일단 통신사가 일본을 방문할 때에는 정식적인 통사들과 함께 통신사 일행에 동행하며 도왔다. 언어를 통역하는 전문인 통사외에 조선어를 통역하는 사람이 상당히 많이 존재하고 있었다.

통사 중에서도 직계가 세분화 되어, 공식적인 곳에서는 '通詞中'에서도 상위 직계의 사람이 그 임무를 맡았다. 공식적인 곳에서 통사의 임무는 조선어 만이 아닌 조선의 풍습이나 예의 지식 등을 필요로하였다.

왜관은 外交公館이며, 무역 만이 아닌 일본에 표류한 조선인의 송환도 이곳을 통하여 이뤄졌다. 조선에서의 표류민송환은 일본과 조선 사이의 선린관계를 유지하는데 있어 중요한 임무였으며, 이곳 또한 통사가 활약하는 또 다른 장이었다.[15]

---

13) 許芝銀, 「近世對馬朝鮮語通詞의 情報收集과 流通」(前揚), pp.44~50.

14) 第1回는 慶長12年(1607)、第2回는 元和3年(1617)、第3回는 寬永元年(1624)、第4回는 寬永13年(1636)、第5回는 寬永20年(1643)、第6回는 明曆元年(1655)、第7回는 天和2年(1682)、第8回는 正德元年(1711)、第9回는 享保4年(1719)、第10回는 寬延元年(1748)、第11回는 宝曆14年(明和元年)(1764)、第12回는 文化8年(1811)이다.

15) 근세 조선표류민송환에 관한 대표적은 연구로는, 荒野泰典 「近世日本の漂流民送還体制と東アジア」(『歷史評論』400、1983)、荒野泰典 『近世日本と東アジア』(東京大學出版會、1988)、岸治「長門沿岸に漂着した朝鮮人の送還を巡る諸問題の檢討」(『朝鮮學報』119·120、1986)、岡本健一郎 「對馬藩の往來船管理と各浦の役割」(『九州史學』130、2002.2)、岡本健一郎 「近世の日朝關係と對馬—往來船管理に注目して—」(『交通史研究』50、2007.7)、池內敏 「近世朝鮮人漂着民に關する覺書」(『歷史評論』516、1993.4)、池內敏 「17世紀、蝦夷地に漂着した朝鮮人」(直弘朝尾『日本國家の史的特質近世·近代』思文閣出版、1995)、池內敏『近世朝鮮人漂着年表(稿)1599~1872年』(湖山町、1996)、池內敏『近世日本と朝鮮漂流民』(臨川書店、1998)、米谷均「漂

조선의 표류민은 주로 전라도, 경상도에서 출항하는 경우가 많았고, 1628년부터 1888년까지의 기간 사이 일본에 표착한 조선 전라도와 경상도 주민의 표류 건수는 사료상 915건, 또한 표류민은 9553명이었다. 어떤 해에는 60회 이상 표착하였고, 빈번하게 있었던 표류민 송환은 양국의 교린관계와 깊은 관련을 맺었다.[16]

조선인이 일본의 어떤 지역일지라도 표착을 하면, 그 지역의 영주가 그들을 신속히 나가사키로 보냈다. 또한, 조선인의 표류민에게는 영주가 식량과 의복을 제공하였다.[17] 나가사키에서는, 쓰시마 번의 나가사키 거주지터인 나가사키 야시키(長崎屋敷)에서 종교에 대한 조사가 있었다. 나가사키에서는 쓰시마 번의 조선어 통사가 勤番으로 교대로 근무하며, 표류민의 출실, 직업, 표류 과정 등에 대하여 심문하여, 심문한 결과를 나가사키봉행(長崎奉行)에게 제출하고, 표류민을 받는 절차를 취했다. 나가사키에는 2명의 근번통사가 파견되어, 파견지의 町代官과 함께 통사임무를 하고 있었다. 그 후 표류민을 쓰시마 번을 경유하여 조선의 초량왜관으로 송환하였다. 만약, 표류민이 쓰시마에 표착됐을 경우에는 쓰시마 번에서 직접 송환하지만, 그때 표류민의 출신지나, 인원수, 직업, 표류경위, 종파등을 막부에게 보고하도록 되어 있었다.[18]

<부기> 이 글은 UBC Summer Workshop on "Japan in the World of Choson

流民送還と情報伝達からみた16世紀の日朝關係」(『歷史評論』572、1997. 12)、李薰「朝鮮後期日本에서의 朝鮮人 漂民 취급과 善隣友好의 실태」朝鮮後期、日本における朝鮮人漂民の扱いと善隣友好の實態(『史學研究』47、1994.5)、李薰「조선후기 일본인의 조선 표착과 送還」朝鮮後期日本人の朝鮮漂着と送還(『韓日關係史研究』3、1995)、李薰「漂流兼帶制に對する一考察」(『年報朝鮮學』5、1995)、李薰「'漂流'를 통해서 본 근대 한일관계」「漂流」を通じてみた近代韓日關係(『韓國史研究會』123、2003.12)가 있다.

16) 李薰 『朝鮮後期漂流民과 韓日關係』(국학자료원、2000年), pp.69、82참조.
17) 李薰 『朝鮮後期漂流民과 韓日關係』(前揚), pp.118~120.
18) 李薰 『朝鮮後期漂流民과 韓日關係』(前揚), pp.119~121.

Korea"(2010. 8. 26~27)에서 발표하였으며,『조선전기 통신사의 개념과 성격』(『전북사학』37, 2010.10)에 수정·보완하여 공간한 것을 재수록한 것이다.

2. 통사의 직계

1) 직계의 구성

요네타니의 연구에 의하면, 쓰시마 번의 통사직은 본래 通詞本役, 稽古通詞, 이렇게 둘로 나눌 수 있다. 이후 시기는 분명치 않으나, 大通詞, 本通詞, 稽古通詞, 五人通詞(八人通詞) 등로로 구분되었다. 요네타니는 이러한 변화가 일어난 이유를 조선어에 능통한 자를 확보 하기가 어려워져, 새로운 통사 예비군의 존재가 필요하게 되었기 때문이라고 설명한다.[19]

[표 2] 통사직의 계급

계급	인류
大通詞	10
本通詞(通詞)	60
稽古通詞(詞稽古通詞)	31
「八人通詞」(「五人通詞」)	8 아니면 5

* 米谷均「對馬藩の朝鮮通詞と雨森芳洲」(前揚)의 논문 참조.

요네타니의 연구에 의하면, 대통사, 본통사, 계고통사, 오인통사라고 하는 직계가 쓰시마 번의 조선어통사의 중축이지만, 그 외에도 대통사를 대신하는 '仮大通詞,' 정원 외로 '稽古通詞格,' '五人通詞格' 등이 있었다. 주로 근무지는 이즈하라(嚴原), 왜관, 나가사키 세 곳이었다. 그 이유

---

19) 米谷均,「對馬藩の朝鮮通詞と雨森芳洲」(前揚), p.98.

는 일본 각지에 표착한 조선인 표류민이 우선 이곳으로 호송되었기 때문이다. 후에는, 조선어를 할 수 있는 사람이 町代官으로 파견되었기 때문에, 勤番通詞는 두 명에서 한 명으로 감소 되었다. 다만, 나가사키에서 표류민을 호송할 때에는 쓰시마에서 '오인통사'의 일원이 파견되었다.[20]

왜관에도 같은 근번통사가 있었지만, 오인통사, 본통사, 계고통사로부터 두 명이 선발되어 주재하고 있었다. 임기는 16개월이었지만, 1728 (享保14)년 10월5일부터는 임기가 꼬박 2년으로 바뀌어 매년 한 명씩 교대 하도록 바뀌었다. 하지만, 근무중 근번통사가 병이 나서 쓰시마로 돌아가면, 오인통사가 勤番助役이나 勤番仮役이 되어 대신 그 임무를 맡았다.[21]

그러면, 통사의 제일 높은 위치인 대통사는 언제부터 만들어졌을까? 『日鮮通交史』에 의하면, 쓰시마 번에 대통사가 첫 등장 한 것은 1717 (享保2)년11월이다. 통신사 내빙 때에 통사로써 역활을 다한 江口金七와 加瀬伝五郎의 공을 세워 대통사에 임명되었다.[22] 이것은 아마도 나가사키 데지마의 오란다 통사의 직제를 따라한 것이라 볼 수있다.

카타기리 카즈오씨(片桐一男)의 연구에서 소개된 것처럼, 데지마의 오란다 통사의 직계는 크게 5개의 등급으로 나누어져 있어, 그 사이에도 여러 보조역활을 담당하는 통사가 있어 더욱 더 세분화 되어 있었다. 데지마 오란다 통사와 쓰시마 통사의 직계를 비교해 보면, 오란다 통사 쪽이 한층 더 세분화 되어있는 것을 볼수 있다.

---

20) 米谷均, 「對馬藩の朝鮮通詞と雨森芳洲」(前揚) pp.99~100.

21) 米谷均, 「對馬藩の朝鮮通詞と雨森芳洲」(前揚) p.100.

22) 「享保二年十一月五日江口 江口金七と加瀬伝五郎信使來聘のとき功あり大通詞の唱を賜ふ」釜山甲寅會編『日鮮通交史』(釜山甲寅會、1915年), p.491.

[표 3] 오란다 통사의 직계

阿蘭陀通詞目付
阿蘭陀通詞目付助
阿蘭陀大通詞
阿蘭陀大通詞助役
阿蘭陀小通詞
阿蘭陀小通詞助役
阿蘭陀小通詞並
阿蘭陀小通詞末席
阿蘭陀小通詞末席見習
阿蘭陀稽古通詞
阿蘭陀稽古通詞見習
阿蘭陀內通詞小頭
阿蘭陀內通詞

* 위의 표는, 片桐一男 『阿蘭陀通詞の硏究』(前揚)의
내용을 바탕으로 저자가 작성함.

오란다 상관(オランダ商館)이 히라도에서 나가사키로 이관 될 때, 몇 명의 통사가 함께 히라도에서 나가사키로 옮겨졌다. 이관 되기 이전, 통사는 오란다 상관에 의해 채용 되었지만, 나가사키에서는 막부의 관청 기관인 봉행소(奉行所)에 채용 하였다.[23] 즉, 나가사키의 오란다 통사를 관할하는 기관은 나가사키 봉행소가 된 것이다. 이것은 아마도 일본의 정보가 될 수 있는 데로 일본 밖으로 새어나가지 않도록 하기 위해 통제를 강화하게 하려는 막부의 시도로 볼 수 있다. 1641(寬永18)년, 이관과 동시에 나가사키 봉행(奉行)의 馬場三郎左衛門와 柘植平右衛門는 대통사로 채용되었다. 하지만, 대통사라는 직위가 쓰시마 번에 등장하는 것

---

23) 片桐一男, 『阿蘭陀通詞の硏究』(吉川弘文館、1985年) p.22.

은 적어도 데지마에서 '대통사'라는 직계가 설치되고부터 75년 후의 일이다.

쓰시마 번에 '대통사'라는 직위가 처음 등장하고부터 25년 후, '오인통사' 직위가 설치되었다. 1742(寬保2)년 4월19일, '오인통사'가 '통사중'의 조직 안에 정착 하게 되었다. '오인통사'는 '계고통사'의 밑에 놓여졌다. 그 명칭은 왜관에서 장기간유학을 한 春田治助, 梅野松右衛門(勘助), 杉原久右衛門, 渡嶋源右衛門(次郎三郎), 福山伝五郎 등의 다섯 명을 이르는 것으로, 4년 전인 1738년부터 이미 사용되어왔다. '오인통사'는 상황에 따라 그 인원수가 바뀌었다. 예를 들어, '오인통사'는 1763년부터는 '팔인통사'로 되어, 1773년 다시 '팔인통사'가 '오인통사'로 다시 바뀌었다.[24]

그 외에 '通詞中'에 속해 있지 않은 직무도 있다. 그것이 바로 '御免札'이다. 朝鮮詞稽古札을 수여 받은 이들은 '詞稽古御免札,' '어면찰(御免札),' '詞稽古札' 등으로 불리이고, 그 후 이것이 그들의 신분을 가르키는 명칭으로 전화되었다. 그들은 대통사, 통사(본통사), 계고통사, 오인통사 등처럼 정식적으로 '통사중'에 속해 있지 않았지만, 인원부족 등 문제가 생겼을 경우에는 쓰시마 번이 채용한다는 '御雇'나 번의 일을 도와준다는 '賄' 등으로 통사의 일을 도와주고 있었다.[25]

이상 통사의 직계에 대하여 알아 보았다. 이들 통사는 이하의 과정을 통해 승진했다고 말할 수 있다.

---

24) 田代和生, 『日朝交易と對馬藩』(前揚), p.175.
25) 米谷均, 「對馬藩の朝鮮通詞と雨森芳洲」(前揚), p.98.

[표 5] 통사 승진의 과정

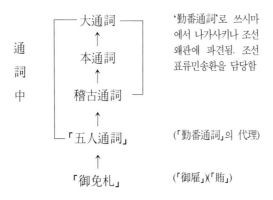

<table>
<tr><td rowspan="4">通
詞
中</td><td>大通詞</td><td>'勤番通詞'로 쓰시마
에서 나가사키나 조선
왜관에 파견됨. 조선
표류민송환을 담당함</td></tr>
<tr><td>本通詞</td><td></td></tr>
<tr><td>稽古通詞</td><td></td></tr>
<tr><td>「五人通詞」</td><td>(「勤番通詞」의 代理)</td></tr>
<tr><td></td><td>「御免札」</td><td>(「御雇」)(「賄」)</td></tr>
</table>

'勤番通詞'로 쓰시마에서 나가사키나 조선 왜관에 파견됨.
조선표류민송환을 담당함.

2) 직계의 변화와 그 배경

1773(安永 2)년 '통사중'에 변화가 일어났다. 위에서 조금 언급한 바와 같이, '오인통사'가 '통사중'에 정착한 20년 후, 1763(宝暦13)년에 '오인통사'의 인원수가 8명으로 늘어, '八人通詞'로 개칭하였다. 그 이유는 다음 해인 1764년에 있었던 조선통신사의 도항에 대비하여 인원수를 늘렸다고 생각된다. 그 해에 조선통신사에 참가한 '팔인통사'의 인원은 吉松淸右衛門, 圓嶋喜太郎, 山分庄次郎, 靑柳伊吉, 束田多四郎, 扇善吉, 矢木茂吉이다. 하지만, '팔인통사'가 설치되고 10년 후인 1773년 '팔인통사'는 또 다시 '오인통사'로 바뀌었다. 사료 「通詞(仮)」에서는 이하와 같은 기록이 있다:

安永二癸巳年
　　　九月十七日　　　八人通詞中

右者以來人數五人ニ御極被成ニは′ 以前之通′ 名目五人通詞与相唱
候樣′ 被相改候間′ 可被申渡旨′ 町奉行江相達′ 可被得其意旨′ 大目
付·御勘定奉行所·御船奉行·朝鮮方頭役へ相達′

(史料「通詞(仮)」安永2年9月17日)

어째서 '팔인통사'의 인원수를 줄였는지는 설명되어 있지 않지만, 사
료에서 확인 할수 있는 것은 당시의 '팔인통사'는 山分庄次郎, 田中伝八
郎, 靑柳伊吉, 圓嶋新藏, 津和崎又太郎, 今津機之介, 住永甚藏 이상 일
곱명이다. '팔인통사'가 '오인통사'로 바뀐 뒤 새롭게 들어온 멤버는,
圓嶋新藏, 福山文兵衛, 阿比留佐吉, 朝野最藏, 白水文治 이다.[26] 靑柳伊
吉와 津和崎又太郎는 1773(安永2)년 2월8일 船町代官에게 임명되고, 今
津機之介와 住永甚藏는 계고통사로 승진되었다.[27]

그러면, '통사중' 인원수의 변화는 어떠한 영향을 미쳤는지 고찰해 보
도록 하자. 통사의 중요한 임무 중 하나인 조선표류민송환은 전 기간을
통하여 활발하게 이뤄지고 있었다. 아직 '팔인통사'가 있었을 시기에 '팔
인통사'는 물론이고, '통사중'의 멤버가 조선표류민송환에 임하고 있었다.
하지만, 1780년에서 1800년(天明, 寬政期)에 들어가서는 '통사중'의 멤버
보다 '통사중'이 아닌 외부의 사람들이 표류민송환에 임하게 되었다. 이것
은 '통사중'의 인원수를 줄이는 것과는 대조적으로, 조선인의 일본표착사
건은 이전과 변함없이 자주 일어났기 때문이었다. 조선표류민을 연구한
이케우치 사토시(池內敏)의 연구에 의하면 1767(明和4)년에서 1800(寬
政12)년까지 일본에 표착한 조선표류민의 표착건수는 다음과 같다 :

26) 明和1年、朝鮮通信使에 참가한 통사중(通詞中)은, 渡嶋次郎三郎(大通詞)·住
永伊左衛門(大通詞)·俵要介(本通詞)·川村助五郎(本通詞)·小田四郎治(本通
詞)·小田常四郎(稽古通詞)·荒川恕吉郎(稽古通詞)·江口壽吉(稽古通詞)이다.
田代和生「對馬藩の朝鮮語通詞」(前揭) p.80.
27) 山分庄次郎과 田中伝八郎는 불명.

[표 6] 일본에 표착한 조선표류민 1767~1800: 표착배수, 표착민수, 사망자수

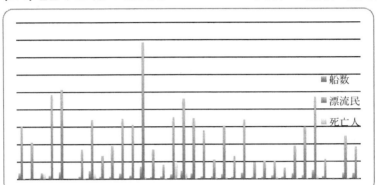

* 위의 표는, 池內敏『近世朝鮮人漂着年表(稿): 1599~1872年』(69~89쪽)을 바탕으로 저자가 작성한 것이다.[28]

일본에 표착한 사건 수는 줄지 않고, 오히려 사건 수가 가장 많았던 때는 1779(安永 8)년으로 표착한 배는 14척, 표착민의 인원수는 157명에 달했다. 하지만, '통사중'의 인원수를 늘리지는 않고 대신에 임시적으로 '통사중'에 소속되어 있지 않은 사람들을 채용하는 방침을 썼다. 임시적으로 채용된 통사로는 '御雇通詞,' '御免札,' '町人' 등이었지만, 그 중에서도 '어면찰'이 통사를 대신하여 조선표류민송환에 종사하고 있었다.

위에서 기술한 것과 같이 '어면찰'이란 조선으로 건너가는 허가서를 뜻하고 있지만, 사료 안에서는 또 다음과 같은 다른 의미가 있다. '통사중'에 속하지 않지만 조선어를 공부하여 조선에 도해하는 허가장('어면찰')을 소지하고 있는 사람을 가르킨다. '어면찰'을 받기위해서는 '통사중'의 추천이 필요하였다. 조선어를 배운 사람이 '통사중'으로부터 추천을 받은 이후, 쓰시마 번으로 부터 받게 되어있었다. '통사중'에 직계의 자리가 비면 통례적으로는 '어면찰'의 사람이 선택 되었다. 하지만, 통사

28) 池內敏, 『近世朝鮮人漂着年表(稿):1599~1872年』(前揚), pp.69~89.

의 인원수가 한정되어 있기 때문에 '어면찰'이 '통사중'에 들어가기까지의 기간은 기약되어 있지 않았다.

쓰시마 번은 조선어를 배운 사람에게 '어면찰'을 주어, 현지에서 조선어를 배울 수 있도록 힘쓰고 있었다. 실제로, '팔인통사'가 '오인통사'로 바뀐 그 다음 해에는 府中에서 조선어에 흥미를 갖고 있는 마을 사람들에게 고시문을 내렸다.

安永三甲午年

十一月十四日

朝鮮詞稽古御免札之者′ 其外′ 町家之子共′ 朝鮮詞心掛′ 通詞方ニ
而′ 其稽古居候者素リ′ 別代官・町代官・詞功者之方候而′ 令修行之者
共一統向後′ 毎月二七之日′ 於使者屋ニ朝鮮方頭役江通詞召連出席′
來廿二日ら詞考被仰付候間′ 当日毎ニ吃度罷出相勤候樣御免札之者稽
古之子供中江手筋を以可被申渡候′ 以上′

十一月十四日   朝鮮御用支配

津江彦右衛門殿 当日未之申刻相揃之樣可被申渡候′

朝鮮方頭役中   被仰其意一流相屬令出精候樣可被相心得候′
(史料「通詞(仮)」(前揚)安永3年11月14日)

町人의 어린이라도 조선어에 흥미가 있는 지라면 누구든지, 매월 2와 7자가 들어가는 날(2일, 7일, 12일, 17일, 22일, 27일)에 使者屋에서 통사가 있는 곳에서 조선어의 실력을 높이는 수업을 받을 수 있어, 그 과정을 통과한 이들에게는 '어면찰'이 부여된다는 고시문이다. 실제로 몇

명의 어린이들이 시험을 통해 '어면찰'을 받았는지는 모르지만, 1767년
에서 1800년까지 '어면찰'을 부여한 수는 87회에 달하고 있다.

[표7] '어면찰'(1767~1800)

	'어면찰'을 받은 사람수	'어면찰'을 박탈당한 사람수		'어면찰'을 받은 사람수	'어면찰'을 박탈당한 사람수
1767	2	1	1784	1	0
1768	2	0	1785	0	0
1769	3	0	1786	1	0
1770	0	0	1787	18	4
1771	2	0	1788	2	0
1772	3	0	1789	1	0
1773	0	0	1790	1	0
1774	1	0	1791	2	0
1775	4	0	1792	2	16
1776	6	4	1793	0	0
1777	2	0	1794	2	0
1778	1	0	1795	0	0
1779	5	0	1796	3	0
1780	4	2	1797	0	2
1781	7	0	1798	2	0
1782	2	0	1799	0	0
1783	4	0	1800	4	0
			합계	87	29

*위의 표는 史料「通詞(仮)」(前揚)의 내용에 의거하여 필자가 작성.

하지만, 조선어의 공부를 장려하는 반면, 엄격하게 통사들을 관리하
는 과제에도 힘쓰고 있었다.

寛政四壬子年
二月廿八日　　　　　山城治吉
　　　　　　　　　　圓嶋文藏
　　　　　　　　　　植松善次郎
　　　　　　　　　　小林勝助

山城忠藏

松本與市

朝野壽吉郎

八坂忠助

高碓吉五郎

早田宇右兵門

齋藤和吉

阿比留淺治

　右之者共通詞中ら願出候趣を以 追々詞稽古御免札被仰付置候處
近來一體稽古方相止〆居候と相聞 不埒之者共ニ候如何之譯を以稽古
相止候哉 委細書付け申出候樣可被相達候 尤 御國居合之者共ニ者
早々書付差出候樣可被取計候 以上

(史料「通詞(仮)」(前揚)寬政4年2月28日)

　위의 사료에 나온 12명의 '어면찰' 소지자들은 조선어의 공부를 충실
히 하지 않은 것이 발각되어 그 사정을 캐묻고 있다. 같은 해 4월3일,
이 18명의 '어면찰'에게 조선어 습득에 최선을 다 하도록 주의를 주고,
같은 날 10명29) (위의 사료에 나온 이들중 9명을 포함하여)의 '어면찰'
을 박탈하였다. 또한 圓嶋文藏, 小林勝助의 두 사람은 '어면찰'에서 제
외되었다. '어면찰'을 갖고 있는 이들 중에는, 조선어를 배우지 않고, 도
해 허가서를 이용하여 조선에서 상업에 종사하는 하는 이들도 많았다.
이하의 山城吉右衛門와 增田屋善吉는 그 단적인 사례이다.

---

29)　山城治吉·松本與市·植松善次郎·山城忠藏·高碓吉五郎·朝野壽吉郎·八坂忠
　　介·早田卯右衛門·齋藤知吉·阿比留淺治.

寬政四壬子年

四月廿三日　　　　山城吉右衛門

增田屋善吉

右者詞稽古御免札被仰付置候處′役用又者病氣等之申立を以′御免札被差免被下候樣願出見届候′抑御免札多人數被仰付置候處′其內ニ者年數之者も有之候處′年齡相応之者共出精上達之沙汰も無之′只銘目を蒙り居朝鮮渡勝手次第ニ相成候を實益ト心得候者多有之と相聞′御免札之主意令忘却候段無相違相見′甚不埒至極之次第ニ候′依之先達而其筋々相紕′此上出精方を相達候品有之′勿論御時體柄ニ付而者′渡世方ニ差迫り′詞稽古方弟一篇貪着不相成段者左も可有之義ニ候へ共′此砌御免札御斷中出候心體′甚不埒之次第ニ候へ共′此節迄者加用捨′願之通御免札被差免候間′此旨可被申渡旨′町奉行へ相達′大目付・御船奉行・朝鮮方頭役中・船改頭役・佐役々可被得其意旨廻達′

(史料「通詞(仮)」(前揭)寬政4年4月23日)

山城吉右衛門과 增田屋善吉는 쓰시마 번의 일을 핑계로 혹은 병에 걸렸다는 이유로 '어면찰'을 갖고 조선으로 건너가, 조선에서 자신들을 위한 이익을 챙긴 것을 알 수 있다. 이윽고 町人도 조선표류민송환에 종사하게 되어, 1794(寬政6)년부터 정인이 임시적으로 채용되어, 조선인표류민을 송환하는 통사의 임무인 朝鮮漂流民賄通詞로 맡을 경우에는 '어면찰'과 같은 절차를 밟게 되었다.[30] 이렇게 정인을 임시적으로 채용하

---

30) 寬政六甲寅年

五月七日

　“町奉行ら左之通伺出候付′評儀之上及差図候次弟ニ記之

今般二巡漂着使役人橫田屋孫介義、賄通詞被仰付、朝鮮へ被差渡候、然處賄通

는 것도 정착되었다.

　이상과 같이 '팔인통사'는 무엇보다도 1764년의 조선통신사가 來日
할 것에 대비하여 쓰시마 번이 통사의 인원을 늘린 것이지, 여기에 조선
표류민송환의 문제를 염두해 두고 늘린 것이 아니라고 본다. 하지만,
'팔인통사'가 '오인통사'로 바뀐 후부터 조선표류민송환을 둘러싼 여러
가지 변화가 일어났다. 쓰시마 번이 부족한 인력을 보충하기 위하여,
'통사중'에 속하고 있지 않은 '어면찰'을 적절하게 이용하게 되었다.
또한, 경우에 따라 '어면찰'을 갖고 있지 않는 정인도 이용하고 있었
다. 1790년대(寬政期) 정인이 '통사중'을 대신하여 임시적으로 통사로써
朝鮮漂流民賄通詞로 표류민송환에 종사하고 있었던 것을 알 수 있다.
후에는 조선표류민송환의 절차도 '어면찰'과 같게 되어, 정인의 임시적
채용도 정착되었다.

詞誓旨之義、六十人者素リ、詞稽古御免札之者迄者此御役所二而誓旨血判
申渡候處、其外平町人右體候節、當役ら誓旨致見分候先例相見不申候、然
處去庚子年三月町人關野屋伝右衛門と申者、漂民賄通詞被仰付候差渡候
節、上船二差添出帆差支二付、右伝右衛門義御免門之格を以於此御役所誓
旨見分仕立候樣被仰出候と留書二相見申候、此節右孫介誓旨之義者如何可
被仰付候成近々上船二も差添可申者奉行候付、奉詞之候、何分御差図被仰
付可被下候、此段爲可申上如斯御達候、以上
五月七日　　　　　　一宮惣左衛門
多田左膳樣
平町人ら漂民送賄通詞申付候節、誓旨見分方之義被伺出候趣承届候、右體之
雇勤等申付候節者詞稽古御免札之通、其役所二おゐて誓旨見分有之候樣、
以來共可被相心得候、此段爲可申達如此候、以上、
五月七日　多田左膳
一宮惣左衛門殿
（史料「通詞(仮)」(前揚)寬政6年5月7日）

Ⅲ. 통사의 승진에 대하여

승진이란 소속하고 있는 조직 안에서 자기의 능력을 인정받아 직위나 위치가 상승하는 것을 뜻한다. 승진은 통사의 능력에 대한 일종의 보상이라고도 할 수 있다. 여기에서는, '통사중'이라고 하는 조직에서의 승진과 쓰시마 사회에서의 특권에 대하여 논술한다.

1. '통사중'에서의 직계의 승진

'통사중'에서의 계급의 승진은 통사의 인원수가 한정되어 있기 때문에, '통사중' 안에서, 누군가가 사임을 하던가 전직을 하지 않는 한 승진하는 것은 어려웠다.

승인의 순서로는 전에 언급한 바와 같이, '御免札' '五人通詞'(아니면, '八人通詞') '稽古通詞' '本通詞' '大通詞'의 순으로 이루어졌다. 하급직계에 있는 사람이 빨리 승진하여 이전부터 상급직계에 있는 사람을 앞지르는 사례는 보이지만, 승진계제의 질서를 어긴 사례는 확인할 수 없었다.

여기서는 승진이 누구보다도 빨랐던 小田常四郎와 小田幾五郎의 인물사례를 고찰한다.

1) 小田常四郎의 사례

小田常四郎는 1764의 조선통신사가 일본에 왔을 때 계고통사로써 활약하고 있었다. 하지만, 1767년에 통사였던 그의 아버지 與兵衛茂가 법도를 어겨, 常四郎의 아버지 만이 아닌, 아들인 常四郎도 '통사중'의 자리를 잃게 되었다. 게다가 '육십인'의 격도 잃은 常四郎는 정인으로써 임시적으로 채용되었다. 하지만, 통사의 역활을 맡을 사람이 적어졌다는 상황에서, 그의 인품이나 조선어의 능력을 높이 평가하여, 그는 다시 통사로 복귀하게 되었다. 경력을 소개하면 이하와 같다:

1757(宝暦7)年	'五人通詞'로 채용
1764(明和元年)	朝鮮通信使(稽古通詞)
1767(明和4)年6月29日 稽古通詞	
同年10月 4日　稽古通詞	

(아버지인 통사 與兵衛 가 법도를 위반하여 常四郞 또한 계고통사 직과 '육십인'격을 잃다.)

1768(明和5)年 2月 9日	町人(雇通詞로 활약)
同年 6月26日	御雇通詞
1769(明和6)年 1月16日	御雇通詞(通詞로 일함)
1770(明和7)年 9月13日	通詞(通詞로 활약)
1772(明和9)年 4月13日	通詞 ('육십인격'을 받다)
1774(安永3)年 2月28日	大通詞가 되다

常四郞의 능력이 인정되어, 복귀할때는 '오인통사'가 아닌, 다시 계고통사로 임명되어, 그 후년에는 본통사로 또한 5년 후에는 대통사가 되었다.

2) 小田幾五郞의 사례

小田幾五郞(1754~1831)은 「蒙胥紀聞」이나 「草梁話集」 등을 저술한 통사로, 그와 그의 저서에 관해서는 여러 연구자에 의해 자세히 분석되어 있다.[31] 小田幾五郞는 아메노모리 호슈의 제안에 의해 개설된 조선

---

31) 小田幾頃郞著·栗田英二譯『蒙胥紀聞-대마도통사가 본 18세기 한반도문화』蒙胥紀聞—對馬通詞 가미다18世紀朝鮮半島文化(이회, 2005), 田代和生,「對馬藩の朝鮮語通詞」(前揚、1991), pp.83~84、許芝銀,「近世對馬朝鮮語通詞의

사계고소(朝鮮詞稽古所)에서 조선어를 배웠다. 1774(安永3)년 조선사계
고찰(朝鮮詞稽古札)이었던 幾五郎는 2년 후 '오인통사'가 되었고, 3년
후에는 계고통사로 승진하였다. 그의 경력을 소개하면 이하와 같다.[32]

1759(宝曆4)年11月28日	출생
1767(明和4)年	조선으로 건너가, 조선어 습득. 조선사계고소에서 공부함
1774(安永3)年	朝鮮詞稽古札
1776(安永5)年	五人通詞
1779(安永8)年	稽古通詞
1789(寬政元年)	本通詞
1794(寬政6)年	「蒙胥紀聞」 저술
1795(寬政7)年	大通詞(「蒙胥紀聞」저술에 대해 상을 받음)
1796(寬政8)年	「草梁話集」 저술
1823(文政6)年	관직을 그만두고, 조선어를 가르침 (詞稽古指南役頭取)
1831(天保2)年	「通譯酬酢」 저술. 사망

幾五郎는 본통사라고 하는 중직에 담당하면서, 한편으로는 저술활동
을 했던 우수한 사람이였다. 「蒙胥紀聞」을 저술한 다음 해에 이에 대해
쓰시마 번에서 포상으로써 공목 (木綿) 1疋이 내려진 사례가 사료에 남
아있다.

情報收集과 流通」(前揚), pp.88~117.
32) 許芝銀, 「近世對馬朝鮮語通詞의 情報收集과 流通」(前揚)「<表4> 小田幾五郎略年譜」(pp.90~91)參照。史料『通詞(仮)』(前揚)참조.

(寬政7年)

同年十二月十四日

　　　　　　通詞

　　　　　　　小田幾五郎

　　右者安永五丙申年五人通詞ニ被召抱候、已後是迄多年之間重キ御用
筋通譯數多被仰付候處、何レも心之及令精勤、其筋成就之條々不少
候、就中通詞之義言譯之精熟者不及申人柄實直ニ無之候者、御用間大
切無限事ニ候處、幾五郎儀通譯方功を積候上、人柄格別實直ニ有之、
衆人ニ勝連候勤方と相聞、寄持之至候、依而此節大通詞被仰付候、尤
今程御用も有之候事故、今替リ在留被仰付候、猶又入念可相勤旨可被申
渡越候、以上、

　　　　十二月十四日　　　　朝鮮御用支配
　　　　岩崎右平殿
　　　　御勘定奉行所
　　　　　　　　　　　　可被得其意候
　　　　朝岡要殿
　　　　（省略）

（寬政7年）

同年十二月廿四日

大通詞小田幾五郎蒙胥紀聞令編集差出候付〃公木壹疋被成下〃御褒
美之部ニ出之〃

（史料「通詞(仮)」(前揚)寬政7年12月28日）

　　왜 幾五郎에게 상을 내리기 직전에 대통사로 승진시켰는지 그 이유
는 불분명 하지만, 그의 조선어 능력과 조선에 관한 지식을 인정하고 있

었다는 것만은 확실하다. 실은 당시에는 벌써 두명의 대통사가 있었는데
도 불구하고(小田常四郞와 吉松淸右衛門), 쓰시마 번은 小田幾五郞를
대통사로 승진시켰다.

2. 대도권(帶刀)의 허락에 대하여

쓰시마 번은 승진과 또 다른 형식으로 '통사중'에게 포상을 내리고
있었다. 여기서는 쓰시마 번이 또 어떠한 방법으로 '통사중'을 장려하고
있었는지 고찰한다.

1) '六十人格'에 대하여

상품과 계급 뿐만이 아닌, '六十人' 격도 보상으로 간주할 수 있다.
이것은 특별한 무역상의 특권이자, 조선과의 무역이 허락되는 자격이기
도 했다.

'육십인'이란 본래 소씨(宗氏)를 따르던 무사들이 쓰시마로 넘어와
'町人'이 되어 조선과의 무역을 인정 받은 특권상인 그룹이였다.[33] 근세

----

33) 타시로 사즈이씨의 연구에 의해 '육십인'의 유래를 정리하면 다음과 같다.
1441(嘉吉元年)년 쇼오니(少貳)씨의 가신이였던 소오(宗)씨가 치쿠젠, 히젠
을 잃어, 그의 가신에게 줄 지행완행이 불가능 하게 되었다. 쓰시마에 돌아
온다고 해도 부여받을 영토가 없었기 때문에 어쩔 수 없이 상인으로, 소씨
는 그들에게 給人과 같은 여권과 격식을 부여하였다. 그들은 도주에게 특권
을 공인 받으며, 때로는 세견선에 일정한 이권을 받는 등 조선무역에 관여
하고 있었다. 그 특권에 대해서는, 배의 매매권, 해상교역권 등이 있어, 후
세에도 정인의 필두격으로써 마을 행정에 임하였다. 처음에는 글자대로 정
원60명이였지만, 그 후 수가 증가하였다.
근세에 들어가며 이 '육십인'에는 두번의 변화가 있었다. 우선, 첫 번째는,
소오 요시토시(宗義智)에 의한 '新六十人'의 설정이다. 이것은 경유재란 이

의 城下町이 형성되었을 때도, 年行司, 町乙名 등의 번의 행정을 맡는 町役人의 역활을 맡음과 동시에 특권상인으로써 쓰시마 번과의 관계를 깊이 하였다. 그들의 특권에 관해서는 『嚴原町誌』에 의하면 다음과 같이 나와있다.[34)]

1. 소송사의 권리를 분배하여, 젊은이들은 왕래를 통행증 없이도 조선으로 건너가는 것이 허락됨.

2. 상매는 법도 외의 武具 외의 물건을 자유롭게 갖고 건너가 상매를 하고, 조선에서 인삼, 호피, 金襴, 船賃銀를 주고 상매를 함.

3. 정인대관으로써 왜관에 파견 된 사람도 있어 그 때에는 운상금을 지불함.

4. 그들의 利潤銀과 大小送使의 조성으로 상업을 함.

5. 야나가와 사건 이후는 杉村采女의 지배로 소송사, 그 외 町中의 관례적 상매의 권리가 내려짐.

'육십인'격은 통사에게 보상으로 내려졌다. 사료 '통사(가)'에서 확인할 수 있는 사례를 정리하면 다음과 같다.

후의 무역이 재개되어, 창설 이래 '육십인'의 자손이 줄어, 새롭게 '육십인'을 설정 한 것이다. 그리고, 새롭게 설정 된 '육십인'이 옛부터 계승되어 온 '古六十人' 30명과 새롭게 임명된 사람들로 형성 되었다.

그리고, 두번째는 1635(寬永12), 야나가와 사건(柳川事件) 후, 쓰시마에서 번주의 세력강화에 연관되어 있다. 그때까지 분산화 된 조선무역이 다이묘(大名) 소오씨를 중심으로 집약하게 되었다. 그것은 '육십인'에게 쥐어진 특권성이 후퇴 되는 것을 의미한다. '육십인'에게 부여된 사선의 소무권도 중지되어 조선무역은 모두 다 번이 운영하게 되었다. 이윽고, 이 '육십인'과 다른 같은 격식, 대우가 허락된 '六十人格'이라고 하는 신분이 등장하게 되었다. 타시로 가즈이씨는 이 육십인격의 등장에 의해 '육십인'자체도 그 성격을 바꿔 정원수에 관여하지않고 쓰시마 번의 공무역 상인의 실격을 가춘 그룹으로 변하였다고 한다.(田代和生, 『日朝交易と對馬藩』(前揚), pp.155~156.)

34) 『嚴原町誌』(前揚) p.625.

1768(明和5)年5月16日	春田治介	通詞	六十人格
同日	吉松清右衛門	稽古通詞	六十人格
1772(安永元年)4月13日	小田常四郎	通詞	一生六十人格
1775(安永4)年7月11日	小田常四郎	大通詞	永々六十人
同日	丸嶋信藏	通詞	永々六十人
同日	今津儀之介	稽古通詞	永々六十人
同日	中嶋十郎治	稽古通詞	永々六十人
1782(天明2)年12月29日	牛田善太郎	御免札	六十人格

이들은 긴세월을 걸쳐 통사로써 충실하게 임무를 다하였기에 '육십
인격,' '一生六十人格,' 또한 '永永六十人格'이 내려졌다. 이러한 '육십
인격'이 만들어진 것은 조일무역의 전성기인 겐로쿠기(元祿期)의 때이
다. 1691(元祿4)년 24명의 상인이 쓰시마 번주를 찾았다. 그들의 출신지
는 쓰시마, 타시로(田代), 오사카, 교토 등 여러 지역으로, '육십인'의 그
룹에는 소속되어 있지 않았다. 하지만, 그 중에는 町乙名役이나, 나가사
키 매물역을 하는 상인도 있어, 번은 그들을 '육십인'에 준하는 일을 하
는 상인이라 인정해 그들에게 '육십인'과 같은 상매특권을 주어 새롭게
'一生六十人格,' '一代六十人格,' '由緒竈,' '一代六十人,'이라고 하는 제
도를 만들었다. 新六十人이 되기 위해서는, '由緒竈'→'六十人格'→'一
代六十人'→'新六十人'이라고 하는 과정을 밟아야 했다.

여기서 주목하고 싶은 인물은 대통사인 오다 쇼지로이다. 1767년부
터 1744년까지 약8년에 걸친 사료에서 보듯 오다 쇼지로의 직위는 크게
변한다. 왜 이러한 큰 변화가 있었는가, 이 인물을 통해 통사에게 내려
진 '육십인격'에 대해 고찰하고자 한다.

사료 「通詞(仮)」에서 쇼지로가 처음으로 등장하는 것은 1767년 6월
29일이고, 그 때 그는 계고통사였다. 그는 또한 같은 해 10월4일에도 등

장하는데 이때도 계고통사였다. 하지만, 그 다음해인 1768년 2월 9일에
는 정인으로서 '채통사'(임시통사)로 채용되었다. 그리고 1769년에는 채
통사에서 통사가 되어 있었다. 그의 직위에 변화가 있었던 이유는 아래
와 같다.

　　　　明和九壬辰年

　　　　　　　四月十三日　　　　　　通詞

　　　　　　　　　　　　　　小田常四郎

　　　　右者先年父与兵衛無調法之依科稽古通詞六拾人共被召放候處′去ル
子年譯官渡海之節′通詞人少ニ付′御雇通詞被仰付歸帆之節駕船ら朝
鮮へ被差渡′直ニ勤番通詞被仰付′去ル丑年通詞被召抱候處′今程專
御用立令精勤ニ付′此節六拾人格被仰付被下候樣′朝鮮方頭役中ら申
出′常四郎代專御用立相勤候与相聞候付′御仁惠を以′当節一生六拾
人格ニ被仰付候間′猶又以來令精勤候樣可被申渡候′已上′
　　　　　　　四月十三日　　　　　年寄中
　　　　　　　樋口左金吾殿
　　　　　　　大目付中　可被得其意候
　　　　　　　朝鮮方頭役中

　　(史料「通詞(仮)」(前揚)明和9年4月13日)

　　한 때는 그의 아버지 與兵衛茂가 법도를 어겨 그의 직업은 물론 '육
십인'의 상매특권도 잃게 되었지만, 통사의 역활을 할 인재가 많지 않은
그 시대의 상황이나 그의 인품, 조선어의 능력이 높게 평가되어, 그는
또 다시 통사가 되고, 최종적으로는 '육십인격'도 되찾고, 대통사까지 승
진하였다.

　　이 사료에 의하면, 통사라고 하는 임무는 여러 이유로 인해, 채용되

기도 하고, 해고 되기도 하지만, 조선어의 능력이 있으면 그 직분에 임하게 되었다. 그리고, 박탈당했던 조선과의 상매특권을 인품이나 조선어의 능력이 높이 평가되었기 때문에 되찾을 수 있었다. 즉, '육십인격'은 처벌로써 잃을 수도 있고, 보상으로써 받을 수 도 있었다. 또한, 높은 직위인 대통사가 되기 이전, 이미 '육십인격'이 내려지는 경우가 많은 이유는 보상으로써 사무역의 특권을 받았기 때문이라고 추측할 수 있다. 즉, 쓰시마 번은 통사의 보상으로써 조선과의 무역권리를 주어, 재정부담을 늘리지 않고 통사의 인재를 확보하여, 대조선관계를 유지하는 방법을 취하고 있었다고 생각할 수 있다.

또한, 텐메이 시대(1781~9)에 들어가면 대기근 등으로, '古六十人', '육십인', '육십인격'을 번에게 반상하는 이들도 잇따라 있었다. 1788년 4명인 반상하고, 1795년에는 27명이 반상하였다. 쓰시마 번은 불경기를 면하기 위해 우수한 통사에게 보상으로써 '육십인격'을 주었다.

2) 대도권의 면허에 대하여

'통사중'의 안에서도 제일 지위가 높고, 그 이상 승진할수 없는 대통사에게 쓰시마 번은 또한 특별한 보상을 주었다. 이 곳에서는 대통사였던 吉松清右衛門와 小田常四郎의 사례를 통하여 쓰시마 번이 대통사에게 준 특별한 보상에 대해서 고찰한다.

① 요시마츠 쇼에몽(吉松清右衛門)

쇼에몽은 1764년 조선통신사가 내일했을 때 '팔인통사'로써 활약하고 있었다. 그의 경력을 정리하면 다음과 같다.

1761(宝暦11)年	'五人通詞'로 채용
1764(宝暦14)年	朝鮮通信使(八人通詞)

1768(明和5)年	'六十人格'수여(八人通詞)
1771(明和8)年10月19日	倭館勤番(稽古通詞)
1777(安永6)年5月3日	長崎漂民迎通詞(本通詞)
1778(安永7)年12月24日	大通詞로 승진
1781(天明1)年12月21日	어머니 사망(慰勞金米2俵)
1791(寬政3)年10月2日	부인 사망(慰勞金米2俵)
1800(寬政12)年	대도권 허가(大通詞)

그는 약 40년간 '통사중'으로써 일하여 왔다. 이 쇼에몽에 대해 높이 평가한 쓰시마 번은 1800년 3월 20일, 帶刀特權을 내렸다.

(寬政12年)
同年三月廿日　　　　　　大通詞
　　　　　　　　　　吉松淸右衛門
　右者去ル宝曆十一辛巳年′五人通詞被召抱′勤向相応有之候付′段々繰上被仰付′是迄四拾ヶ年令精勤′尤朝鮮詞達者ニ有之′第一人柄實正之者ニ而′多年之勤中ニ者樣々重キ御用筋も相勤′且譯官渡海數度之儀ニ候處′何レも御用無滯樣′格別令心配′將又御國朝鮮ニおゐて仕立之者江詞指南方等多年之間′無油斷加敎諭′且自己之分限を相守′一途ニ通詞方ニ踏はまり′氣楯宜′御用筋太切令精勤候段奇特之心得方ニ付′是迄之被称勤勞′帶刀御免被仰付間′猶追往々心を用候樣′可被申渡候′以上′

　　　　　　三月廿一日　　　　　年寄中
　　　　大嶋七左衛門殿
　　　　与頭衆中
　　　　大目付中　　　　可被得其意候′
　　　　朝岡要
　(史料「通詞(仮)」(前揭)寬政12年3月20日)

사료 「通詞(仮)」에서는 또 한명의 통사에게도 대도권을 허락하고 있다. 1773 (安永2)년 2월 21일의 기록에 의하면, 대통사인 表最兵衛의 충실한 임무를 인정한 쓰시마 번이 대도권을 허락하였다. 대도권을 허락하는 것은 세습적인지 한 세대만 허락하는지는 아직 알 수 없지만, 이것은 대통사에게 주어진 특별한 보상이었던 것은 확실하다. 대도권이 허락된 것으로 인해, 그들의 지위가 사무라이층이 되었다고는 단정 지울 수 없지만, 마을에서의 지위는 높아졌을 것이라 생각한다.

② 오다 쇼지로(小田常四郎)

위에 기술한 것과 같이 쇼지로는 화려한 경력을 갖고 있다. 1764(明和1)년 조선통신사가 내일 했을 때 쇼지로도 같은 '통사중'에 임하고 있었다. 그 때, 쇼지로는 계고통사였다. 아버지의 죄로 인해 쇼지로는 한때 그의 직책을 잃었지만, 그의 인품과 언어능력으로 인해 또 다시 '통사중'에 복귀 할 수 있었다. 1800(寬政12)년 오랜세월 동안 충실하게 일해 온 그에게 번은 보상을 주었다.

寬政十二庚申年
　　　　八月二日　　　　　　大通詞
　　　　　　　　　　　　　　　　小田常四郎

右者去ル宝暦七丁丑年′ 五人通詞被召抱′ 其後安永三甲午年′ 大通詞被仰付候ら 追々重キ御用筋ニ被召仕候處′ 格別御用立′ 殊′ 先達戸田賴母館守再勤被仰付候程之御中′ 常四郎ニ無之候而者′ 難相叶′ 仍而其節之勤番ニ被召仕′ 入組たる御重用雖多端ニ候′ 言詞之精熟積年之勤功を以′ 段々之御用筋令調熟候樣′ 通弁方盡心力令精勤′ 尤′ 人柄格別實直ニ有之′ 平日勤方宜敷所ら判事共ニも能々令信服居候故′ 重キ御用筋も無滯樣相勤′ 將又通詞仕立之者も′ 右之志操を慕ひ′ 自然と志を据候樣′ 押移′ 此所ニ至候而者′ 一己之事ニ無之′ 一

体ニ押戻´ 不等關心入ニ候段´ 筋々ら委細申出無相違相聞候´ 然處
段々及老年´ 先日令歸國候迄´ 相煩令難義居候と相聞候付´ 此節御憐
愍を以´ 是迄四拾四ヶ年之間´ 御用便に相成候口々數多之義ニ有之衆
人ニ勝候勤方ニ付´ 右之勤勞を被称´ 不容易義なから次男大小姓迄之
侍養子御免被仰付候間´ 此旨可被申渡候´ 以上´

　　　　　八月二日　　　　　年寄中
　　　　　大嶋七左衛門殿
　　　　　与頭衆中
　　　　　大目付中　　　　　可被得其意候´
　　　　　朝岡要殿

　（史料「通詞(仮)」(前揭)寬政12年8月2日付き）

　사료에 기술되어있는 것과 같이 쇼지로의 차남은 사무라이의 양자가
되었다. 사무라이의 양자가 되는 것은 또한 특별한 보상으로, 사농공상
(士農工商)의 질서를 기반으로 한 에도사회에서는 영광스러운 보상이였
음이 틀림없다.

Ⅳ. 마치며

　본 논문은 조선과 쓰시마 번 사이에서 통역으로 일해온 통사에 대한
고찰이다. 통사의 업무의 성격은 주로 3가지로 나눌수 있다. 왜관관계,
조선통신사관계, 그리고 조선표류민송환 관계의 업무이다. 조선통신사
나 표류민송환은 근세일본에 있어서 한계가 있었던 대외관계의 일부분
이며 중요한 임무였다. 조선표류민송환에 관해서는 막부가 직접 관계하
고 있지 않고, 주로 쓰시마 번이 임무를 맡고 있었다. 이러한 상황 속에
서, 쓰시마와 조선을 잘 파악하고 있는 쓰시마의 조선어통사가 통역으로

써 활약하고 있었다는 것은 큰 의미가 있다.

본 논문에서는 종가문서 「通詞(仮)」를 중심으로 1767(明和4)년에서 1800(寛政12)년까지 통사의 역활이나 직계 또한 보상에 대하여 고찰하였다. 표류민송환에 관한 일이나, 나가사키나 조선왜관에서의 근번(勤番)에는 주로 '통사중'의 인원이 임무를 맡고 있었다. 하지만, '통사중'의 '팔인통사'가 다섯 명으로 준 1773(安永2)년을 기점으로 통사직의 구성도 변화하기 시작했다. 원래 1764(明和1)년 조선통산사에 대비하여 설치되었던 '팔인통사'는 1년에 '오인통사'로 바뀌었다. '오인통사'가 되면서부터 조선표류민송환에 관한 일이나, 조선근번, 또한 나가사키 근번의 일은 '통사중'에 소속되어있지 않은 '어면찰'이나 '육십인'가의 사람, 평민 등이 많은 부분 그 임무를 맡게 되었다.

'통사중'의 정원수는 한정되어 있었기 때문에 당시 왜관에서의 교역과 표류민송환을 위해 더 많은 조선어 통사가 요구 되었지만, 임시적으로 '통사중'에 소속되어 있지 않지만 조선어에 능통한 인재들을 그들의 언어능력을 보고 채용하게 되었다. 즉, 쓰시마 번은 '통사중'의 인원수를 늘리지 않고, '어면찰'를 등용하는 등 조선어를 할 수 있는 인재를 잘 이용하여 대응하고 있었다.

능력이 있는 통사는 그 보상으로써 승진을 하는 경우가 있었다. 승진은 '통사중'에서의 직계가 높아지는 경우와 쓰시마 번에서 신분이 상승되는 경우가 있었다. 조선무역의 전성기가 지난 후 쓰시마 번은 보상으로써 우수한 통사에게 '육십인격'을 주는 등 재정부담을 늘리지않고, 통사의 인재를 확보하여, 조선과의 활발한 교류를 되찾으려 노력하였다. 또한, 우수한 통사에게는, '육십인격' 만이 아닌, 그 자식을 무사의 양자로 삼게 하는 등 쓰시마 번은 통사에게 다양한 특권을 주고 있었다.

年度	渡嶋次郎三郎	秦奠助	阿比留俊三郎	春田浩助	俵要兵衛	小田常四郎	安武平右衛門	荒川惣吉郎	中嶋十朗治	山分庄太郎	田中伝八郎	青柳伊吉	圓嶋新藏
1767	大通詞	大通詞格	大通詞格			稽古通詞*	稽古通詞*	稽古通詞	御免札	八人通詞	八人通詞	八人通詞	八人通詞
1768		通詞		通詞		町人・御稽通詞	通詞*	通詞*	通詞				
1769		大通詞				御稽通詞*							
1770			大通詞		大通詞	通詞							
1771				通詞(称)	大通詞	通詞							
1772						通詞						八人通詞	五人通詞
1773				大通詞	大通詞	通詞		通詞	(御免札)				
1774						通詞*			稽古通詞*				五人通詞
1775						大通詞		通詞	稽古通詞				稽古通詞*
1776						大通詞		大通詞	通詞*				通詞
1777						大通詞	通詞						
1778						大通詞	通詞						
1779						大通詞							
1780						大通詞							
1781						大通詞							
1782						大通詞							
1783						大通詞							
1784						大通詞							
1785						大通詞							
1786						大通詞							
1787						大通詞							
1788						大通詞*							
1789						大通詞							
1790						大通詞							
1791						大通詞*							
1792						大通詞							
1793						大通詞							
1794						大通詞							
1795						大通詞							
1796						大通詞							
1797						大通詞							
1798						大通詞							
1799						大通詞							
1800						大通詞*							

年度	矢木 茂吉	吉松 清右衛門	津和崎 又太郎	今津 禮之介	住永 甚藏	栗田 多四郎	栗谷 佐十郎	福山 文兵衛(分兵衛?)	阿比留 佐吉	綱野 鷺藏	福山 伝左衛門	白木 文治	沢田 治右衛門
1767	八人通詞	(御免札)	(御免札)	御免札*			(御免札)	六十人					御免札
1768		八人通詞*	八人通詞*		(御免札)								
1769	稽古通詞*			八人通詞*	八人通詞*			稽古通詞					御免札
1770		稽古通詞				(八人通詞)		稽古通詞					
1771	稽古通詞					稽古通詞*							
1772	稽古通詞		八人通詞										
1773			八人通詞					五人通詞					
1774	稽古通詞	稽古通詞		稽古通詞		稽古通詞		御免札(町人六十人?)	五人通詞	稽古通詞*		五人通詞	御免札
1775				稽古通詞			稽古通詞*	稽古通詞	稽古通詞	稽古通詞			五人通詞
1776				通詞*	稽古通詞				五人通詞	稽古通詞			
1777	通詞	通詞							稽古通詞	稽古通詞			
1778	大通詞*	大通詞*								稽古通詞		稽古通詞*	
1779	大通詞*												
1780	大通詞*											稽古通詞*	
1781	大通詞*									通詞			
1782	大通詞									通詞	通詞		
1783	大通詞							稽古通詞 御用通詞		通詞	通詞		
1784	大通詞										通詞		
1785	大通詞										通詞		
1786	大通詞							六十人					
1787	大通詞									通詞(回復)	通詞		
1788	大通詞									通詞			
1789	大通詞										通詞		
1790	大通詞*								通詞	通詞			
1791	大通詞								通詞	通詞			
1792	大通詞								通詞	通詞			
1793	大通詞								通詞	通詞			
1794	大通詞								通詞	通詞			
1795	大通詞												
1796	大通詞												
1797	大通詞												
1798	大通詞												
1799	大通詞												
1800	大通詞*												

年度	牛田善太郎	小田五郎八	中村芳之介	福山弥五郎	白水格右衛門	楢重五郎	吉松善右衛門	小田松次郎	小田登介	嘉川栄介	小田四郎兵衛	奥田栄治	奥村栄治
1767													
1768													
1769													
1770				六十人									
1771													
1772													
1773		六十人											
1774	御免札			御免札									
1775		(御免札)											
1776	五人通詞*	五人通詞*											
1777	五人通詞	五人通詞	(五人通詞)	(五人通詞)									
1778			稽古通詞	稽古通詞	(稽古通詞)	(御免札)							
1779	稽古通詞*			稽古通詞	通詞	五人通詞*	(御免札)						
1780	稽古通詞		稽古通詞		稽古通詞		五人通詞*	御免札					
1781	稽古通詞					五人通詞	五人通詞	五人通詞*	(五人通詞)	五人通詞		御免札	御免札
1782	稽古通詞						五人通詞	五人通詞	五人通詞(免)	五人通詞	五人通詞	御免札	御免札
1783			稽古通詞	稽古通詞	通詞		五人通詞		五人通詞(復)	五人通詞	五人通詞(死)	御免札	御免札
1784			稽古通詞		通詞			御免札	稽古通詞*			五人通詞*	五人通詞*
1785			通詞*	通詞				御免札	稽古通詞				五人通詞
1786			通詞	通詞									
1787			通詞										
1788	稽古通詞						五人通詞	五人通詞		五人通詞		五人通詞	五人通詞
1789	稽古通詞						五人通詞	五人通詞		五人通詞		五人通詞	五人通詞(?)
1790	稽古通詞							五人通詞	稽古通詞	五人通詞			
1791	稽古通詞								稽古通詞	五人通詞			
1792													
1793							稽古通詞*						
1794	通詞*		通詞					五人通詞					
1795							稽古通詞	五人通詞		五人通詞			
1796							稽古通詞		通詞*				
1797							稽古通詞						
1798							稽古通詞						
1799	通詞						稽古通詞			稽古通詞*			
1800													

年度	小田幾五郎	吉松忠五郎	安武徳文郎	楢感兵衛	陶山弥七郎	吉松右助	川本禰之介	白水又右衛門	青柳孫七	久光市次郎	白水庄蔵
1767											
1768											
1769											
1770											
1771											
1772											
1773											
1774								不明			
1775											
1776											
1777											
1778											
1779											
1780											
1781											
1782											
1783											
1784	稽古通詞										
1785	稽古通詞										
1786		御免札									
1787	稽古通詞		五人通詞								
1788	御免札	御免札		(五人通詞)							
1789	五人通詞*	五人通詞*		稽古通詞*	御免札						
1790	五人通詞*	五人通詞		稽古通詞						御免札	
1791		五人通詞			御免札						
1792	通詞						(御免札)			御免札	
1793							五人通詞*				
1794	大通詞*		五人通詞	稽古通詞	五人通詞*	五人通詞					
1795	大通詞*			稽古通詞	五人通詞	稽古通詞		(御免札)			
1796	大通詞				五人通詞	稽古通詞		五人通詞*	(御免札)		
1797	大通詞			稽古通詞				五人通詞	五人通詞	御免札*	
1798	大通詞				五人通詞					五人通詞	
1799				稽古通詞		稽古通詞					五人通詞
1800				稽古通詞		稽古通詞					五人通詞

도쿠가와 정권과 동아시아

쓰루타 케이(鶴田啓, 일본 동경대학교)

I. 들어가며

이 글에서는 근세 일본이 주변 제국·지역과의 관계를 어떻게 형성해 갔는지에 대하여 주로 도쿠가와 정권의 입장에서 살펴보기로 하겠다. 시기적으로는 대략 1600년부터 1650년 무렵까지의 시기를 다루게 된다. 논의를 전개함에 있어서는 다음의 세 가지 점에 유의하였다.

1. 변해가는 부분과 일관된 부분

에도막부(江戸幕府)의 체제는 어떤 모델을 참조하여 만들었다기보다는 다양한 對應의 거듭된 축적의 결과로서 조금씩 형태를 정비해 갔다고 할 수 있다. 하지만 그 과정에서 일정한 方向性을 살필 수는 있다. 예를 들어서 기독교의 배제는 그것이 철저했는지 여부는 별론으로 하더라도 방향성으로서는 일관되어 있었다. 도요토미 히데요시(豊臣秀吉)는 1587년에 큐슈(九州)를 평정했을 때 기독교 세력과 타협을 시도했지만 합의에 이르지 못했고, 사전에 준비했던 信仰制限令을 대신하여 선교사 추방명령이 내려졌다[安野 99]. 도쿠가와 이에야스(德川家康)의 기독교에 대한 정책도 기본적으로 히데요시를 계승하였고, 1612년에 이에야스가 선포한 선교사 추방명령은 히데요시의 명령과 동일한 논리였다. 또한 히데요시와 이에야스의 대외정책에서는 후술하는 바와 같이 연속되는 부분이 있다. 한편, 이에야스가 말년에 기독교도 단속을 강화했듯이, 동일한 정권에서도 정책이 변화하는 경우가 있다. 요컨대 기본적으로 이전 정권의 (또는 그때까지의) 정책을 계승하면서, 수정을 거듭해 가는 과정이 축적됨으로써 근세초기의 대외정책의 추이를 살필 수 있다.

2. 국내용 정책으로서의 규정

「惣無事」[1]에 의하여 단기간에 국내의 전쟁을 종식시킨 도요토미 히데요시는 즉시 해외 전쟁에 돌입하였다. 당초 히데요시는 해외에서의 영토 확대를 전제로 하는 국내의 정치체제를 고려하고 있었다. 그러나 실제의 전투는 오산의 연속을 거듭하였고, 그것이 국내의 정치체제 수립에도 영향을 끼쳤다[中野 08]. 이에 대하여 도쿠가와 이에야스는 해외 전쟁을 회피하면서 국내 체제의 정착을 추진하였고, 1615년에는 도요토미 씨를 멸망시키고 武家諸法度[2]와 禁中並公家諸法度[3]를 제정하였다. 정권을 운영할 때 국내의 정치체제 안정을 제일의 목표로 삼으면, 대외적인 면에서의 선택지는 자연히 제한적인 것이 된다. 더욱이 영주층 전체가 안정성을 지향하는 단계가 되면, 대외정책 측면에서의 선택지 또한 변화하기 마련이다.

---

1) 히데요시가 제정한 다이묘 간의 私鬪 금지령.
2) 에도시대에 막부가 武家를 통제하기 위하여 제정한 법령.
3) 도쿠가와 이에야스가 天皇 및 公家에 대한 관계를 확립하기 위하여 제정한 법령.

3. 국제환경에서 오는 규정

외국과 해외세력과의 안정적인 관계는 어떠한 형태로 상대방의 승인
이 있은 뒤에 성립한다. 당시 일본은 女眞人과 직접 싸웠던 명·조선과,
유럽 세력의 무력행사를 받았던 인도네시아·필리핀 등과 비교하여 대외
정책의 실현을 물리적으로 제한하는 조건은 별로 없었다. 하지만 대국적
으로는 그때 그때마다 국제환경에 좌우되었던 것은 무시할 수 없다. 이
러한 의미에서 도쿠가와 정권이 「동아시아 국제사회 속에서 자신이 원
했던 국제관계를 구축했다」고 표현하는 것은, 「당시의 국제적 조건 아
래」라는 단서를 달지 않으면 지나치게 적극적일지도 모른다. 권력의 의
사를 반영해 가면서, 특정한 국제적 조건 아래, 체제에 적합한 대외관계
를 구축해 가는 흐름으로써 근세초기의 대외관계를 묘사해 보고자 한다.

Ⅱ. 근세초기의 대외관계

1. 도요토미 히데요시에서 도쿠가와 이에야스로

오다 노부나가(織田信長)는 「天下布武」의 기치를 내걸고, 무력으로
「천하」를 다스리는 것을 목표로 삼았다. 그리하여 국내통일이 예측 가
능한 단계에 이르자 해외로의 출병을 언급하게 되었다. 요컨대 「武」를
펼치는 대상인 「天下」의 범위를 일본 국내에서 중화제국을 중심으로 하
는 동아시아로 확대했던 것이다. 노부나가의 뒤를 이어 국내 통일을 완
수했던 도요토미 히데요시도 명 정복의 목표를 계승하고, 제 외국·해외
세력을 ①정복 대상인 명, ②복속해야 할 존재인 기타 세력으로 구분하였

다. 하지만 그것은 「외국 군대와 어떻게 싸울까?」라든가, 「외국을 어떻게
점령·통치할까?」라고 하는 분석이 결여되어 있었다. 「외국과의 전쟁」 또
는 「외국의 점령·지배」를 목표로 했다기보다는 100년 동안 혼란 속에
있던 일본 국내를 통일한 자신감·자부심을 배경으로, 국내 통일의 논리
를 해외로 확대하려던 것이었다.

히데요시와 그 뒤를 이은 도쿠가와 이에야스의 외교자세의 차이는,
양자가 필리핀諸島 장관(스페인 세력) 앞으로 보낸 서한에 단적으로
나타나 있다. 히데요시는 1591년의 서한에서 다음과 같이 말하고 있다
(『異國往來書翰集』).

　　　우리나라는 백 여년 동안 제국이 자웅을 다투며 통일이 없는 상태였
　　다. 나(히데요시)는 탄생 당시 천하를 다스릴 것이라는 예언이 있었고,
　　장년부터 나라를 영유하였으며, 십년에 걸쳐 작은 땅도 남기지 않고 일
　　본 국내는 모두 통일하였다. 이에 따라 三韓·류큐(琉球)·遠邦·異域이
　　關門을 두드리며 찾아와서 공물을 바치고 있다. 이제 大明國을 정복하
　　려고 한다. 생각건대 이것은 나의 행위가 아니다. 하늘이 그렇게 시키는
　　것이다. 그 나라(필리핀)와는 아직 교섭이 없다. 그래서 군졸에게 공격을
　　명하려는 생각도 했지만, 마침 하라타 마고시치로(原田孫七郎)가 상선을
　　타고 이곳에 왔다. 그리고 나의 近臣에게 이르기를, 「내가 신속히 그 나
　　라(필리핀)에 가서 일본이 軍船을 보내는 일을 설명하겠습니다. 그렇게
　　하면 오해가 풀리고 공물을 헌상하겠지요」라고 하였다. 本陣에 들어앉
　　아 먼 곳에서 승리하는 것을 옛 사람은 솜씨가 훌륭하다고 표현하였다.
　　그러므로 신분이 미천한 자(原田)의 말을 듣고, 당장은 장사에게 출병
　　명령을 내리지 않기로 한다. 내년 봄에는 큐슈(九州) 히젠(肥前)에 머물
　　것이다. 시일을 끌지 말고, 깃발을 내리고 와서 항복하라. 만약에 우물
　　쭈물하면서 시일을 끌면 반드시 신속하게 정벌할 것이다. 후회하지 말
　　라. 不宣.

한편 이에야스는 1601년의 서한에서 다음과 같이 말하고 있다(『外蕃通書』).

　　일본국 미나모토노 이에야스(源家康)가 루손국 돈·프란시스코·데리요 足下에게 답장한다. 지난해에 귀국(필리핀)의 해변에서 해적행위를 감행했던 大明과 우리나라의 악당들에 관하여 처벌할 자는 처벌하라. 명나라 사람은 異域의 백성이므로 처벌할 수 없다. 본국(명)으로 송환하면 반드시 대명에서 誅罰할 것이다. 우리나라에서는 작년에 흉도가 반역을 했지만(세키가하라 전투 / 關ヶ原の戰い), 1개월 여만에 남김없이 주륙하였다. 그러므로 바다와 땅이 안정되고, 나라가 평안하다. 우리나라에서 (필리핀을 향하여) 출항하는 상선은 많지 않아도 좋으므로, 서신(에 있는 선박수 제한)의 의향에 따르겠다. 금후 우리나라의 배가 그쪽에 도착하면, 이 서신에 찍은 도장으로 믿음을 보이고자 한다. 이 도장 이외에는 허가해서는 안된다. 우리나라와 멕시코의 관계를 갖고 싶다고 생각한다. 매년 왕래하고 있는 귀국인이 아니면 항해가 곤란하다. 가능하다면 족하의 지시에 따라 先頭와 수부가 그때 그때 일본에 왕래하기를 바란다. 귀국 토지의 산물은 잘 받았다. 먼 곳에서 온 서신, 후의에 고마움을 표현하기 어렵다. 초겨울이라 점점 추워지는 시절이니 부디 건강을 돌보시도록.

　히데요시의 서한은 명 정복계획을 적고 나서 복속을 원하고 있으며, 그 근거는 단기간에 국내통일을 실현했다는 것이다. 이에 비하여 이에야스의 서한은 복속을 강요하지 않고 무역관계 체결을 희망하고 있다. 이에야스의 서한은 朱印船 제도의 창설을 알리는 문서로서도 알려져 있는데, 먼저 무역관계를 가지려 하고 있는 점이 특징이다. 두 문서에 한해서 비교하자면, 히데요시는 무력에 의한 위압, 이에야스는 평화외교라는 관점이 성립한다.

　그러나 사정은 좀 더 복잡하다. 이미 히데요시 정권 도중에, 위의 서

한에서 복속을 원하는 전제였던 「대명정복」 노선을 포기하였기 때문이
다. 1592년에 고니시 유키나가(こ小西行長)와 沈惟敬 사이에 시작되었
던 명과 일본의 강화교섭을 둘러싸고, 히데요시는 93년의 「화평안 7개
조」에서 명과 대등한 관계를 지향하였다. 그러나 95년의 「대명·조선
과 일본 화평조목」에서는 명의 책봉 아래 들어가는 것도 용인하고 있
다(『續善隣國宝記』). 96년에 이르러 명황제의 책봉사절이 일본에 오자
히데요시는 오사카성(大坂城)에서 이들을 영접하고, 명황제의 誥命·칙
서와 하사품을 받고 일본국왕에 봉해졌다. 그러나 후일 명 사신이 한반
도에서의 완전철수를 요구함으로써 강화는 깨어졌다[中野 08]. 객관적
인 정세는 어찌됐든, 히데요시의 주관으로는 ①한반도에서 일본군의 철
수를 명측이 요구하지 않고, ②왕자 또는 대신의 도일 등 조선에서 「사
죄하는 말」 등이 있으면, ③스스로의 의향에 따라 조선에 영토를 「환부」
하고, ④정권의 체면을 지키면서 철병할 수 있다는 흐름을 구상하고 있
었던 것으로 생각할 수 있다. 그러나 ①② 모두 실현되지 않았고, 정권
의 체면이 서지 않는다고 인식한 결과, 오로지 조선의 「위약」(③의 왕자
또는 대신의 도일이 이행되지 않았다는 것)을 이유로 들고 한반도 남부
의 무력점령을 목표로 했던 제2차 출병이 시작되었다. 결국 「武威」를
생생한 형태로 해외에 떨치려던 일이 곤란에 직면하자, 히데요시는 「대
명 정복」의 간판을 내리고 명을 교섭상대로 하는(이어서 책봉을 받는)
방침으로 변경했지만, 정권의 체면 유지에 매달렸기 때문에 안정된 관계
를 실현할 수 없었다. 또한 이전에 「복속시켜야 할 존재」로 구분했던 국
가·세력과의 새로운 관계를 보여주지도 못했다.

1600년 전후의 해외정세로 눈을 돌리면, 누르하치의 휘하로 세력을
통일한 여진족은 피폐한 명과 조선의 입장에서 무시할 수 없는 세력이
되어 갔다. 또한 1588년에 스페인의 무적함대를 격파한 영국은 1600년
에 동인도회사를 설립했으며, 스페인으로부터의 독립전쟁을 치르고 있

던 네덜란드도 02년에 동인도회사를 설립하고 「동인도」에서의 무역과
식민지 획득에 참가하려는 중이었다. ○○년에는 로마교황 클레멘스 8
세가 일본에서의 포교를 모든 수도회에 개방한다는 것을 결정하였다. 커
다란 대립축으로는 스페인·포르투갈(구교국)과 네덜란드·영국(신교국)이
대립했지만, 동아시아에서 스페인과 포르투갈은 무역과 포교를 둘러싼
경쟁자이기도 하며, 네덜란드와 영국도 무역 문제에서는 마찬가지였다.
명과 「복속시켜야 할 존재」로 구분되었던 국가·세력과 안정적인 관계를
구축하는 것, 그리고 대립항쟁·합종연횡 관계에 있는 유럽 제국의 세력
에 어떻게 대응할 것인가 하는 것이 히데요시의 뒤를 이어 정권을 잡은
자의 과제였다.

2. 명·조선·류큐와의 관계

도쿠가와 이에야스는 히데요시의 정권 운영을 근거리에서 지켜볼 수
있는 위치에 있었다. 임진왜란 중 각 장수에 대한 철수 지시도 실질적으
로 이에야스와 마에다 토시이에(前田利家)의 주도로 행해졌다. 1598년
말에 한반도에서 철수가 종료된 이후 명과의 관계, 그와 관련하여 조선
과 류큐와의 관계를 어떻게 할 것인가는 정권 운영에 지대한 영향을 주
는 과제였는데, 외국과의 교섭을 적극적으로 담당한 존재는 이에야스 밖
에 없었다. 이에야스로서는 이전의 강화교섭이 최종적으로 실패한 원인
이 되었던 한반도 철수를 자신은 실현했으므로, 명과의 관계를 맺는 것
도 가능하다고 생각했을 가능성이 있다. 다만 히데요시 시대의 고니시
유키나가-심유정과 같은 교섭 통로가 이에야스에게는 없었다.

대명 관계와 관련이 있는 또 하나의 측면은 무역이었다. 중국산 생사
(특히 고급품 생사인 백사)·견직물·도자기와, 동남아시아 방면에서 생산
되는 면직물, 무기에 사용되는 피혁 등에 대하여 새롭게 지배자가 된 무

사를 중심으로 수요가 높아졌다. 당시 국내에서는 은광산 개발이 진행되었고, 수출품이 되는 은도 풍부했다. 하지만 명은 해금정책을 취하고 있었으며, 이와 같은 상품을 일본으로 가져오는 것은 마카오와 나가사키(長崎)를 연결하는 포르투갈 선박과, 금령을 어기고 출항하는 중국 선박이었다. 권력의 측면에서 보았을 때, 전자는 기독교와의 관계에서 문제가 있고, 후자는 통제가 곤란했다. 그렇지만 도쿠가와 정권 자신은 나가사키로 들어오는 생사의 상당 부분을 「쇼군노이토(將軍糸)」[4]로서 확보해 두었고, 1604년에는 나가사키에서 백사 구입에 관여하는 일본측 상인을 이토왓푸 나카마(糸割符仲間)[5] 형태로 조직하는 등, 포르투갈 선박무역의 계속을 전제로 적극적인 대응자세를 보이고 있었다. 전자는 威信材로서 생사의 중요성을 시사하며, 후자는 왕성한 국내수요에 부응하는 정책을 내어놓은 것이라고 할 수 있을 것이다.

　1599년에 이에야스는 사쯔마(薩摩)의 시마즈씨(島津氏)에게 한반도에서의 휴전 때 명군으로부터 인수한 인질을 송환하도록 지시하였다. 쓰시마의 소씨(宗氏)에게도 같은 해에 조선과의 교섭(대명관계를 중개할 수 있는지 타진해 보는 것을 포함)을 지시하였다. 모두 五大老의 1인이라는 입장에서 행해진 조치였었는데, 히데요시 이후의 정권 장악을 노리는 이에야스가 대외관계의 측면에서 다른 사람보다 먼저 손을 썼다는 것은

---

4) 에도막부 초기에 쇼군이 나가사키무역에서 우선적으로 구입하게 했던 白糸. 도쿠가와 이에야스는 초기정권의 재정 확보 문제도 있어서 외국무역에 매우 열성을 보였으며, 나가사키 대관(長崎代官)에 측근을 파견하여 백사와 군수품 등의 구입을 전담시켰다. 외국상인들은 「Emperor's silk」라고 불렀다.

5) 「糸割附」는 에도시대 때 일본에서 생사를 수입·판매하는 방식을 말한다. 에도시대 초기에 일본의 가장 중요한 수입품은 중국산 생사(白糸)였다. 하지만 생사 수입에 관여하는 외국상인이 가격 결정의 주도권을 가지고 이익을 독점하였기 때문에 이것을 억제할 필요가 있었다. 따라서 막부는 특정한 내국 상인집단(糸割符仲間)에게 독점적 수입권과 국내상인에 대한 독점 판매권을 부여하였다. 이것은 막부 및 막부의 영향 아래 있는 상인들에게 무역이익을 독점할 수 있도록 하는 조치였다.

확실하다. 시마즈씨는 1600년 1월, 명의 장관에게 이에야스의 뜻을 이은 테라지와 히로다카(寺澤廣高)와 연명으로 서한을 보냈다. 그 목적은 인질 반환이라는 기회를 이용하여 명과 공적인 관계를 맺는 것이며, 내용은 「이전처럼 金印‧勘合으로 왕래하려 한다」고 되어 있으므로, 일본국왕에 임명되고나서 공적인 무역을 행하는 것을 예상하고 있었다. 호송을 위탁받은 사쯔마 보오노쯔(坊津)의 상인 시마바라 무네야스(鳥原宗安)는 동년 福州를 거처 북경에 도착했고, 명 조정은 사쯔마에 상선을 파견하겠다고 약속하였다. 그러나 이듬해 사쯔마로 향했던 명 상선을 사카이(堺) 상인 이타미야 스케시로(伊丹屋助四郎)의 선박이 해상에서 습격했기 때문에 무역은 실현되지 않았다. 그리고 본문 중에, 「우리나라‧조선이 화평하면 곧 皇朝에 이른다」고 되어 있으며, 이에야스가 조선과의 관계 부활에도 관여하고 있었음을 시사한다.

소씨(宗氏)에게 지시를 내렸던 증거는 남아 있지 않으며, 조선측 사료에서도 교섭 초기의 구체적인 내용은 확인할 수 없다. 1601년으로 생각되는 소 요시토시(宗義智)가 예조 앞으로 보낸 서한은, 조선 예조가 보낸 서한에, 「우리나라는 대소 구분 없이 모두 천장(天將; 明將)의 지시를 받고 있다. 조금이라도 자기 멋대로 처리하는 일은 없다. 만일 족하(宗義智)가 禍를 뉘우치고 정성을 표시하여, 이로써 금후의 복을 원한다면, 천조의 수륙 제장은 확실한 실적에 기초하여 천조에 아뢰고 조치할 것이다」라고 적혀 있는 것을 받아서, 「대합(大閤; 히데요시) 생존 중, 이에야스는 항상 철병을 간언했지만, 讒臣이 강력하게 이를 거부하였다. 太閤이 서거하는 날, 이미 오해를 풀고 이에야스의 간언을 받아들였다. 그리하여 우리나라는 잘못된 것을 고치고 평화를 원한다. 이것은 참으로 양국에게 다행스런 일이 아니겠는가」라고 이에야스의 화교노선을 강조하고 있다. 그 후에 「우리나라 사람은 귀천을 가릴 것 없이 성질이 급하다. 희망하는 일이 지연되지 않으면 좋겠다」고 협박을 덧붙이고 있는 것은 기묘하지만, 아마도 교섭이 지체되면 군사를 동원할 가능성이 있다고 이에야스측으로부터 암시가 있었을 것이다.

두 통의 서한을 예로 들자면, 이에야스의 논리는 ①이에야스는 히데요시 정권의 중신으로서 현재 정치를 주도하고 있다, ②이전부터 화교를 희망하고 있는 명과 공적 관계를 갖고 싶다, ③기대하는 회답이 없으면 전쟁이 재발한다는 것으로 정리할 수 있다. 원래 히데요시의 강화교섭은 명과의 사이에서 진행되고 있었으며, 히데요시 정권의 후계자를 목표로 하는 입장에서 보자면, 이에야스의 목표가 명과의 관계회복에 있었던 것은 자연스럽다. 소씨와 시마즈씨는 1600년의 세키가하라 전투(關ヶ原の戰い)에서 西軍에 속했는데, 전후에도 그대로 本領을 安堵받았다. 모두 주력부대를 내놓지 않았다고는 해도 이시다 미쓰나리(石田三成)와 고니시 유키나가(小西行長)와의 깊은 유착을 보면 이례적인 조치이며, 명·조선·류큐와의 교섭을 고려했기 때문이라고 생각할 수 있다. 더군다나 교섭을 지시받았던 시마즈씨와 소씨에게 있어서 히데요시 정권 이래 류큐와 조선과의 교섭능력은 다이묘(大名)로서의 사활문제로 인식되고 있었다. 이 이후 두 다이묘가 조선·류큐와의 관계부활을 목표로 활동했던 것은 자연스런 일이었다.

소씨가 여러 차례 사신을 파견한 결과, 조선은 쓰시마에 대하여 어느 정도 명분이 서는 성의를 표시하면 일본과의 관계 부활에 응해도 좋다는 태도를 보였다. 1604년에 조선의 승려 惟政(松雲大師)이 일본의 국정을 탐색할 목적으로 쓰시마를 방문했는데, 소씨는 유정에게 이에야스와 만날 것을 강력히 권유하였고, 이듬해 후시미(伏見)에서 이에야스·히데타다(秀忠)와 만나게 하였다. 1607년에는 국왕이 보내는 정식 사절단이 도일하였고, 에도(江戸)에서 히데타다와, 이어서 순푸(駿府)에서 이에야스와 회견하였다. 이에야스는 여러 다이묘를 동원하여 조선에서 온 사절을 접대하도록 했고, 정권에 대한 「賀禮」 사신으로 연출하였다. 이것은 여러 다이묘를 동원하는 실적이 됨과 동시에, 도쿠가와 정권의 힘을 국내에 각인시켰다. 조선측이 국위를 떨쳐보이려고 사절단의 수를 대규모로 편성한 것과 이런 점에서는 공통이었다. 또한 도중의 접대 자세와 다수의 포로를 송환한 것은 도쿠가와 정권의 실력을 조선측에 보여주는 것이었다. 이때 조선국왕의 서한 원문에는 「奉書日本國王殿下」라고 적혀 있었는데, 쓰시마에서는 「奉書」를 「奉復」으로 고쳐서 적었지만 「일본국왕」이라는 글자에는 손을 대지 않았다. 막부는 이 호칭을 별로 문제삼지 않았다. 한편 도쿠가와씨가 보내는 답장에는 「日本國源秀忠」이라는 직함을 적지 않았다. 이 호칭·自稱의 사용법은 무로마치(室町) 장군(전 장군 포함)·조선국왕 간의 서한과 동일했으며, 막부 초창기에 조선에서 파견한 최초의 사절단이라는 점을 제외하더라도 막부가 장군이라는 호칭에 대하여 그다지 신경쓰지 않았다는 것을 시사하고 있다.

류큐는 1602년 무쯔노구니(陸奧國)에 류큐인이 표착했을 때, 이에야스는 그들의 송환을 시마즈씨에게 명했다. 아울러서 송환에 대한 답례 사절단의 파견을 원한다고 류큐에 전하도록 명했지만 사쓰마(薩摩)와 류큐 간의 교섭은 난항에 빠졌다. 이와는 별도로 가고시마번(鹿兒島藩) 내부에서는 재정 확충을 위하여 류큐로부터 무력으로 아마미제도(奄美諸島)를 차지하려는 움직임이 있었고, 1606년 이래 시마즈 이에히사(島津家久)는 류큐의 「정벌」을 막부에 청원하였다. 이에야스는 일단 이를 허가했지만 해외에서의 전쟁에는 신중한 자세를 보였으며, 1608년에는 가신을 통해서 「군대를 준비하고, 먼저 사자를 류큐로 보내시고, (류큐의 사자가) 건너오도록 이야기하는 것이 중요하다고 생각합니다. 그렇게 해도 해결되지 않는다면, 허가를 얻은 뒤에 군대를 파견하는 것이 적당하다고 생각합니다. 말할 필요도 없습니다만, 군대를 파견하지 않고 사자가 건너오도록 궁리하는 것이 중요합니다」[1608년 8월 13일, 시마즈 이에히사에게 보낸 야마구치 나오토모(山口直友) 서장]라고 하여 교섭에 의한 답례 사절 파견이 가장 중요하다고 다짐을 두고 있다.

이에야스로서는 진흙탕에 빠질 우려가 있는 해외에서의 전투를 가급적이면 피하고 싶은 심정을 갖고 있었던 것으로 생각된다. 이에 대하여 시마즈씨측은 류큐의 방비가 허술하다는 것을 알고 있으며, 또한 쓰시마·조선관계에 추월당한 형세가 되었다는 점에 초조함을 느끼고 있었을 것이다. 1609년 3월, 시마즈씨는 3000병력을 보내 류큐를 제압하고, 국왕 쇼네이(尙寧)와 三司官 이하 중신을 포로로 잡아 가고시마로 연행하였다. 위에서 말한 이에야스의 신중한 자세가 평화주의에서 나온 것이 아니라는 사실은 류큐 평정 소식을 접하고 7월 7일자로 시마즈 이에히사에게 준 黑印狀의 「류큐에 대하여 신속히 평정했다는 보고가 있었다. 공로가 크다고 생각한다. 따라서 그 나라(류큐)를 하사하므로 지배할 것」이라는 문장에 나타나 있다. (에도의 히데타다는 7월 5일자로 흑인장을 발급했지만, 류큐 지배에 관한 문구는 없다) 막부·이에야스의 입장에서 군사적 성공은 포상할 만한 것이었다. 1610년 8월, 쇼네이 일행은 이에히사를 따라 류큐의 「사자」로서 에도에서 히데타다, 순푸에서 이에야스를 배알하였다. 막부는 사전에 혼다 마사즈미(本多正純)로부터 시마즈씨에 대하여 류큐국왕의 상경 도중의 접대는 조선사절·칙사와 동등하게 행하도록 지시했으며, 일본에 오는 것을 중시하고 있었다는 것을 보여주고 있다. 시마즈씨 영지의 일부임과 동시에 「異國」이기도 한 근세 류큐의 자리매김은 이렇게 해서 결정되었다.

조선과 류큐의 관계가 회복되자 이에야스는 다시 명에 대한 관계 회복을 시도하였다. 그 첫 번째는 중국 상인에게 복건총독 앞으로 보내는 서장을 부탁하는 형식이었다. 1610년 이에야스는 일본에 내항했던 남경 상인 周性如에게 일본에서의 안전과 나가사키(長崎)로의 회송을 보증하는 주인장을 발급하고, 이와 함께 혼다 마사즈미가 복건총독에게 보내는 서장을 지참하게 하였다. 이것은 한문체의 서장으로, 이에야스의 의중을 받들어서 보낸다는 것이 명기되어 있다. 「도요토미 히데요시가 조선에서 전쟁을 벌일 때, 중화의 사자가 우리나라에 온 적이 있습니다만, 통역이 의미를 왜곡하여 일의 취급이 어긋나고 情意가 상통하지 않았습니다. 이후 전쟁이 일어나 선박의 왕래가 끊어진 것은 유감입니다」라고 경위를 해명한 다음에, 「大明天子의 뜻을 받들어 勘合符를 내려주시면 반드시 우리나라의 使船을 보내고, 내년 가을의 番風 때 반드시 서쪽으로 항해하겠습니다. 감합부가 온다면 나는 다만 大使船 1척 만을 보내어 신의를 분명히 하겠습니다. (중략) 서로 사신을 파견하고, 감합부를 받기를 원합니다」. 이처럼 陪臣의 입장이라고는 해도 매우 공손한 문체로 명과의 공식관계를 희망한다는 내용이 적혀 있으며, 「중화」「천자」등의 용어를 사용하고 있다. 하지만 이 서장에 대한 회답은 없었다. 또 하나의 시도는 류큐를 통한 명과의 교섭이다. 중국으로 건너간 류큐의 사지가 구두로 어느 정도까지 이야기했는지는 알 수 없지만, 萬曆 41년 5월 13일자 「福建等處承宣布政使司咨文(『歷代宝案』)」은 일본에서 귀국한 보답으로 進貢·謝恩의 사자를 보내려던 류큐국왕 쇼네이의 咨文에 대하여 류큐 사자를 국내에 들이지 않으며, 또한 앞으로는 10년 1공(종래에는 2년 1공)으로 한다는 조정의 의향을 전달하는 내용이다. 명에게는 일본 및 일본에 점령당한 류큐에 대한 경계심이 있었고, 막부가 기대했던 것처럼 류큐의 교섭을 매개로 중국과 공적인 무역관계를 수립할 여지는 없었다.

3. 유럽 세력·동남아시아 제국과 주인선 무역

도요토미 히데요시는 큐슈 평정과 동시에 기독교 금지와 선교사 추방을 명했다고는 해도, 동시에 포르투갈 선박의 무역은 종전처럼 국내에서 포교활동을 하지 않는 상업이라면 「기독교 국가」의 왕래는 자유에

맡겼다(天正 15년 6월 19일 도요토미 히데요시 주인장). 외교관계로서는
복속의 원칙을 강조했지만 무역 자체는 환영하고 있었다.

도쿠가와 이에야스는 17세기에 이르러 새롭게 내항했던 스페인·네덜
란드·영국 등 각국 세력의 일본무역을 허가하고, 朱印船制度에 따라 통
제를 가하면서 일본인의 해외도항을 허가했다. 뿐만 아니라 이에야스는
안남(安南)·간포새(柬埔寨, 캄보디아)·暹羅(타이) 등 동남아시아 제국에
대하여 매년 서한을 보내고 있으며, 사자가 오면 그 때마다 대응하고 있
다. 또한 많은 경우에 상대의 희망에 따라 무기를 주기도 하였다. 여기
에는 대외관계를 자신의 손으로 장악하려는 의도가 드러나 있으며, 동시
에 단지 무역루트를 늘리는 일에 그치지 않고, 일찍이 히데요시가 언급
했던 「삼한·류큐·원방·이역이 관문을 두드리며 찾아와서 공물을 바치
고 있다」(1591년 필리핀제도 장관에게 보낸 히데요시 서한)는 상황, 즉
해외로부터 많은 나라가 일본에 오는 상태를 실현하려는 자세를 엿볼
수 있다. 원래 히데요시의 「武威」는 명 정복과 기타 국가들을 복속하는
것이 목적이었다. 명 정복이라는 목표가 존재하지 않게 된 단계에서, 이
에야스는 정권(일본)의 권위를 과시하려면 다른 방법이 필요하다고 생각
했을 것이다. 그리고 당시 일본의 은과 무기에 대한 수요는 그것을 가능
하게 하였다.

17세기에 들어 일본에 내항했던 네덜란드에 대해서는 카톨릭과 적대
중인 나라의 상인이라는 점에서 더욱 우대하였다. 1609년 7월 25일자
챠쿠스 쿠룬 베이케(야곱·호르네벤)에게 보낸 도쿠가와 이에야스의 주
인장은 네덜란드 선박이 일본의 어느 곳에 착안해도 문제 없다는 것을
보증하고 있는데, 4년 후인 1613년 8월 28일부로 영국에 발급한 주인장
이 네덜란드인과 동일한 보증이었다면 다음과 같은 내용을 포함하고 있
었다는 것이 된다. ①일본무역에서의 면세, ②이에야스가 사용하는 상
품은 그때마다 목록에 따라 구입한다. ③일본 내에서는 어느 항구에 착

안해도 좋다. ④에도에 관저를 두는 것. 집을 짓고 거주하며, 상업을 해도 좋다. ⑤귀국 시기는 마음대로 한다. ⑥일본 국내에서 병사했을 경우, 물품을 몰수하지 않는다, ⑦물품을 강제로 팔게 하지 않는다. ⑧범죄자는 상관장이 처벌한다는 것.

이국 도항 주인장에 대하여, 확인할 수 있는 가장 오래된 사례는 막부를 열기 전인 1602년의 것으로, 여기에도 대외관계를 장악하여 정권을 안정시키려는 자세가 나타나 있다. 이국 도항 주인장의 발행을 독점하는 것은 해적 / 비해적을 인정하는 권한을 독점하는 것이며, 그것은 이에야스가 국내의 질서를 유지하는 입장에 있다는 것도 의미하였다. 주인선 무역에서는 일본인의 해외도항이 금지되는 1635년까지의 기간 동안 적어도 연360척 정도의 주인선이 해외로 나갔다고 하는데, 선박 경비와 동남아시아 방면에서의 傭兵 수요 때문에 牟人 대책으로서도 이것은 유효하였다. 조선과 류큐 사절이 건너왔을 때 이에야스는 자기보다 먼저 장군 히데타다를 알현하게 하는 등 장군의 대면을 중시했지만, 외국세력에 대한 무역허가와 이국 도항 주인장 발행 등 대외관계의 실질적인 권한은 이에야스가 계속 장악하고 있었다.

이처럼 이에야스는 유럽과 동남아시아 제 세력과의 무역관계 수립을 적극적으로 추진함으로써 히데요시가 이룩하지 못했던 「삼한·류큐·원방·이역이 관문을 두드리며 찾아와서 공물을 바치고 있다」는 상황을 국내에 과시하는 일에 성공하였다. 조선과 류큐의 관계회복과 함께 그 다음 목표는 명과 공적인 관계를 유지하는 것이었다. 만약에 그 일이 실현된다면, 무역통제라는 측면 뿐만 아니라 히데요시가 포기한 강화문제에 매듭을 짓고, 자신이 히데요시를 초월하는 존재라는 사실을 드러내는 의미에서도 그 가치는 막대하다고 이에야스는 생각했을 것이다. 그러나 동남아시아 제국에서 오는 사자를 직접 대응한다거나, 명과의 공적 관계를 모색했던 것 등은 이에야스의 치세까지이며, 히데타다·이에미쯔(家光)의 시대가 되면 일본측이 적극적으로 움직이는 일은 없어졌다.

Ⅲ. 히데타다(秀忠) 정권과 대외관계

1616년 8월 8일, 막부는 사카이 타다요(酒井忠世)·혼다 마사오(本多正純)·사카이 타다카츠(酒井忠勝)·도이 토시카츠(土井利勝)·안도 시게노부(安藤重信)가 연명한 봉서로 여러 다이묘에게 기독교 금지를 철저하게 하명하였다. 같은 문서의 후반에 「쿠로부네(黑船)·영국 선박」은 기독교라는 점을 이유로 영지에 착안한 경우에는 나가사키·히라도로 보내고, 무역을 하지 않도록 지시하였다. 이 「쿠로부네(黑船)·영국 선박」은, 그 후에 실제로 취한 조치를 보면 유럽 제국의 선박 전체를 가리킨다는 것을 알 수 있다. 이때 중국 선박은 어디에 도착하든 자유롭게 무역을 할 수 있게 하였다. 또한 중국 선박에 대하여 1616년 6월에 가고시마(鹿兒島) 번주 시마즈 이에히사(島津家久)는 「지금 일본에는 한 장군(德川秀忠)이 계셔서 동서로 호령을 발하고, 남북으로 명령을 내리시며, 일본 전체가 모두 그 명령에 복종하고 있다. 나가사키에 관원 한 명을 두고 이국의 상선을 불러서 그곳을 정박 장소로 하고 있다」고 하여 영내로 왕래하는 중국 선박을 나가사키로 가도록 지시하고 있다. 그러나 이에히사는 같은 문서의 뒷부분에서 「한 장군의 뜻은 예로부터의 결정을 그르치지 말고 잊지 말 것이며, 모두 이전부터의 결정에 따르는 것이므로(不愆不忘, 率由旧章), 나가사키에 상선을 집중시키라는 명령이 내려졌다 해도 나중의 일은 아직 모른다」(『異國日記』)고 하여 막부의 최종 방침은 미확정이라고 적었다. 결국 8월령에서는 중국 선박에 대하여 종래의 관행이 우선했다는 것이 된다. 중국 선박의 나가사키 집중이 시행된 것은 19년 뒤인 1635년이었다.

개별 국가를 대상으로 한 법령은 같은 해부터 다음해에 걸쳐 내려졌다. 먼저 영국에 대해서는 8월 20일에 앞의 1613년의 주인장에 따라 5개조의 히데타다주인장이 내려졌다. 여기서 무역은 히라도에 한정하는 것이 명시되고 다른 장소에서의 무역은 금지되었다. 이에 따라 에도야시키(江戶屋敷)에 관한 조문도 삭제되었다. 단, 이외의 규정은 전 주인장을 계승하고 있다. 난풍을 만났을 때 일본 각지로의 입항은 같은 날짜의 교지선에 대한 주인장이라도 인정되었다. 네덜란드에 대해서는 1617년 8월 16일 자로 히데타다의 주인장, 8월 23일 자로 히라도 번주 마츠라 다카노부(松浦隆信)에게 보낸 혼다 마사즈미(本多正純)·이타쿠라 카츠시게(板倉勝重)·안도 시게노부(安藤重信)·도이 토시카츠(土井利勝) 연명의 봉서가 제출되었다. 전자는 난풍을 만났을 때 일본 각지로의 입항 보증, 후자는 종래대로 히라도에서 네덜란드인이 무역할 수 있도록 명한 문서이다. 또한 교토상인이 히라도에 내려가 상대 상업을 행할 가능성에 대하여 언급하고 있으며, 교토쇼시다이(京都所司代)의 이타쿠라(板倉)가 연서자로 추가된 것은 그 때문이다. 네덜란드나 영국도 종래부터 히라도를 무역 거점으로 삼고 있었다고는 해도 이것을 막부의 정책전환이라고 이해하였다. 이러한 변화의 배경으로는 주인선 무역업자와 그 관계자가 이에야스 사후 기회를 잡아 자신들의 무역활동을 유리하게 하고, 네덜란드·영국의 일본 국내에서의 활동에 제약을 가하려고 했던 가능성이 지적되고 있으며 네덜란드·영국측에서도 당시 그렇게 받아들이고 있었다 [永積 90].

그러나 그러한 움직임이 실제로 있었다고 해도 보다 본질적으로는 히데타다와 그 주변이 국내 정책을 중시했다고 생각된다. 이미 지난해 오사카성의 도요토미씨를 멸망시킨 막부는 「무가제법도(武家諸法度)」와 「금중병공가제법도(禁中幷公家諸法度)」를 정하고 다이묘와 조정을 포함한 국가(公儀) 권력의 형태를 법으로 보여주고 있었다. 그러나 이들 법

도나 오사카전투(1614~1615, 에도막부가 도요토미 宗家인 羽柴家를 멸
망시킨 전투)에서 다이묘의 동원과 통제는 이에야스의 존재를 빼고서는
생각할 수 없는 것이었다. 누구나 인정하는 군사적·정치적 실적을 가지
고 있던 이에야스와는 달리 히데타다와 후일의 이에미츠는 먼저 국내의
여러 다이묘에 대하여 장군과 막부의 힘을 보여줄 필요가 있었다. 후일
되돌아 보면 도쿠가와 정권은 이에야스 사후 별다른 문제도 없이 계승
되는 것처럼 보이지만, 히데타다와 그 주변은 위기감에 직면해 있었을
것이다. 위의 영국과 교지에 대한 문서는 이에야스 사후 4개월 정도가
지난 후에 나온 것이므로 기독교 금지와 대외관계의 통제를 강화한 방
향은 이에야스가 살아 있을 때부터 이미 「이에야스 이후」를 상정했던
정책의 일환으로 다듬어지고 있었다고 생각된다. 실제로 이때를 전후하
여 히데타다의 동생인 에치고(越後)의 타카다(高田) 번주 마츠다이라 타
다테루(松平忠輝)의 개역(1616년 7월) 및 그에 수반하는 후다이다이묘
(譜代大名)의 대규모 이동, 1617년 히데타다의 교토(京都) 입성과 다이
묘들 동원, 다이묘·쿠게슈(公家衆)에 대한 영지판물(領地判物)·주인장
발급(1616년 5월·9월), 후시미성에서 포르투갈인·영국인·조선 사절의
알현(1616년 8월) 등 실질적인 장군 교체를 계기로 막부의 힘을 보여주
는 정책이 연속적으로 실행되고 있다. 이후 후쿠시마 마사노리(福島正
則)의 개역(1619년)·오사카성의 대규모 개조(1620년~   )·혼다 마사즈미
(本多正純)의 실각(1622년) 등도 예로 들 수가 있다. 게다가 막부는 단지
힘을 보이기만 하는 것이 아니라 마츠다이라 타다테루(松平忠輝)와 후쿠
시마 마사노리(福島正則)의 개역에 즈음하여 법과 「公儀」의 입장을 근
거로 질서를 어지럽히는 존재를 배제하는 것이 장군·막부의 역할이라는
것을 보여주려고 하였다. 요컨대 군사력을 실질적인 뒷받침으로 하면서
개인의 군사적·정치적 역량에 기초하여 다이묘들을 결집시키는, 주군과
가신의 개인적 결속에 강하게 의존하는 상태에서 벗어나 장군과 막부

자체가 권위이며 질서인 체제로의 전환을 목표로 하였다. 그리하여 히데타다 정권은 장군을 정점으로 하는 신분질서의 정비라는 과제에 성실하게 몰두하였다. 이에야스 시절에 외국 사신과 상인을 만날지 여부는 이에야스 자신의 판단에 따라 결정하였다. 그러나 히데타다 시대가 되자 그 사신이 한 나라를 대표하는 자격을 가졌는지 여부, 즉 장군을 만나는 것이 적절한지 여부를 중시하게 되었다.

1620년대의 동아시아에서는 질서가 안정화를 향해 가고 있던 일본 국내와는 대조적으로 두 개의 커다란 항쟁이 전개되고 있었다. 동아시아 해상에서는 스페인·포르투갈과 네덜란드·영국의 대립항쟁이 격렬해지고 있었다. 막부는 1621년 네덜란드에 대하여 5개조의 명령(①일본인의 해외수출 금지, ②무기수출 금지, ③일본 근해에서의 해적행위 금지, ④일본에서 무역은 이에야스 시대의 선례를 변경하지 않을 것 ⑤네덜란드·영국에 나포된 히라야마 죠친(平山常陳) 선박에 선교사가 잠복해 있던 사건의 규명)을 내렸다. 이 명령은 일본 근해에서 외국인의 불법적인 폭력행위를 금지하고 장군의 권위와 위신을 지키려고 했던 것이다. 다른 하나는 명과 여진인의 대항을 축으로 했던 대륙의 변동이었다. 1619년 누르하치가 인솔하는 후금군은 撫順 동쪽에서 명·조선 연합군을 크게 격파하였다(샤르허 전투). 이어서 1621년에는 遼陽과 瀋陽을 정복하고 요양을 수도로 정했다(1625년 심양으로 천도). 후금은 요동을 제압하여 명과 조선 사이를 억제하고, 1627년에는 조선으로 쳐들어가 형제의 맹약을 맺게 하였다. 이러한 정세에 관한 정보는 조선·쓰시마를 통한 루트와 중국 상선에 의하여 수시로 전달되고 있었다. 예를 들면 1627년 1월 후금군의 조선침공에 대해서는 다음 달 안에 쓰시마번까지 전해졌다. 막부는 1628년 귀국하는 번주 소 요시나리(宗義成)에 대하여 별도의 지시가 있을 때까지 대마번(國元)에 머물면서 「韃靼」(여진)의 움직임에 대하여 보고하도록 지시하였다. 다음해 1629년, 소 요시나리는 「일본국왕사」

를 조선으로 보냈고, 교섭 끝에 한성 상경을 허가받았던 사자는 귀국 후 견문한 상황을 보고하였다. 막부의 도시요리 사카이 타다카츠(酒井忠勝) 의 서신(1629년 8월)에 따르면, 요시나리의 속보에는 「현재 북적(여진 인)과 조선은 화목하고 매우 평온하다」는 보고가 있었던 모양이다. 적어 도 막부는 일본 자체에 위험이 있는지, 방비와 동원이 필요하게 될지 여 부에 대하여 정보를 파악하고 있었다고 생각된다.

그러나 동시에, 앞에서 보았던 「모두 종래의 결정에 따른다」는 것도 히데타다 정권이 가진 또 하나의 원칙이었다. 중국 선박의 취급과 1621 년 네덜란드에 대한 명령(④)에서 보듯이, 후일의 「쇄국」처럼 여러 외국 과의 관계를 크게 변화시키는 것까지는 생각하지 않고, 장군·막부의 권 위를 확립하고, 또한 기독교 금지를 축으로 일정한 통제를 강화하면서도 종래부터 계속되고 있는 관계는 유지하려던 속셈이였을 것이다. 예를 들 어서 막부는 일본과의 통교 및 무역 재개 교섭을 위하여 마닐라의 스페 인 총독이 파견했던 사절이 왔을 때 외교사절로서의 의례(빙례)를 행하 지 않겠다고 회답하였다(1624년 스페인과 「단교」가 되었던 사건). 막부 측에서는 일찍이 이에야스가 스페인의 위약(포교활동)을 비난하며 관계 를 끊었음에도 불구하고 재개를 요청해 온 것은 「그 나라의 僞謀일 것」 이라고 의심했기 때문이었다. 그러나 이 때도 막부는 사적인 상선의 내 항은 금지하지 않았으며, 상선의 내항이 중지된 것은 이듬해 1625년 나 가사키로 온 선박이 이전 일본에서 국외추방 처분을 받은 자를 태웠기 때문이었다[淸水 09]. 막부에서 보면 스페인과의 「단교」와 상선 내항 거 부는 미리 막부가 내보였던 원칙(수도사나 기독교 관계 도구·서적 따위 를 가지고 오는 것과 국외추방된 자를 태우고 오는 것)에 스페인측이 위 반한 결과 바로 그것일 것이다. 또한 마카오에서 오는 포르투갈 선박은 이런 문제들에 대하여 신중했으며, 같은 문제를 일으키지 않았다. 히데 타다 말년인 1631년부터 시작되는 奉書船 제도 역시 장군 권위의 상징이라고도 할 수 있는 주인장이 해외에서 훼손되는 것을 방지하면서 일본 선박의 해외 도항은 유지하려는 고안이었다.

히데타다 정권의 대외관계에 대한 자세에 대하여 다시 몇 가지를 고찰해 보고자 한다. 명과의 공적 관계에 대하여, 이에야스 사후 일본측의 적극적인 움직임이 없어졌다는 점을 언급했는데, 장군의 권위에 저촉되는 명에 대한 조공을 전제로 하는 관계가 히데타다 정권에서는 처음부터 고려되지 않았을 것이다. 또한 히데타다 시대 이후 동남아시아 각국으로 보낸 서한과 내항자와의 회견은 이에야스 시대와 비교하여 극단적으로 적어지고 있다. 그 특징은 ①국왕 등 국가의 주권자로 간주할 수 있는 상대에게는 직접 서한을 제출하지만, 그밖의 경우에는 로쥬(도시요리)라든가 나가사키부교 등이 회신하게 한다. ②국가를 대표하는 사절로 간주할 수 있는 경우 외에는 장군이 직접 만나지 않는다는 것이다. 국내의 질서화를 진행하는 중에 외국 세력에 대해서도 예외가 있어서는 안 된다고 의식한 결과일 것이다. 예를 들면 명의 浙直지방 총병관 王某가 해적 금압을 요청해 왔을 때(1621년), 막부 내에서 문제가 되었던 것은 오로지 문서가 무례하고 신용하기에 충분하지 않다는 점이었다. 이 서한은 자문 형식으로 명의 지방관과 류큐 국왕 사이에서 주고 받는 자문을 참고로 작성되었다고 생각되는데, 막부 내에서는 충분히 이해할 수 없었을 것이다. 막부가 사자에게 준 諭單은, 「대명과 일본의 통신은 최근 조선·쓰시마를 통하여 이루어지고 있다. 지금 이에 따르지 않고 중개할 수는 없으므로 조선을 통해서 원하는 바를 말하라」고 서술했는데, 이는 고토(五島)·히라도에 오는 명나라 사람이 「명과 일본의 화목」 등을 언급하는 경우에 중개하지 않고 끝낸 사례를 데라자와 히로타카(寺澤廣高)로부터 듣고 그대로 이용한 것이며(『異國日記』), 실제로 조선을 경유하여 명과의 관계를 모색하고 있었던 것은 아니다. 1624년 福建 총독에게 회답했을 때는 역시 해적 금지를 요청하는 서한(지금 전하지는 않지만 서장 형식이었을 것으로 추측된다)에 대하여 막부는 나가사키대관 스에츠구 헤이조(末次平藏, 政直)를 통해서 서장 형식으로 답서를 보냈는데, 그들은 일본인이 아니라는 취지로 회답하였다. 또한 네덜란드에 관해서 1627년 바타비아 총독의 특사로 피델·누이츠가 내방했을 때, 막부는 사신의 자격에 대하여 집요하게 추급한 끝에 히데타다와의 알현을 허가하지 않았다. 실제로는 일본 사정에 어두운 누이츠가 무례한 언동을 보였기 때문이라고 하지만, 형식상으로는 그가 네덜란드 본국 정부가 아닌 동인도 총독에 의해 임명되었다는 것이 대우를 구분하는 기준이 되었다. 이렇게 사신이 가져온 문서의 문구, 사신의 자세·자격이라는 요소가 매우 중요시되기에 이르렀다.

1620년대에는 해외에서 일본인(주인선 무역업자)과 외국세력 사이에 충돌이 자주 일어났다. 1628년에는 타이의 메남강 하구에서 마닐라를 본거지로 하는 스페인 선박이 나가사키 도시요리 타카기 사쿠에몽(高木作右衛門)의 주인선을 격침하고 승조원을 구속하였다. 그에 대한 보복으로 같은 해에 막부는 나가사키의 포르투갈 선박을 억류하였다. 이 문제는 1630년 마카오에서 특사 돈·곤잘로·시루베이라가 나가사키에 옴으로써 해결되었고, 그 해에 포르투갈 선박의 구류는 해제되었다. 같은 해 1628년에는 나가사키 대관 스에츠구 헤이조의 주인선 [(선장 하마다 야효에(浜田弥兵衛)]와 네덜란드의 타이완(台湾)장관 피델·누이츠가 타이완에서 충돌하였다. 그 전단계로 이미 타이완에서 양자의 충돌이 우려되어 바타비아의 동인도 총독은 해명과 함께 타이완으로 보내는 주인장의 일시정지 요청을 위한 특사로서 누이츠를 1627년에 파견하였다. 그러나 막부는 에도에 도착한 누이츠의 자격을 둘러싸고 논의를 거듭한 끝에 장군에 대한 알현도(당연히 요구를 행할 기회도) 실현하지 않았다. 이에 대한 보복조치로 타이완에서 사건이 일어나고, 그에 대항하여 막부는 히라도 상관에서의 무역을 정지하였다. 동인도 총독은 다시 특사 얀셴을

파견하고, 일본측의 의향에 즉응하여 당사자(누이츠)를 처벌하는 계책을
취했기 때문에 1633년부터 히라도 상관에서의 무역은 재개를 허가받았
다. 이들 포르투갈·네덜란드에 대한 무역정지 조치는 모두 특사의 내방
으로 해결을 도모했으며, 이에야스 이래의 「御礼의 사자」에 의하여 「무
위」를 나타내는 방법이 답습되고 있었음을 알 수 있다.

Ⅳ. 이에미츠(家光) 정권과 대외관계(1632~1651)

1632년에 「전임 장군(大御所)」 히데타다가 죽고 정치의 실권이 장군
이에미츠로 옮겨가자 히데타다 정권 초기와 마찬가지로 장군과 막부의
권력을 보여주는 정책이 마련되었다. 카토 타다히로(加藤忠廣)와 도쿠가
와 타다나가(德川忠長)의 개역(1632년), 대규모의 교토 입성(1634년), 에
도와 에도성의 축성공사 계속 등 모두 히데타다 정권의 전례를 답습하
고 있었다. 1634년의 교토 입성에서는 류큐 사절(이때는 이에미츠의 습
직을 축하하는 경하사와 국왕 쇼호(尙豊)의 습봉에 대한 사은사가 동시
에 옴)을 맞이하여 장군의 「위광」을 과시하였다. 조선 사절은 이에미츠
가 장군직에 즉위한 이듬해인 1624년에 한 번 왔고, 쓰시마번주 소 요시
나리(宗義成)와 중신 야나가와 시게오키(柳川調興) 사이에 논쟁(「柳川一
件」)이 일어났기 때문에 논쟁 해결 후인 1636년이 되었다.

막부의 대외정책은 히데타다가 정치의 실권을 장악하고 있던 기간
(1616~32) 내내 이에야스 시대의 내항(국내적으로는 來貢으로 인식된)
중시 정책에서 장군을 정점으로 하는 국내질서에 합치하는 것(적어도 배
반하지 않는 것)을 중시하는 정책으로 전환되고 있었다. 이에미츠 정권
은 히데타다 시대의 노선 답습에 그치지 않고 1633년부터 1639년에 걸
쳐 대외관계의 통제를 강화해 갔다. 이것이 이른바 「칸에이 쇄국령(寬永

鎖國令」이다(「제1차쇄국령」~제5차쇄국령」이라고 부르는 경우도 있지만 당시 「쇄국」이라는 단어는 아직 없었고, 막부 자신도 「쇄국령」이라고 하지는 않았으므로 편의적인 호칭이다). 나가사키부교에 대해서도 히데타다는 처음에 이에야스가 임명한 하세가와 후지히로(長谷川藤廣)와 하세가와 후지마사(長谷川藤)를 그대로 채용하고, 그 후 미즈노 모리노부(水野守信)와 타케나카 시게요시(竹中重義) 등 자신이 신임하는 후다이다이묘(譜代大名)를 임명하였다. 그러나 이에미츠는 이것을 개혁했고, 하타모토(旗本) 중에서 선발하여 상사(上使, 장군의 사자)적인 성격을 갖도록 하여 파견하도록 하였다. 다시 1634년에는 전직 부교였던 타케나카 시게요시(재직1627~33)를 재직 중의 부정을 이유로 개역하고, 다시 할복을 명하였다.

그러면 이에미츠 정권의 독자적인 색채란 무엇이었을까? 막부가 쇄국정책을 진행시킨 원인으로서 일반적으로는 기독교 금지의 강화와 막부에 의한 무역이익의 독점이 목표였다고 하지만, 막부가 나가사키 무역을 경영하게 된 것은 1679년 나가사키회소(長崎會所) 설치 이후이며, 1610~30년대 당시 그러한 조직이나 기구는 존재하지 않았다. 따라서 「무역이익의 독점」 운운하는 것이 반드시 맞는 말은 아니다. 막부의 수뇌부 중에는 무역에 투자하여 이익을 얻고 있는 자도 있었지만, 그러한 개별적인 이해를 배제하고 무역통제가 진행되었던 것이다. 그래서 「칸에이의 쇄국령」 중 「칸에이 12년령」과 「칸에이 16년령」의 내용에 대하여 확인해 두고 싶다.

「칸에이 12년령」이라고 부르는 것은 1635년 5월 20일 무렵(문서에 날짜 없음), 나가사키에 부임하는 부교 사카키바라 모토나오(榊原職直)와 센고쿠 히사타카(仙石久隆)에게 준 17개조항의 도시요리연서 지시장이다(年寄連署下知狀)(『德川禁令考』). 이 문서는 장군 이에미츠의 의향에 따라 도시요리(후일의 로쥬)가 나가사키부교에게 현지에서의 취급방

침을 지시한 것인데, 제1~3조에서 일본인의 해외도항과 해외로부터의
귀국 금지를, 4·5·7·8조에서 기독교 단속을, 제9~16조는 나가사키 무역
에서 금지사항과 주의사항에 대하여 규정하고 있다. 제17조에서는「히
라도에 도착하는 선박도 나가사키의 실 가격과 같아야 한다」고 되어 있
는데, 전년의 동종문서와 비교해 볼 때, 중국 선박의 사츠마 무역이 없
어지고 나가사키와 히라도에 집중된 것을 알 수 있다. 이 문서에서는 일
본인의 해외도항·귀국 금지와 기독교 단속이 나란히 기재되어 있으며,
전자의 목적이 철저한 기독교 금지였음을 보여주고 있다. 포르투갈 선박
의 내항 금지에 대해서는 아무런 언급도 없는데, 실제로 나가사키에서는
포르투갈인의 거류지로 삼기 위하여 쵸닌(町人)의 출자로 데지마(出島)
가 건축 중이며, 이 시기에는 막부도 포르투갈 선박과의 무역을 계속할
의도였다고 생각할 수 있다.

　다음으로「칸에이 16년령」이란 1639년 7월 5일에 나온 다음의 네가
지 문서를 가리킨다. ①포르투갈 선박에 대하여 일러두어야 할 내용을
기재한「조항들(條條)」, ②같은 날짜로 여러 다이묘들에게 영지의 연안
경계를 명한「覺書」, ③중국 선박에 전하는「각서」, ④네덜란드 선박에
전하는「각서」. 문서의 형식은 역시 장군의 명령을 로쥬가 중개하여 관
계자에게 지시하는 下知狀 형식이다. 이날 장군의 사자로 나가사키에
파견된 와카도시요리(若年寄) 오오타 스케무네(太田資宗)는 장군 이에미
츠에게 불려가 ①의「조항들」및 ③·④의 중국 선박과 네덜란드 선박
에게 지시하는「각서」를 받았고, 이들 문서를 나가사키부교에게 전달하
기 위하여 나가사키로 갔다. 특히 장군의 의사임을 강조하는 절차를 취
했던 것으로 보인다. 또한 막부는 같은 날 여러 다이묘를 에도성으로 불
러서 ②의「각서」를 보이고 이 내항 금지 조치를 여러 다이묘에게 알렸
으며, 해안 방비·이국선 접근시의 취급 방법을 지시하였다. ①의 포르투
갈 선박에 대한 일본 내항 금지의 표명에서는, 그 이유로 i)일본에서 기

독교가 금지되고 있다는 것을 알면서 포교를 위한 인간을 지금까지 몰래 도항시키고 있다는 것 ii)기독교도가 도당을 조직하여 잇키(一揆, 시마바라·아사쿠사잇키)를 일으켰기 때문에 주벌했다는 것, iii)잠복 중인 기독교도에게 물질적으로 보조하고 있다는 것 등 세 가지 점을 들고 있다.

「칸에이 12년령」과 「칸에이 16년령」 사이에는 1637년부터 1638년에 걸친 시마바라·아사쿠사잇키가 있고, 「기독교도의 위협」이 현실적인 것으로 인식되는 한편, 중국 선박의 나가사키 집중이나 네덜란드 선박의 무역실적 등 포르투갈선 무역과 일본인의 해외 도항 없이도 국내에서 수요가 높은 무역품을 확보할 수 있다고 전망하는 중이었다. 그러한 조건들을 감안하여 막부는 최종적으로 포르투갈 선박의 내항 금지를 결정했던 것이다.

이렇게 통제 강화를 시도했던 이유로서는 첫째, 이에미츠 자신과 그 주변이 기독교에 대하여 신경을 곤두세우고 철저하게 유입을 방지하려고 생각했기 때문이다. 스페인 선박의 일본 내항이 정지되고, 감시가 엄한 포르투갈 선박이 그러한 행위를 자숙하는 중에 기독교 관계자의 일본 잠입은 해외로 왕복하는 奉書船과 일본에 내항하는 중국 선박이 중심이 되어 있었다. 그래서 일본선·일본인이 해외로 나가는 것과 해외에서 돌아오는 것을 금지함과 동시에 중국 선박을 나가사키로 집중시키고, 나가사키를 기독교 단속과 다이묘 동원을 포함하는 큐슈지방에서의 대외관계 통제의 핵으로 삼으려는 구상이 만들어졌다. 이에미츠가 나가사키부교에게 장군의 대리인과 유사한 성격을 부여한 것도 그 표현이다. 특히 포르투갈 선박의 내항 금지는 최초의 구상은 아니었으며, 시마바라·아사쿠사잇키(島原·天草一揆)로 인하여 추가된 것이었다. 이 시기에 나가사키나 그 주변에서 포르투갈 선박이 관련된 기독교도 적발사례가 있었던 것은 아니다. 그러나 시마바라·아사쿠사잇키가 막부와 여러 다이묘에게 준 충격은 그러한 구체적인 사례를 빼고 포르투갈 선박의 내항 금지를 결정하고 납득시키기에 충분하였다.

둘째로는 장군 이에미츠의 개성이 있다. 이에미츠는 자주 「神」이에야스의 모습을 꿈에서 보고 그것을 초상화로 그리게 했으며, 또한 자신을 이에야스의 환생이라거나, 자신은 이에야스의 특별한 가호를 받는다고 믿고 있었다. 어쩌면 틀림없이 그럴 것이라고 믿으려 했다, 이렇게 말해야 하는 것인지도 모른다[高木 03]. 이에미츠는 1641년 7월 5일자로 와카사(若狹)의 오하마(小浜) 번주 사카이시 타다가츠(酒井忠勝)에게 보낸 서신에서 「천하는 이에야스님(權現樣)이 힘써 무력으로 다스리시고, 히데타다님(台德院殿)이 仁과 義로 그 뒤를 이어 대대로 통치해 왔다. 이와 같은 천하는 중국에도 일본에도 드문 일이다. 그 뒤를 불초의 몸으로 계승한 것은 놀랄만한 행운이며, 어떻게 해서든 천하를 계속해서 다스릴 수 있도록 밤낮으로 여러 가지를 생각하고 있는데, 특히 최근에는 잦은 병치레로 천하의 정사도 충분히 돌보기 어려운 상황이며, 두 분(兩御所, 이에야스와 히데타다)의 은혜도 이래서는 어찌 될지 모른다고 생각한다. 그 점은 어제도 그대에게 자세히 말했다」고 이야기하였다(小浜酒井家文書). 1641년이라면 후쿠오카·후쿠에·오오무라 각 번주에게 그 해의 참근을 면제하고 번에 머물면서 포르투갈 선박의 내항에 대비하도록 하였고(2月), 네덜란드에 대하여 상관의 나가사키 이전을 명하는(4月) 등 포르투갈 선박 내항 금지 이후의 정책이 명확하게 내려진 시기였다. 하지만 그 배후에는 천하를 통치하는 일에 대하여 이런 정도의 불안이 있었다.『네덜란드상관장일기』에 의하면, 타다가츠는 1639년 4월 시점에서 「최고의 각료」이며 포르투갈 선박의 내항 금지 조치에 따르는 문제가 되는 무역품의 입수(일본 선박 해외도항의 가부)를 둘러싼 막부 수뇌부의 논의를 「우리가 다른 사람의 봉사를 받을 수 있는 한 일본이 자신의 배를 국외로 도항시킬 필요는 없다. 나는 좋은 시기에 이 건을 생각한 다음, 그렇게 하기에 좋은 기회에 폐하(도쿠가와 이에미츠)에게 중개할 생각이다」라고 결론지었던 인물이다. 막부 수뇌부들은 장군직에 중압을 느낀 이에미츠의 심경을 알고 나서 장군직과 막부 자체의 권위를 높이고 지켜 가는 것이 더욱 중요하다고 생각했을 것이다. 밖에서 보자면 그것은 장군 권위의 절대성이 더욱 강조되어 가는 과정이었다. 더욱이 막부의 일방적인 내항 금지 표명으로 사태가 완결된 셈은 아니었다. 이듬해 1640년, 무역 재개를 요구하며 마카오에서 나가사키로 내항했던 포르투갈 선박에 대하여 막부는 승조원을 살해하고 배를 불태운다는 강경수단을 취하고, 하급 선원만을 구명하여 귀국시켰다. 이어서 1647년에는 포르투갈이 스페인으로부터 독립했다는 것을 보고하고, 아울러서 무역 재개를 희망하기 위하여 국왕 후안 4세의 특사가 내항하였다. 이때 막부는 여러 다이묘에게 명하여 대군을 동원하고, 나가사키만 안에서 포르투갈 선박을 포위하여 군사력을 과시하면서 말로 타일러 귀국시켰다. 그 후 포르투갈 선박의 무역 요구와 보복공격은 없었고, 이들의 대응은 결과적으로 장군·막부가 국내에 「무위」를 보이는 기회가 되었다.

1641년, 막부는 네덜란드상관장 맥시밀리언 메일(Maximiliaan le Maire)에게 히라도(平戸)상관의 폐쇄·파괴와 상관을 나가사키 데지마로 이전할 것을 명하였다. 그 직접적인 이유는 히라도의 상관이 너무 훌륭하다는 것이었다. 네덜란드 동인도회사와 히라도 영주 마쓰우라씨에게는 특별한 과오가 없는 속에서 불합리하다고 할 수도 있는 명령이었지만, 국내의 신분질서 체계 속에 네덜란드인을 자리매김하려면 히라도의 네덜란드 상관이 그러한 질서에서 벗어난 시설이라는 것은 사실이었다. 또한 그 해부터 막부는 네덜란드에게 해외정보 제공의 의무를 부여하였다. 당초에는 선교사의 일본 잠입에 관한 정보가 대상이었지만, 점점 대상을 확대하여 관례화해 갔다. 이러한 막부의 압박에 대하여 1642년 동인도 총독 후안 디멘(Van Diemen)은 나가사키에서의 여러 가지 제한 완화를 요구하며 나가사키부교에게 서신을 보냈다. 네덜란드측은 권위를 중시하는 막부의 자세를 잘 인식하고 있었고, 「御奉公」「譜代의 御被官」
등의 용어를 사용하여 공손한 태도를 보이면서 무역조건의 개선을 실현
하려고 하였다. 그러나 막부에서 볼 경우 네덜란드인도 기독교도이며,
그 무역은 이에야스의 주인장과 역대 장군의 특별한 은총으로 허가된
것이었다. 나가사키부교는 이 문서를 받는 것에 난색을 표했으며, 결국
정식으로 제출되지는 않았다. 뒤이어 1643년에는 동인도회사의 북방탐
험선 브레스겐스호가 남부번령 야마다우라(山田浦)에 입항하고, 상륙 중
이던 스하프 선장 등 10명이 포박되는 사건이 발생하였다. 일본에 오는
네덜란드 무역선은 피난을 위해서라면 어느 항구에 입항해도 무방했지
만, 이 배는 무역선이 아니어서 일본인과 의사소통을 도모하기 위한 준
비도 불충분하였다. 일행은 육로를 통해 에도로 보내졌으나, 그들이 일
관되게 순종적인 태도를 취했던 것과 상관장 엘세라크의 설명과 태도가
적절하여 큰 일이 일어나지는 않았다. 그러나 이 사건을 처리할 때 막부
는 네덜란드에 특사 파견을 희망하였다[ヘスリンク 98]. 또한 이와는 별
개로 막부는 1647년에 온 포르투갈 사절에게 네덜란드 관리하의 바타비
아에서 보급이 있었던 점을 문제삼아 네덜란드인을 억압하고 그 해의
배례·참부를 정지하였다. 1652년에 막부는 이 건을 해결하였지만, 이
「관대한」 처리에 관하여 역시 특사 파견 희망을 넌지시 내비쳤다[松方
07]. 이처럼 막부는 네덜란드에 대해서도 기회를 잡아 「御礼의 사자」를
요구하고 막부의 「무위」를 나타내 보이려고 하였다.

　1644년, 중국에서는 이자정(李自政)의 난에 의해 명이 멸망하고 그
후에는 여진인의 국가인 청이 들어섰다. 다음해 1645년부터 1646년에
걸쳐 복주(福州)의 남명 정권(명의 잔존세력이 청에 대항하여 세운 정권)
이 일본에게 원군을 요청하였다. 막부는 중국 선박의 우두머리 등이 가
져오는 정보와 아울러 정세를 분석한 결과 「이번에 원군을 파견할 것인
가」를 며칠간 평의하였으나 파견하지 않는 것으로 대략 결정되었다. 단,

붕고후(豊後府)의 성주 히네노 오리베노조(日根野織部正)에게 나이토쇼
베에(內藤庄兵衛)를 붙여 사자로서 나가사키에 파견하여 黃徵明의 사자
를 대면하고 막부의 뜻을 전하고 사자를 귀국시킨다. 단지 또한 사자가
말하는 것이 있다면 잘 듣고 에도에 돌아와 아뢰거라.」(『화이변태』)고 결
정하였다. 해외로의 파병을 긍정적으로 검토한 것은 아니지만, 처음부터
파병을 하지 않겠다는 회답을 할 생각은 아니었고, 오히려 정세를 보면
서 대응할 수 있도록 진중을 기하려고 한 것이다. 1637년의 「마닐라 원
정계획」(실제는 네덜란드인에 대한 마닐라 공격의 가부에 대한 사적인
타진) 등에도 보인 것처럼 당시 국내 일부에는 출병을 기대하는 분위기
가 있었고, 이에미츠나 막부의 최고수뇌부(幕閣)도 그러한 동향에는 주
의를 기울일 필요가 있었다. 그러나 그 후 복주가 몰락했다는 통지가 도
착하자 사자 파견은 중지되었고, 나가사키부교(長崎奉行)가 사자에게 원
병거부를 전하는 정도로 끝났다.

V. 맺는 말 — 「무위(武威)」와 「화이질서(華夷秩序)」

근세 통일 정권 성립기의 「무위」는 국내의 평화현실과 해외로의 확
대라는 두 가지 면을 가지고 있었다. 오다 노부나가(織田信長)와 도요토
미 히데요시는 국내 통일이 나타난(이루어진) 단계부터 해외로의 출병을
내세웠다. 이를테면 무력에 의한 국내통일을 배경으로 동아시아 안에서
몸소 「무위」를 시험하려고 하였다. 그러나 한반도에서의 戰局推移는 좋
지 않았고, 히데요시는 도중에 중화제국 중심 체제 속에서 영토와 무역
의 이익을 추구하게 되었다. 통일정권의 「무위」가 그대로 형태로는 통
용되지 않은 것이 해외에서의 현실이었다. 도쿠가와 이에야스는 히데요
시 후반의 노선에 수정을 가하고, 기본적으로 해외에 무력을 드러내지

않는 방침을 유지하면서 외국으로부터의 사절을 「御礼의 使者」로 연출하여, 해외세력에도 「무위」가 미치는 것을 과시하였다. 이에야스의 뒤를 이은 히데타다 정권과 이에미츠 정권은 이 두 가지를 답습하면서 장군·막부의 권위가 관철된 것을 나타내기 위해 기독교 금압과 대외관계의 통제를 강화해 갔다.

17세기 전반부터 중엽에 걸친 동아시아의 정세는 이러한 막부의 정책이 성립하는데 유리하게 작용하였다. 포르투갈과 스페인도 내항을 금지한 일본에 대한 보복공격은 하지 않았다. 무역을 재개할 수 있는 가능성이 없으면 이러한 보복에는 아무런 이익도 없었기 때문이다. 네덜란드는 일본과 무역계속을 최우선으로 하여 일본 국내에서 막부가 설정하는 통제를 받아들였다. 정씨를 비롯하여 청나라의 저항세력은 자금원인 일본무역을 적극으로 권장하였다. 청나라는 류큐에게 변발을 강요하지 않고 류큐와 조선을 통해 일본에게 국가 간의 관계를 요구하는 일도 없었다. 막부의 대외정책을 저해하려고 하는 해외세력은 존재하지 않은 것이다. 물론 국내의 시마즈씨나 마쓰우라씨의 무역선 탈취를 표면화하여 이의를 주장하는 것은 불가능하였다. 이렇게 해서 적어도 일본 해안으로부터 내측에서는 다이묘(大名)도 외국인도 장군·막부의 威光에 항복하는 것처럼 보이는 상태가 완성되었다.

[참고문헌]

朝尾直弘(Naohiro Asao), 「16世紀後半の日本—統合された社會へ」(『岩波講座日本通史——近世1』1993, 岩波書店)

朝尾直弘, 『朝尾直弘著作集三 將軍權力の創出』(2004, 岩波書店)04A

朝尾直弘, 『朝尾直弘著作集四 豊臣秀吉・德川の政治權力』(2004, 岩波書店)04B

朝尾直弘, 『朝尾直弘著作集五 鎖國』(2004, 岩波書店)04C

朝尾直弘, 『朝尾直弘著作集八 鎖國』(2004, 岩波書店)04D

安野眞幸(Masaki Anno), 『バテレン追放令 一六世紀の日歐對決』(1999, 日本エディタースクール出版部)

池享(Susumu Ike)編, 『日本の時代史——三 天下統一と朝鮮侵略』(2003, 吉川弘文館)

池內敏(Satoshi Ikeuchi), 『大君外交と「武威」』(2006, 名古屋大學出版會)

加藤榮一(Eiichi Kato), 「統一權力形成期における國際的環境」(『講座日本近世史2 鎖國』1981, 有斐閣) á加藤81 A

加藤榮一, 「鎖國と幕藩制國家」(『講座日本近世史2 鎖國』1981, 有斐閣)á加藤81 B

紙屋敦之(Nobuyuki Kamiya), 『大君外交と東アジア』(1997, 吉川弘文館)

木崎弘美(Hiromi Kizaki), 『長崎貿易と寛永鎖國』(2003, 東京堂出版)

淸水有子(Yuko Shimizu), 「日本・スペイン斷交(1624年)の再檢討—江戶幕府「鎖國」政策の形成過程—」(『歷史學研究』853, 2009)

高木昭作(Shosaku Tagkagi), 『將軍權力と天皇』(2003, 靑木書店)

高瀬弘一郎(Koichiro Takase), 『キリシタン時代の貿易と外交』(2002, 八木書店)

田代和生(Kazui Tashiro), 『書き替えられた國書』(1983, 中公新書)

永積洋子(Yoko Nagadumi), 『近世初期の外交』(1990, 創文社)

中野等(Hitoshi Nakano), 『戰爭の日本史16 文祿・慶長の役』(2008, 吉川弘文館)

中村質(Tadashi Nakamura), 『近世對外交涉史論』(2000, 吉川弘文館)

P.パステルス(Pastells, Pablo)著・松田毅一(Kiichi Matsuda)譯, 『16～17世紀日本・スペイン交涉史』(1994, 大修館書店)

松方冬子(Fuyuko Matsukata), 『オランダ風説書と近世日本』(2007, 東京大學出版會)

水本邦彦(Kunihiko Mizumoto), 『全集日本の歴史10 德川の國家デザイン』(2008, 小學館)

山口啓二(Keiji Yamaguchi), 『鎖國と開國』(1993, 岩波書店)

レイニアー・H・ヘスリンク(Reinier H. Hesselink)著・鈴木邦子(Kuniko Suzuki)譯, 『オランダ人捕縛から探る近世史』(1998, 山田町敎育委員會)

村上直次郎(Naojiro Murakami)譯注, 『異國往來書翰集・增訂異國日記抄』(1929, 駿南社)

ロナルド・トビ(Toby, Ronald P.)著・速水融(Tooru Hayami)・永積洋子・川勝平太(Heita Kawakatsu)譯, 『近世日本の國家形成と外交』(1990, 創文社)

ロナルド・トビ, 『全集日本の歴史9 「鎖國」という外交』(2008, 小學館)

조선후기 통제와 교류의 장소, 부산 왜관

김 동 철(부산대학교)

I. 머리말

일본 商船이 조선의 각 포구에 마음대로 드나들므로, 1407년 처음으로 그 선박이 정박할 수 있는 곳을 釜山浦와 乃而浦로 한정하였다. 이곳에는 倭里와 倭館이 형성되었다. 왜관은 형성되는 출발부터 통제의 장소였다.

15~16세기에 왜관은 熊川, 東萊, 蔚山 3곳에 있었다. 17~19세기에 왜관은 동래에만 존재하였다. 동래의 왜관은 豆毛浦倭館(古館, 1607~1678년)과 草梁倭館(新館, 1678~1872, 1876년)으로 나뉜다. 일본과의 외교와 무역, 일본인의 거주공간인 왜관은 조선 속의 작은 日本/對馬島였다. 따라서 왜관은 일본-조선의 관계를 규정하는 중요한 공간이었다. 아울러 왜관은 동래에만 존재하면서, 일본-동래, 대마도-동래를 규정하는 또 다른 중요한 공간이었다.

그러므로 왜관에 대한 연구는 많은 분야에서 진행되고 있다. ① 왜관의 규모, 구조, 경관, 이전교섭, 왜관 管理職制, 約條 등 제도사적 연구, ② 진상과 구청, 공무역, 사무역(개시무역), 밀무역 등 무역의 유형, 무역품, 무역상인 등 경제사적 연구, ③ 주민의 마찰과 갈등, 闌出, 交奸(賣

買春), 생활상, 倭風 유행 등 사회사적, 생활사적 연구, ④ 문화교류, 미술품 왕래, 倭館圖, 東萊府使接倭使圖 등 문화사적 연구, ⑤ 건물의 造營, 보수, 移建, 특정 건물의 성격 등 건축사적 연구 등으로 크게 나누어 볼 수 있다.[1] 이러한 왜관 연구는 장순순,[2] 윤유숙,[3] 양홍숙,[4] 山口華代[5]의 연구사적 검토를 통해서 잘 볼 수 있다.

최근 田代和生의 『倭館-鎖國時代の日本人町』(文藝春秋, 2002)과 그 한국어 번역본이 간행되면서,[6] 왜관 연구의 중요한 촉매제가 되었다. 이 책의 번역에서 주목되는 것은, 副題인 「鎖國時代の日本人町」을 번역자가 「조선은 왜 일본사람들을 가두었을까?」로 고친 점이다. 조선은 정말 일본인을 가두었을까? 왜관은 갇힌/닫힌 공간이 아니라, 오히려 열린/소통 공간인 점을 강조하기 위해서 역설적인 부제를 단 것이라고 생각한다.

설립목적과 경관, 운영과 주민생활, 경비조달·부담 등을 중심으로 초량왜관을 長崎 出島 네덜란드商館과 비교하여 거주지의 특성을 밝히거나,[7] 왜관, 長崎 出島와 唐人屋敷, 1859년 橫浜居留地를 ① 설립연대, ② 설치목적, 경위, ③ 설치자, ④ 관할자, ⑤ 구역내 행위, ⑥ 地代店賃·建物 建築改修·食糧, ⑦ 범죄 처벌, ⑧ 區域外 외출, ⑨ 기타·비고

---

1) 김동철, 「서평 『왜관』-조선은 왜 일본사람들을 가두었을까?」, 『한일관계사연구』 24, 2006, 346쪽.
2) 장순순, 『조선시대 왜관변천사 연구』, 전북대 사학과 박사학위논문, 2001.
3) 윤유숙, 「17세기 후반~18세기 초두 왜관통제와 한일교섭」, 『통신사·왜관과 한일관계』(한일관계사연구논집 편찬위원회 편), 경인문화사, 2005.
4) 양홍숙, 『조선후기 동래 지역과 지역민 동향』, 부산대 사학과 박사학위논문, 2009.
5) 山口華代, 「日本における倭館研究の動向」, 『제2기 한일역사공동연구보고서 제2권-제2분과 일본편-』, 한일역사공동연구위원회, 2010.
6) 田代和生, 『왜관-조선은 왜 일본사람들을 가두었을까?』(정성일 옮김, 논형, 2005).
7) 장순순, 「近世 東아시아 外國人 居住地의 특징」, 『전북사학』 27, 전북사학회, 2004.

등 9개 항목으로 나누어 비교 분석함으로써, '외국인 居住區로서의 왜
관'의 성격을 개관하는 시도도 이루어졌다.[8]

최근에 와서는 闌出, 交奸(賣買春), 밀무역, 살인, 약조 등을 중심으로
통제해야 할/ 통제되어야 할 공간(윤유숙, 허지은, 하민혜, 손승철, 장순
순, 김동철, 루이스 제임스, 최상진 등)과 생활, 교류, 소통 등을 중심으
로 한 일상적 삶의 장소(田代和生, 김동철, 김성진, 양홍숙, 이훈 등)의
두 시선의 연구가 활발하게 진행되고 있다. 그리고 경계 짓기와 경계 넘
기(김동철), 통제책과 대응(양홍숙), 폐·성가심(迷惑)과 상호이해(루이스
제임스), 교류와 충돌(윤유숙) 등을 통해, 단선적 시각에서 벗어나 중층
적/다원적인 왜관 연구를 시도하고 있다.

조선 속의 일본, 동래(부산) 속의 일본(대마도)의 축소판 또는 다른
판인 왜관, 특히 통제와 교류라는 양면을 모두 지닌 草梁倭館이 가진 장
소의 의미를 살펴보려고 한다. 왜관(초량왜관)은 그곳에 위치한 정태적
인 존재가 아니고, 통제라는 정치이데올로기만 유지된 곳도 아니고, '그

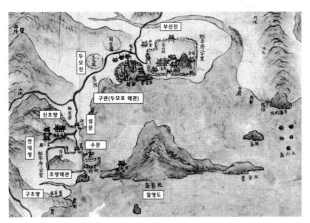

그림 1) 1872년 동래부지도에 나타난 왜관

8) 鶴田啓,「釜山倭館」,『江戸幕府と東アジア』(荒野泰典 編), 吉川弘文館, 2003,
   392쪽, <表 16>.

때 거기'서 살아간 人間群像의 삶터이기 때문이다. 왜관은 조선인이든 일본인이든 그 주체들의 삶/경험/일상의 장소이기 때문이다. 이 글에서는 가장 긴 시간동안 존재하였던 초량왜관이 가진 장소의 의미를 살펴보려고 한다.

II. 왜관 공간의 통제

왜관은 조선전기에 설치될 때부터 이미 통제 공간이었다. 통제의 이유는 정보누출, 밀무역, 양국인의 혼종에서 비롯되는 사회문제 등 여러 가지였다. 이것은 조선후기에 들어선 두모포왜관도 마찬가지였다. 군사기지인 釜山鎭과의 관계나, 조선 군인이 왜관 주변을 把守한 것에서도 잘 드러난다.

두모포왜관이 통제 공간이었다는 것을 잘 보여주는 것은 1653년에 약정된 「禁散入各房約條」와 「倭人書納約條」이다. 「禁散入各房約條」에 명시된 대표적인 통제 내용을 정리하면 다음과 같다.

「禁散入各房約條」의 일부

① 왜관의 문 밖에다 東萊府使 軍官과 부산첨사 군관을 각각 1명씩 정하여, 날마다 돌아가면서 숙직하게 한다. 訓導, 別差, 예단역관, 동래와 부산에서 일을 맡겨 부리는 吏民, 동래의 標文을 받은 자 외에, 이유 없이 출입하는 자는 발각되는 대로 무거운 형률에 따라 죄를 부과한다.

② 왜인은 왜관 문밖을 나가더라도, 前川을 건너갈 수 없다.

「禁散入各房約條」는 밀무역을 방지하기 위한 것이 주목적이지만, 두모포왜관 시기에 조선인과 일본인의 왜관과 그 주변 공간에 대한 출입

의 통제를 정식으로 규정한 최초의 약조라고 할 수 있다.9) 위와 같이 두
모포왜관 시기에 조선인과 일본인에 대한 통제 규정이 존재하고, 통행허
용 지역을 명시하였다. 그러나 초량왜관으로 왜관이 이전되는 이유 중의
하나가 왜관 통제의 쇄신인 것에 알 수 있듯이, 두모포왜관에서의 '交
流'가 증가하고 있었음을 알 수 있다.

신왜관(초량왜관)은 동, 서쪽면보다는 남, 북쪽면이 더 긴 구조이다.
남, 서, 북쪽면과 동쪽면의 선창까지 담으로 둘러싸여 있었다. 처음에 대
마도측은 소보리(惣堀) 공법을 택하여, 흙을 파낸 다음 그 위에 둑을 쌓
아 돌담을 만들려고 하였다. 담을 쌓는 과정에서 工法上 문제가 생겨 처
음에는 흙담을 만들었다가, 1709년 돌담으로 바뀌었다. 대마도측은 왜
관을 城에 비견하여 견고하게 지으려고 하였던 것이다.10) 초량왜관은
1678년 윤3월 8일에 공사를 마무리하였다. 왜관의 外墻은 모두 756칸이
었다. 담 밖에는 伏兵幕이 3곳에 설치되었다.11)

1678년 4월 14일 구왜관에 있던 왜인 489명과 大小 船舶이 모두 신
관으로 옮겨졌다.12) 당시 동래부사는 李馥(1676.7~1679.10 재임)이었
다. 이복은 무엇보다 일본인의 출입 통제 구역을 엄하게 정하였다. 이관
초에 왜관 館守와 약속을 하고, 金謹行이 渡海譯官으로 대마도에 가서
확정을 짓도록 한 것이 '七條約束'13)이다. 이 '七條約束'과 조정된 '五
條論定'의 출입 界限은 다음과 같다.

9) 양흥숙, 「조선후기 왜관 통재책과 동래 지역민의 대응」, 『역사와 세계』 37,
   효원사학회, 2010, 110쪽.
10) 田代和生, 앞의 책(2005), 74~78쪽.
11) 『邊例集要』 권11, 館宇, 戊午(1678) 閏3월.
12) 『변례집요』 권11, 관우, 무오(1678) 4월; 양흥숙, 앞의 논문, 112쪽. 단 『倭
   館移建謄錄』에는 454명이라고 하였다. 金容旭, 「釜山倭舘考」, 『韓日文化』
   1집 2권, 부산대 한일문화연구소, 1962, 67쪽.
13) 『숙종실록』 숙종 4년(1678) 9월 5일(계묘); 『비변사등록』 같은 날; 『승정원
   일기』 같은 날; 『변례집요』에서는 '七條約束'이 館守倭와 논의한 결과 5조
   로 정해졌다고 하였다. 『변례집요』 권5, 約條附禁條, 무오(1678) 8월.

① 전면은 海港을 넘어서 絶影島에 왕래할 수 없다.
② 서쪽은 宴享廳을 지나지 못한다.
③ 동쪽은 客舍를 지나지 못한다.

앞쪽, 서쪽, 동쪽의 3방향에 대한 출입의 범위를 제한하며, 위반자는 館守에게 잡아보내, 대마도로 移送하여 처벌한다고 하였다. 이것은 초량 왜관 설립 이후, 왜관 주변의 경계를 통제하는 최초의 규정이었다.

1679년에는 일본인이 드나들 수 있는 공간을 정한 '新館의 境界'가 다시한번 정해졌다.

① 東은 松峴에 이른다. 왜관과의 거리는 300여보쯤이다.
② 西는 西山에 이른다. 왜관과의 거리는 80보쯤이다.
③ 西南간은 草梁閭家 앞에 이른다. 왜관과의 거리는 100보쯤이다.
④ 南은 해변에 이른다. 왜관과의 거리는 100보쯤이다.[14]

동쪽의 송현, 서쪽의 서산, 남서쪽의 초량여가 앞, 남쪽의 해변, 이 4곳에 각각 나무를 세워서 그곳까지를 출입의 한계로 삼았다.[15] 『分類紀事大綱』에는 남서·서·북쪽의 경계에 禁標가 세워졌다고 한다. 남서쪽은 草梁項에서 江(法川, 寶水川) 하류까지, 서쪽은 草梁項에서 民家까지, 북쪽은 사카노시타(坂の下) 民家까지였다. 동쪽과 남쪽은 바다로 연결되어 별도의 경계 標識가 필요없었다.[16] 草梁項을 기준으로 삼아 일정한 거리에 禁標를 세웠다.[17] 그러나 왜관의 일본인들은 반드시 담장 안에

---

14) 『변례집요』 권5 約條, 己未(1679) 10월; 『增正交隣志』 권4, 약조, 숙종 5년 (기미) 「定新舘界限」.
15) 『변례집요』 권5 約條, 己未(1679) 10월.
16) 田代和生, 앞의 책(2005), 77~78쪽.
17) 양흥숙, 앞의 논문, 113쪽.

서만 생활하는 것은 아니었다.[18]

이들 내용을 보면, 각 기록에서 언급한 禁標 방향이 차이가 있음을 알 수 있다. 동쪽 松峴 방향의 거리가 가장 멀다. 이곳이 사카노시타(坂の下) 민가에 해당된다고 생각한다.

왜관 주변에 일본인이 통행할 수 있는 범위를 명시한 禁標가 세워져 있을 뿐, 지역민의 왕래를 막는 시설물은 별도로 없었다. 왜관 주변에는 동쪽, 서쪽, 남쪽의 세 곳에 伏兵所를 두어 통행을 단속하였다.[19]

왜관 일본인의 통행 界限에서 "西南間은 草梁閭家 앞", "서쪽은 草梁項에서 民家까지", "북쪽은 사카노시타(坂の下) 民家까지"라고 표현한 것처럼, 왜관 주변에 위치한 조선인 민가는 서쪽(또는 남서쪽)이나 북쪽에 있었다. 이 '사카노시타(坂の下)'에 草梁客舍, 譯官廳舍가 있었다, 이곳에 조선인 마을이 있었는데, 그 마을이 草梁村이다. 이 조선인 마을의 출입을 통제하기 위하여, 동쪽(실은 왜관의 북쪽)은 松峴까지가 界限이며, 客舍를 지나지 못한다고 규정했던 것이다.

왜관의 위치에서 본다면, 북쪽의 사카노시타(坂の下)를 지나 초량촌을 거쳐 舊館으로 이어지는 통로가 가장 중요한 통행 방향이었다. 이 방향은 부산진이나 동래부로 가는 방향이었다. 이 노선이 일본인과 조선인의 왕래가 가장 빈번한 통로였다. 동래부사 權以鎭(1709.1~1711.4) 주장에 따라, 1709년에 담장을 쌓고 '設門'이란 문을 만들어 출입을 통제하였다.

권이진은 設門을 만들면서 통제책으로 다음 3가지 방법을 제시하였다. ⓐ 訓導·別差의 집 서쪽 담장에서 바다까지 40~50보에 불과한 지대에 작은 담을 연결해 쌓고 그 안에 문을 설치[設門其中]하여 軍官으로 하여금 밤낮 지키게 한다. ⓑ 訓導·別差의 집 근처 민가를 모두 문

---

18) 田代和生, 앞의 책(2005), 79쪽.
19) 양흥숙, 앞의 논문, 119쪽.

그림 2) 설문(동래부사접왜사도, 19세기)

밖 수백보 밖으로 옮기고, 훈도·별차의 집 앞에 通事廳을 설치하여 통사로 하여금 윤번하여 入直한다. ⓒ 훈도·별차의 집은 별도로 官舍를 만들고, 그 근처에 사람을 살지 못하게 한다.20) 담장을 쌓을 곳과 민가를 옮길 곳이 모두 麵麥田이고, 지금 麵麥을 수확하고 콩을 심기 전이므로, 서로 바꾸어서 공사를 시작할 수 있다고 하였다.21)

실제 設門의 담장은 바닷가에서 산 정상까지 이르렀다.22) 권이진이 설문을 쌓은 직접적인 계기는 1707년에 발생한 조선인 여인 甘玉과 일본인 남성과의 賣買春 문제였다. 권이진은 대일 문제에 관한 가장 원칙론자이며, 왜관 통제정책에 대한 가장 강경론자였다.23) 설문

---

20) 권이진, 『有懷堂集』, 倭情狀啓 再度.(국역본 2~7쪽).
21) 권이진, 『有懷堂集』, 倭情狀啓 再度.(국역본 2~7쪽).
22) 설문 유적지는 草梁町 571번지(중국요리점 怡興園을 향하여 좌측)로, 그 초석이 일제시기까지 남아 있었다고 한다. 大曲美太郞, 『釜山の古蹟及遺物』(敎育硏究調査物 第14輯), 釜山府, 1936, 22쪽; 小田省吾, 「釜山の和館と設門とに就て」, 『朝鮮』 125호, 조선총독부, 1925, 159쪽에서는 實地 연구 결과 新草梁 支那人町 571호 중국요리점 怡興號 주변에 있었으며, 당시 榮町 6丁目과 7丁目의 경계를 이루는 동서의 통로에 해당하며, 산 정상에는 성벽의 흔적이 조금 남아 있다고 하였다.
23) 金文植, 「18세기 전반 權以鎭의 對外認識」, 『道山學報』 4집, 도산학연구원, 1995; 최상진, 「18세기초 東萊府使 권이진의 왜관통제와 조일관계」, 『차세대한국학연구』 2호, 규슈대학 한국연구센터, 2008; 김동철, 「東萊府使 權以

은 초량왜관 담장 밖에 또 다른 담장을 쌓아서 경계를 구분한 대표적인 사례이다.

1709년 설문을 만들어 공간의 통제, 양국민의 통제를 시도하였는데, 1716년에는 왜관 주변에 설치된 동, 서, 남伏兵의 警備區域을 구체적으로 설정하였다.

> 1. 倭船艙에서 東伏兵 曲墻으로 226보에 이르는 곳은 守門軍官이 담당한다.
> 1. 東伏兵 曲墻에서 西伏兵 曲墻까지 413보에 이르는 곳은 東伏兵이 담당한다.
> 1. 西伏兵 曲墻에서 南伏兵 曲墻까지 348보에 이르는 곳은 西伏兵이 담당한다.
> 1. 南伏兵 曲墻에서 東岩까지 626보에 이르는 곳은 南伏兵이 담당한다.[24]

이것은 동, 서, 남복병의 관할 구역을 처음으로 규정한 조치이다. 복병막은 3곳이나, 왜관은 사방에 담장이 둘러있으므로, 동쪽 海面쪽은 왜관 守門을 관장하는 守門軍官이 맡았다.

伏兵所는 1739년에 3곳 복병막이 각각 나누어져 6곳으로 증설되었다. 1738년 11월에 발생한 守禮, 崔愛春과 田才의 유인에 의해 왜관에 들어가 일본인과 매매춘한 사건[25]이 그 발단이 되었다.[26] 1760년에는 남2복병막을 誠信堂 북쪽, 즉 釜大峴 要路邊으로 이설하였다. 이설 후에

鎭의 對日인식과 활동」, 제14회 도산학술원 학술강연회 발표요지문, 2009, 24쪽; 양홍숙, 앞의 논문, 129쪽.

24) 『변례집요』 권5, 約條附禁條 병신(1716) 4월.

25) 『변례집요』 권14, 雜犯, 무오(1738) 11월, 기미(1739) 1월; 『典客司別謄錄』 무오 11월 15일, 12월 13일, 기미 1월 24일.

26) 田代和生, 앞의 책(2005), 74~75쪽.

'北伏兵幕'이라고 불렀다.[27] 이 新伏兵인 北伏兵幕이 설치된 곳은 설문에서 안쪽으로 멀지않은 곳이다. 설문을 들어서면 바로 釜大峴 要路와 연결된다. 따라서 북복병막의 설치는 설문 쪽의 통제를 더욱 강화시킨 것이다.

설문 설치 전에는 왜관 담장이 왜관을 內外로 구분하는 유일한 경계였다. 설문이 설치되면서 또하나의 경계가 설치된 것이다. 이제 설문은 마치 草梁倭館의 '外門(外大門)'과 같은 기능을 하게 되었다.

왜관과 그 주변 공간은 ⓐ 설문 밖, 왜관 서복병소 외곽, ⓒ 설문 안, 서복병소 내곽에서 왜관 담장까지, ⓒ 왜관 안, 이 3구역으로 나뉜다. 지역민과 일본인의 교류를 막기 위해 인위적인 공간 분할이 위 세 구역으로 구분되었다. 이 분할된 공간의 통제는 1738년의 「邊門節目」에 잘 나타나 있다. 이 절목은 1709년 설문 조성, 1716년 伏兵幕 경비구역 명시 이후, 왜관과 주변 지역을 再區劃하여 통제를 강화한 것이다.[28]

설문 설치를 주도한 동래부사 권이진의 주장처럼, 설문 담장을 설치하고 민가를 문밖으로 철거하는 것이 왜인과 조선인의 출입을 통제하는 최선의 방법으로 여겨졌다.[29] 물론 담장이 산 정상까지 연결되어 통행이 쉽지는 않았다. 설문의 통제가 강화되면서, 왜관 西路의 역할이 더욱 부각되었다. 따라서 서복병막의 역할이 더욱 중요하게 되었다. 그러나 설문은 線의 分割/境界이지, 面의 分割/境界는 아니다. 부산진, 동래부로 통하는 가장 중요한 요로에 설문을 설치하여 線의 境界로 삼았다는데서 그 상징성이 크다. 설문은 왜관 담장 밖에 설치된 조선인 사회와 일본인 사회를 구분짓는 유일한 경계였다. 설문은 왜관과 부산진/동래부를 차단하는 상징적 공간, 인식적 경계의 공간이었다.

---

27) 『변례집요』 권11, 館宇, 경진(1760) 5월; 『승정원일기』 경진 7월 13일; 『비변사등록』 경진 7월 14일.

28) 양흥숙, 앞의 논문, 125~131쪽.

29) 권이진, 『有懷堂集』, 倭情狀啓 再度.

Ⅲ. 開市大廳의 장소성

1. 開市大廳의 外觀

무역은 왜관 안에서 이루어진 가장 중요한 합법적인 교류였다. 무역 가운데서도 일본측 자료에서는 私貿易, 조선측 자료에서는 開市라고 불린 開市貿易이 대표적이다. 그 장소는 開市大廳이다. 두모포왜관 시기에는 '大廳開市'라고 하여, 개시가 대청에서 이루어진 것은 확인되지만, 개시대청이라고 명명된 건물은 확인하기 어렵다. 1653년 「禁散入各房約條」의 개시에 대한 규정을 보면 다음과 같다.

> ① 大廳開市 외에 혹시 計數와 論價가 미진한 것이 있으면, 商賈에게 다시 '中大廳'에 들어가 사정을 다 논정하되, 논정이 끝나면 즉시 물러나와야 하며, 종전처럼 마음대로 各房에 散入하는 자는 潛商律로 논죄한다.
> ② 개시날에는 ⓐ 軍官 2명은 外門, ⓑ 동래 監市軍官, 호조 計士, 동래 色吏 등은 모두 外大廳門, ⓒ 部將 6명은 中大廳 內門을 지킨다. ⓓ 훈도와 별차는 小通詞를 거느리고 왜관 안에 들어가, 왜인이 대청으로 나오면 같이 그곳에 있고, 중대청에 들어가면 따라 들어가서 潛商과 各房에 散入하는 자를 방지한다고 하였다.30)

외대청과 중대청은 담장을 두른 분리된 공간이었다. 外大廳門을 지키는 사람이 동래 監市軍官, 호조 計士, 동래 色吏이므로, 개시무역은 외대청에서 이루어 진 것을 알 수 있다. 다만 외대청이 개시대청의 또다른 이름인지, 아니면 외대청이 개시대청의 역할을 겸하고 있었는지는 분

---

30) 『通文館志』 권5, 交隣 上, 約條; 『增正交隣志』 권4, 약조; 『변례집요』 권5, 禁條.

명하지 않다.

초량왜관이 건설된 지 얼마되지 않은 시점에 왜관 부지를 구획하여 그린 『東西館町割圖』에도 개시대청이 배치되어 있다. 『增正交隣志』에 기록된 '東館 3大廳'의 규모를 비교해 보면 다음과 같다.

〈표 1〉 '東館 3大廳'의 규모

삼대청	본채 칸수	中門	廁間	曲墻
館守倭家	48칸	3칸	내외 각 1칸	75칸
裁判倭家	32칸	1칸	내외 각 1칸	68칸
開市大廳	40칸	1칸	1칸	

* 출전; 『增正交隣志』 권3, 舘宇

그림 3) 동관 삼대청
(변박의 왜관도, 1783년)

개시대청의 왼쪽 부근에는 무역관계 업무를 담당하는 代官의 집이 늘어서 있다. 훗날 이곳 일대를 '代官町'이라 불렀다.[31] 卞璞의 倭舘圖(1783년)를 보면, 개시대청은 一代官家와 所任廳[32] 사이에 위치한다. 倭舘圖나 夫學柱가 복원한 '開市大廳CG'를 보면, 一代官家-開市大廳-所任廳으로 연결되어 있는 것 같다.[33] 이러한 모습은 '一代舘開市大廳六十間'[34] 이라는 표현에서도 알 수 있다.

---

31) 田代和生, 앞의 책(2005), 83쪽.
32) 所任廳은 분명하지 않으나, 「公代官倭家, 別代官倭家會計廳」으로 보았다. 김동철, 「倭舘圖를 그린 卞璞의 대일 교류 활동과 작품들」, 『조선통신사 사행록 연구총서』(조규익 외 엮음), 학고방, 2008, 308쪽.
33) 『こころの交流 朝鮮通信使』, 京都文化博物館, 2001, 43쪽.
34) 『비변사등록』 영조 4년(1728) 7월 28일.

개시대청은 조선인/상인과 일본인/상인이 교류하는 합법적인 공간이었다. 개시대청은 '동관 3대청'의 하나로 자리매김할 정도로 중요한 장소였다. 개시대청은 조·일 무역이 이루어지는 유일한 장소였다.

2. 개시대청의 주체

개시대청은 '開市'라는 이름처럼 열린 공간은 아니었다. 개시대청은 中門을 갖춘 폐쇄된 공간이며, 출입 가능한 조선인도 訓導와 別差, 小通事, 호조 收稅算員, 동래부 監市軍官(開市監官), 동래상인 등으로 제한되었다. 국가의 이념과 정책이 관철되는 공간이었다.

1609년 己酉約條가 체결된 후 1611년 최초의 歲遣第1船이 왜관에 입항하였다. 비변사에서는 1610년 효과적인 개시무역을 유지하기 위한 방안을 모색하였다. "開市는 이익과 직접 관계되므로 각종 폐단이 적지 않다.(開市之事 乃是利窟所在 各項奸弊 不一而足)"라고 보았다. 따라서 반드시 戶曹行狀과 각도 監司의 行狀을 소지한 京外商人만 출입이 가능하도록 하였다. 그래서 개시날 ⓐ 行狀 소지, ⓑ 판매 물품 종류, ⓒ 구매 물품 종류, ⓓ 세금 액수 등을, 무역상인의 이름 아래에 적도록 하였다. 이 내용을 동래부사가 검토한 후에 책자로 만들어서 매달 말에 호조와 비변사에 각각 보고하도록 하였다.[35]

이처럼 개시무역에는 한정된 京外商人만 출입하였다. 개시무역 상인의 수를 정하는 商賈定額制가 1678년 처음 실시되었다. 20명으로 정했다가, 1680년에는 20명 정액을 폐지하였다. 1691년에는 상인 30명으로 정하는 「東萊商賈定額節目」이 만들어졌다. 1702년에는 정액제를 폐지하는 주장이 제기되었다. 1708년에는 정액을 혁파하였다.[36] 1862년의

---

35) 『광해군일기』 광해군 2년(1610) 9월 9일(신해).

36) 상고정액제에 대해서는, 김동철, 「17세기 일본과의 교역·교역품에 관한 연

「塵人房節目」에서는 일본 수입 물품을 취급하는 塵人數를 5명으로 제한하는 정액제를 실시하였다.[37]

상고정액제에 따라 1678년에는 京商, 1691년에는 京外富實者 중에서 선정되었다. 京商과 外商(地方商人) 중에서 선정되었지만, 京商이나 松商(開城商人) 등이 중심을 이루었다고 생각한다. "동래상인은 모두 松都人이어서, 萊商은 松商의 별칭이다.(萊商盡是松人 則其別稱松商)"[38]라고 불릴 정도였다.[39] 이러한 상인의 성격은 개시무역 구조, 즉 수출입품의 구성과 밀접한 관련성을 가진다.

일본은 1684년 12월 長崎貿易에서 중국 生絲 수입을 통제하는 糸割符制度를 부활시켰다. 新井白石의 주장에 따라 1715년(正德 5)에는 海舶互市新例(長崎新令, 正德新令)를 실시하여, 연간 淸船, 和蘭船에 대한 무역액을 제한하였다. 일본의 銀 유출 통제는 조선도 예외가 아니었다. 日本銀 유입의 격감에 따른 문제점을 해결하기 위해, 조선은 청에 대한 銀 유출을 최대한 감소할 수밖에 없었다. 그것이 1746年 紋緞 수입금지 조치였다.[40] 이 금지령은 개시무역의 구조를 바꾸는 결정적인 계기가 되었다.

17~18세기 중엽의 개시무역 구조에서 수출품의 주종은 중국이나 평안도가 생산의 중심지였다. 이들 물품이 서울을 거쳐 東萊 왜관에서 수출된 것이다. 따라서 생산지와 중간 경로지의 商權을 장악하고 있는 開城, 서울, 평안도 지역의 상인들이 절대적으로 유리한 위치에 있었다. 동래 지역민은 생산시장이나 중간 유통시장으로부터 단절되어 있었다.[41]

구」,『국사관논총』61, 국사편찬위원회, 1995 참조.

37) 김동철,「『東萊府商賈案』을 통해서 본 19세기 후반의 東萊商人」,『한일관계사연구』창간호, 한일관계사연구회, 1993, 133쪽.

38) 『영조실록』 영조 14년(1738) 7월 18일(무진);『승정원일기』같은 날.

39) 김동철,『朝鮮後期 貢人硏究』, 한국연구원, 1993, 35~36쪽.

40) 烟地正憲,「淸朝と李氏朝鮮と朝貢貿易について」,『東洋學報』62卷 3·4號, 東洋文庫, 1981, 98~99쪽.

그러나 18세기 후반 이후, 특히 19세기 이후에는 수출품의 주종이 牛皮, 牛角爪, 마른해삼(乾乾蔘, 煎海鼠), 黃芩으로 바뀌었다.[42] 이들 물품은 생산지가 왜관 주변에 있었다. 특히 해삼은 경상도 統營, 巨濟, 南海 등 지에서 많이 생산되었다. 18세기 중엽 이후, 특히 19세기 이후 개시무역 구조의 변화에 따라, 개시대청에 출입하는 상인의 성격도 변하여 갔다.

18세기에 들면 특허상인 외에 새로운 상인층이 출현하였다. 1738년 「邊門節目」에 "雜商도 역시 開市大廳의 내려다보이는 곳에서 매매하게 한다.(雜商段置 使之賣買於開市大廳俯見之處)"[43]라고 한 것처럼, 雜商의 출입이 가능하였다. 매매 물품은 雜物, 雜貨類였다. 이들은 '雜商, 雜人, 雜類'로 표현되는 지역 출신의 소상인들로 왜관과의 교류를 통해 성장하고 있었다.[44] 그러나 이들이 차지하는 공간은 개시대청은 아니었다. 그 공간은 '開市大廳俯見之處'였다. 개시대청은 그들이 주체적으로 교류하는 공간은 아니었다.

이들 私商들 가운데는 亂賣의 금지를 피하려고 公商의 이름 아래 들어가서 매매하는 경우도 있었다. 亂賣가 활발하여 都中商賈가 점차 쇠퇴하자, 양자간에 타협점을 모색하였다. 1814년에는 公商과 私商을 막론하고 왜관에 牛皮를 파는 자는 우피 1장에 1전씩 받아 都中의 公用에 보충하도록 하자는 주장이 東萊商賈로부터 제기되었다.[45] 양자가 타협하면서 共生의 길을 모색한 것이다. 개시대청에서의 특권성은 점점 사

---

41) 김동철, 「조선 후기 倭館 開市貿易과 東萊商人」, 『민족문화』 21, 민족문화추진회, 1998.

42) 田代和生, 「幕末期日朝私貿易と倭館貿易商人」, 『德川社會からの展望』(速水融 편), 同文館出版, 1989.

43) 『변례집요』 권5, 約條附禁條.

44) 양홍숙, 앞의 박사학위논문, 99쪽.

45) 『慶尙道東萊府商賈等捄弊節目』(1813년 1월)의 「追節目」(1814년 10월); 김동철, 「19세기 牛皮貿易과 東萊商人」, 『한국문화연구』 6, 부산대 한국문화연구소, 1993, 423~424쪽.

라지고 있었다.

왜관에서 이루어진 公貿易은 국가나 국가기관이 주체였으며, 서울에서 파견된 倭學譯官(訓導·別差)이 담당하였다. 공무역은 교역량과 교역품이 정해져 있는 定品·定額制였다. 조선이 일본에서 수입한 대표적인 품목은 銅, 鑞, 水牛角(黑角), 蘇木(丹木), 胡椒, 明礬 등이다. 특히 銅, 鑞, 水牛角(黑角), 蘇木을 '공무역 四定品'이라 불렀다.[46] 水牛角(黑角) 등 공무역은 개시대청에서 이루어졌다.[47] 개시대청은 進上品을 받는 곳이라고 할 정도로 공적 공간으로서 중시되었다.[48] 훈도와 별차는 都中商賈와 함께 이 공간의 또다른 주체였다. 개시대청의 장소성을 도식화하면 다음과 같다.

〈표 2〉 개시대청에서의 무역 양상

貿易의 類型	開市貿易	開市貿易 보완/ 길항		公貿易
特權의 與否	官許特權商人	非官許特權商人		훈도과 別差
倭館商人의 名稱	都中商買 受牌商買 ←	雜商, 雜類 ← → 潛商		商譯
賣買 物品	生絲, 絹織物(中國産), 人參(朝鮮産) → 牛皮, 乾海蔘 등, 銀, 銅	雜貨, 雜物		銅, 鑞, 水牛角(黑)角 蘇木, 木綿, 公作米 등
變化	인원 제한(20,30명 등) → 5명			2명
性格	合法的	合法的	不法的	合法的

개시대청은 조선인이 왜관에 들어가 교류하는 가장 중요한 합법적/공적 공간이었다. 물론 그 합적적/공적 공간은 潛商들의 밀무역이 성행하는 불법적/사적 공간이기도 하였다. 그러나 조선인 누구에게나 열려있

---

46) 田代和生, 『近世日朝通交貿易史の研究』, 創文社, 1981.
47) 『증정교린지』 권3, 進上物件看品式 公貿易看品附(국역본, 118쪽).
48) 『비변사등록』 정조 13년(1789) 11월 23일. 「開市大廳 係是進上捧上之所 他廟移捧 事體苟簡」

는 공간은 아니었다. 개시대청은 무역주체/무역품에서 엄격한 히에라르키(hierarchy)가 존재하는 位階的인 공간이었다. 이러한 위계는 왜관 안에서만 존재하는 것은 아니었다. 왜관의 안/밖에서 開市/朝市라는 위계적 공간이 존재하고 있었다.

Ⅳ. 朝市의 장소성

조선정부의 입장에서 보면, 왜관은 어디까지나 일본사절을 應接하기 위한 客館이자, 무역을 하는 商館이었다.

왜관은 장기 체류자를 위한 거주공간은 아니었다. 경제적 교류가 활발해지면서 장기 체류자가 증가하였다. 중세의 恒居倭人과는 다른 새로운 주민의 등장으로 왜관은 일본인 거주공간으로 바뀌어 갔다.[49] 館內의 일용품은 對馬島 상인(請負屋)에 의해 어느 정도 조달되었다. 魚物, 과일, 야채, 쌀 등 생필품을 조달할 시장이 필요했다.[50] 朝市(아침시장, 새벽시장)는 이를 위해 조선정부가 허락한 시장이다. 조선정부의 입장에서 보면 朝市는 開市를 보완하는 사이/틈새 공간이다. 따라서 『邊例集要』에서는 「開市附朝市」라고 규정하고 있다.

조시가 언제부터 허용되었는지는 확실

그림 4) 조시(변박의 왜관도)

---

49) 田代和生, 앞의 책(2005), 38쪽, 49쪽, 61쪽.
50) 田代和生, 앞의 책(2005), 174쪽.

하지 않다. 豆毛浦倭館 때는 "所謂漁採之市 自前必開於守門外 佐自川
東邊"[51]라고 한 것처럼, 漁採之市(魚菜市)가 1665년 이전부터 왜관 守
門밖 佐自川(佐川) 동쪽 川邊에서 열린 것을 알 수 있다.[52] 조시에 가서
어물이나 채소를 파는 '釜山之人'은 一步라도 더 가는 것을 싫어해서,
마을안 路邊에 조시를 개설하였다. 이로 인해 왜관 일본인들은 종전보
다 왜관에서 더 먼 거리에 있는 마을까지 통행할 수 있게 되었다.[53] 그
래서 1665년에는 일본인이 조선인 마을까지 멀리 가는 폐단, 즉 闌出을
막기 위해 마을안에 있는 魚菜市를 폐지하고, 다시 官門 밖에 설치하도
록 하였다.[54]

    조선정부가 조시를 왜관 守門 밖에 설치한 것은 왜관 일본인의 일상
생활의 편의를 위한 것이 아니었다. 그것은 '倭人遠出之弊'를 막기 위해
설치한 統制政策의 일환이었다. 부산 지역민 스스로가 자신들의 공간에
만든 魚菜市/朝市는 일시 존속하다가 폐지되고 말았다. 부산 지역민이
왜관 일본인과 교류하기 위해 만든 독자적인 공간을 조선 정부는 허용
하지 않았다. 왜관 守門 밖에 존재했던 조시는 조선인과 일본인이 가장
직접적으로 만나는 교류의 장소, 생활의 공간이었지만, 그것은 어디까지
나 통제 공간 속에서의 열린 장소이었다.

    1678년 초량왜관으로 이전하면서 新倭館 체제에 맞는 규정이 마련되
었다. 이것이 소위 七條約束인 1678년의 戊午節目(戊午約條)이다. 七條
約束의 제5조에는 "魚物・野菜는 문 밖에서 매매한다.(魚菜賣買於門外
事)"[55]라고 규정하였다. 戊午節目(戊午約條)은 5~7조항 가운데 朝市 관

---

51) 『변례집요』 권9, 開市附朝市 을사(1665) 5월.
52) 鄭成一, 『朝鮮後期 對日貿易』, 신서원, 2000, 80~82쪽.
53) 『변례집요』 권9, 開市附朝市 을사(1665) 5월.
54) 『현종실록』 현종 6년(1655) 5월 17일; 『변례집요』 권9, 開市附朝市 을사(16
    65) 5월.
55) 『비변사등록』 숙종 4년(1678) 9월 5일; 『숙종실록』 숙종 4년 9월 계묘; 김동
    철, 앞의 논문(1995), 267~268쪽.

련 내용은 한 항목밖에 없다. 그럼에도 『增正交隣志』에는 「朝市約條」를 정했다고 하여, 조시를 강조하고 있다.[56] 이 약조 마지막 부분에서 강조한 것처럼 초량왜관 守門 밖에 조시를 설치한 것은 일본인으로 하여금 구매한 즉시 왜관으로 들어가고, 절대로 민가를 왕래하지 못하게 하기 위함이었다. 豆毛浦倭館 때 강조되었던 '遠出之弊'를 防禁한다는 이념이 구체적으로 관철되었다.

조시가 열리는 수문 밖은 왜관 일본인에게는 가장 가까운 장소지만, 조선인에게는 거리상 다소 불편한 장소였다. 조시가 수문 밖에 설치된 것은 왜관 일본인에게 편의를 제공하기 위해서가 아니라, 오히려 통제하기 위해서였다. 왜관 일본인에게 가장 교류하기 편리한 장소가 가장 통제하기 편리한 공간이 되었다. 그것이 조시를 제공한 조선정부의 목적, 즉 朝市約條를 정한 목적이다. 조시는 교류의 장소가 아니라 오히려 통제의 장소였다.

그러나 이것은 어디까지나 조선정부의 시선이었다. 주변 지역민은 조시에 가서 매매하는 것을 마다하지 않았다. 조시에는 왜관 近處之人뿐만 아니라 300~400리 거리의 사람도 왕래하고 있었다.[57] 조시는 왜관이 주변 지역민에게 준 가장 합법적인 삶의 터전이기 때문이다. 특히 왜관 안의 開市에 참여할 수 없는 지역민의 경우에는 더욱 그러하였다.

개시는 3일, 8일장으로 부산지역 5일장 체계 속에 편입되어 있었다. 조시는 장소, 시간, 물품 등이 한정된 시장이긴 하지만, 동래나 인근 지역민에게는 5일장 체계의 안팎에서 常設化된 시장의 기능을 하고 있었다.

조시가 점차 상설화되면서, 조시에 참여하는 '朝市之人', 즉 '朝市商人'[58]은 조시가 가진 한정된 기능을 극복하면서, 조시의 기능이나 성격

---

56) 『증정교린지』 권4, 약조. 「肅宗四年戊午 定朝市約條」
57) 『有懷堂集』 권7, 上廟堂別紙; 金文植, 앞의 논문, 140쪽.
58) 양흥숙, 앞의 박사학위논문, 99~111쪽에서는 동래 지역상인으로 '왜관 소

을 바꾸어 나갔다.

　　ⓐ 조시의 시간이 연장되어, 종일 교역이 이루어지고 있었다.[59]
　　ⓑ '朝市之人'이 왜관 안에 들어가서 교역하는 것이 증가하였다.[60]
　　ⓒ 어물, 채소, 소량의 미곡 등을 판매하는 日用雜貨 시장에서 대규
　　　 모 米穀·布物 판매시장으로 변하여 갔다.[61]
　　ⓓ 근거리시장에서 근거리/원거리시장으로 변하여 갔다.[62]
　　ⓔ 일상생활 속에서 有無相遷하는 半民半商적 성격에서, 專業的 상
　　　 인인 私商이나 朝市軍의 참여가 증대하였다.[63]
　　ⓕ 생필품을 파는 순수 경제적 목적의 시장에서, 단골관계 등 인간관
　　　 계가 형성되면서 간접적 '賣春' 장소의 기능을 하기도 하였다.[64]

　　이러한 기능과 성격의 변화와 함께 조시에 참여하는 인원수도 증가하
였다. 조시에 참여하는 인원은 자료에 따라 다르지만, 30~40명,[65] 1731
년에는 20~30명,[66] 19세기 후반에는 朝市軍이 50~60명[67]이나 된다고
하였다.[68] 이러한 기능과 성격의 변화 때문에, 『續大典』에서는 조시 때
私商船이 미곡을 싣고와 매매하는 자는 모두 杖100대, 徒3年刑에 처한

　　　 상인', '조시 상인'을 상정하고 있다.
59) 『有懷堂集』 권5, 倭情狀啓 再度; 양흥숙, 앞의 박사학위논문, 106쪽; 정성
　　 일, 앞의 책, 82쪽.
60) 『변례집요』 권9, 朝市, 戊辰(1688) 11월; 정성일, 앞의 책, 82쪽.
61) 『有懷堂集』 권7, 上廟堂別紙; 김문식, 앞의 논문, 140쪽.
62) 위와 같음.
63) 김동철, 앞의 논문(1998), 59~60쪽.
64) 『有懷堂集』 권5, 「倭人闌出狀啓」. 「此非賣魚菜也 乃賣汝妻女也」.
65) 『有懷堂集』 권5, 「倭人闌出狀啓」. 「看其來賣者 則昨日四十餘人 今日三十人
　　 多持魚菜」.
66) 『변례집요』 권9, 開市附朝市 신해(1731) 3월.
67) 『변례집요』 권9, 開市附朝市 신해(1731) 3월; 『繡啓』 2冊; 『日省錄』 고종 4
　　 년(1867) 7월 28일.
68) 김동철, 앞의 논문(1998), 59~60쪽.

다고 규정하였다.[69] 그러나 私商들은 朝市軍과 결탁하여 무리를 지어 왜관 안을 마음대로 출입하면서, 아침에 들어갔다 저녁무렵이 되어서야 나오곤 했다.[70]

　　이러한 조시의 기능이나 성격에도 불구하고, 조시의 기능은 그것이 처한 장소에 규정되지 않을 수 없다. 守門 밖에서 열리는 조시를 가장 조시답게 만드는 주체는 역시 釜山·豆毛浦·大峙·沙道·堂洞에 거주하는 주변 지역민이다.[71] 이 다섯 마을 가운데는 역시 부산이 중심이다. 이미 언급한 것처럼, 두모포왜관 때도 조시의 주체는 釜山之人이었다. 이 부산이 부산진을 가리키는지, 초량촌을 가리키는지는 분명하지 않다. "草梁村女 每日朝市 與倭相熟"[72]이라고 한 것처럼, 이 부산 거주민의 중심은 草梁村民이라고 생각한다. 개시상인이 동래 거주민이 중심이었다면, 조시상인은 초량촌민이 중심이었다. 지역민의 입장에서 보면, 개시는 남성의 공간이고, 조시는 여성의 공간이었다.

　　초량왜관과 개시/조시는 초량촌의 장소성, 초량촌민의 삶과 성격을 규정하는 가장 중요한 지표였다. 개시와 조시를 비교해 보면 다음과 같다.

---

69) 『續大典』 刑典, 禁制; 『大典通編』 刑典, 禁制; 김동철, 위의 논문, 60쪽.

70) 『繡啓』 2冊; 『日省錄』 高宗 4年(1867) 7月 28日; 김동철, 위의 논문, 60쪽.

71) 『草梁話集』; 李尙奎, 「17~8世紀 東萊府에 派遣된 倭學譯官의 機能」, 한국정신문화연구원 석사학위논문, 1998, 51~52쪽; 정성일, 앞의 책, 85쪽.

72) 『변례집요』 권9, 開市附朝市 신해(1731) 3월.

<표 3> 개시와 조시의 비교

	개시	조시
위치	왜관 안	왜관 밖(수문 앞)
날짜	3, 8일(한달 6회)	매일
상인	特權商人	非特權商人, 지역주민
주요품목	生絲, 絹織物, 人蔘(高價品)	어물, 果實, 야채, 米(生必品)
약조/절목	禁散入各房約條/ 東萊商賈定額節目	戊午節目(戊午約條)
세금	有	有/無
성별	남성	여성/남성
특권성	官許特權	非特權
성격	경제적	생활적
합법성	합법	합법
역관	大通事	小通事
주체	東萊民	釜山民(草梁村民)

V. ‘坂ノ下’, 草梁村, 新草梁村의 장소성

17세기 이후 왜관은 동래에만 존속하였다. 동래에는 왜관을 삶의 중요한 터전으로 삼으면서 살아가는 마을이나 지역민이 존재하였다. 왜관 주변에 위치한 마을 가운데 특히 초량왜관과 밀접한 관련이 있는 草梁村, 新草梁村에 대해 주목하려고 한다.

1679년 초량왜관의 경계가 정해졌다.『변례집요』에서는 남서쪽은 草梁閭家,『分類紀事大綱』에서는 남서쪽은 草梁項에서 江 하류, 서쪽은 草梁項에서 민가, 북쪽은 ‘坂ノ下’ 민가까지라고 하였다. 이처럼 초량왜관 주변에는 草梁이란 지명과 관련된 민가나 마을이 존재하고 있었다. 왜관 공사 착공 전에 草梁項으로 장소를 지정했을 때 그려둔『草梁之繪圖』에 왜관 예정지 서쪽으로 10여 채의 가옥이 있었다. 공사는 이들 민

가를 다른 곳으로 이전시킨 후 시작되었다.[73] 초량왜관의 서쪽 지역이 '舊草梁'에 해당한다.[74]

초량왜관의 설치와 함께 왜관과 관련된 조선측 공공건물이 정비되었다. 이 가운데 가장 중요한 건물은 草梁客舍였다. 객사는 조선국왕을 상징하는 殿牌를 奉安하는 곳이었다. 일본사절이 肅拜하는 장소로서, 양국 교류를 상징하는 외교공간이었다. 司僕寺 屯田에 부지를 마련하여 객사와 譯官廳舍가 1678년 5월 건립되었다. 주변의 경관 조성을 위해 客舍直, 沙器庫直 등 부속건물 44家를 객사 基址區域 안으로 옮겼다.[75] 객사의 모양을 잘 조성하기 위해, 지역민을 주변에 募民하여 살도록 했다. 모민에게는 둔전을 지급하여 경작하게 하고, 減稅를 허락하여 募民策의 효과를 거두도록 하였다.[76]

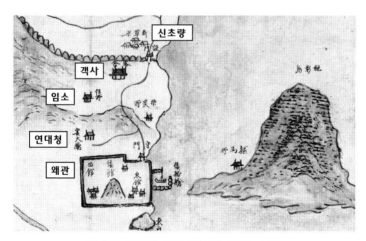

그림 5) 1872년 두모진지도에 보이는 임소

---

73) 田代和生, 앞의 책(2005), 71쪽.

74) 양홍숙, 앞의 논문, 121쪽.

75)『변례집요』권11, 館宇, 무오(1678) 5월; 金東哲,「十七~十九世紀の釜山倭館周邊地域民の生活相」,『年報 都市史硏究』9, 都市史硏究會, 2001, 94쪽.

76)『변례집요』권11, 館宇, 무오(1678) 5월; 양홍숙, 앞의 논문, 113~114쪽.

이 초량객사, 譯官廳 일대를 중심으로 형성된 조선인 마을이 草梁村
이다.77) "草梁 則與倭館隔一麓 而訓別及小通事輩所居也"78)라고 한 것
처럼, 초량왜관의 북쪽 산 아래에 위치한, 訓導·別差와 小通事가 거주하
는 특정한 장소였다. 일본인들은 이곳을 언덕 아래에 위치한다고 하여,
'坂ノ下(坂下)', '坂ノ下村(坂下村)'이라고 불렀다.79)

초량왜관은 그 주변에 '坂ノ下, 任所, 草梁村'이라는 특정한 장소를
탄생시켰다. 초량촌은 이러한 장소성 때문에, 다른 주변 조선인 마을보
다는 우월적인 위치에 있었다. 초량왜관 주변에 있던 '浦村'이라는 마을
은 왜인과 相通하는 우환을 없애기 위해 동래부사 李世載(1696.11~1697.
8 재임) 때, 마을을 철거하려고 하였으나 주민들이 거부하자, 마을 자체
를 불태운 적이 있었다. 초량촌은 官人의 왕래로 단속이 가능하나, '浦
村'은 단속이 어려웠기 때문이다.80)

이처럼 조선인 마을 가운데서는 상대적으로 우월적/차별적 장소였던
초량촌은 일본의 사절과 조선의 국왕, 일본의 통역관과 조선의 통역관,
중앙의 통역관과 지방의 통역관, 왜관 안의 일본인과 왜관 밖의 조선인
등이 만나는 독특한 교류/통제의 장소이었다. 그 때문에 초량왜관 설립
직후 일본인의 통행범위를 객사나 坂ノ下 민가까지로 제한했던 것이다.

그러나 1683년에 세운 '約條制札碑'에는, "왜관 거주자가 館 밖에 나
갈 용무가 있으면 館守에게 보고한 후, 훈도·별차에게 通行札을 가지고
가 보여야 왕래할 수 있다."라고 하였다. 이런 여러 가지 용무로 일본인
이 훈도·별차가 있는 任所, 坂ノ下, 인접한 초량촌을 내왕하는 것은 어

---

77) 김동철, 앞의 논문(2001), 94쪽; 양흥숙, 앞의 논문, 122쪽.
78) 『승정원일기』숙종 38년(1712) 4월 22일; 『비변사등록』숙종 38년 4월 24
   일; 『숙종실록』숙종 38년 4월 22일(갑술)
79) 『草梁話集』. 訓導와 別差가 거주하는 곳이라고 하여, '任所'라고 불렀다.
80) 『승정원일기』숙종 38년(1712) 4월 22일; 『비변사등록』숙종 38년 4월 24
   일; 『숙종실록』숙종 38년 4월 22일(갑술); 양흥숙, 앞의 박사학위논문, 222
   ~223쪽.

려운 일이 아니었다.

훈도·별차의 집이 초량촌 안에 있고, 約條(癸亥約條)에 훈도·별차의
집에 왕래하는 것을 허락했기 때문에, 왜관 일본인은 훈도·별차의 집에
왕래한다는 핑계로 草梁民家를 출입하였다.[81] 이런 출입 양상에 대해서
는 동래부사 權以鎭이 상세하게 묘사하고 있다.

> ① 왜인이 종일 끊임없이 왕래하면서 모두 민가에 가서 있다. 그러므
> 로 草梁 92호 가운데 왜인이 없는 집이 없어, 1~2명 또는 3~4명
> 이 밤낮으로 함께 거처한다. 남편이 부재중인 집은 홀로 그 부녀
> 와 상대한다.
> ② 남자는 왜인의 物貨를 받아서, 他處 장시에 가서 판다. 그들의 使
> 喚이 되어 품삯을 받는다. 부녀가 혼자 왜인과 집에서 상대하면
> 서, 온갖 짓을 다하므로 情意가 매우 친밀하다. 生理와 관계되므
> 로 죽음을 무릅쓰고 서로 어울린다.
> ③ 역관은 避接을 핑계로 민가를 차지하고 왜인과 서로 만난다. 근무
> 하는 公廳(譯官廳)이 황폐한 지 오래다.[82]
> ④ 왜관 문 밖 북쪽 5리에 초량촌이라는 70~80家가 있다. 훈도, 별
> 차, 出使譯官 및 譯官(小通事)이 그 안에 있다. 처음에는 訓別에게
> 말을 전한다고 핑계되다가, 점차 村家에 가서 밤낮없이 늘 村家에
> 머문다. 각각 주인이 있어, 있고 없는 것을 공유한다. 將倭 3~4명
> 외에는 모두 초량에 있으면서 이웃사람처럼 되었다.[83]
> ⑤ 草梁女人과 朝夕으로 섞여 지내므로, 나라 사정을 자세히 알고,
> 주민들과 姦淫하거나 싸운다.[84]

1709년 당시 초량촌은 70~90호나 되는 큰 마을이었다. 이것은 초량

---

81) 『유회당집』 권5, 邊上事宜條列狀啓; 倭情狀啓 再度.
82) 『유회당집』 권5, 邊上事宜條列狀啓.
83) 『유회당집』 권7, 上廟堂別紙.
84) 『유회당집』 권5, 倭情狀啓 再度.

왜관과의 관계 속에서 형성된 것이다. 초량촌은 闌出, 정보유출, 싸움, 매춘, 밀무역 등의 온상, 진원지로 지목되었다. 그것은 초량촌이 왜관 일본인과 조선인의 만남의 장소, 교류의 장소였기 때문이다. 초량촌 남성들은 일본인의 使喚이 되는 등 경제적으로 유착되어 있었다.[85] 초량촌 여성은 이미 조시 등을 일본인과 '丹骨' 관계를 형성할 정도로 교분이 친밀했다.[86] 따라서 "各有主人"이라고 한 것처럼, 草梁村民은 자기 집에 일본인이 상시 居接하는 것은 아니지만, 마치 '接主人' 기능을 하는 사람도 있었던 것이다.

權以鎭은 이런 문제점을 해결하기 위해, 왜인이 가장 자주 출입하고, 친밀한 4~5명을 찾아서 棍杖을 때리는 등 통제의 본보기로 삼은 적도 있지만,[87] 근본적인 해결책은 아니었다. 근본적인 해결책은 훈도·별차의 공간과 초량주민의 공간을 분리시키는 것이었다. 훈도·별차의 공간에 대한 통제도 아울러 강화하였다. 훈도·별차의 집 서쪽 담장과 바닷가를 연결하는 담장을 쌓고, 設門을 만들고, 초량촌 92호 민가를 설문 밖으로 이주시켰다. 1709년 설문의 탄생과 함께 新草梁村이 탄생하였다.[88]

설문 밖에 新草梁村이 탄생하였다고 하여, 일본인과 초량촌민의 교류가 단절된 것은 아니다. 權以鎭은 "狡倭가 新村으로 나오지 않는다는 것을 보장할 수 없다."[89]라고, 이미 예견하고 있었다.

---

85) 김동철, 앞의 논문(2001), 96쪽.

86) 『변례집요』 권9, 開市附朝市 신해(1731) 3월.

87) 『유회당집』 권5, 倭情狀啓 再度.

88) 김동철, 앞의 논문(2001), 93~94쪽. 김동철은 신초량촌이 탄생한 후 이주 전의 草梁村을 舊草梁村으로 불렀다고 파악하였다. 그러나 양흥숙은 1709년 이전에 이미 '舊草梁'이 존재한 것에 주목하여, 초량왜관 서쪽의 구초량촌, 초량객사 주변의 초량촌, 설문 밖의 신초량촌으로 파악하였다. 양흥숙, 앞의 논문, 122쪽 참조. 그러나 구초량촌은 특정 시기, 특정 장소에 존재하는 마을은 아니었다. 명칭은 동일하지만, 초량왜관 서쪽의 구초량촌과는 별개의 존재로 보고 싶다.

그러나 설문의 탄생으로 초량왜관 일본인은 왜관의 수문이라는 첫 번째 문을 지난 후, 다시 설문이라는 두 번째 문을 통과해야 新草梁村, 古館(豆毛浦倭館), 부산진, 나아가 동래부와 합법적으로 만날 수 있었다. 초량촌에서 新草梁村으로 장소가 조금 바뀌었지만, 坂ノ下와 함께 있던 교류의 장소였던 초량촌은 이제 설문 너머에 있는 통제의 장소로 바뀐 것이다. 坂ノ下村이었던 초량촌은 坂ノ下와는 단절된 新草梁村으로 바뀐 것이다. 이제 坂ノ下는 외교＋생활의 공간에서 외교의 공간으로 존재하게 되었다.

설문은 지극히 정치적이고 관념적인 통제의 장소, 境界의 장소였다. 1738년에 작성된 「邊門節目」의 30개 통제 조항 가운데, 14개가 설문과 관련된 조항일 정도로, 설문의 통제가 강조되었다.[90] 그것은 그만큼 설문의 통제가 잘 시행되지 않은 것을 반증한다. 新草梁村民과 왜관 일본인은 설문이란 관념의 경계를 죽음을 무릅쓰고 끊임없이 넘고 있었다. 초량왜관과 초량촌, 신초량촌은 이미 일본인, 조선인 모두에게 삶의 터전으로 자리잡고 있었기 때문이다.

VI. 왜관의 遺産: 두 石碑의 表象

현재 부산에는 동래부 東軒의 外大門이었던 門이 남아 있다. 이 문의 양쪽 기둥에는 '鎭邊兵馬節制營', '交隣宴享宣慰司'라고 쓴 현판이 걸려 있다. 동래부는 일본에 대해서 鎭邊과 交隣의 두 가지 역할을 동시에 담당하고 있었다. 이러한 동래부의 상반된 모습은 현재 부산 지역에 남아 있는 일본 관련 문화유적에 그대로 투영되어 있다.[91]

89) 『유회당집』 권5, 邊上事宜條列狀啓.
90) 양흥숙, 앞의 논문, 131쪽.
91) 김동철, 「부산의 일본 관련 문화유적과 활용방안」, 『한국민족문화』 23, 2004,

왜관과 관련되어 현재 부산에 남아 있는 대표적인 유물로는 1683년
세워진 約條制札碑(부산시 기념물 17호, 1972년 6월)와 1906년에 세워
진 柔遠閣先生埋案感古碑(부산시 유형문화재 48호, 2001년 10월)를 들
수 있다. 두 비석은 원래 있던 장소에서 떨어져 나와, 현재 부산박물관
뜰에 옮겨져 있다. 둘 다 그것이 원래 있던 장소에서 脫脈絡함으로써,
그 역사적 의미를 반감시키고 있다.

1. 約條制札碑

사진 1) 약조제찰비(1683년)

1682년 통신사에게는 對馬藩에 대한
규제와 감시체제의 강화 교섭 임무가 부과
되었다. 1678년 七條約束을 실행하기 위
한 목적이었다. 七條約束(왕조실록, 비변
사등록, 각사등록)은 자료에 따라 七件約
條(蓬萊故事, 통신사등록), 朝市約條(교린
지, 증정교린지), 戊午節目(변례집요) 등 다
양한 명칭으로 불리었다.[92] 당시 동래부
사 南益熏은 7개 조항을 돌에 새기는 것
은 불가능하므로, 4개 조항만 새기자는
장계를 1682년 11월 올렸다. 비변사는 4개 조항을 범한 자는 모두 왜관
밖에서 처형한다는 조항을 첨가하였다.[93]

이 5개 조항이 곧바로 돌에 새겨져 왜관 안에 세워진 것은 아니었다.
1683년 역관 朴有年과 勘定倭 平成尙이 5개 조항을 비에 새겨 왜관 안

261~264쪽.

92) 허지은, 「17세기 조선의 왜관통제책과 조일관계」, 『한일관계사연구』 15집,
    한일관계사학회, 2001, 118쪽.
93) 『변례집요』 권5, 약조.

에 세우기로 결정한 후에, 비로소 왜관 안에 세워졌다.94) 이 비가 1683
년 癸亥約條의 내용, '約條制札'을 적은 '約條制札碑'이다. 약조제찰비
가 어디에, 몇 곳이나 세워졌는지는 분명하지 않다. 일본측 자료에는 倭
館內, 坂ノ下, 番所에 세워졌다고 한다.95)

1683년 8월에 세워진 비의 내용은 일본인의 闌出, 일본인·조선인의
밀무역, 조선인 하급 실무자에 대한 일본인의 폭행 등에 관한 규정이
다.96) 왜관이 안고 있는 가장 근본적인 문제점을 언급하고 있다. 특히
주목되는 것은 ⓐ 闌出者, ⓑ 路浮稅(倭債) 관련자, ⓒ 개시 때 밀무역
자는 모두 사형에 처한다는, 사형 규정과 사형 집행 장소가 구체적으로
명시된 점이다. 왜관에서 밀무역을 한 경우에는 조선인만 일방적으로 사
형을 하던 벌칙이 상대인 일본인에게도 적용되고, 사형은 闌出에까지
언급되었다는 점이다.97)

당시 왜관 일본인이 闌出한 온상지는 초량촌이었다. 훈도·별차와의
결탁·묵인 속에서 밀무역이 주로 발생하였다. 이런 양상은 小通事도 마
찬가지였다. 潛商[密貿易 商人]은 단속 책임자인 훈도·별차의 아래에
있는 현지인인 소통사와 결탁하는 것이 보다 유리하였다. 소통사는 潛
商과 결탁하거나, 또는 독자적으로 밀무역을 주도하였다.98)

약조제찰비는 근세 왜관업무가 시작된 이후, 조선측이 공부하여 온
왜관통제의 경험을 집약한 것이다.99) 전체 5조항 가운데 3조항이 위반
을 하면 사형에 처한다는 내용이다. 17세기 이후의 왜관 통제책 가운데
가장 강력한 규정이다. 조선은 約條·禁條·約束·節目·事目 등 다양한 형

---

94) 허지은, 앞의 논문, 128쪽.

95) 尹裕淑, 「近世癸亥約條の運用實態について」, 『朝鮮學報』 164, 1997, 87쪽.

96) 김동철, 앞의 논문(1995), 269쪽.

97) 尹裕淑, 앞의 논문(1997), 63쪽.

98) 김동철, 「17~19세기 東萊府 小通事의 編制와 對日活動」, 『지역과 역사』 17,
    2005, 214~215쪽.

99) 尹裕淑, 앞의 논문(1997), 63쪽.

태의 규정으로 왜관을 통제하였다. 통제 규정을 石碑에 새긴, 그것도 위반할 경우에는 사형에 처한다는 내용을 담아 비를 세운 것은 유일한 사례라고 생각한다. 이 유일한 사례에 걸맞게, 그 강력한 힘 때문인지, 약조제찰비는 초량왜관 당시의 유물로서는 거의 유일한 유산이다. 약조제찰비는 '통제의 장소로서의 왜관'의 가장 상징적인 表象이다.

2. 柔遠閣先生埋案感古碑

이 비는 1906년 9월 朴琪淙·金洛駿 등이 대일 교린관계에 종사했던 선조의 공적을 기리기 위해 세운 비석이다.[100] 즉 柔遠閣에 근무했던 선조를 기리기 위해 세운 비석이다. 出使譯官/出使官이 거주하는 出使廳이 柔遠館이었으나, 『草梁話集』에서는 通事廳을 柔遠堂이라고 지칭하고, 出使廳은 지금은 없어졌다고 하였다. 따라서 비문의 이름에 나오는 柔遠閣은 유원당, 즉 통사청을 가리킨다.

사진 2) 유원각선생매안감고비(1906년)

---

100) 이 비에 대해서는 김동철, 「柔遠閣先生埋案感古碑와 부산의 譯官 건물」, 『항도부산』 16, 2000 참조.

"교린은 국가의 중대사이므로, 적임자가 아니면 직책을 담당할 수 없는데, 우리 선조는 여기에서 자라고 이 일에 종사하면서 나라 일을 받드는 데 삼가 근신하여 그 직분을 다하였다."라는 점을 강조하고 있다. 東萊 현지 출신인 선조의 직책은 바로 柔遠閣(堂)선생, 즉 소통사를 가리킨다.

소통사는 중앙에서 파견하는 왜학역관인 훈도·별차를 보좌하는 동래부 소속의 하급역관이다. 이들은 초량왜관 인근에 있던 초량촌에 사는 사람이 많았다. 이들은 왜관의 다양한 실무를 맡고 있었다. 이 비석을 세운 책임자인 禊長 朴琪淙은 1869(고종 6)~1871년(고종 8) 당시 동래부 소통사였다. 그는 1869년에는 동래부 소통사로서 玉浦通事였다.[101]

訓導廳, 別差廳, 小通事廳은 모두 초량촌에 있었다. 그러나 大通事/小通事가 구분되듯이, 양자의 공간은 구분되어 있었다. 大通事/小通事, 중앙/지방의 역학 관계가 任所라는 장소에 작용하고 있었다. 倭館圖나 동래부의 각종 고지도에도 訓別, 兩譯 등으로 지칭되는 훈도와 별차의 근무처를 訓別所 등으로 표기하고 있다. "譯學 근무처에 들렀는데, 賓日軒, 誠信堂, 柔遠閣 세 곳 모두 건물이 오래되어 기울었다. 처음 세울 때는 훈도, 별차 두 處所를 합쳐서 한 문 안에 세웠다고 한다."[102]라고 한 것처럼, 양자의 공간은 처음부터 구분되어 있었다

1727년 왜학역관 玄德潤은 훈도의 집무소, 즉 訓導廳인 誠信堂을 세웠다. 『昭代風謠別集補遺』에서는 왜관 주변 지역민이 현덕윤을 사모하여 "待人以誠 接物以仁 功大關防 惠洽鄕民"이라는 16자를 새긴 비를 세웠다고 한다.[103] 왜학역관으로 활동한 그의 공로를 기리는 '追思碑'는 아마 그가 세운 성신당 부근에 위치했을 것이다. 이 비는 현재로서는 그 소재를 확인할 수 없다. 그러나 소통사는 자신의 업적이 기념비에 표시

101) 김동철, 앞의 논문(2000), 376쪽.
102) 閔建鎬, 『海隱日錄』 1884년 1월 7일.
103) 信原修, 『雨森芳洲と玄德潤』, 明石書店, 2008, 28~31쪽.

될 정도의 직책은 아니었다. 소통사라는 이름에서 알 수 있듯이, 그들은 倭學譯官(大通事)의 下位에 있는 주변적인 존재였다.

소통사들은 1774년 3월에 '府使李公澤遂萬世不忘碑'라는 동래부사 善政碑를 세웠다. 이 선정비 비문에 보이는 "和舘補幹"은 李澤遂 재임 (1773. 8~1774. 6) 때 시작한 왜관의 동관, 서관의 대규모 수리공사를 가리킨다. 비를 세운 通事 등은 소통사를 가리킨다. 소통사의 이름으로 세워진 부산지역에 현존하는 유일한 비다.[104] 소통사는 왜관의 시대에 스스로 碑/碑文의 주체가 되기는 어려운 존재였다.

소통사는 스스로 "조선인이지만, 오로지 대마도를 위해 일한다.(蓋矣 徒等 名雖我國之民 專責貴嶋之役)"[105]라고 하였다. 副司直 尹冕東은 "동래의 초량 소통사는 태반이 倭奴들의 腹心이므로, 누설되지 않는 일 이 없고 전해지지 않는 말이 없다."[106]라고 하였다. 소통사는 왜관 안과 밖, 삶과 죽음, 조선과 일본의 경계를 넘나들면서 살아간 대표적인 지역 민이다. 이들 또는 이들의 후예가 1906년 柔遠閣先生埋案感古碑를 세웠 다. 초량왜관이 종언을 한 지 30년이나 지난 뒤이다. '感古碑'라고 한 것 처럼, 그것은 왜관에 대한 기억의 재현에 불과했다.

왜관을 삶의 터전으로 삼아 살아간 무수히 많은 동래 지역 사람들이 존재하였다. 이들 변방의 사람 가운데 소통사는 동래상인과 함께 그나마 자신들의 지위를 확보/세습하여 간, 자신의 정체성을 어느 정도는 확보 하고 있었던 사람들이다. 동래상인이 동래부 읍내 즉 동래 지역 안에서 중심의 공간에 있었다면, 소통사는 邑治에서 멀리 떨어진 초량촌이라는 주변의 공간에 자리하고 있었다. 소통사는 下位主體/마이노리티(minority)/ 草梁村民으로서 그들의 정체성을 확보해 나가면서 중심에서 벗어난 주

---

104) 김동철, 앞의 논문(2005), 220~221쪽.

105) 『天龍院公實錄』元錄 14년(1701) 12월(泉澄一 편, 『宗氏實錄』(一), 淸文堂, 1981, 353쪽).

106) 『정조실록』 정조 2년(1778) 8월 17일(갑술).

변의 역사를 전개시켰다. 柔遠閣先生埋案感古碑는 (新)草梁村/村民이
주체로서 활동한 '교류의 장소로서의 왜관'의 상징이다.

Ⅶ. 맺음말

이 글은 왜관은 통제의 장소이다, 교류의 장소이다라는 명제를 밝히
려고 한 것은 아니다. 오히려 왜관은 통제의 장소인가, 교류의 장소인가
라는 물음표를 던져서, 논의를 시작해 보려고 한 것이다. 「조선은 왜 일
본사람들을 가두었을까?」라는 鄭成一의 물음도 마찬가지라고 생각한다.
지금의 부산에 있었던 왜관은 倭館/和館, 東萊館(萊館)/釜山館(釜館) 등
다양한 명칭으로 불리었다. 日本을 가리키는 倭館/和館과, 所在地를 가
리키는 東萊館/釜山館이라는 명칭에서부터, 왜관은 이미 中層的/多元的
성격을 가진 문제아로 탄생하였다.

동래부사 權以鎭은 "초량왜관의 일본인을 대마도주의 差人으로 땅강
아지, 개미같은 하찮은 存在"로 보았다.[107] 1763년 통신사행의 製述官
南玉은 "이제 장차 大坂의 번화함과 江戶의 부유함을 볼 것인데 왜관쯤
이야 어찌 족히 볼 것이 있겠냐."[108]라고 하면서, 왜관을 구경하는 것을
거부하였다. 조선의 위정자, 지식인은 과연 왜관을 조선 속의 日本으로
보았을까, 조선 속의 대마도로 보았을까. 이런 인식/의문에도 불구하고
왜관을 '對馬館, 對馬島館, 馬島館'으로 호명한 명칭은 현재까지 확인되
지 않는다.

동래부사 李夏는 "동래부의 官屬들은 倭의 심복이 아닌 자가 없어,
모든 動靜이 바로 漏通된다. 인심이 이와 같으니, 절대 작은 걱정이 아

---

107) 『유회당집』 권7, 上廟堂別紙. 「在舘之倭 又皆島主之差人 則鄙瑣幺麼何
等螻蟻」.
108) 南玉, 『日觀記』, 1763년 8월 28일.

니다."[109]라고 하였다. 조선 정부 당국자의 입장에서는 왜관은 늘 문제
아였다. 그러나 "서로 알고 친하게 지냄이 우리 나라 사람과 무엇이 다
르겠는가."[110]라고 한 것처럼, 왜관 주변 지역민에게는 별 문제 없이 왜
관이 삶의 터전으로 자리 잡고 있었다. '漏通'의 왜관이 아니라 '疏通'의
왜관이었다. 統制/抽象으로서의 왜관이 아니라. 장소/생활경험으로서의
왜관으로 자리잡고 있었다.

그러면 과연 왜관은 동래 지역 속에서 지역화/현지화 하였을까? 왜관
은 동래상인과 같은 로컬(local) 상인, 소통사와 같은 로컬(local) 역관을
탄생시킨 것은 사실이다. 그러나 동래상인/소통사의 行方/遺産/記憶을
추적하는 것은 쉽지 않다. 물론 이러한 현상은 왜관에만 한정된 문제는
아니고, 어느 장소에서나 마찬가지일 수 있다. 그러나 짧게는 270년, 길
게는 470년 정도 왜관이 존재했던 현재의 부산 지역에, 왜관은 그 이름
마저도 남기지 못했다. 동래상인/소통사 또한 실종상태이다. 왜관은 로
컬날리지(local knowledge)를 탄생시키지 못하고 死産한 것일까?

왜관 주변 지역민은 死線을 넘어서 왜관이라는 통제의 공간을 교류
의 장소, 삶의 터전으로 삼으면서 살아갔다. 그것이 境界人/周邊人의 치
열한 삶이었다. 그들에게는 국가 이데올로기(ideology)보다는 삶이, 명분
보다는 실리가 더 우선적이었다. 왜관은 주변지역민/대마도민에게는 어
떤 장소였을까? 왜관은 통제와 교류가 충돌하면서 공존하는 공간이었다
고 볼 수 있다.

조선 속의 작은 일본/대마도, 그리고 그것의 표상인 왜관이 '倭館 問
題'라는 이름으로 문제아로 남아 있는 한 새로운 연구의 진전을 기대하
기 어려울 것 같다. 왜관은 동 시대를 살아간 조선인/일본인의 삶, 일상
세계를 유지하는 실핏줄 같은 장소는 아닐까?

---

109) 『현종개수실록』 현종 13년(1672) 2월 12일(무자). 「萊府官屬 無非倭之腹心
凡干動靜 輒卽漏通 人心如此 甚非細慮也」.
110) 『유회당집』, 권7, 上廟堂別紙.

왜관은 아포리아(aporia, 難題)로서 늘 우리 앞에 존재하고 있다. 사실과 실증, 인식과 방법 모두에서 '왜관이라는 아포리아'에 직면하고 있다. 그러한 왜관을 계속 호명하여, 담론의 장으로 불러내야 한다. 이 글은 그것을 환기시켜 보려고 하는 작은 시도이다.

<부기> 이 글은 UBC Summer Workshop on "Japan in the World of Choson Korea"(2010. 8. 26~27)에서 발표한 것과 이미 공간된 「조선후기 통제와 교류의 장소, 부산 왜관」(『한일관계사연구』 37, 2010. 10)을 수정, 보완한 것이다.

대외관계에 있어서의 중심과 외연의 이중구조: 근세일본의 대조선 관계

허 남 린(브리티시 콜럼비아대학)

Ⅰ. 들어가는 말

인간은 누구가 자신의 존재가 우주의 중심에 있다고 생각한다. 마찬가지로, 자신의 나라를 세계의 중심에 놓고 생각하지 않는 국가, 스스로가 세계의 주변에 위치해있다고 체념하는 국가는 이 세상에 없다. 한 국가의 구성원이 자신의 나라를 세계의 중심에 자리매김하려는 중심지향의 사고는 인류 역사에 있어 국제관계 지정학의 기본 원리였다. 전근대 동아시아의 세계에 있어, 중국은 "중앙의 왕조" 혹은 "중화"라는 자기 정의를 바탕으로, 자신의 중심성을 주창하는 데에 가장 두드러진 행적을 보였다.

물론, 현실적 힘의 논리에 의해 한 국가가 스스로 혹은 강제에 의해 중심적 패권국의 주변으로 밀려나거나, 혹은 전략적인 차원에서 스스로 종속적인 태도를 취할 때도 있었다. 17세기 중반까지의 조선이 그 대표적인 예이다. 조선이 중국에 대해 주변적이라는 자기규정을 했다고 해서, 그것을 단순히 자기 비하의 표출이라고 보는 단선적 시각은 국제관

계의 다면성을 이해하는데 별반 도움이 되지 않는다. 중국에 대한 조선
의 종속적 지위는 보다 발전된 문화를 따라잡고자 하는 욕망의 표현이
었기도 했으며, 군사력에 있어 월등한 힘을 갖고 있는 중국으로부터 자
국을 보호하기 위한 방편이었기도 했으며, 동시에 중국에 의해 강요된
국제관계의 시스템이었기도 했다. 이에 수반하여 국내적으로는 중화에
의 종속적 가치체계를 내면화하는 경향도 있었고, 국왕 혹은 신하들은
종속관계를 십분 활용해 자신들의 정치적 이해를 추구하기도 했다. 종속
적 존재 내지는 주변적 존재로서의 자기정의도 다양한 얼굴을 갖고 다
면적으로 전개되었다.

스스로의 선택이건 아니면 외부의 강제이건, 조선에 있어서도 중국
에 대한 주변적 자기지위의 규정은, 내부적으로는 치욕적인 집단적 병리
현상으로 질타를 받고 맹렬한 비판을 초래하기도 하였다.[1] 국제관계에
있어, 중국의 명나라에 대한 조선의 주변화 혹은 이차적 자리매김은 국
치의 근원으로, 이러한 국치감의 표출은 조공책봉 체계에 기반한 국제정
치적 현실과 대립항을 이루며 전개되어갔다. 외부로부터 강요된 조공체
계는 국가의 생존을 위해 불가피한 측면도 있었지만, 그렇다고 이렇게
설정된 종속적 지위를 조선이 그 내면에 있어 무기력하게 어쩔 수 없는
운명으로 받아들이고 이에 만족했다는 것을 의미하지는 않았다. 조선은
조선 나름의 방식으로 중국 중심의 지정학적 관계망이 강요하는 종속성
내지는 열등감을 극복하고자 노력했다.

중국에 대한 주변적 지위를 극복하기 위한 한 방편으로 조선이 추구
한 길은 조선을 중심으로 한 다른 주변국과의 관계망을 구축하는 것이
었다. 즉, 조선에 접하고 있는 외국 정치집단들로 구성된, 조선 중심의
또 다른 지정학적 지역질서를 창출하고, 이를 중국 중심의 지역질서로부
터 분리해 내는 것이었다. 조선이 치밀하게 구축한 북쪽의 여진 그리고

---

1) 계승범, 139~145쪽 참조.

남쪽의 쓰시마와의 "교린" 관계는 조선의 독자적인 자기중심적 국제질
서의 전형이었다.[2] 동시에, 자기중심적 국제질서를 구축하는 또 다른 하
나의 방편은 중국의 문화적 권위 혹은 헤게모니의 정당성에 의문을 제
기하는 문화적 대응이었다. 조선의 위정자들과 지식인들은 명이 멸망하
고 이를 여진의 청이 대체하자, 그 기회를 놓치지 않았다. 흔히 "소중화
주의"로 불리는 유교적 자문화주의는 다름 아닌 조선의 중심성의 선언
이자 이의 표출이었다.[3]

자신의 중심성을 주창하는데 있어, 각 나라는 가능한 범위에 있어 이
웃 국가들을 주변화하고 이들을 자신의 중심으로 엮어들이는 관계망을
구축한다. 타자 즉 다른 나라를 주변화하지 않고는 자신의 중심성은 구
축될 수 없다. 전통적으로, 중국은 모든 주변국들을 열등한 존재로 혹은
이차적인 존재로 규정했고, 여건이 허락하는 한 조공관계의 강요를 통해
자신의 중심성을 현실화했다. 마찬가지로, 일본도 자신의 중심성을 끈질
기게 주창하여 왔고, 자기 나름의 방식으로 이웃들을 주변화하고자 했
다. 지정학적으로 혹은 공적인 외교관계를 통해 이웃 국가들을 자신의
지위 밑에 위치지우는 것이 불가능할 경우는 관계를 끊거나 아니면 최
소한 대등한 관계를 구축하고자 하는 노력은 모든 나라들에 있어 공통
되는 점이었다.

자신이 스스로 나서 타국을 중심국으로 여기고, 여기에 자신을 종속
시켜 자기비하에 안주하는 경우는 극히 드물었다. 이러한 현상이 발생한
다면 이것은 다름 아닌 집단 병리현상의 표출일 것이다. 조선은 공적관
계에 있어 명을 중심화하여 이를 종주국으로 여겼지만, 국내정치에 있어
서는 어디까지나 자율성을 유지하고자 했고, 따라서 국내 통치적으로 보
면 역으로 명은 조선으로부터 격리되고 주변화되어 있었음을 상기하지

---

2) 조선의 교린정책에 대해서는 민덕기 (2007), 38~44쪽 참조.
3) 유근호, 98~104쪽 참조.

않으면 안된다. 특히, 민족적 의식 내지는 집단적 자의식의 공간에서는, 중국을 포함하여 다른 나라들은 모두 주변 혹은 이차적 지위에 배치되었다.[4]

자신이 세계의 중심이라고 생각하는 집단적 자아의식은 국가의 존재이유였다. 이러한 집단적 자기중심 의식이 사라질 때, 그 국가는 국제사회에서의 자주적 기능이 불가능했다. 냉엄한 국제질서의 현실세계에서는 때로는 타국에 압도당하여 그 나라의 중심성에 무릎을 꿇는 경우도 있었다. 그러나, 현실 세계에서의 정치역학과는 독립적으로, 모든 나라는 끊임없이 자신의 중심성을 회복하고자 노력한다. 힘의 논리가 지배하는 국제정치 세계에서 이것이 불가능하면, 적어도 이데올로기적 혹은 문화적 차원에서, 이념, 가치, 혹은 종교의 수단을 통해 자신의 중심성을 주장했던 것이다.

여기에서, 중요한 문제는 중심과 주변의 이중구조가 어떻게 주장되고, 표현되며, 표상되고, 구조화되는가이다. 현실적인 여건의 다양성에도 불구하고, 이러한 이중구조는 단순화한다면 "우리가 너 보다 우월하고, 너는 우리 보다 열등하다"는 인식의 틀에 기반한다. 우월성과 열등성의 주장은 같은 동전의 양면과 같은 것으로, 자신의 우월성에 대한 강조는 타자의 열등성에 대한 강조를 동반하게 되어있다. "우리나라가 너의 나라 보다 우월하다"는 인식은 여러 용어, 개념, 수단들을 통해 표현되고 주장되며, 이는 문화, 민족적 가치, 도덕, 교육과 학문, 경제적 부, 군사력, 종교적 믿음, 민족의 신체적 특징 등을 망라한다. 우월성 대 열등성

---

4) 임진왜란 기간 중 선조가 명나라의 장수들에게 보인 행동은 이러한 인식의 편린을 전형적으로 드러냈다. 표면적으로는, 선조는 명에 대한 충성과 찬미로 치장한 과장된 언사로 중국장수들을 대했다. 그러나, 중국장수들이 면전에 없을 때, 신하들과 함께한 사석에서는, 명에 대한 그리고 명의 전쟁대처 방식에 대한 자신의 마음속 깊이 숨겨져 있는 분노, 경멸과 불신의 감정을 여지없이 드러내곤 했다.

의 이중구조는 예컨대, 아버지와 아들, 부모와 자식, 형과 동생, 자율과 타율, 적극성과 소극성, 문명과 야만, 발전과 미개발, 하늘과 땅, 지식과 무지, 세련미과 무례, 부와 가난, 강함과 약함, 평화와 혼란, 깨끗함과 더러움 등의 여러 형태의 이항대립으로 구조화되는 것이 일반적이다.[5]

　이러한 이항대립적인 성격규정은 간단히 말해서, "우리는 너네 보다 낫고, 이러한 의미에서 우리는 너네와는 다르다"라는 선택과 변별의 메세지로 귀착될 수 있다. "다르다"는 인식은 자신을 타자와 구별하고 격리하는 가장 중심적인 집단적 심리의 경계선으로, "다르다"는 인식은 한편으로는 타자에 대한 공포, 차별의식, 악마의식, 무시, 멸시 등의 감정을 배양하는 공간이기도 하다. 다른 것에 대한 저항적인 집단심리 혹은 다른 것에 대한 공포심(헤테로포비아)은 국가간의 집단적 상호인식의 근저를 이루는 것으로, 이것은 국제관계에서 표면 위로 등장하기도 하고, 이면에 숨기도 한다. 이와 같은 복잡한 집단 심리구조는 전근대 동아시아의 상호교류의 세계에도 상존하였다.

　본 장에서는 근세일본(1600~1868)이 조선에 대해 어떻게 자신의 중심성 혹은 분별성을 주장하였고, 이를 주장하는데 어떠한 수단을 동원하였는지를 중심으로 고찰한다. 근세일본의 국가행동은 물론 조선의 국가행동과 무관한 일방통행적인 것은 아니었다. 근세일본의 朝鮮에 대한 인식은 조선과의 쌍방통행적인 관계의 연장선 위에 존재했던 것으로, 조선은 조선 나름대로의 근세일본에 대해 자기 중심주의적 국가행동을 전개했음은 말할 나위도 없다. 17세기부터 19세기 중엽까지의 조선과 근세일본의 국가관계는 외교적 언설, 무역, 문화교류, 민족적 집단 인식, 이데올로기 등의 수단과 기제를 통해 전개된 중심 대 주변의 이항구조 위에서 펼쳐진 집단적 싸움과 경쟁이었다 해도 과언이 아니다.

---

5) 지역적 국제질서에 관련하여 집단적 자의식이 어떻게 형성되는가에 대한 이론적 논의를 위해서는, Isaacs, Harold R. *Idols of the Tribe: Group Identity and Political Change*를 참조.

조선과 근세일본 사이의 중심과 주변의 이항대립을 둘러싼 싸움과 경쟁은 어떻게 전개되었는가? 이는 물론 단순하지는 않았다. 동원된 사고와 이념 그리고 수단은 다양하고 중층적이었다. 유교, 신도, 불교, 반기독교주의, 역사적 집단기억, 전설, 외교의례, 문학적 전통 등은 쌍방이 집단적 인종적 자부심과 문화적 우월성을 둘러싼 중층적 경쟁에 풍부한 자원과 빌미를 제공하였다. 이들 다양한 자원과 수단들 가운데, 본 장에서는 근세일본의 중심성에 대한 주장과 인식에 중요한 영향을 미친 두 가지의 전통적 자원을 조명한다. 하나는 일본 중심주의의 정신적 측면을 배양하고 떠받친 神國의 이념이고, 다른 하나는 이와 같은 집단적 자기중심주의를 국제적 현실에 투사하고 실현하는데 적용한 사무라이 지배계급의 군사적 권위의 이념 즉 武威이다.

19세기 후반 이래의 일본역사에 있어 악몽을 연출한 신국사상을 상기하는 사람들은 일본의 대외관계 내지는 타자인식을 신국사상에 연관시키는 것에 강한 거부감을 느끼는 경향이 있다. 그럼에도, 신국의 이념이 일본 스스로를 타국과 구별해온 "변별의 메타포" 형성에 중심적인 역할을 했다는 사실은 간과할 수 없다. 신국사상이 배양한 자기중심적 집단인식의 흐름 속에서, 근세일본은 조선과의 국제관계의 틀을 구축했으며, 이러한 틀은 "무위"를 수단으로 하여 실행에 옮겨졌던 것이다.

마찬가지로, 조선은 조선대로 노력을 경주, 일본과는 다른 조선 나름의 이념과 수단을 통해, 일본에 대해 자기중심적 인식과 교류의 틀을 구축했다. 여기에서 우리가 문제로 삼아야 할 것은, 이러한 자기중심성 내지는 우월성의 구조를 구축하고 실행하는데 있어 어느 나라가 보다 잘났고 성공했느냐는 하는 값싼 민족주의적 질문이 아니라, 중심성과 주변성의 이중구조적 집단인식이 어떠한 맥락과 의미구조를 갖고 생산되어 전개되었나를 이해하는 과제일 것이다. 대외관계 및 외교의 실현의 장에서는, 실제적이고 실용적인 이해득실의 계산이 다른 무엇보다 중요했고,

따라서 이러한 실제적이며 현안적인 문제는 그 문제대로 심도있게 고찰되어야 할 것이다.

여기에서 필자가 제기하고자 하는 논점은, 각종의 실제적인 외교적 현안, 대외교류의 실천의 심층에는 이를 구체화하고 제어하는 중심과 주변, 우리와 그들, 상위와 하위라는 이항대립적 인식틀이 자리잡고 있다는 점이다. 그러한 집단심리적 자기중심주의의 기반 위에서 현실적 문제들이 논의되고, 계산되고, 조정되면서 실천의 장으로 이동된다는 점이다. 특히, 전근대 동아시아 세계에 있어서는 자기 중심성 혹은 우월성의 집단인식이 대외관계의 저변에서 현실을 규정짓는 기본원리였다.

II. 신국의 이념과 무위의 메타포

식민지시대에 한국의 초중고교에서 사용된 역사교과서들은 예외 없이 일본의 神功皇后가 군사력을 동원하여 한반도를 정복하였다는 고대의 전설을 담았다. 신공황후의 한반도 정복 이야기는 神國日本의 武威의 상징으로 제시되었다. 말할 필요도 없이, 신공황후의 전설과 신국일본의 무위의 강조는 일본의 조선 식민지화를 정당화하기 위해 동원된 담론이었다. 이러한 신공황후의 전설은, 1592년의 토요토미 히데요시 (豊臣秀吉, 1537~1598)의 조선침략에서도 그대로 등장한다. 일본 각지에서 동원된 왜의 병사들은 조선으로 끌려와 생사를 넘나들며, 왜 멀리 떨어진 이국에서 전쟁을 해야만 하는가에 대해, 옛날의 신공황후의 전설을 상기하면서 자신들의 처지를 합리화하고자 했다. 임란 이후, 19세기 중반에 이르기까지 일본인들에게 있어 조선은 어떠한 존재였던가? 조선을 대함에 있어 근세일본은 토요토미 히데요시의 시기와는 다른 태도를 보였는가?

1587년 히데요시는 유명한 반기독교 칙령을 선포했다. "일본은 신국
의 나라로, 기독교의 국가로부터의 邪法의 전수는 어떠한 경우도 용납
될 수 없다"라는 칙령이었다.6) 이의 선포 후, 히데요시는 군사적 헤게모
니의 강권통치를 외교, 대외무역, 반기독교주의의 이념과 결합시키면서
자신의 권력기반을 다져 갔다. 여기에서, "신국"이라함은 서구를 지칭하
는 기독교의 국가들에 대비되는 일본에 대한 자기 정의이다. 이로부터
약 300년 뒤, 1871년, 이와쿠라 토모미(岩倉具視, 1825~1883)는 서구에
파견될 사절단의 책임자로 임명된 후, 일본을 떠나기에 앞서 영국의 공
사 아담스와 회담을 가졌다. 이 회담에서 이와쿠라는 아담스에게 선언했
다: "일본의 국민은 천황이 天照皇大神에서 시작되는 만계일손의 후예
이고, 따라서 그 연원이 신성하다는 것을 절대적으로 믿는다. 기독교라
는 종교는 이러한 국민적 믿음에 정면으로 배치된다."7) 이와쿠라는 신
국 일본을 기독교의 국가들에 단순명료하게 대비시켰다. 히데요시와 이
와쿠라의 활동시기 사이에 놓여있는 근세일본은 어떠하였는가?

근세일본도 신국이라는 집단적 자기 인식에 사로잡혀 있었다. 신공
황후 그리고 반기독교주의와 결합한 신국의 이념은 두 방향으로 나뉘어
근세일본을 관통했다. 신공황후와 결합한 신국관은 조선 등 아시아제국
을 향해 작동한 반면, 반기독교주의와 결합한 신국관은 서구를 겨냥했
다. 이 둘의 흐름이 상호 중첩될 수 없었던 이유는 예컨대 조선은 애초
부터 기독교와 아무런 관계가 없었던 반면, 서구는 기독교의 전파와 더
불어 일본과의 접촉이 개시되었다는, 서로 엇갈리는 길을 걸었던 역사의
당연한 귀결이었다.8) 말하자면, 신국의 이념을 형성한 두 주요 기반인

---

6) キリシタン文化硏究會編, 269쪽.
7) British Archival Material, F. O. 46~143. No. 127. Adams to Granville. Dec. 12,
   1871. Encl. 12.
8) 1603년대 말, 1640년대의 단계에서 조선은 기독교와 관계없음에도 불구하고 일
   본은 조선에 기독교의 禁制를 요청한 사실은 있다. 이에 대한 자세한 논의를

신공황후의 전설과 반기독교적 정서는 상호 독립적으로 전개되었던 것이다. 이러한 배경을 반영하는 것인지는 모르지만, 근세일본사의 연구자들은 근세일본의 신국 이데올로기를 다룸에 있어 신공황후에 대한 담론의 전통과 반기독교주의를 동시에 다루지 않는 경향이 강하다.

신공황후를 일본의 신국 이데올로기에 연결시키는 연구자들은 근세일본의 신국 이데올로기의 반기독교적주의적 기반에 거의 관심을 기울이지 않으며, 마찬가지로, 반기독교주의에 관심을 기울이는 연구자들은 조선과 근세일본의 교류에 별로 관심을 기울이지 않는다. 근세일본의 대외관계에 대한 연구는 이처럼 접촉점이 없이 분절되는 경향을 보이며, 이러한 경향은 근세일본의 대외관계가 서로 다른 이념과 현실 속에서 다변화되었다는 인상을 지어낸다. 그 결과, 조선-근세일본의 관계사에 집중하는 연구자들은 일본-유럽 관계를 전문으로 하는 연구자들과의 학문교류도 활발하지 않은 상황이다. 연구에 있어 대상지역의 분화에 따른 분절화의 경향은 때로는 분파적 학파의 형성으로 이어지고, 뿐만 아니라 각 연구자의 시각이나 이해의 틀을 국지적으로 만들거나 고정화시키는 결과마저 초래한다. 근세일본의 다면적인 대외관계를 전부 아우를 수 있는 공통 이론은 있을 수가 없는 것인가?

신국 이데올로기가 조선과 유럽에만 적용되었던 이념이 아니었음은 두말할 나위 없다. 신국적 발상은 모든 이질적 정치집단 혹은 사회에 적용되었던 것으로, 그 가운데 근세일본의 가장 중요한 타자의 하나였던 중국에 대해서도 물론 적용되었다. 중국에 대해 야마가 소코(山鹿素行, 1622~1685)는 선언하기를, "나는 일본이 작은 나라이기 때문에, 모든 면에서 중국에 열등한 것으로 생각했다. 최근에야 나는 이러한 생각은 잘못되었음을 알았다"고 했다.[9] 야마가 소코는 특히 중국의 빈번한 왕

위해서는 신동규, 211~234쪽 참조.
 9) Totman, 173~174쪽.

조교체가 "禽獸가 서로를 죽이는 것"과 같은 상황임에 비해, 일본의 皇統은 단절이 없이 연면히 이어졌고, "외국으로부터 침입을 받은 사례도 거의 없으며 … 인민에게 미치는 皇室의 恩惠, 人倫의 大道는 명백하고 영구하다"고 언급하면서, 이러한 면에서 일본이 중국 보다 훨씬 우월하며, 따라서 오히려 일본을 중화의 나라로 불러야 한다고 주장했던 것이다.[10]

야마가 소코의 견해에 근세일본의 많은 지식인들은 동감했다. 여기에서, 우리는 일본이 일본 고유의 가치관과 종교전통에 뿌리를 내리고 있는 천황의 권위에 기반하여, 자신을 유교의 종주국인 중국과 준별하고 있음을 본다. 일본을 중국과 대비함에 있어, 근세일본의 지식인들은 무엇보다 일본은 신국이라는 이념을 전제로 했으며, 특히 국학자들은 일본의 중심성을 더욱 강조하면서 중국문화를 거부하거나 멸시하는 경향마저 보였다. 18세기의 일부의 논자들은 더 나아가 중국에 대항하여 신국의 이데올로기를 보다 표면으로 끌어올리면서, 세계질서에 있어 일본이 그 중심에 위치해있다고 주장했다.

조선과 중국 사이의 지리적 접근성으로 인해, 많은 연구자들은 종종 조선과 일본의 관계를 조선과 중국의 관계와 비교하여 논의하곤 한다. 근세일본의 대외관계를 논함에 있어 조선과 중국을 연계하여 취급하는 경향은 양국이 비슷한 유교문화의 전통을 공유하고 있고, 양국은 또한 긴밀한 주종적 조공관계를 형성하고 있다는 인식에 기초하고 있기도 하다. 그럼에도 불구하고, 근세일본과 동아시아의 대외관계를 논함에 있어 아직도 지배적인 연구 경향은 각 나라별로 국제관계를 분절하여 고찰하는 태도이다. 이의 결과, 신국 이데올로기에 대한 논의 또한 상대국에 따라 분절되어 있다.

근세일본의 대외관계를 신국 이데올로기라는 공통 프리즘을 통해 통

---

10) 山鹿素行, <中朝事實> 97~98쪽.

합적으로 논의하고 하는 노력을 방해하는 또 하나의 문제는, 신국 이데
올로기 자체에 대한 일부 연구자들의 알레르기적 거부감에 있다. 신국
이데올로기는 특히 19세기 말에서 1945년까지 파괴적인 역사를 창출했
으며, 이로 인해 피해를 입은 사람들에게 많은 고통을 안겨다 주고 큰
오명을 얻게 되었다. 1945년까지, 천황권위의 깃발 아래 추진된 제국적
야욕에 동정적인 일본인들은 일본의 침략적 국가행동을 천황과 연관된
신국 이데올로기에서 찾으려는 시각을 부정하려 한다.

　반면, 전쟁 시기의 제국일본의 경험을 악몽처럼 여기는 일본인들은
그들대로 신국 이데올로기로부터 안전거리를 확보하고자 노력한다. 혹
자들은 신국 이데올로기를 문학적으로 형상화 내지는 추상화하여, 마치
신국의 이념이 일본의 대외관계와 실제적 관련성이 없는 허구의 이데올
로기로 이해하고자 하기도 한다. 신국 이데올로기를 반기독교주의와 결
합된, 따라서 일본의 아시아 이웃 국가들에 대한 태도 및 행동과는 전혀
관계없는 것처럼 취급하는 학자들도 있다. 동정적이건 적대적이건, 신국
이데올로기는 일본의 국가행동, 일본의 대외관계를 논함에 있어 일종의
타부처럼 취급되어, 적극적 논의의 대상으로부터 멀어져 갔다. 이처럼
다양한 반응과 시각은 무엇을 말하고 있는가?

　신국 이데올로기는 일본 역사에 있어 다양한 모습을 표출하면서 그
기능을 발휘했다. 근세일본에 있어서는 외교의 근본 원리였다. 신국 이
념의 어느 특정한 측면을 강조하거나 필요에 따라 특정 요소를 자의적
으로 재단함으로써, 근세일본의 위정자들은 조선, 유럽, 그리고 중국에
대한 대외관계의 기본적 방향을 구축하고, 이를 정당화하는 도구로 이용
했다.11) 유럽과의 관계에 있어 준거틀이 된 것은 반기독교주의에 기초

---

11) 토쿠가와 정권이 정치적 영향력을 행사한 琉球王國과 蝦夷地 (아이누)의 예
　는 독립적으로 논의되어야 할 필요가 있다. 다른 주변국들의 국내정치에 관
　한 한 일본은 어떠한 영향력도 행사하거나 관여할 수 없었지만, 琉球王國과
　아이누에 대해서는 근세일본은 무위와 신국의 이념을 그들의 국내정치에까

한 신국의 이념이었으며, 조선과의 관계에 있어서는 신공황후의 해외정복의 담론, 神道 및 천황제의 전통이 근세일본의 국가행동에 반영되었다. 한편, 중국의 강력한 자기 중심주의적 입장은 일본으로 하여금 중국으로부터의 의도적 격리를 촉진하였고, 그 대신 신국의 이념은 대내적으로 중국 중심적 세계질서에 대항하고 자국의 집단적 자존심을 보호하는 문화적 원리로서 기능했다.

근세의 일본정부(德川幕府)에서 대외관계의 책임자들이 대상 국가별로 분산되어 외교업무를 담당한 것은 아니었다. 그럼에도 불구하고, 연구자들은 근세일본의 대외관계를 마치 대상국가에 따라 정부의 책임자들이 서로 다르고, 서로 다른 이념과 국가 목표 하에서 일을 처리한 것처럼 취급하는 경향을 보인다. 그 결과, 예컨대, 근세일본의 대유럽 교섭 및 관계가 마치 대아시아 교섭 및 관계와는 전혀 무관한 것처럼 묘사되고, 근세일본의 조선과의 교류는 예컨대 홀란드와의 교류와 상호 공통성이 없는 각기 특수한 케이스인 것처럼 취급되곤 한다.

근세일본의 위정자들이 대외관계를 추구함에 있어 공통된 이념 및 철학 없이 서로 다른 정책의 준거점을 갖고 대상국에 따라 개별적으로 대처했다는 것은 상상하기 어렵다. 말하자면, 동일의 정부가 추진체인 상황에서, 중국과의 관계가 조선과의 관계에 적용된 준거틀과 서로 달랐다고 전제하기는 힘들다. 표면적으로 보아, 각 정책의 방향은 서로 상이하게 보일 수도 있지만, 심층 차원에서는 근세일본의 대외관계의 전체적 시스템을 바치고 있는 공동원리 내지는 공통적인 정책지향성을 간과해서는 안될 것이란 점이다. 필자는 근세일본의 대외교류에 있어 이러한 공통원리가 있었고, 이는 다름 아닌 신국 이데올로기에 기반하여 이론화되고 정당화된 일본 나름의 자기중심주의(self-centrality)였다고 본다.

대외관계의 기축을 이루는 신국적 일본 중심주의는 어떠한 기제를

지 어느 정도 적용할 수 있었다.

통해 실천에 옮겨지고, 전체적인 통치체계 속으로 통합되었는가? 일본의 자기중심주의, 즉 신국관을 작동시킨 엔진은 武威의 政體였다. 무위는 토쿠가와 바쿠후의 통치력과 정치권력을 생산하고 선도하는 최상부의 준거틀이었다. 토쿠가와 바쿠후는 본질적으로 무위에 기반을 둔 정치 시스템으로, 그 어느 정치집단도 德川將軍家의 무위에 도전하는 것은 용납되지 않았다.

　1601년에서 시작하여 14년간 토쿠가와 바쿠후는 46통이 넘는 소위 國書를 토쿠가와 이에야스(德川家康, 1543~1616), 히데타다(秀忠, 1579~1632), 그리고 이에미쓰(家光, 1604~1651) 등 쇼군의 이름으로 조선, 대만, 마닐라, 그리고 동남아의 여러 왕국에 전달하였다. 1614~15년의 大坂의 陣 이후에는 국서의 수가 현격히 줄었다. 1614년까지 해외에 보낸 국서들은 모두 이에야스가 일본의 새로운 지배자가 되었다는 것을 통보하는 내용이었다.[12] 이에야스의 새로운 정권수립에 대한 공적 인지를 답서에 요구함으로써, 토쿠가와 바쿠후는 자신의 무위를 국내외적으로 공고히 하려 했다. 일본의 무위를 내외에 선언하는 한 방편으로, 대만, 마닐라, 동남아의 왕조들에 보낸 국서들은 "조선은(일본에) 조공을 바쳤다" 혹은 "琉球國의 왕은 자신을 스스로(이에야스의) 신하라고 불렀다"는 등의 구절을 포함시켰다.[13]

　새로운 정권에 대한 타국의 의례적 인정 뿐만 아니라, 토쿠가와 바쿠후는 때로는 자신의 무위를 외국에 대해 직접 행사하거나 시위하기도 했다. 그러한 한 예가 이에야스의 승인 하에 실행한 1609년의 사쓰마(薩摩)를 통한 琉球國의 복속이다. 군사력으로 琉球를 점령한 뒤, 이를 다시 琉球王에게 돌려줌으로써, 이에야스는 자신의 무위가 일본의 해역을 넘어 멀리까지 미치고 있음을 보이려 했던 것이다. 마찬가지로, 1609

---

12) 藤井讓治, 34~37쪽.
13) 위의 같은 책, 40~41쪽.

년 이에야스는 아리마 하루노부(有馬晴信, 1567~1612)에게 명하여 군대를 대만에 파견하도록 했다.

1613년 琉球를 통해 명에 전달된 편지에서는, 이에야스는 명에게 무역을 요구하면서, 만약 명이 무역의 제안을 거부한다면, 일본은 "서일본의 아홉 개의 領國으로부터 수만 명의 군사를 동원하여 명에 파병하겠다"고 위협까지 했다.[14] 토쿠가와 정권이 대외관계를 추진하면서 지역의 국제질서에 있어 자신이 중심에 위치해 있음을 시위하는 근거는 무엇 보다 무위의 작동원리였다. 무위의 토대 위에 구축된 근세일본의 통치구조는 일본이 국서와 함께 제 외국에 보낸 선물에서도 그대로 반영되어 있는데, 이들 선물은 거의 대부분 칼, 창, 조총, 무구, 말 등과 같은 군사적 무기들로 구성되어 있었다.

따라서, 토쿠가와 정권의 대외관계를 고찰하는데 있어서 전제로 하여야 할 중심적인 요소는 두 가지로, 하나는 신국의 이념이고, 다른 하나는 무위의 원리이다. 근세일본에 있어 이들 두 요소들은 일본의 자기중심주의의 기축이 되었고, 이들 두 요소들은 외교, 무역, 대외접촉 등의 실천을 통하여 대내외적으로 그 의미를 내면화하여 갔다. 예를 들어, 18세기에서 19세기로 넘어가는 시기에 러시아 및 영국 등은 새로운 무역 및 외교적 요구를 제시하면서 근세일본의 외교시스템에 압박을 가하기 시작했다. 이들 요구에 대해 바쿠후는 무위의 원칙에 근거하여 이들을 일언지하에 모두 거부했다. 시간이 지나면서, 서구 열강의 요구는 거세어져 갔고, 이는 군사적 대응이 성숙되어 있지 않은 일본으로 하여금 기독교에 대치되는 신국적 자국중심주의의 이데올로기를 더욱 활성화하는 방향으로 나아가게 했다.

비슷한 맥락에서, 1830년대 중반부터, 그 때가지 대체적으로 평화적이었던 일본과 조선의 관계도 무위의 원칙에 따라 다시금 재편되어 가

---

14) 위의 같은 책, 42~43쪽.

는 단계에 들어가게 되었다. 이는 일본이 오랜 기간 중단되었던 조선의 사절을 오사카에 초빙하고자 하면서 촉발되었던 것이다. 이러한 노력은 결국은 실현되지 않았지만, 대신 양국 사이에는 갈등의 골이 깊어가는 결과를 초래했다. 근세에서 메이지의 근대로 넘어가면서, 일본의 위정자 들은 조선을 대함에 있어 다시금 신국의 이념을 전면에 내세워 이를 현 재화시키고자 하는 행로를 걷게 된다.

토쿠가와 정권의 대외 교류는 물론 현실적인 이해득실에 관련된 구 체적이고 개별적 상황의 고려와 계산에 속박되었지만, 전체적으로 보아, 무위와 신국의 원리에 충실하고자 하는 자세에는 변함이 없었다. 근세일 본이 구축하고자 한 대외관계의 지형도에는 항상 자신이 동아시아 지역 의 국제질서의 중심에 있었다. 이러한 중심 지향은 서구에 대한 계산된 제한적 접촉, 중국의 지정학적 영향권으로부터의 독립, 조선을 비롯한 주변의 정치집단과의 공적 관계설정을 기반으로 구축되었던 것이다. 종 종 일본 중심의 세계질서로 표현되는 이와 같은 근세일본의 국제관계는 어떻게 정립되고 유지되었던 것인가?

Ⅲ. 근세일본의 자기중심주의와 대조선 외교

토요토미 히데요시 정권은 무위와 신국의 이념을 실체화하는데 있어 새로운 역사의 장을 열었다. 그가 성취한 戰國 일본의 통일은 무위를 국 내외 정치의 전면으로 등장시켰으며, 16세기 중반에 일본에 들어온 기 독교를 다루면서 신국의 전통적 이념체계에 반기독교주의라는 새로운 의미층을 부과했다. 그는 조선침략을 통하여 무위와 신국의 이념을 실체 화함으로써, 앞으로 전개될 근세일본의 동아시아 대륙과의 관계에 지대 한 영향을 미쳤다.

　히데요시 정권의 유산을 계승한 토쿠가와 정권은 무위와 신국의 이념을 더욱 강화시키는 방향으로 나아갔다. 근세일본의 대외관계에 있어 작동한 이들 두 준거틀의 존속은 물론 일본열도가 아시아대륙 및 서구와 바다를 사이에 두고 떨어져 있는 지리적 격리에 힘입는 바가 큼을 간과해서는 안된다. 특히, 유럽은 너무 멀리 떨어져 있었고, 유럽의 국가들이나 일본 어느 쪽도 국가간의 공식적 외교관계에는 큰 관심이 없었다. 그 결과, 토쿠가와 정권은 무위의 이름 하에 일본을 찾는 유럽의 사적인 무역집단에 대해 일방적인 통제를 행사할 수 있었다.

　외국에 대해 토쿠가와 바쿠후는 어떻게 자신의 무위를 행사할 수 있었는가? 히데요시의 조선에 대한 무위의 행사가 실패로 끝난 상황에서, 토쿠가와 정권은 외국무역 및 외교를 다루는 데 있어 한층 조심해야 했다. 정권의 초기부터 바쿠후는 두 가지 과제를 우선적으로 해결해야 했다. 하나는 히데요시의 조선침략의 유산을 정리하는 것이었고, 다른 하나는 정권의 안보를 확보하면서 다대한 이익을 산출하는 외국무역에 대한 통로를 유지하는 것이었다. 많은 연구자들은 흔히 토쿠가와 정권이 외국으로부터 지배체제의 인정을 통해 자신의 정권의 정당성을 확보하고자 했다고 주장한다. 그러나, 토쿠가와 정권이 동남아시아 지역의 무역을 장악했던 권력자들과의 서신왕래를 통해 정권의 정당화를 추구했는지는 불명한 점이 많다.[15] 정권의 정당성에 보다 중요했던 요인은 외국과의 접촉을 통해서가 아니라, 국내정치였음은 더 말할 나위도 없다.

　히데요시의 조선침략의 유산을 정리하는데 있어 토쿠가와 이에야스는 조선에 대해 유화적이지만 동시에 공격적인 접근을 했다. 1599년 그는 쓰시마에 조선과 講和의 관계를 수립하도록 명령하면서, 만약 조선이 이러한 취지에 따르지 않는다면 명년에는 보다 많은 군대를 조선에 파견하겠다고 언급했다.[16] 이러한 유형의 위협은 강화를 위한 조건들이

---

15) 藤井讓治, 37쪽과 비교 참조.

보다 심각하게 논의되기 시작한 1603년까지 여러 차례 표명되었다. 토쿠가와 정권은 또한 조선에게 명과 일본의 평화적 관계 수립에 매개역할을 해달라고 압력을 가하면서, 그렇게 하지 않으려면 일본이 조선을 통해 명에 직접 들어가 교섭을 할 수 있도록 길을 빌려달라고 압력을 가하였다. 여기에서 토쿠가와 정권이 사용한 용어는 히데요시가 조선을 침략하면서 사용했던 것과 같은 "仮道入明"이었다. 1607년 조선 조정은 교토에 사절을 파견하였고, 이로써 임진왜란 이후의 조선-일본의 관계는 수복되었다. 그럼에도 불구하고, 일본의 "仮道入明"의 위협은 1620년대 중반까지 계속되었는데, 그 위협의 빈도가 "모두 셀 수 없을 정도"로 빈번하였다.[17] 조선과의 관계에 대해, 토쿠가와 정권은 집요하리만치 무위의 원리를 고집했던 것이다.

쓰시마의 분주한 노력에 의해 1630년대 중반이 되면 조선과 일본은 국가 대 국가의 "通信" 관계가 공식적으로 성립되기에 이른다. 여기에서 흥미를 끄는 것은, 이러한 공식적 관계가 실은 쓰시마번 (對馬島藩)을 뒤흔든 "柳川一件"으로 알려진 사건의 결과라는 점이다.

조선과 일본 사이의 "통신" 관계의 기반을 놓는데 일조를 한 "柳川一件"은 1631년에 발단되었다. 쓰시마의 영주인 소 요시나리(宗義成, 1604~57)의 필두 가신이었던 야나가와 시게오키(柳川調興, 1603~84)는 갑자기 자기에게 주어진 영지와 조선에 歲遣船을 파견할 수 있는 권리, 즉 조선과의 무역특권을 요시나리에 반납하였다. 요시나리가 영지 및 무역특권의 반납을 수용하지 않자, 시게오키는 바쿠후의 권력자인 도이 토시카쓰 (土井利勝, 1573~1644)에게 자신의 영주인 소 요시나리가 포악하고 불법적이라고 밀고를 했다. 바쿠후는 이를 쓰시마번의 "내부소동"으로 규정하고 조사를 진행하는 과정에서, 야나가와 시게오키가

---

16) 松浦允任, 147쪽.
17) 姜沆. ≪看羊錄≫에 있는 <詣承政院啓辭> 참조.

실은 이전에 조선에 보내는 바쿠후의 국서를 개작하였다는 사실을 발견했다.[18] 3년 이상에 걸쳐 자세한 조사 끝에, 1635년 쇼군 이에미쓰는 처분을 내렸다. 시게오키는 모든 지위를 박탈당하여 쓰가루로 유배되고, 반면 요시나리는 무죄라는 판명을 받은 대신 1636년에 조선사절의 일본에의 초빙을 실현하라는 명령을 받았다. 이러한 일련의 기회를 십분 활용하여, 바쿠후는 조선과의 통신관계를 정립함에 있어 나름의 기준을 확립하기에 이르렀다.

　　바쿠후의 입장에서 보면, 조선과의 외교관계에 있어 쓰시마의 역할은 절대적으로 중요한 것이었다. 바쿠후는 "柳川一件"에 대한 조사가 진행되는 동안, 쓰시마 영주인 소 요시나리에게 조선의 馬上才 단원을 일본에 초치해 보라고 명령했다. 마상재의 초청에는 두 가지 의도가 있었다. 하나는 쓰시마의 대조선 외교역량을 시험해 보고자 함이었으며, 다른 하나는 조선 조정이 일본에서 입안하여 실현하고자 하는 외교관계 설정에 어떠한 반응을 보이는지 알아보고자 함이었다. 요시나리는 마상재를 불러오는데 성공하고, 얼마 지나지 않아 바쿠후는 "柳川一件"을 종결지었다. 조선의 마상재 일행은 에도성으로 초치되어 쇼군 이에미쓰의 면전에서 말타기 곡예를 선보였고, 이후 이러한 마상재 곡예의 퍼포먼스는 조선사절의 일본 방문시 따라다니는 정규 일정의 하나가 되었다.[19]

---

18) 본 건에 대한 조사가 진행되는 동안 바쿠후는 쓰시마가 조선과 무역을 하거나 접촉하는 것을 금했다. 바쿠후가 조사과정에서 관심을 쏟은 것은 두 가지였다. 하나는 1624년에 조선에 보낸 국서의 개작에 관한 사항이었고, 다른 하나는 1627년 청이 조선을 침략한 직후 쓰시마가 일본 국왕의 이름으로 조선에 사절을 보낸 점이었다.
19) 조선조정은 1633년부터 쓰시마의 무역선이 갑자기 오지 않고 있는 것에 주목했다. 이런 와중에 1634년 쓰시마로부터의 使者가 동래에 갑자기 나타나, 쇼군 이에미쓰가 그 연기를 관람하기를 원한다고 하면서, 조선이 마상재를 일본에 파견할 수 있는지 문의하였다. 조선은 처음에는 이러한 문의에 불쾌

1635년 에도성에서 시연된 마상재의 곡예는 향후 거의 2세기에 걸쳐 지속될 조선과 일본의 "통신" 관계의 시금석이 되었다. 1636년 조선사절을 초빙하기에 앞서, 바쿠후는 양국 사이에 교환될 국서의 형식을 개정하였다. 개정된 내용들 중의 하나는 일본측의 국서에서 사용될 연호(年号)에 관한 것이었고, 다른 하나는 조선측의 국서에서 사용될 토쿠가와 쇼군의 호칭 문제였다. 쓰시마가 개작하여 조선에 보낸 이전의 일본의 국서에서는 중국의 연호 방식의 하나인 干支가 사용되었었다. 이에 대해 바쿠후의 최고위 관료인 도이 토시카쓰와 사카이 타다카쓰(酒井忠勝, 1594~1647)는 중국의 연호를 사용하는 것은 일본의 가장 큰 수치라고 하면서, "조선은 명의 幕下에 있으나, 일본은 그렇지 않으며, 開闢 이래 훌륭한 紫震(천황의 御殿)을 세우고 있는데, 쓸데없이 天元(年號)를 바꿀 필요는 없다"고 선언했다.[20] "柳川一件" 이후, 토쿠가와 바쿠후는 조선에 보내는 국서에 일본 고유의 연호를 사용하였다.

그러나, 조선 국왕이 보내는 국서에 사용될 일본의 쇼군에 대한 칭호의 변경 요구는 조선의 동의 없이는 실현될 수 없는 사안이었다. 이전에 일본에 보낸 세 통의 국서에서, 조선국왕은 언제나 일본의 쇼군을 "日本國王源"라고 호칭했다. 이에 비해, 일본의 쇼군이 조선에 보낸 국서에서 사용된 자기를 지칭하는 호칭을 보면, 첫 번째 국서에서는 "日本國源"로, 그리고 두 번째, 세 번째 국서에서는 "日本國王源"이었다. 야나가와 사건을 통해 밝혀진 일이지만, 이러한 두 번째, 세 번째 일본의 국서에서의 "日本國王源"라는 호칭은, 실은 조선의 압력을 받은 야나가와 시게오키가 원래 "日本國源"이었던 것을 "日本國王源"으로 개작한 것이었음이 드러났던 것이다.

감을 표시했으나, 결국은 그러한 초청이 "교린관계에 대한 우리나라의 진실성"을 점검하기 위한 것이란 것을 안 뒤, 입장을 바꾸어 마상재를 파견하기로 결정했다. ≪인조실록≫ 13, 1635.6.신묘(13) 기사.
20) 荒野泰典 (2003), 138쪽에서 재인용.

문제는 조선국왕이 일본의 쇼군을 지칭할 때 무슨 호칭을 사용해야하는 것이었다. 皇帝가 주재하는 중국 중심의 국제질서의 체계 안에서, 일본과 대등한 지위에서의 외교관계를 지향했던 조선의 입장에서는 "日本國源"라는 호칭은 받아들이기 힘든 것이었다. 때문에, 조선은 시게오키에게 압력을 가하여, 쇼군에 관한 호칭을 "日本國王源"으로 바꾸도록 종용했던 것이다. 긴 토론 끝에, 바쿠후 지도자들은 쇼군에 관한 새로운호칭을 고안해 냈다. 그것은 "大君"으로, 이는 조선에서는 말 그대로 왕의 형제들을 뜻하는 용어였지만, 일본에서는 왕 아니면 천황을 뜻할 수도 있는 공식문서에서는 정착되지 않은 애매모호한 용어였다. 일본의 이러한 새로운 호칭에 대해 조선은 동의를 했다.[21] 이 이후, 일본의 쇼군은 조선 국왕에 보내는 국서에서 자신을 모두 "日本國源"라고 칭하였고, 조선 국왕은 일본에 보내는 국서에서 쇼군을 "日本國大君"이라고호칭하게 되었다. 이와 같은 호칭문제가 일단락됨에 따라 국가 대 국가의 통신을 위한 외교적 프로토콜이 정립되었다. 이를 일컬어 조선과 근세일본의 외교관계를 "大君外交"이라고 명명하는 연구자들도 있으나 이는 일본의 입장만을 반영하는 편파적인 호칭이라 하지 않을 수 없다.

여기에서 흥미를 끄는 것은, 국가 외교에 있어서 대군이라는 호칭이무엇을 의미하는지 조선이나 일본 어느 쪽도 명확한 이해를 결하고 있었다는 사실이다. 조선에서는 대군이 왕의 형제를 뜻하는 반면, 일본에서는 이러한 호칭을 공식문서에 사용한 전례가 없었고 다만 때로는 국가의 지배자를 뜻하는 단어였을 뿐이었다. 일부 연구자들이 대군이라는호칭이 사용되었다는 것에 근거하여, 이것을 일본중심의 세계질서 구축이라는 주장까지 하고 있으나, 대군이라는 호칭은 조선과 일본의 전혀이질적인 문화 및 정치체제가 서로 다른 지정학적 질서의 맥락에서 만

---

21) 大君이라는 용어가 일본에서 어떻게 사용되어져 왔는가에 대한 자세한 논의를 위해서는 민덕기 (2010), 231~237쪽을 참조.

나 잉태한 상호의 편의를 위한 부산물에 불과했던 것이다.[22] 조선의 입
장에서 보면, 일본은 왕이 아닌 그 하위계급의 왕자가 지배하는 덜 익은
나라였고, 일본의 입장에서 보면, 대군이라는 칭호는 중국의 지역질서와
는 독립된 맥락에서 조선에 대해 자신의 중심성을 표현하는 상징이었
다.[23] 상호의 집단적 심리구조를 반영한 용어였던 것이다.

1636년, 토쿠가와 정권은 "通信使"라 호칭된 네 번째 조선사절을 맞
이했다. 이전의 세 번에 걸친 조선사절은 모두 "回答兼刷還使"라 호칭
되어, 그 주요 임무는 조선피로인을 송환하는 것이 주 임무로 설정되었
었다. 네 번째 조선사절 이후 "통신사"의 형식이 정립됨에 따라, 양국은
각자의 필요와 목적에 의해 통신사 외교를 자의적으로 해석하는 방향으
로 나아갔다. 조선은 일본과의 통신을 "交隣"으로 정의, 문화의 중심에
서있는 조선이 미개한 일본과 통교하는 것이라는 "華夷"의 관계로 이해
하려고 했다. 역으로, 일본은 무위와 신국의 원리에 기반한 일본 중심적
해석을 유지하고자 했다.

1636년 조선사절이 에도에 도착하자, 바쿠후 정권은 조선사절이 이
에야스가 묻혀있는 日光東照宮를 방문하도록 강요했다. 이에야스는 닛
코에서 신국 일본을 보호하고 지켜주는 보호신으로 신격화 (東照大權現)

---

22) Toby (87쪽)는 이에 대해 다음과 같은 논의를 전개한다. "中村榮孝 교수는
   설득력있게 설명하기를, 1630년대의 '大君外交'는 일본이 중국 중심의 세계
   질서로부터 독립했음을 선언한 것을 의미하는 것으로, 이러한 사실은, 19세
   기에 청나라 등이 세계열강들의 힘에 의해 몰락하는 가운데에도 동아시아
   에 있어서는 유독 일본만이 식민지로 전락하지 않게 하는데 결정적인 공헌
   을 한 것을 의미한다." 이러한 분석은 메이지 일본의 성공적인 근대국가로
   서의 입신이 근세일본의 조선에 대한 大君外交의 덕택이었다는 뜻인가? 종
   종 日本型 世界秩序로 정의되는 자민족 나르시시즘을 대표하는 "대군외교"
   에 대한 일본 내의 논의에 대한 비판으로는, 손승철, 182~192쪽 및 민덕기
   (2010), 280~300쪽을 참조.
23) 소위 "大君外交"란 명칭이 갖는 한계에 대한 대안으로, 손승철은 "脫中華的
   交隣體制"란 용어를 제안한다. 손승철, 206~235쪽.

되어 숭앙되고 있었다.[24] 조선사절이 이러한 사정을 인식하고 있었는지 아닌지에 관계없이, 일본은 조선의 닛코 방문을 토쿠가와 정권의 창시자인 이에야스에 대한 존경의 표현으로 해석하고, 나아가 이를 "조공적 방문"으로까지 불렀다. 근세일본의 위정자들의 입장에서 보면, 조선사절의 닛코 방문은 무위와 신국의 이념에 뿌리를 내리고 있는 일본중심의 지역질서에 대한 表敬 방문이었던 것이다.

1636년도의 네 번째 조선사절의 초빙을 성공리에 이끌어낸 쓰시마에 대해 바쿠후는 그 대가로 조선과의 무역에 대한 독점권을 부여했다. 그렇다고 바쿠후가 쓰시마에게 외교의 모든 재량권을 넘겨준 것은 아니었다. 국가외교의 중대성을 감안하여, 바쿠후는 세 명의 교토 五山 外交僧을 임명하여 이들이 교대로 쓰시마 府中의 以酊庵에 상주하면서 모든 외교문서의 작성 및 감독을 담당하도록 했다. 이러한 지휘감독 시스템은 야나가와 사건의 결과물로, 보통 以酊庵輪番制라 불린다.[25]

조선과의 "통신 관계"가 정착되면서 토쿠가와 바쿠후는 쓰시마가 스스로의 역할을 "朝鮮押さえの役"(조선을 누르는 역할)로 칭하는 것에도 개의하지 않았다. 조선과의 외교에 있어서의 역할에 대한 이러한 자리매김은 幕藩體制 하에서의 "家役"을 지칭하는 것으로, 모든 다이묘들은 영지를 공인한 武家의 總領인 쇼군의 "御恩"에 대한 반대급부로 "軍役"을 제공할 의무가 있었는데, 쓰시마의 군역은 대조선외교로 대체되는 구조였다.[26] 표면상으로, 조선과 일본의 관계는 평등한 입장에서의 교린이었지만, 이러한 평등성의 원칙을 조선과 일본은 각기 국내정치적으로는 중심과 주변이라는 비평등성의 대칭구조 속에서 운용했다.

일본에 있어 조선은 자신들의 무위가 압도적 지위를 행사할 수 있는

---

24) 1636년의 조선사절의 닛코 방문에 대한 자세한 논의는, Toby, 203~205쪽 및 中尾 宏, 114~116쪽을 참조.
25) 秋宗康子, 438~440쪽.
26) 鶴田 啓, 98~100쪽.

주변에 위치한 정치체였고, 쓰시마의 다이묘는 이러한 정치적 요구의 틀 속에서 조선을 "종속"시키는 역할을 자신의 쇼군에 대한 "家役"으로 연출했던 것이다. 마찬가지로, 비슷한 역할을 부여받은 나가사키, 사쓰마, 마쓰마에 등의 다이묘 및 奉行들도 각자 일본의 주변 정치집단에 대해 "押さえ役"을 수행하는 것으로 스스로를 자리매김했다. 이러한 의미에서, 쓰시마를 포함한 그들 모두는 쇼군의 무위를 실행하는 전위 실행자였던 것이다.[27]

조선을 상대함에 있어, 토쿠가와 바쿠후는 기회가 있을 적마다, 무위와 신국의 이념에 기반한 자기 중심성의 원리를 쓰시마를 통하여 실현하고자 했다.[28] 물론, 통신의 외교적 프로토콜을 공적으로 실행함에 있어서는 이러한 숨은 의도는 표면화되지 않았다. 그러나. 평화적이고 평등하게 보이는 외교적 작위의 이면에서는, 통신관계를 파탄으로 몰고가지 않는 범위 내에서, 그리고 특히 국내의 관중을 향해, 토쿠가와 정권은 무위와 신국의 지배원리를 표상화하고자 노력했다.

조선과의 관계와는 달리, 토쿠가와 정권은 중국에 대해서는 크게 두 가지 이유로 간접적인 접근방식을 택했다. 하나는 조선과의 관계에서 중간 역할을 수행한 쓰시마의 존재와 같은 매개자가 없었던 점이고, 다른 하나는 중국은 멀리 바다를 격해 떨어져 있는 관계로 이러한 지리적 격리는 일본에게 안보에의 위협을 제거해 주었기 때문이었다. 일본에 있어, 중국과는 직접 교류 보다는 간접 교류의 유용성이 높았다.

---

27) 이와 같은 중요한 역할에 대해, 예컨대, 바쿠후는 후쿠오카, 사가, 그리고 큐슈의 여타의 藩에서 징발한 군사력으로 나카사키 奉行의 임무수행에 필요한 방어군 시스템을 구축했다. 荒野泰典 (2003), 139쪽.

28) 한 예로, 조선사절이 일본을 방문했을 때, 바쿠후는 이들을 쿄토의 方廣寺에 초청하여 환영 연회를 베풀곤 했는데, 이 절은 사실은 히데요시의 祈禱寺였다. 1719년, 제 10차 조선사절이 이러한 형식의 연회에 참석 못하겠다고 거부를 했지만, 결국은 응하고 만 것도 이의 좋은 실례이다. Hur, 457~461쪽 참조.

중국과의 지리적 격리는 역사적으로 언제나 일본에 유리한 여건을
제공해왔다. 중국이 외국과의 관계에 있어 조공의 강요라는 자신의 보편
적 지배원리를 결코 방기하지 않을 상황에서, 일본이 취할 수 있는 선택
지는 그리 많지 않았다. 마찬가지로, 일본이 중국과의 관계 수립을 위해
스스로 자기 중심성의 원리를 방기하고 중국 중심의 국제질서 체제에
자신을 종속시킬 가능성도 적었다. 더 나아가, 17세기 초중반 중국은 내
란과 왕조교체로 혼란상태에 빠져 있었고, 일본은 이제 막 이룩한 통일
적 국내통치의 기반을 다지는 데에 여념이 없었다.

그럼에도, 조선과 琉球를 통하여 일본 정부는 공식 외교관계의 설정
에 대한 중국의 의사를 타진하여 보았다.[29] 이러한 시도가 이룩한 구체
적인 결과는 아무 것도 없었지만, 외교적 관계를 맺는 대신 중국 상인들
이 일본과의 사적인 "通商"에 참여할 수 있는 물꼬를 틀어 주었다. 이는
이미 중국과의 교역이 일본 국내의 경제와 밀착되어 있음의 반영이기도
했다.

1610년, 바쿠후의 권력자인 혼다 마사즈미(本田正純, 1566~1637)는
해적의 제압을 일본측에 요구했던 복건성 출신의 상인인 周性如을 통해
복건성에 편지를 보냈다. 이 편지는 실은 하야시 라잔(林羅山, 1583~1657)
과 하세가와 후지히로(長谷川藤廣, 1566~1617)가 기초한 것으로, 토쿠
가와 정권이 무엇을 노리고 있었는가를 잘 보여준다. 일본은 복건성에
국한되기는 하였지만, 양국 사이에 있어 사적인 차원에서의 무역 뿐만
아니라, 공적 차원에서의 무역재개의 가능성도 타진했던 것이다. 혼다
마사즈미는 또한 福建總督에게 바쿠후의 승인을 받은 일본의 朱印貿易
船이 중국 해역으로 표류되었을 경우, 이들을 보호하여 귀환시켜 달라고
요구했다.[30] 일본에 있어, 타국과의 무역과는 달리, 중국과의 무역은 다

---

29) 荒野泰典 (2003), 24~25쪽.
30) 바쿠후가 중국과 소위 勘合貿易의 재개를 시도한 것에 대한 자세한 논의는,
    Toby, 59~64쪽 참조.

른 의미를 내포하고 있었다. 혼다 마사즈미를 위해 하야시 라잔이 기초한 편지를 보면(≪羅山先生文集≫ 소재), 양국의 무역에 있어서의 동등성을 강조하면서, 이는 예컨대 "조선이 일본에 조공을 바치고, 琉球王國이 신하의 예로써 복속한 것"과는 다르다는 점을 명시하고 있었다.[31]

토쿠가와 정권이 중국으로부터 기대한 것은 두 가지였다. 하나는 양국 간의 무역에 장애로 남아있는 명의 일본에 대한 해금정책을 종결시키기 위한 것이었고, 다른 하나는 기독교 선교사를 일본으로 잠입시키는 포루투칼 상인들의 대일 무역 독점상태를 무화시키기 위한 것이었다. 이러한 두 가지 목표는 무위와 신국의 원리와 무관한 것이 아니었다. 1617년, 중국 상인인 李旦이 일본과의 교역중인 중국 배들을 억류하고 있는 네덜란드 선단을 처벌해 달라고 일본에 청원했다. 그러나 이에 대해 바쿠후는 이는 사적인 외국 무역상간의 분쟁이고, 일본의 주권이 미치지 않는 곳에서 발생한 일이므로 일본은 이에 관여할 수 없다고 거부했다. 또한 1621년, 바쿠후는 일본으로부터 노동자와 무기를 해외로 송출하는 것을 금지했다. 이러한 일련의 조치는 일본인을 보호하기 위한 것이기보다는, 불필요하게 일본이 국제분쟁에 말려드는 것을 방지하기 위한 조치였다.[32] 토쿠가와 정권은 자신의 주권이 미치지 못하는 외국 세력에 대해 무위를 행사함에 있어서는 신중을 기했다.

그러나, 주권의 행사가 가능한 제반 상황에 대해서는 단호했다. 1610년 중반, 매년 중국의 상선이 30척 이상 나가사키에 도착했다. 이러한 숫자는 1630년대에까지 매년 50척 이상으로 증가추세였다.[33] 이러한 중

---

31) 藤井讓治, 40~41쪽.
32) 東京大學史料編纂所編, ≪大日本史料　第12編ノ38≫, 183쪽 및 永積洋子 (1999.4), 68~72쪽.
33) 1633년, 소위 "糸割符" 제도가 중국 무역선에도 적용되면서, 일본으로 오는 중국 무역선의 숫자도 잠시 감소하기 시작했으나 곧 회복되었다. キリシタン文化研究會編, <キリシタン關係法制史料集>, 297~298쪽.

국의 무역선 (唐船)이 기독교 선교사나 서적 등 기독교 관계의 물품을
몰래 실어나르고 있다는 의구심을 키워 오던 바쿠후는, 나카사키에 세워
진 중국계의 불교 禪寺가 나카사키의 중국상인과 중국계 주민들 중에
혹시 기독교에 연루된 자가 있는지 정기적으로 체크할 수 있는 시스템
을 확립했다.34) 아마쿠사-시마바라의 난을 위시한 1630년대에 발생한
일련의 사건들은 바쿠후로 하여금 신국의 이념에 대한 태도를 보다 경
화시켰다.

　일본에 있어, 자신들이 종종 멸시적으로 불러온 타타르(韃靼, 그러나
이는 만주족에 대한 오해였음)족에 의한 청제국의 성립은, "夷"에 의한
"華"의 대체를 의미했다. 일본인들은 청제국의 성립을 "華夷変態"라는
맥락에서 이해하고자 했다.35) 이러한 대륙에서의 지각변동에 놀란 일본
은 기독교의 침투로부터 신국 일본을 보호하는데 보다 세밀한 주의를
기울였다. 그럼에도 불구하고, 강소성과 절강성에서 오는 중국 무역선
(口船), 복건성, 광동성, 광서성에 오는 무역선(中奧船), 그리고 동남아시
아에 오는 무역선(奧船)을 포함한 중국과의 무역은 나카사키를 중심으로
더욱 활발해져 가는 상태였다. 현실적인 이해를 쫓아 사적인 중국 무역
을 용인하는 대신, 바쿠후는 중국계 무역상인 및 주민들을 보다 엄격하
게 반기독교적 이데올로기와 무위의 원리에 종속시켰다.36)

---

34) 처음에는 興福寺, 福濟寺 및 崇福寺가 설립되고, 후에 聖福寺가 추가로 설
　　립되어 이들 불교사원들이 주체가 되어, 나가사키의 중국계 주민 및 무역상
　　인들의 기독교 관련 여부를 철저히 조사 보고(寺請制度)하게 되었다.
35) 永積洋子 (1999), 65~66쪽.
36) 이러한 조치의 하나로 바쿠후는 기독교에 관련되거나 이를 언급하는 일체의
　　서적 및 물품의 수입을 엄격히 금지하였다. 1641년부터 중국 무역선이 들여
　　오는 모든 물품은 나가사키에서 철저한 조사를 받았다. キリシタン文化硏究
　　會編, <キリシタン關係法制史料集>, 317~318쪽.

Ⅳ. 자기중심주의의 재생노력과 조선사절

조선 사절의 일본 방문은 18세기 말부터 토쿠가와 정권이 악화일로
에 있는 국내문제들에 발목을 잡히면서 그 정치적 유용성이 상실되어
갔다. 1764년 제 11차 조선사절이 다녀간 후, 바쿠후 지도자들은 조선사
절의 일본방문을 통해 쇼군의 권위를 제고한다는 생각에 점점 열정을
잃어갔다. 토쿠가와 이에나리(德川家齊, 1773~1841)가 제 11대 쇼군직
에 오른 것은 1787년, 그러나 그의 습직을 축하하기 위한 조선사절의 초
빙은 24년이나 흐른 1811년까지 연기를 거듭했다. 1811년에 겨우 실현
된 조선사절의 방문도 에도가 아닌, 정권의 중심에서 아득히 떨어진 쓰
시마까지 였다. 이처럼 열정이 식어버린 조선과 일본 사이의 통신외교
는, 조선이 지난 2세기 가까이 아무런 침탈도 자행하지 않은 "야만의 나
라" 일본에 사절을 보내는 것에 대해 흥미를 잃어버린 것에도 그 이유
가 있었다. 안보문제에서 출발한 조선의 대일외교의 필요성에 대한 인식
은 오랜 세월에 걸쳐 일본이 보인 무행동으로 거의 동면 상태로 빠져들
고 있었다. 마찬가지로, 조선과의 무역이 점차 쇠퇴하는 가운데 생존을
위한 다른 수단에 점차 의존해 가는 쓰시마의 입장에서도 조선과의 외
교에 목을 멜 필요가 없었다.[37]

이러한 가운데, 토쿠가와 이에요시(德川家慶, 1793~1853)가 1837년
제 12대 쇼군으로 습직하자, 바쿠후는 1811년의 선례에 따라 조선사절
을 쓰시마로 초빙하기로 결정했다. 그러나 이러한 초빙계획도 에도성의
西丸 수리에 시간이 걸리고 막대한 경비가 소요됨에 따라, 일단은 1844
년으로 연기되었다. 연기 결정 후, 바쿠후의 국정의 책임자이자, 조선사
절 초빙계획의 추진자였던 미즈노 타다쿠니(水野忠邦, 1794~1851)는
마음을 바꿔, 조선사절을 쓰시마가 아닌 오사카로 초빙하겠다는 의견을

---

37) 자세한 논의를 위해서는 鶴田 啓, 75~92쪽 참조.

피력하였다. 그는 덧붙이기를, 이러한 계획의 변경은 바쿠후의 재정부담
에 있어 별 영향이 없을 것이라는 점을 강조했다. 바쿠후의 명령을 하달
받은 쓰시마는 1842년 연락관을 부산에 파견하여 조선과의 교섭에 돌입
했다. 이에 대해 조선은 사절을 오사카에 파견하는 것에 별반 흥미를 보
이지 않았다. 조선과의 교섭이 순조롭지 못하다는 보고를 받은 타다쿠니
는 1843년 재차 쓰시마 다이묘에게 조선사절을 오사카까지 초치하라고
명령을 내렸다.38)

　　그러나 1843년 같은 해, 미즈노 타다쿠니는 갑자기 실각하고, 그의
뒤를 이어 아베 마사히로(安部正弘, 1819~57)가 大老의 지위에 올랐다.
마사히로 또한 전임자와 마찬가지로 조선사절의 초빙을 찬성하는 입장
이었으나, 조선 정부는 초청에 쉽게 응하려 하지 않으면서 이를 10년 뒤
로 연기한다면 고려해 보겠다고 통보했다. 1847년 마사히로는 결국 10
년 뒤에 조선사절을 초빙하기로 결정하고, 이의 준비에 착수했다. 그럼
에도 일은 순조롭지 않았다. 1852년 에도성에 화재가 발생, 새로 수리
한 西丸가 잿더미로 화하고 말았다. 이에 바쿠후는 조선사절의 초빙을
1861년으로 다시 연기하기로 결정했으나, 그러한 결정도 쇼군 습직의
축하를 받아야 할 이에요시가 1853년 사망함으로 인해 아무 의미가 없
게 되었다. 마사히로의 기도가 조선사절의 일본 방문을 위한 마지막 노
력이었다.39)

　　1837년에서 1853년까지 지속된 조선을 향한 일본의 외교 노력은 무
엇을 의미했는가? 이 기간 중 일본은 서구의 점증하는 "開國" 요구에 직
면해 있었다. 미즈노 타다쿠니가 조선사절을 오사카에 초빙하고자 하면
서 내세운 논리는, 1811년에 실현된 쓰시마까지의 조선사절의 방문은

---

38) 미즈노 타다쿠니는 오사카는 그 지위에 있어 에도에 비견될 수 있을 뿐만
　　아니라 배편을 통한 교통에 편리하고 물자도 풍부하여 조선사절을 훌륭히
　　영접할 수 있다고 주장했다.

39) 池內 敏 (2006), 99쪽.

"境上之礼接"(변경에서의 영접)으로, 이는 조선에 무례를 범했기 때문
에, 이를 "誠信之道厚き筋"(성신의 도가 충만한 의례)로 치환함으로써
성의를 보여야 한다는 점이었다. 이를 위해, 그는 오사카는 이상적인 장
소로 그 위에 재정적으로도 바쿠후에 아무 부담을 끼치지 않을 것이란
점을 강조했다.[40]

그러나 재정적으로 부담이 없다는 그의 주장은 실은 아무 근거가 없
었다. 1764년의 조선사절의 에도 방문시 발생한 비용은 금 872,900량이
였고, 1811년의 쓰시마 방문시 소요된 비용은 금 236,700량이었다. 오사
카로 조선사절을 초빙하고 여기에 전국의 다이묘들을 소집하려 했던 타
다쿠니는, 이 경우 적어도 조선사절의 쓰시마 방문에 소요되었던 비용과
에도 방문에 소요되었던 비용의 중간 정도에 해당하는 예산이 필요할
것이라는 것을 누구 보다 잘 알고 있었을 터였다.[41] 그럼에도 불구하고,
근거 없는 주장을 하면서까지 바쿠후가 조선사절을 일본에 초빙하려 했
던 의도는 어디에 있었는가?

이러한 질문에 답하기에 앞서, 당시 일본에 무슨 일이 일어나고 있었
는가를 되돌아 볼 필요가 있다. 당시 미즈노 타다쿠니는 쇠퇴의 길을 걷
고 있는 막번체제를 복원하기 위해 치밀한 준비과정을 거쳐 소위 天保
改革(1841~43)을 강력하게 추진하고 있었다. 다양한 방면에 걸친 개혁
을 성공시키기 위해 바쿠후가 가장 필요로 했던 것은 권력의 정점인 쇼
군의 강력한 권위의 회복이었다. 어떻게 하면 개혁의 구심력이 될 수 있
는 쇼군의 권위를 강화할 수 있을 것인가?

여러 방책들 중에는 다음의 두 가지 방안도 포함되어 있었다. 하나는
조선을 설득하여 사절을 쇼군습직 축하의 명목으로 일본에 초치하고, 이
기회를 활용하여 쇼군의 권위를 제고하는 방안이었다. 다른 하나는 모든

---

40) 池內 敏 (2006), 101쪽에서 재인용.
41) 古事類苑 : 外交部·朝鮮二, 672쪽.

다이묘들을 닛코의 이에야스의 東照宮에 참배하게 하고, 이러한 日光社 參을 쇼군의 무위에 대한 복속의 표상으로 이용하려는 것이었다. 1843 년 4월, 미즈노 타다쿠니는 이 두 가지 방책의 실시를 명하였고, 실제로 과거 67년간 시행되지 않았던 전국의 다이묘들의 日光社參은 성공적으 로 완료되었다.42) 문제는 조선사절의 일본 방문이었으나, 결국은 쓰시마 의 끈질긴 노력에도 불구하고 조선의 미온적인 반응으로 전도가 보이지 않았던 것이다.

실패로 끝났지만, 조선사절을 일본에 초빙하려 했던 미즈노 타다쿠 니의 시도는 당시 바쿠후가 무위의 제고에 얼마나 노력을 경주했는가를 잘 보여준다. 조선사절의 일본방문의 핵심적 요소는 이를 통해 전국의 다이묘들을 모두 동원하여 이들을 쇼군이 주도하는 국가외교에 종속시 킨다는 데에 있었다. 전통적으로, 조선사절의 일본 방문을 계기로 바쿠 후가 전국의 다이묘들을 국가외교에 동원하는 방식은 이분화되어 있었 다. 조선사절이 일본에 도착하여, 오사카와 에도 사이를 여행할 때, 바쿠 후는 연도의 다이묘들에게 조선사절의 영접을 책임지웠다. 이를 감독하 기 위해, 바쿠후는 감독관을 조선사절이 지나는 요로 및 숙소에 파견하 였고, 조선 사절의 영접에 소요되는 비용은 각 담당 다이묘들에게 중앙 에서 보전해주는 형식을 취했다. 이에 반해, 조선사절이 쓰시마와 오사 카 사이를 여행할 때에는, 이들을 영접하고 연회를 베푸는 책임과 재정 부담은 전적으로 각 해당지역의 다이묘들이었다. 이를 감시하는 역할은 쓰시마의 담당이었다.43)

이와 같이 이분화된 조선사절 영접 시스템은 특히 거대한 영지를 소 유하고 있으면서 정권의 중심으로부터 멀리 떨어져 있는 서일본의 外樣 다이묘들을 통제하고 동시에 쇼군의 권위를 높이는데 유효한 수단이었

---

42) 일본의 요청에 대한 조선의 미온적인 반응에 대해서는 손승철, 258~263쪽 참조.
43) 자세한 논의를 위해서는 池內 敏 (2006), 118~143쪽 참조.

다. 미즈노 타다쿠니는 에도가 아닌 오사카로 조선사절을 초치함으로써,
서일본의 다이묘들에 대한 통제와 더불어 쇼군 권위의 제고를 꾀하면서,
동시에 조선사절의 오사카-에도 사이의 여행을 없앰으로써 바쿠후의
재정부담을 없애려 했던 것이다. 그 대신 동일본의 다이묘들을 모두 오
사카에 집합시켜 국가의례에 참여시킴으로써 쇼군의 권위를 높이고, 또
한 오사카에서의 외교의례에 소요되는 비용은 오사카의 상인들에게 전
가하려고 했던 것이다.[44] 조선사절이 에도를 방문하지 않음으로써 발생
될 수 있는 쇼군 권위에의 타격은, 전국의 다이묘들의 日光社參을 통해
보충하고자 했다.[45]

조선과의 국가외교는 바쿠후의 입장에서는 여전히 쇼군의 권위를 높
여줄 수 있는 유용한 카드였다. 때문에, 미즈노 타다쿠니의 뒤를 이은
아베 마사히로도 대조선 외교를 국내적 위기극복의 수단으로 이용하고
자 기도했던 것이다. 1847년, 아베 마사히로가 조선사절의 오사카 초빙
계획을 발표했을 때, 水戶藩의 영주인 토쿠가와 나리아키德川齊昭, 1800~
60)는 이의를 제기했다. 나리아키는 왜 조선사절을 초빙해야만 하는가
비판하면서, 조선은 "禽獸와 같은 夷狄"과 같은 나라로, 일본의 "厚遇"
을 받을 가치가 없는 나라라고 항변했다.[46] 18세기 말부터 표면에 솟아
오르기 시작한 朝鮮蔑視 사조의 선두에 섰던 나리아키에 있어서는 조선
은 더 이상 일본의 국가외교의 상대가 아니었다. 대등한 외교의 상대라
고 인식하기에 앞서 조선은 일본의 중심성에 복속해야 하는 변경의 나
라라고 보았던 것이다.[47]

나리아키가 영향력을 발휘하던 시기에 일본에서는 신국의 이념에 대

---

44) 실제로, 이의 준비로 미즈노 타다쿠니는 1843년 7월에 오사카 상인들에게
   특별 과세를 부과하였다.
45) 藤田 覺, 57쪽.
46) 池內 敏 (2006), 113~114쪽.
47) 池內 敏 (1999), 149쪽.

한 담론이 활기를 띠고, 천황제의 전통과 유산에 대한 자부심이 높아가던 시기였다. 이후 메이지 일본의 국가행동의 저변에 상존하게 될 "朝鮮蔑視"의 악령은 근세말기에 이미 양국 사이의 통신관계를 종식시키는데 일조를 했다. 특히, 근세말기에 세력을 확장해가고 있던 "尊王攘夷" 운동은 저변에 흐르고 있던 무위와 신국의 이념이 일시에 표면으로 올라와 폭발한 것과 같은 것이었다.[48] 아이자와 세이시사이(會澤正志齋, 1782~1863)가 그의 저서 《新論》에서 암시한 尊王攘夷 운동은 구미와의 전쟁도 불사한다는 입장에 있어 바쿠후와 의견이 같지는 않았다.[49] 그렇지만, 무위와 신국 이데올로기를 등에 업은 尊王攘夷 운동은 다양하게 전개되어 갔고, 이러한 경향 속에서 바쿠후는 자신이 독점력을 행사하여 온 무위와 신국 이념의 보전에 보다 큰 노력을 경주해야만 했다.

V. 맺음말

1858년에 이르기까지 토쿠가와 정권은 통신/통상의 틀로 조선 및 琉球와 외교, 그리고 통상의 틀로 홀란드 및 중국 상인들과 무역 시스템을 구축 운용하여 왔다.[50] 통일적인 정치구조를 구축하지 못한 蝦夷地(아이누)와의 관계는 이와는 달리, "撫育"의 대상으로 취급되어, 그러한 "撫育"의 과제는 마쓰마에번(松前藩)에 맡겨졌다. 이와 같은 대외관계의 운용을 통하여 토쿠가와 정권은 적어도 국내를 향해, 일본은 국제사회에

---

48) 幕末 시기의 尊王攘夷 운동은 한마디로 말해, "무력"(무위)으로 야만인들을 몰아내고, 천황이 주재하는 "신국"을 지키자는 운동이었다. 이를 예컨대 조선에서 발생한 "文威" 및 "유교 正統主義"에 기반한 衛正斥邪 운동과 비교하면, 무위와 신국의 이념이 무슨 의미를 갖는지 그 성격이 선명히 드러난다.
49) 자세한 논의를 위해서는 Wakabayashi, 214~244쪽 참조.
50) 《通航一覽續輯 二》, 526쪽.

서 중심이 되어 지역의 질서를 유지하고 있다고 하는 점을 연출했다. 상
호 평등의 원칙에서 제도화된 조선과의 통신 관계도 일본 중심적 지역
질서의 연출에 있어서는 좋은 재료였다. 국내적으로, 근세일본의 위정자
들 및 많은 지식인들은 조선 사람들이 일본의 쇼군에게 "お礼"(말하자
면, 조공적 예)를 봉헌하기 위해 사절의 형식으로 來日하는 것이라 주장
했던 것이다. 이는 일본과 조선을 중심 대 주변의 관계로 형상화하는 집
단적 나르시시즘의 한 형태였다.

무위에 대칭되는 "文威" 그리고 유교적 華夷의 양분법에 기반하여
대외관계의 원리를 구축했던 조선 혹은 중국과는 달리, 근세일본은 무위
와 신국의 이념을 기축으로 하여 대외관계를 구축했다. 쓰시마 다이묘가
18세기 중반 재정 곤궁으로 바쿠후에 도움을 요청했을 때, 바쿠후 지도
자들은 쓰시마의 "朝鮮押さえの役"은 주변국 조선에 대한 쓰시마의 공적
인 임무라고 인정하고, 쓰시마에 대한 재정지원을 단행하였다. 이러한
명목 하의 재정지원은 1863년까지 지속되었다.[51] 무위와 신국의 원리를
정치적, 경제적, 그리고 이데올로기적 필요에 따라 선택적으로 적용하면
서, 토쿠가와 바쿠후는 타국과의 외교 및 무역의 분야에서 발생하는 도
전과 기회에 대처했다. 근세일본의 국가행동은 계산적이면서도 자기만
족적이었다.

"근세일본의 많은 사상가들은 타국에 비교하여 의심할 여지없는 일
본의 아름다움을 천황의 존재, 그리고 타국의 침략을 용납하지 않은 점"
에 있다고 보았다.[52] 전근대 동아시아에 있어 정도의 차이는 있었지만,
그리고 여건에 따라 형태를 달리하기는 했지만, 자민족 중심주의의 외교
는 모든 나라가 추구하고자 했던 기본 노선이었다. 일본은 일본 나름으
로 천황제와 무사계급의 유산을 자양분으로 삼아 이들을 대외관계에 접

---

51) 鶴田 啓, 89쪽.
52) 荒野泰典 (1988), 33~36쪽.

목시키고, 자민족 중심주의적 국제질서를 구축하고 유지하고자 노력했다. 외교와 무역이라는 통로를 통해, 토쿠가와 정권은 무위와 신국의 이념을 실천에 옮겼던 것이다.

무위와 신국의 이념은 근세일본의 창건자인 토쿠가와 이에야스의 구상과 밀접히 결합되어 있었다. 이에야스는 토쿠가와 정권의 정당성을 흔히 알려져 있는 것과는 달리 유교적 이념에서 찾지 않았다. 토쿠가와 정권의 영속성에 대한 염원은 무위와 신국의 원리가 통합되어 표상된 東照宮의 상징체계에 집약적으로 드러난다.[53] 유언에 따라, 이에야스는 신국 일본의 영속과 번영을 지켜주는 일본의 鎭守神으로 신격화되어 東照宮에 진좌되었다. 대외관계에 있어서도, 일각에서 제기되고 있는 "日本型 華夷秩序"라는 특성 규정이 제시하고 있는 것과는 달리, 근세일본의 國體는 유교적 華夷의 상징체계와는 거리가 멀었다. 근세일본은 무위와 신국의 이념에 뿌리를 내리고 배양된 "淨과 穢"의 이분법적 사고에 의해 선도되는 나라였다.[54]

淨穢의 이분법적 관념은 "淨"의 일본, "穢"의 타자를 중심과 주변의 질서체계로 배치시키는 신국의 이념에 합치하는 것이었다. 신공황후의 정복과 연계된 조선은 무위의 위계질서에서 주변에 배치되고, 자아도취적 중화주의의 중국은 신국의 영역으로부터 격리되었다. 같은 논리의 맥

---

53) 토쿠가와 정권이 이에야스의 신격화를 통해 어떻게 권력의 정당성을 제고하려 했는가에 대한 논의는 Ooms, 162~168쪽 참조.

54) 이에 비교될 수 있는 Toby의 다음과 같은 분석을 참조. "외견상으로 지역 내의 외국 국가들에 대해 완벽하게 자율적이고 자립적인 관계를 유지함으로써, 그리고 (일본이 설정한) 외교적 규율을 따르려하지 않는 국가들을 배제함으로써, 토쿠가와 바쿠후는 일본 중심주의의 가식을 창출해 낼 수 있는 여건을 조성하였다. 이러한 분위기 속에서 지식의 광합성 작업을 통해, 국가적 신성성에 대한 전통적인 이념들과 華夷라는 유교적 이분법적 사고에 기초해, 일본을 '華'에 놓고, 역사적 (명목적인 측면은 아닐지라도) 실체로서의 중국까지 포함하는 모든 타자들을 '夷'에 위치지우는 질서체계로 변환시킬 수 있었을 것이다." Toby, 226~227쪽.

락에서, 일본의 무위가 미치는 琉球王國과 蝦夷地는 穢의 영역에 속하는 주변으로 인식되었다. 서구는 어떠했는가? 서구는 근세일본에 기독교를 통해 문화적 도전을 감행했지만, 이는 결국은 근세일본의 자민족중심주의를 강화시켜주는 역할로 끝났다. 서구의 타자 중에서 유일하게 접촉이 허락된 홀란드의 무역상인들은 근세말에 이르기까지 정기적으로 江戸參府의 의식을 준수하면서, 무위와 반기독교주의적 신국의 원리에 완전히 종속되었다.[55]

근세일본의 대외관계를 저변에서 규정한 무위와 신국의 이념은 19세기 서구의 도래와 함께 심각한 도전에 직면하게 된다. 변전하는 국제질서의 압력 하에서, 토쿠가와 정권은 자신의 이념적 기반을 재정비해야만 했다. 서구의 우월한 군사력 앞에서, 무위의 주장을 표면에서 끌어내리는 대신, 신국의 이데올로기를 더욱 강화하는 방향으로 나아갔다. 이러한 서구에 대한 전략은 메이지 일본에 계승되어 군사력에 자신을 얻게 되는 19세기 말까지 이어졌다.[56]

근세일본이 서구문제에 골머리를 앓는 동안 휴지기를 가졌던 조선은 메이지 일본의 등장과 함께 새로운 역사의 장을 맞게 되었다. 1873년 메이지 지도자들은 "천황에 대한 무례"를 자행했다는 이유를 들어 조선을 처벌하겠다고 경고했다. 이것이 잘 알려진 "征韓論"의 발단이다.[57] 2년

---

55) 江戸參府의 시작 및 그 의도에 대해서는 加藤榮一, 142~144쪽 참조.

56) 이 문제와 관련하여, Auslin은 메이지 일본은 幕末 시기에 체결된 불평등조약을 개정하려는 노력 속에서 "일본과 서구열강 사이에 준별되어야 하는 이데올로기적, 지적, 그리고 지리적 경계들을" 지키려 부단히 노력했다고 분석하고 있다. Auslin, 9~10쪽 참조.

57) 조선이 일본 천황에 대해 무례를 범했다는 것은 1868년 메이지 정부가 보낸 새로운 정부 수립에 대한 천황의 통지가 담긴 국서를 조선이 수령하기 거부했다는 것을 지칭한다. 조선의 수령거부는 특히 일본에서 온 국서의 내용 중에 들어가 있는 두 글자에 때문이었는데, 하나는 "皇"이었고, 다른 하나는 "勅"이었다. 이들 두 글자는 일본의 "천황"이 조선의 "국왕"에게 보낸다는 의미를 내포한 것으로, 역사적으로 조선은 일본의 "황제적" 지위를 인정한

뒤인 1875년, 메이지 일본은 신국적 지배체제를 정비한 후, 雲揚號 사건
을 일으켜 조선을 압박했다. 새롭게 전개되는 征韓意識의 흐름 속에서
신공황후의 전설은 날로 확대 재생산되면서 1910년에 이르기까지 무위
를 통해 충족되기에 이른다. 무위와 신국의 이념은 메이지 일본을 관통
하면서 지속되었던 것이다.

전례도 없었고, 이는 조선의 입장에서는 수용할 수 없는 표현이었다. 손승
철, 280-285쪽.

[참고문헌]

秋宗康子, < 馬以酊庵に赴いた相國寺派輪番僧について>(≪立命館文學≫ 21號, 1991): 438~60.

荒野泰典, ≪江戶幕府と東アジア : 日本の時代史14≫(東京: 吉川弘文館, 2003).

荒野泰典, ≪近世日本と東アジア≫(東京: 東京大學出版會, 1988).

Auslin, Michael R. *Negotiating with Imperialism: The Unequal Treaties and the Culture of Japanese Diplomacy.* Cambridge, Mass.: Harvard University Press, 2004.

≪朝鮮王朝實錄≫(仁祖實錄).

藤井讓治, <十七世紀の日本 : 武家の國家の形成>(≪岩波講座 日本通史: 第12卷 近世2≫ 朝尾直弘・網野善彦編, pp.1~64. 東京: 岩波書店, 1994).

藤田 覺, ≪近世政治史と天皇≫(東京: 吉川弘文館, 1999).

Hur, Nam-lin. "Chosŏn Korean Officials in the Land of Tokugawa Japan: Ethnic Perceptions in the 1719 Korean Embassy." *Korea Observer*, vol.38, no.3 (Autumn 2007): 439~68.

池內 敏, ≪大君外交と「武威」: 近世日本の國際秩序と朝鮮觀≫(名古屋: 名古屋大學出版會, 2006).

池內 敏, ≪「唐人殺し」の世界 : 近世民衆の朝鮮認識≫(京都: 臨川書店, 1999).

Isaacs, Harold R. *Idols of the Tribe: Group Identity and Political Change.* New York: Harper&Row, 1974.

姜沆, ≪看羊錄≫(1600).

加藤榮一, ≪幕藩制國家の成立と對外關係≫(東京: 思文閣出版, 1998).

キリシタン文化研究會編, <リシタン關係法制史料集>(≪キリシタン研究: 第十七集≫, pp.263~438. 東京: 吉川弘文館, 1977).

≪古事類苑: 外交部・朝鮮二≫(東京: 吉川弘文館, 1978).

계승범, ≪조선시대 해외파병과 한중관계≫(서울: 푸른역사, 2009).

松浦允任編(1678~1728), ≪朝鮮通交大紀≫(田中健夫・田代和生編集. 東京: 名著出版, 1978).

민덕기, ≪前近代 동아시아 세계의 韓日 관계≫(서울: 경인문화사, 2007).

민덕기, ≪조선시대 일본의 대외교섭≫(서울: 경인문화사, 2010).

永積洋子, <戶に伝達された日本人賣買·武器輸出禁止令>(≪日本歷史≫ 611號, 1999): 67~81.

永積洋子, <芝龍父子と日本の「鎖國」>(≪「鎖國」を見直す≫, 永積洋子編, pp.56-72. 東京: 山川出版社, 1999).

中尾 宏, ≪朝鮮通信使と德川幕府≫(東京: 明石書店, 1997).

Ooms, Herman. *Tokugawa Ideology: Early Contructs, 1570~1680*. Princeton: Princeton University Press, 1985.

申東珪, ≪근세 동아시아 속의 日-朝-蘭 국제관계사≫(서울: 경인문화사, 2007).

손승철, ≪조선시대 한일관계사 연구: 교린관계의 허와 실≫(서울: 경인문화사, 2006).

Toby, Ronald P. *State and Diplomacy in Early Modern Japan: Asia in the Development of the Tokugawa Bakufu*. Stanford: Stanford University Press, 1984.

東京大學史料編纂所編, ≪大日本史料 第12編ノ38≫(東京: 東京大學, 1967).

Totman, Conrad. *Early Modern Japan*. Berkeley and Los Angeles: University of California Press, 1993.

≪通航一覽續輯 二≫(林復齋·箭內健次編. 大阪: 淸文堂出版, 1968).

鶴田啓, ≪對馬からみた日朝關係≫(東京: 山川出版社, 2006).

Wakabayashi, Bob Tadashi. *Anti-Foreignism and Western Learning in Early-Modern Japan: The New Theses of 1825*. Cambridge, Mass.: Harvard University Council on East Asian Studies, 1986.

山鹿素行, <事實>(≪山鹿素行集, 大道寺友山集≫, 大日本思想全集刊行會編, 東京: 先進社, 1932).

유근호, ≪조선조 대외사상의 흐름≫(서울: 성신여자대학교 출판부, 2004).

일 문

東アジアにおける近世的秩序
—「鎖国」論から近世東アジア「国際関係」論へ —

荒野泰典(立教大学)

I. はじめに－課題の設定－

　かつて近世東アジアの國際社會は、中國・日本・朝鮮・琉球などの 「鎖國」を前提として語られることが多かった。それに對して私は、1983年の歴史學研究會(以下 「歴研」と略称)の大會において、「鎖國」概念に替えて、「海禁・華夷秩序」概念を提示し、それによって、日本を中心に近世の東アジアの國際秩序の形成から解体までを、一貫した視点で描き出すことを試みた。この年の「歴研」大會の全体會のテーマは「東アジア世界の再編と民衆意識」で、私に求められたのは、幕末維新期の、いわゆる 「鎖國」の解体過程においてなぜ日本が周辺諸國に對する侵略性をあらわにしていかざるをえなかったのかという重い問いに、民衆意識の動向もふくめて、答えることだった。その問いに對して私が準備することができたのは、

　①近世の日本は、長崎・薩摩・對馬・松前の、いわゆる 「四つの口」を通じて、東アジア(さらには、地球的世界)との關係性を保っていたという事實を踏まえつつ(図I・II、および参考図参照)、

　②それらの關係が、東アジアの國際社會の伝統と論理にもとづいて構

築されており、同時にそれは、17世紀後半から19世紀なかばにいた
る東アジア全体の平和の一環を構成していたことを提示し、

③その關係性のなかで、日本のなかに「侵略性」が孕まれ、幕末の對
外的危機のなかで具体的に發動するまでを、近世初頭からの一貫し
た課程として、構造的、かつ歴史的に描き出す試みだった。

その試みが成功したか否かはさて置いて、その後の議論は、その試み
そのものではなく、それと同時に私が提示した「鎖國」概念批判と「海禁・
華夷秩序」論を中心に、おもに、近世日本史の研究者の間で展開したため
に、本報告で私が与えられたテーマ「東アジアにおける近世的秩序」につ
いては、十分な檢討がなされてきたとはいえない。そのような研究状況と昨
今の東アジアを中心とした世界の情勢に鑑みて、このテーマ設定はまこと
に時宜をえたものであるように私には思える。

幸い、20年あまりの議論と試行錯誤を通じて、私自身においては、「鎖
國」概念批判と「海禁・華夷秩序」論に、ほぼ見通しをつけることができたと
言える状態にまでなった。また、それとの關連で、もちろん、日本中心とい
う限界性はあるものの、東アジアの國際秩序についても、私なりに、そのイ
メージを豊かにするための素材を提供できたのではないかと考えている。
本報告では、かつて私が提示した構想に、この間の知見をいくつか付け加
える形で肉付けしながら、「東アジアの近世的秩序」を描き出し、その解体
過程についても、いくつかの論点を提示したい。

その前提として、やや迂遠なようだが、「鎖國」概念批判についての私
自身の到達点を提示することから、はじめたい。現在私は、いわゆる「鎖
國」觀は、「開國」觀とセットになって、近代日本人のアイデンティティの根
幹を形づくっていたもの(「鎖國・開國」言說)であると考えており、近世の國
際關係論が、その言說を脱却したところで、それに替わるものとして、實態

とその論理の両面において脱構築されなければならない、と考えている。それをスローガン風に言えば、「鎖國・開國」言説から近世「國際關係」論へ、ということになるし、それは、東アジアの國際政治史についても同様に言えることだろう。

　もちろん、この言説そのものについても、その發生から現代にいたるまでの経歴を丹念に明らかにするという、大きな仕事が殘されている。それは、近代の、日本や東アジアに留まらず、非ヨーロッパ社會に通底する普遍的な問題(課題)だからだ。

Ⅱ．「鎖国」論から近世東アジア「国際関係」論へ－「鎖国」論批判のなかから－

　ここでは、「鎖國・開國」言説の形成過程とその歴史的性格について概觀した後に、そこから脱却して、近世東アジア　「國際關係」論を構築することの必要性を提示したい。

　「鎖國」と言う言葉が、エンゲルベルト・ケンペル　『日本誌』の付録の論文を、長崎の元オランダ通詞の志筑忠雄(1760-1806)が翻譯して『鎖國論』(1801年)と名づけたことに始まることは、すでに周知のことになっている。しかし、その言葉が、いわゆる　「開國」を契機に、日本社會に認知され定着していく過程とその歴史的意義が十分に明らかにされているとは言いがたい。ここでは本報告の議論の前提として、その点、つまり、「鎖國・開國」言説の形成と定着の過程とその歴史的意義について、私が今まで明らかにしえたことを中心に、整理しておく。

　　① 『鎖國論』において、ケンペルが述べているのは、「鎖國」肯定論であること。

② 『鎖國論』が成立した後も、「鎖國」という言葉は、本書に卽した形で一部の知識人には知られていたものの、当時の日本の國際關係のあり方を示す言葉として社會的に認知されていたわけではない。譯者の志筑自身も、本書翻譯の意図をふくめて、さまざまに予測されることどもはあるものの、少なくとも本書においては、ケンペルの言説の紹介者・解説者の立場を崩していない。1830年代になってようやく、少數の蘭學者(例えば、高野長英)などが、否定的な意味をこめて使うようになるが、それはごく少數に留まる。

③ 「鎖國」という言葉が知識人(蘭學者)のみでなく、大名や幕府役人など政治家のレヴェルでも使われるようになるのは、ペリー來航による「開港」以後のことだ。しかし、この段階での「鎖國」評価は、是々非々であって、かならずしも否定的ではない。

④ 明治新政府が政權を掌握して以後、「開港」は「開國」、つまり、國を開くことであると同時に、新しい國づくりの始まりでもあると意識され、その對偶として、つまり、否定され、克服されるべき近世の体制として、「鎖國」が對置され、「親の仇」同然の「封建制度」(福澤諭吉)の一環に位置づけられ、「未開」・「野蛮」な「近世」の表徴の1つとなる。「鎖國・開國」言説の成立である。この言説は、ほどなく、近隣の、同樣の体制をとる、朝鮮・中國に對しても向けられることになる。

⑤ 「鎖國」に、さらに、近代化や植民地獲得競争への遅れの元凶としての性格が付与され、「千秋の遺憾」(德富蘇峰)とまで言われるようになるのは、條約改正交渉の失敗以後、一方で歐米列强のエゴに苦しみ、他方で、清國をはじめとする東アジア諸國との軋轢に悩むようになってからのことだろう。こうして、「鎖國・開國」言説は、敎育現場や種々の言論等、さまざまなチャンネルを通じて社會に浸透

していくことになる。

⑥　「鎖國」觀は、近代以後の日本と東アジアの諸國との政治的・文化的
交流や軋轢を通じて、これらの諸國にも共有されるようになった。

以上の整理から、「鎖國・開國」言說の特徴として、以下の3点が指摘
できる。

まず、第1に、この言說は近代日本人のものであって、近世のそれで
はないということだ。「鎖國」という言葉が生まれてから一般に認知されるまで
の、半世紀以上の時間差は、その言葉を受容させないもの、つまり、近
世日本人の自らの體制に對する正当性の意識、つまり、アイデンティティ
があったと考えられる。それを覆すきっかけになったのが、ペリー來航によ
る「開港」だった。

　　　＊なお、18世紀末から19世紀初めにかけての、いわゆる「外圧」
顕在化の時期に、幕府を中心に、自らの伝統的な国際関係の体制を
「祖法」とする意識が明確化することを明らかにして、これを「鎖国」
の「祖法化」とする見解も発表されている。しかし、この立論におい
て、「祖法観」が「確立」したとされる段階では、「鎖国」という言葉は
まだ生まれていないか、生まれて間もないのであり、当然のことな
がら、一般には認知されていない。また、「鎖国」とほぼ同じ時期
に、「海禁」という言葉もこの体制の呼称として使用され始めたとい
うことも、忘れてはならない。

第2に、「鎖國・開國」言說は、並列的な(對等な価値を持って並べられてい
る)セットではなく、「暗」對「明」、「未開」・「野蛮」對「文化」・「文明」、「近世」
對「近代」というように、互いに對比され、對立し合う關係、すなわち「對偶」
關係にあるということだ。從って、この關係が成立した後の「鎖國」という言
葉には、あらかじめ、その反對の、つまり肯定的な諸価値を内包する「開
國」＝「近代」が刷り込まれている、あるいは、それが暗默の前提となって

いる(その逆もまた眞だった)。

　第3に、この關係が成立した後は、いわゆる　「鎖國・開國」は自明の前提とされ、そのコンテクストに乗った言說ばかりが、同工異曲で積み重ねられることになった。例えば、「鎖國」の功罪を議論する、「鎖國得失論」のように。その一方で、近世の國際關係の實態についての研究は、上記のコンテクストに添ったもの以外はほとんど深められず、研究史の著しい偏りを生んだ。

　戰後になって、その傾向はかなり是正されることになる。まず、60年代はじめに岩生成一氏が、戰前からの對外交渉史の實証的な研究を踏まえて、「鎖國」が幕府の國內支配と軌を一にして確立したことを明らかにして、「鎖國」に近世封建制の一環としての位置づけを与えた。岩生氏が、性急に　「鎖國」の得失を論じる前に、その實態の研究を進めるべきことを力說され、それに見合うだけの豊かな研究實績を殘されたことは特筆しておいてよい。岩生氏において戰前からの　「鎖國」研究は、一応の完成を見たと言ってよいだろう。

　その研究は次の2つの研究の潮流に受け継がれた。1つは、歷史學研究會(以後「歷研」と略称)を中心とした流れで、そのなかの一人、朝尾直弘氏は、「鎖國」を、「兵農分離」・「石高制」とともに幕藩制國家の人民支配の装置の1つとして構造的な關連性を提示し、かつ、上記の3つを幕藩制(つまり、日本の封建制)の三大特質と位置づけた。そのなかで朝尾氏は、いわゆる　「鎖國」を　「東アジア」との關係性において議論すべきこと、對外關係は國家支配の一環として近世を通じて問題とすべきこと(研究の、「鎖國」形成期と解体期とへの偏りを是正すべきこと)を提起しており、それが上記の　「鎖國」の位置づけとあいまって、近世の國際關係研究を活性化させた。

　もう1つは、社會経済史(以下「社経史」と略称)系を中心とした非「歷研」

系の研究の流れで、貿易の實態などの研究のなかから、「鎖國」批判の潮流の1つが生まれた。歐米、特にアメリカ合衆國の社會學・政治學などの理論や研究成果を柔軟に取り入れながら近世日本の國際關係史を再構築する試みは、「歷研」系よりもこちらの方に親和性があったという印象がある。

　以上の2つの流れと不卽不離で、岩生氏自身もそのなかにあった、戰前からの、對外交涉史(あるいは、對外關係史)の實證的な研究も、孜々として續けられていた。70年代初めには、中世の對外關係史の研究者である田中健夫氏からも「鎖國」論批判が提起された。いわゆる「鎖國」は同時代の中國(明・淸)や朝鮮の「海禁」と類似の体制であり、日本獨自の体制と見るべきでない、また、「鎖國」を中世の對外關係からの斷絶だけではなく、継續という觀点からも見るべきである、としていた。

　このように、私が近世の對外關係の研究を始めたのは1970年代のなかばには、近世の對外關係史研究は、一方で、幕藩制社會/國家の再生產/支配との構造的な關連性が明確に意識され、他方で、東アジアとの關係性(具体的な關係と比較史)の視点を獲得して、それまでの「鎖國」觀を乘り越える直前まで來ていた、と言ってよい。

　それらの成果に勵まされながら進めた自らの研究と、その間に豊かな蓄積を持つようになった「四つの口」に關する研究に學んで、私は、「はじめに」で述べたように、1983年の「歷研」大會で、「鎖國」概念に替えて、「海禁・華夷秩序」の對概念で近世の國際關係を再構成することを提起した。その理由は以下の3点だった。

　①「鎖國」(國を閉ざすこと、あるいは、その狀態)という言葉が、もともと形容矛盾を含んでいること。近世の日本が「四つの口」で東アジア域內での關係を維持していたことは、すでに周知のことになっている。その後の研究の進展のなかで、近世の國際關係には、日本人の「海外渡航」やキリスト教の禁止、關係相手國の限定などの關係

を制限する面と、朝鮮通信史などの外交使節の往來や「四つの口」での盛んな貿易など、國際關係を振興し、編成する面との、2つの面があることが明らかにされてきた。しかし、それらを總称する際には、依然として「鎖國」という言葉が使われており、形容矛盾は解消されないばかりか、混迷をますます深めているように私には判斷された。もともと、「國を閉ざす」という意味のオランダ語の譯語として造られた「鎖國」という言葉には、それ以上の意味はないために、かえって恣意的な擴張解釋を可能にしている。從って、上記の2つの面には、それぞれに對応する内容を持つ言葉(名称)をつけて、それらの關係性も含めて考えるのが妥当である。そのために選んだ言葉が、「海禁」と「華夷秩序」だった(その意味・内容については、後述)。

② 「鎖國」という概念はヨーロッパとの關係のみに着目することで生まれたので、それ以外の地域との關係は、東アジアも含めて、本來的に拔け落ちている。東アジアとの關係性を軸に近世の對外關係の再構成を試みる場合には、この概念は障害でしかない(ただし、「鎖國」という言葉は、すでに述べたように、非ヨーロッパ地域の近代人の心性を考察する時にこそ、積極的な意味がある)。

③ 「鎖國・開國」言説は、「近代」がすべての人にとって希望であった時には、時代の牽引車としての歴史的役割を果たした。しかし、近代社會が壁にぶつかり、その諸価値も含めて再檢討が求められるようになると、この言説自体も批判の對象とならざるをえない。日本において 「鎖國」批判が明確な形をとるのと、高度経濟成長がオイルショックによって一段落する一方で、公害問題などの社會問題が噴出するようになったのと、ほぼ軌を一にしていたことは、その關連性を象徴しているだろう。日本において近代化の問題が一段落ついて(一頓挫して)、世界、特に東アジアとの共生・協調が現在日本の中心的な課

題になっている現在においては、それに對応する新たな言説が必要
である。

　以上のことがすべて、83年の段階で明確に私のなかで言語化されてい
たわけではなかったが、今振り返ってみれば、およそ以上のようなことだっ
たろう。その後の研究のなかで私は、いわゆる「鎖國」に關しては、徐々
に以下の2つの課題を意識するようになった。

　1つは、近世日本の國際關係の實態のさらなる解明。それについて
は、近世「國際關係」論の構築が必要であり、本報告に關わる形で表現
すれば、それは、近世東アジア國際關係論の構築ということになるだろう。

　もう1つは、「鎖國・開國」言説の形成・定着とその歴史的役割の究明。
これはすでに述べたように、日本人のみならず、非ヨーロッパ系近代人の
心性やアイデンティティに深く關わる問題であり、東アジアの人々の自立と
共生のための基礎的作業ともなる、と私は考えている。

　　以下は、第1の点について、83年報告をその後の知見で補足しなが
ら、述べることにしたい。

Ⅲ. 東アジアの近世的秩序 – 形成とその 構造 –

1. 近世的秩序の形成 – 「倭寇的状況」と国家間ネット ワークの再建 –

　16世紀半ばから17世紀後半にかけて、東アジア全体が大きな変動に巻
きこまれて、旧体制が崩壊し、その中から新しい秩序の担い手たちが登場し

て、新しい國際秩序を再構築して行った。「大変動」というのは、具体的な
現象としては、16世紀の、いわゆる後期倭寇、ヨーロッパ勢力のシナ海域
への出現、豊臣秀吉の朝鮮侵略、後金(淸)の中國征服などのことだが、
それぞれが明に對する貿易の要求を持っていたことでは通底していた。

　私はこの狀況を總体として「倭寇的狀況」と呼んでいる。この言葉の狙
いは、いわゆる「鎖國」や「南蛮貿易」などというヨーロッパ中心の言說を
相對化し、日本もふくむ東アジアの人々の自生的であり、かつ主体的な活
動を基軸にして、この時期の日本の國際關係を總体的として捉えなおすこと
だった。それに關連して、次の3点のことを確認しておきたい。

　1つは、この大変動のエネルギーのもとになった、この海域の経濟的
な活況を支えたのは、シナ海域の人々の民族や國境を超えた、「自由」な
結びつき(ネットワーク)だったということだ。そのネットワークの代表的なもの
が華人のそれで、シナ海域の全域に展開する港市(地域的な交易センター)
をつないでいた。その意味では、このネットワークは、國家を媒介としない
民間レヴェルのものであったと同時に、港市間ネットワークでもあった。16
世紀の後半から日本の九州の各地で形成された「唐人町」や、東南アジア
各地に生まれた「日本町」も、これらの港市の構成要素だった。15世紀以
來この地域を覆っていた國家間ネットワーク(明中心の朝貢貿易を軸とする
國際秩序)が衰退したために、もともとその基盤でもあった華人のネットワー
クが、國家間のそれに代替するものとして、歴史の表面に躍り出てきたの
だった。そのネットワークを代表する存在が倭寇だった。

　「倭寇的狀況」は、このネットワークに、当時世界の銀生産のほとんどを
占めたといわれる、日本と中南米産の銀が流入することによって生まれ
た。その意味では、シナ海域の國や民族の自生的な發展に、ヨーロッパ
人の「大航海時代」が接合された結果、この「狀況」が生まれた、と見るこ
ともできる。そして、それによってこの地域は未曾有の好景氣に沸き、人・

もの・情報の流れは急速に增大し、加速して、從來の古いシステムを機能停止に追いこみ、崩壊させた。その中から新しい勢力が成長し、あるいは、外からの勢力をも卷きこみつつ、互いに對立と協調、連携や競合などを繰り返しながら覇權を争った。

　その試行錯誤を通じて、新しい國際秩序が構築されていくのだが、同時にそれは、この海域における華人ネットワークとその背後にある中國(明)の壓倒的な地位が相對化されて行く過程でもあった。いわゆる 「南蛮貿易」は、日中間の中継ぎ貿易(銀と生糸の交換)で、ポルトガル勢力がマラッカ・マカオ・長崎ルートを設定して、上記の華人ネットワークの一部を占據したことによって形成されたものだった。それはポルトガル人の顔をした華人ネットワークとでも言うべきものだったが、華人ネットワークがポルトガル勢力によって相對化されたという意味でも、「倭寇的狀況」の一環だったし、いわゆる朱印船貿易も同様の意味を持っていた。「中華」と華人ネットワークの相對化を象徴する事件が、明の滅亡と淸による 「中華」の占據(明淸交代)だったが、それは同時に、周辺民族の成長を象徴的する現象でもあった。

　2つは、國際關係には、常に、外交(國家間ネットワーク)と地域間交流(民間レヴェルのネットワーク)の對抗關係が孕まれている、ということだ。國家は、成立以來常に、領域外との關係(國際關係)を統括する權限は國家にあると主張し、東アジアにおいてはそれを伝統的に、「外交權」は國王にあり、「人臣」(臣下)にはないと表現されてきた。そのイデオロギーが政策に表わされたのが、「海禁」だった。絶對主義時代のヨーロッパにおいても「外交」は國王大權の一つだったことを想起したい。

　民間レヴェルの通交ネットワークの担い手だった倭寇たちが、「倭寇」である所以の、武裝を強化し、中國・朝鮮沿岸を襲うという凶暴さを見せるようになるのは、「海禁」政策、つまり、國家權力の生の彈壓に對抗するためだったということに關わる。中國沿岸の密貿易の基地雙嶼が明軍に襲われ

て壞滅して以後、彼らは著しく武裝を強化し、凶暴化したと言われている。倭寇のおもな被害者たちも、また、民衆だった。東シナ海の 「商業」の主要な担い手でもあった彼らは、國家權力の彈壓、すなわち、「海禁」に媒介されて、東アジアの國家權力からだけでなく、民衆からも忌み嫌われる存在になった。

3つは、倭寇的社會は、密貿易を軸に構成された、自力の社會であることだ。自力の社會では自衛のために武裝せざるをえない。中世日本の村の世界と同様に、海のこの世界も、過酷な自力救濟の場だった。また、密貿易はもともと不法な行爲であり、相手も不定で、相互の信用の基礎もない。しかし、このことは、この社會がまったくの無法地帶であったことを意味しない。そうではなく、それなりの規律やルールと、それを監視し、守る存在がいた。種子島に鐵砲をもたらしたポルトガル人たちを載せていたジャンク船の船長として知られる王直に代表されるような倭寇の頭領たちがそれだ。彼らの存在は、相互の紛爭を調停し、航海や貿易の安全を保障する存在への欲求が、他ならぬこの社會の住民たち自身にも強かったことを示している。

上述のように、「倭寇的狀況」は、この海域の貿易に直接・間接に參入してきた諸勢力の覇權爭いという様相を示したわけだが、それは、誰が、どのようなシステムで、この海域とその後背地である東アジア地域に平和と安全をもたらすことができるかという競爭でもあった。それは、この地域の住民たちの強い願いに支えられた、熱い、それだけに過酷なレースでもあった。

そのレースには、2つの位相があったと、私は考えている。1つは、國家あるいは國家に等しい、例えば、ヨーロッパ諸國の東インド會社や、一大海上勢力であった鄭氏のような諸勢力間の對抗關係だ。いわゆる「外交」關係がそれに当たる。もう1つは、先の關係に覆われて見えなくされがちだが、確實に存在する國家レヴェルと民間レヴェルの對抗關係だ。その典

型的な例が明政府と倭寇との對抗關係だが、例えば、日本の戰國大名と
倭寇が連携し、あるいは、明政府と、その段階では倭寇の範疇と見なされ
ていたポルトガル人たちが連携するというように、時と場合において、それ
ぞれの關係はかなり入り組んだものになることが多かった。本報告では、
國家間の關係を外交關係と呼び、外交關係と民間レヴェルの關係をもふく
めた關係を總体として呼ぶ場合に、國際關係という言葉を使うことにした
い。これを図式的に示せば、國際關係＝(外交關係＋民間レヴェルの關
係)、ということになる。

　豊臣秀吉の海賊停止令(1588年)は、日本の領主權力と倭寇との結びつ
きを構造的に斷つという戰略を打ち出した点で、日本列島を「倭寇的狀況」
から脱却させる戰略の第一彈であり、日本の統一政權が「海禁」に向けて
踏みだした第一歩でもあった。それは、2つのネットワークの間の錯綜した
關係を整理し、民間レヴェルのネットワークを「國民」ごとに分斷して、國
家間のネットワークに組み込みつつ再構築するための、最初の布石でも
あった(「國民」と「海禁」については後述)。

2. 近世的国際秩序の構造－日本を中心に－

　「倭寇的狀況」が克服され、東アジアに、周辺國家と國家に等しい勢力
による國際秩序が形成されるまでの経緯については、省略せざるをえない
が、大まかに言えば(國家間ネットワークの再編を中心に整理すれば)、日
本の近世國家(幕藩制國家)の形成と中國の明清交代という2つの動向を主
軸に、南方からのポルトガル・スペイン、オランダ・イギリスの東アジアへの
進出・定着と北アジアへのロシアへの進出・定着という2つの動向を副軸と
して、展開した。その結果、東アジア各勢力間に一定の勢力均衡と合意が
成立し、それが18世紀から19世紀なかばまでの東アジアの國際秩序(「近世

的秩序」)の枠組みとなった。それを、日本を中心に図に表したのが、図
Ⅰ・Ⅱである。図Ⅰが政治的關係を、図Ⅱが、貿易を中心とした經濟的
な關係を表している。「參考図」は、それを、中國を中心に俯瞰するため
に、浜下武志氏による概念図を拜借した。

　まず、図Ⅰを見る。これから、近世日本の國際秩序の特徵は、以下の
5つに整理することができる。

①近世日本には4つの海外に向けて開かれた窓口(四つの口)があっ
　た。それらの「口」は、それぞれに特定の關係相手を持っていた。す
　なわち、長崎での中國人・オランダ人、薩摩での琉球、對馬での朝
　鮮、松前での蝦夷地(アイヌやコリヤークなどの先住民)である。

②ただし、德川幕府は、1635年以來 「海禁」体制をとって、國際關係
　を上記の「四つの口」に限定し、それらの「口」で特權を与えられたも
　の以外の一般の 「國民」が、私的に國際關係に關わることを禁止し
　た。通常、この体制のもとで 「日本人の海外渡航が禁止された」と
　表現されるが、實際には、朝鮮の釜山倭館にはすくなくとも500人以
　上の日本人(對馬人)が常駐していた他、琉球や蝦夷地にも日本人が
　渡航していた。長崎での日本人と外國人の關係性を含めて、その特
　徵は、日本人が「私的に」(あるいは、國家權力の媒介なしで)海外に
　渡航し、あるいは、外國人と接觸することを禁じるところにあり、本質
　的に、中國・朝鮮における 「海禁」(國民」が私的に海外に出たり外國
　人と接觸することを禁止すること)と同じである。

③それを東アジア全体で見れば、日本・中國・朝鮮・琉球の各國におい
　て、それぞれ王權が 「海禁」政策を通じて國際關係を獨占し、そのこ
　とによって構築された國家間ネットワークによって、この海域全体に
　秩序と平和をもたらした。そのもとで、朝鮮通信使や琉球國王の使
　節(謝恩史・慶賀使)の來日があり、オランダ商館長の江戸參府があ

り、彼我の漂流民がそれぞれに送還され、安定した貿易關係が維持
されていた。

④將軍は實質的な「國王」として國際關係全体を統括していたが、日常
的な關係は直轄都市(長崎)と3つの大名(藩)、すなわち、琉球(島津・
薩摩藩)・朝鮮(宗・對馬藩)・蝦夷地(松前・松前藩)が　「役」として排他
的に担当し、その見返りとして、そこから得られる、貿易利潤をはじめ
とする諸利益を獨占的に享受していた。言い換えれば、德川將軍
は、それぞれの國際關係を、直轄都市と3大名との「御恩」と「奉公」
の關係(封建的主從關係)を通じて統括(支配)ていた。その点において
は、官僚機構を通じて國際關係を統括した中國・朝鮮・琉球などと質
的な違いだが、日本においては、これら四つの　「口」が官僚的な役
割を果たしていた。

⑤それらの關係は、18世紀末から19世紀の初めにかけての　「外壓」の
顯在化(ヨーロッパ資本主義勢力の登場)のなかで、東アジア國際社
會の伝統にもとづく、「通信」(朝鮮・琉球)・「通商」(中國・オランダ)・「撫
育」(蝦夷地)の3つのカテゴリーとして、理念化された。なお、幕末
開港後に和親條約を結んだ後のアメリカ合衆國・イギリス・ロシアな
どは「通信」のカテゴリーに入れられたことが確認できるが、そのこと
は、この体制がかなりの柔軟性を、つまり、單なる「開港」のみでは
容易に崩れない強靭さを持っていたことも示唆しているように私には思
える。

次に、これらの關係を、日本を中心とする貿易關係から觀察してみよ
う。図Ⅱを参照されたい。この図からは、とりあえず、以下の3点を指摘し
ておきたい。

1つは、それぞれの　「口」では、直接接触している相手との貿易と同時

に、それぞれの相手を媒介にして、中國市場と繫がっている。つまり、「四つの口」による経濟圏は、それぞれの「口」を中心とする局地的な市場圏と、中國と日本の市場を結ぶ東アジア域內の、その意味では廣域の市場圏の複層からなっている。

　2つは、この経濟圏は、例えば、バタビヤから來航するオランダ船や唐船の一部を通じて、一方では、東南アジア海域からインド洋、他方では、フィリピン(マニラ)・アカプルコの太平洋ルートを通じてアメリカ大陸へ、また、北方地域を通じて、ロシア・アメリカ大陸北方の双方に、つまり、地球的世界に通じていた。

　3つは、日本市場は直接には東アジア域內の、さらにそれらを通じて地球的世界の國際市場をゆるやかに繫がり、國內市場との關係性のなかで、貿易品の內容も數量も変化している。

　以上を簡潔にまとめると、近世の日本は、東アジアとの政治的にも、経濟的にも、東アジアの國際的な關係性のなかで、生きていたということになる。その關係は、一見、15世紀の明を頂点とするそれの再生のようだが、以下の6点において違っている。

　まず、第1に、日本が　「海禁」体制をとり、「倭寇的狀況」を克服したこと。14世紀半ばにこの海域に「倭寇」が出現して以來、その實態の如何にかかわらず(色々と議論のあるところだが)、東アジアの國際社會の重要案件であり續け、中國・朝鮮の政府が日本の政府に突きつける諸要求のうちもっとも優先されたのが、倭寇の禁壓だった。言い換えれば、日本の政府が、その正当性を中國・朝鮮から認められるための第1の要件が、倭寇の禁壓だった。その要件を滿たしたのが豊臣秀吉の海賊停止令であり、德川政權がその方針を引き継いだのも当然だったが、さらに付言すれば、その實績をもとに、秀吉が明に　「勘合」を求めたのも、歴史的にも國際關係論的にも、十分に根據のあることだった(後述)。

　第2に、中國において、明が清に替わっている。これが、明清交代の結果であることは、言うまでもない。それは、例えば日本においては「華夷変態」(「華」が「夷」に変わった)ととらえられたが、そのことは「夷」であっても、それにふさわしい内實を備えれば「華」になりうるということを既成事實化した。それが日本・朝鮮・ヴェトナムなどの周辺諸國の自己中心的な國家意識(小中華意識)に裏づけを与えることになり、華夷意識の擴散をいっそう促進することになったと考えられる(華夷意識の普遍化と擴散化)。これが、19世紀半ばからの歐米資本主義の東アジア進出に對して、日本のみならず、中國・朝鮮などでも同様に(あるいは、日本以上に)激しく燃え上がった攘夷意識・運動の核となった。

　第3に、日本と中國(清)との直接の外交關係がなくなり、朝鮮・琉球、それに長崎に來航する中國船に媒介される間接的な關係になっている。兩國政府の直接の關係は、19世紀後半の日清修好條規(1871年)まで待たなければならない。周知のように、16世紀のなかばに明との直接の關係(勘合貿易)が途絶えて以後、その回復は日本の中央政權(豊臣・徳川政權)の對外政策の中心であり續けた。その失敗の結果がこれだが、同時に、中國との直接の關係なしでも、政治的・經濟的に國家として存立しうるだけの條件を徳川政權が手に入れた、ということもできる。政治的な條件が、「海禁」政策をとって東アジア國際社會における國家としての正當性を確保しつつ、自らを頂点とする華夷的な國際關係(日本型華夷秩序)を設定しえたことであり、經濟的な條件が、中國市場と日本市場を結ぶ複數のバイパスを確保したことだった(圖Ⅱ參照)。言い換えれば、これは、互いに相容れない國家意識(中華意識と日本型華夷意識)が直接ぶつかり合って紛爭を起すことを回避する手段でもあった。また、これを契機に、日本(の國家と社會)は、古代以来の中國中心の國際秩序から一定の距離を置き、近世を通じて自立を強めていくことになる。

4つ目に、中國船が長崎に來航しているが、これは中世までは、タテマェとしてはなかったことだった。明は日本への海禁政策をとって、日本からは勘合船以外の船が渡航することを禁じ(勘合符を持たない船は 「倭寇」と斷じ)、中國人が私的に日本に渡航することを禁じていたからだ。しかし、すでに述べたように、「倭寇的狀況」のなかで多くの中國人が非合法に日本に來航し、彼らと戰國大名などとの連携で、九州各地には 「唐人町」が形成された。この動向が、後述の、ヨーロッパ人・日本人などの貿易活動とともに、途絶えた勘合貿易を補って余りあったはずなのだが、彼らは國際的には(中國側から見れば)犯罪者(倭寇)だった。日本の統一政權が彼らの來航を認め、直接の關係を持つことは彼らの 「犯罪」に加担することを意味し、國際的な對面を失うことにつながる(各地の 「唐人町」の設置には、戰國大名の積極的な關与があり、倭寇の頭領王直が、彼らとの間に廣い人的ネットワークを持っていたことも、知られている)。秀吉が海賊停止令で、戰國諸大名に、倭寇(非合法の渡航者)の捕縛を命じ、彼らと關係を持つことを禁じたのは、倭寇行爲の禁止とともに、領主階級全体を國際的な犯罪から足を洗わせること、つまり、「倭寇的狀況」から日本という國を脫却させることに、狙いがあった(秀吉の朝鮮侵略は、國際關係論的に見れば、倭寇禁壓という秀吉の功績に對して、明から何の挨拶もないという「無礼」を糺すという名目もあった)。その配慮は德川政權も共有しており、明との國交回復交渉の成功の見込みがないと見切った段階(およそ1620年代初め)で、來航中國人との直接の關係を絶ち、國內的な措置で彼らの來航地を長崎に限定した後は、長崎の町政機構を通じて間接的に支配するようになる。

中國人の中國本土からの來航は、淸政府の 「遷界令」の解除(1684年)によって公認された。しかし、淸との直接の關係を好まない德川幕府は、それまでの中國人(当時の呼称は 「唐人」)の位置づけを変えず、かえって、大擧して來航するようになった弁髪などの 「夷俗」となった中國人を、新た

に設置した　「唐人屋敷」に囲い込み、出島のオランダ人と同様の境遇に置いた。この境遇を、例えば、新井白石は　「非人間的」と見ていたように、唐人屋敷への囲い込みは、密貿易對策などの直積の目的の他に、來航中國人たちの「夷俗」によるところが多いのではないか。ともあれ、この状態は、幕末・開港まで維持された。

　5つ目は、琉球が淸との册封關係にありながら、日本の大名島津氏(薩摩藩)の屬領となっている。1609年の島津氏の琉球制服以後、その屬領でありながら、中國王朝(明・淸)の册封を受けている、いわゆる　「兩屬」關係にあったことは、周知のことだろう。それは、あるいは、「倭寇的狀況」のなかで旧來の地位を奪われた琉球王府の、近世を生きのびるための半ば主体的な選擇だったのかも知れないという思いを、私はぬぐいきれない。

　6つ目に、ヨーロッパ勢力が東アジアの外線部へ定着した。中世の琉球王國が、明と周辺地域との中継貿易で一種の　「大航海時代」を築いたことは周知のことだが、近世においては、その役割の一部を、ヨーロッパ勢力が担うことになった(その他は「後期倭寇」や日本人など)。バタヴィアから長崎に定期的に商船を派遣したオランダ東インド會社も、ポルトガル(マカオ)・スペイン(フィリピン)、17世紀前半にいったんはインドに退いたイギリスイギリス東インド會社も、ほどなくシナ海域に復歸した。これらのヨーロッパ勢力は、19世紀前半(およそ、アヘン戦争)までは、東アジア諸國・諸民族が相互に形成した國際關係や、それぞれの國家・民族の存在形態(身分制などの社會關係や政治的狀況)に依據・適応する形でしか、定着できなかった。ヨーロッパ勢力のなかで、ポルトガル・スペインの旧教國が、近世國家の新体制に適応しきれずに排除され、オランダのみが日本市場に殘されたのも、その表われだった(イギリスは、周知のように、当初目論んでいた中國市場への定着に失敗し、オランダとの競爭に敗れて、日本市場から撤退した)。キリスト敎や科學技術なども含めた彼らの行動様式や文化は、こ

の海域にとって新しい要素ではあったが、全体としてみれば、19世紀なかばまで相對的な位置に留まっていた。しかし、それと同時に、彼らの活動によって、東アジア地域が地球的世界と直接に結び付けられたことの歴史的意義も、見落としてはならないだろう。

　「倭寇的狀況」とそれが克服される過程において、この秩序に付與されたものであり、そこから見えてくる15世紀段階との違いを、大まかに整理すれば、日本など周辺諸國の成長と、この地域が地球的世界の一部に構造的に組み込まれたことの衝擊の大きさということになる。それらは相俟って、「中華」の構造を変化させ、その地位を相對化したのだった。図Ⅰ・Ⅱはこの秩序を日本側から見たものだが、それを中國中心にした、浜下氏による「參考図」に照らし合わせてみると、その客觀的な位置が見えてくる(14)。浜下氏も力説するように、中國は一個の世界の中心であって、關係を持っている地域(あるいは、「世界」)は東アジアだけではなく、全方位で、それぞれに獨自の論理を持った周辺地域(「世界」)と接觸している。それぞれの「世界」は、參考図の円で囲まれた部分で表わされているのだが、この図では、東シナ海域圏・東南アジア圏とアメリカ大陸を結ぶ「環太平洋圏」が抜け落ちているが、19世紀以後の東アジアの國際關係の前提として、この要素を見落とすことはできないだろう(後述)。

　しかし、それはそれとして、「中華」は、相手地域との接觸の仕方、その關係性の性格、歴史的経緯、さらに、その折々の相互の力關係などに応じて、さまざまな論理を使い分けながら、その中心性を維持してきた。中國を頂点とする東アジアの華夷主義的な國際秩序も、その中心性を守るための複数の國際關係の編成原理の1つにすぎなかった。明淸交代における華夷意識の普遍化と擴散の経緯は、中國の中心性が周辺を巻き込みながら解体・再編され(それ故に、ある意味では、強化され)る過程をよく示している。1949年以来の中國の「革命」も、アヘン戦争以来の「中華」の再編過

程の一環なのかも知れない。

　私などが主張してきた「日本型華夷秩序」も、「中華」の周縁に位置する
國家群がそれぞれ保持するようになったいくつかの「小中華主義」が具体化
されたもののひとつに過ぎない。その周縁性が世界觀の形で端的に表われ
たのが、日本人が中世以來保持してきた「三國世界觀」だった。しかし、
そのような周縁性は、かならずしも、それぞれの「國民」が育んできた「小
中華意識」とその表現形態の虛僞性をあげつらう根據とされるべきではない
だろう。それぞれの「小中華意識」が虛僞的であるならば、本家本元とさ
れる「中華意識」もまた、本質的に虛僞意識に他ならないからだ。そして、
「中華意識」が編成原理であると同時に、あるいは、それ以上に説明原理で
あるのと同様に、周縁諸國家のそれも同じ性格をあわせ持っているからだ。

3、海禁と華夷秩序－その「国際関係論」的意味－

　ここでは、近世日本の「四つの口」における國際關係を、「海禁」・「華
夷秩序」という2つの概念で整理することの意味を、あらためて確認しておき
たい。

　まず、「海禁」について述べる。「海禁」という言葉が、中國明代に理念
化され、言語化されたことは周知のことだが、私は、この言葉は、以下の
3点において、前近代の東アジアの國際社會に普遍化できる、と考えてい
る。1つは、それが、明律の「下海通蕃之禁」の條項からも明らかなよう
に、文字通り、「私人」(國家の特權につながらない、一般の「國民」)が海
外に出たり、外國人と交流することを禁止するものであること。2つは、そ
の目的は、この政策がとられた明代においてそうであったように、國内の不
穩分子が海外の勢力と手を結ぶこと(それによって、國内支配を脅かすこと)
を予防するためであったこと。3つ目に、それが、國家成立以來の國家が

持ち續けてきた、「人臣に外交なし」(外交は國王特權である)という國家イデオロギーを体現したものであること。

　前近代にかぎらないが、特に前近代においては、國家が國際關係を獨占する、あるいは、獨占的な管理のもとに置こうとする場合に取られるごく一般的な政策で、その目的は、國內の不穩分子が國外の勢力と結びついて秩序や治安、國家支配などを脅かすことを防止するためのものだった。そのためにこのようなドラスティックな手段がとられるのは、國家が支配下の住民を一人一人において掌握できていないため、すなわち、國家の人民支配の強さではなく、近代國家に比べた場合の相對的な弱さ、あるいは不十分さのためだった＊。

　　　＊それは、現在の日本の出入国管理と比較してみるとよくわかる。ひところほどではなくなったものの、現在の日本は比較的よく秩序が保たれており、それによって私たち庶民の日常生活は安全で平和だ(あるいは、異論がある人もあるかも知れないが)。それは国家の管理がかなり徹底して行われていることを暗示しているが、その総体は、私たちの目には巧妙に隠されていてその管理を日常生活において実感するのは、外国に往復する際のパスポートチェックや転居の時の住民票の移転ぐらいのものだろう。それは国家権力が私たちを管理していないからではなく、国民背番号制などと言われるほどに、私たち国民一人ひとりが生活の隅々まで管理されている結果なのだ。言い換えれば、前近代の国家の出入国管理が、海禁のように、目に見えて直接的、かつ、暴力的で、その意味では洗練されていないのは、近代国家に較べて、権力の集中や　「国民」の掌握の度合いなどが、はるかに弱く、未熟だったからだ。もっとも、それは個人が野放し状態にあったということではなかった。それぞれの個人は、家・村・町などの血縁的・地縁的な社会集団、さらには、身分・職能・宗教・民族などによる社会集団などに重層的に帰属し、それらの社会集団は、近代社会よりははるかに強い自律性を持って存在していた。一六世紀から一八世紀にかけては、ヨーロッパやイスラムにおいても、国家はまださほど目立つ存在ではなく、東アジアにおいて

も、やや様相は違うとしても、それらの社会集団をどのように統合するかということが、この段階の国家に問われていた問題だった。

　例えば、近世日本の過酷なキリスト教禁壓を、中國や朝鮮の海禁と區別して「鎖國」とする意見もある。しかし、私がすでに指摘しているように、キリスト教を禁止したのは近世日本に限らず、同時期に國家を形成していたシナ海域の國家は、例外なく、キリスト教を禁止している。禁止の理由が、キリスト教が國内の秩序を搖るがす「邪教」と判斷されたためであることでも、通底している。日本においては、キリスト教徒がその構成要素である「不穩分子」と海外の勢力とを結びつけるのがキリスト教(宣教師と信徒)と斷定されたために、彈壓はより徹底し、全國的なものになった。その斷定の正當性を示すできごととされたのが「島原・天草の亂」であり、この亂はそのような位置づけを與えるべく、幕府によって半ば演出され、それにまつわる言説とともに喧伝されたと私は考えている。

　なお、近世日本の海禁を「鎖國」と呼ぶ際に、「人民」あるいは「庶民」にとっては「鎖國」だったと言われることが、ままある。しかし、すでに説明したように、特權につながらない、一般の被支配層にとって國際關係が閉ざされていたことを明確に示すのが、「海禁」に他ならなかった。さらに、もしその点について徹底した議論をするためには、幕末維新期の「開國」が、一般庶民にとっても「開國」であったのか否かについての檢討がなされなければならないはずだが、そのような作業はほとんど等閑にされている。ここにも、「鎖國・開國」言説への囚われの一端を見ることができる。

　次に、華夷秩序ということについて整理しておこう。私は、すでに「華夷意識」が、

①それぞれのエスニックグループの自己(あるいは自文化)中心的な意識(エスノセントリズム)を基層に持つ國家意識であり、

②それは、そのエスニックグループの大小やそのグループの政治的な

　　成熟度(例えば、國家を形成しているか否か、部族社會の段階にある
　　かなど)にかかわらず、保持しており(漢民族だけの 「專賣特許」では
　　なく)、
　　③すべての國際社會においては、さまざまな規模の、多様な發展段階
　　のエスノセントリズムが競合していることを前提としなければならない、

　ということを提言してきた。それにもとづいて、私は、例えば、アイヌの
視線によって日本人の華夷意識も相對化されることに注意を喚起し、朝鮮
王朝の明に對する伝統的な從屬意識 「事大」のなかにも、そうすることに
よって、巨大な中國の壓力を制御する、主体的な、一種の羈縻の意識が
あるという主張にも同意を示してきた。服屬、卽に、その儀礼は、場合に
よっては、強い自己主張の裏返しでもあるということを、忘れてはならない
だろう。中國王朝の 「華夷意識」を受容する土壌ともなり、同時に、それぞ
れのエスニックグループが、「中華」に倣いながら、自らの 「華」である所
以に仮託しながら國家意識を育み、それぞれに 「小中華意識」とそれに応じ
た 「華夷秩序」を持つようになったのだった。日本の華夷意識も、そのよう
にして形成された。その具体的な過程については、すでに何度か整理した
ことがあるのでくりかえさない。ここでは、そのように設定された近世日本の
「華夷秩序」が、「四つの口」においてどのように具体化されているかを確認
しておきたい。
　　すでに見たように、近世日本の 「四つの口」での國際關係は、朝鮮・
琉球の「通信」、中國・オランダの「通信」、蝦夷地の「撫育」という3つの
カテゴリーにのっとって、体制が組み立てられていた。
　　「通信」は、双方の國王が 「よしみを通じる」という關係を軸に、体制が
組み立てられていた。例えば、日朝關係においては、それまでの歴史的
経緯から、朝鮮通信使が來日することはあっても、徳川將軍の使節が直

接朝鮮に派遣されることはなく、對馬藩(宗氏)がそれを代行するのみというように、やや変則的な面もあったが、「通信」が原則だった(それを象徴するのが双方の「國書」の交換で、通信使の中心的な役割だった)。したがって、「通信」の象徴的行事である通信使の來日の際、使節が釜山を出發してから戻るまでの諸費用は、すべて、日本側の負担だった。そのほか、双方の漂流民が漂着した際の救護と送還の費用は、日本國内では日本側が(朝鮮國内では朝鮮側が)、負担した。

　その關係の下で、對馬藩は朝鮮との通交貿易を許されていたが(その基準となるのが、「己酉約條」など朝鮮から宗氏に示された諸規定)、その通交のあり方は、近世に入ってその印象はかなり薄められはしたが、宗氏(對馬藩)が朝鮮國王に送る朝貢使節の形を取っていた。一方、釜山で多數の日本人(外交僧や對馬藩士、および特權商人たち)が滯在した「倭館」は、日本側の使節を接待するための施設であり、その設營は基本的に朝鮮側の負担だった。

　これに對して、長崎における中國・オランダとの「通商」關係においては、ともに、商人(町人)レヴェルの關係として、都市長崎がその調整機構を通じてそれらの關係を担った。出島・唐人屋敷ともに、町人(出島)、あるいは、長崎という町(唐人屋敷)の出費で設營され、來航中國人・オランダ人はともに、その借家人として、賃借料を支拂って滯在した。オランダ商館長の江戸參府の費用も、すべてオランダ側の負担であり、漂流民の救護と送還の費用も、中國側・オランダ側の負担として、貿易決濟のなかで處理された。さらに、「通商」關係は、德川將軍の恩惠によって許されているというタテマエは、中國側・オランダ側が來航する度に負担する、德川將軍や幕閣、長崎の町年寄以下地役人たちに對する多額の贈物の習慣として現れている。これらのあり方を、仮に長崎システムと呼ぶとすると、それは、中國廣州における、いわゆる廣東システムと極めてよく似ている。これは、どち

らの模倣というよりは、ともに、東アジア國際社會が長い年月をかけて培った長い伝統にのっとって、「通商」(つまり 「互市」)の關係を處理し、相手を待遇したために起きたことだったと考えられる。

なお、近世的秩序において、このような、容易に折り合わない、相互の 「華夷意識」が直接向き合うことで起きる紛爭を防止するための緩衝裝置として、蝦夷地や琉球・對馬、さらには、都市長崎などの境界的な存在が有效に機能した事實も、忘れてはならない。さらに言えば、これらの存在を許す、あるいは、それらの存在に依據することでこの秩序そのものも存立しえたのだった。このことについても述べる必要があるが、機會を改めることにしたい。

Ⅳ.おわりに-「地域秩序の再編」 に向けて-

ここでは、「地域秩序」の再編、ということに關して、近世の側から見た留意点を列擧することにしたい。

まず、再編の過程が 「不平等條約体制」のもとで、東アジアの諸國が世界資本主義の枠組みのなかに位置づけられるなかで、それぞれの華夷秩序が分斷・解体・再編され、それへの對応として、日本の当該地域への侵略性が顯在化したこと。これは、すでに、1983年段階で大まかな見通しは提示したが、より具体的にその過程を追跡する必要がある。

次に、「開港」は、それぞれの國が開かれた段階によって、その様相が異なっており(例えば、日本のペリーによる 「開港」は、捕鯨による環太平洋の活性化と密接な關連がある)、そのことがその後の歴史的展開に与えた影響は、かならずしも小さくない。すなわち、「外壓」は、この時代共通の

所与の條件ではあるが、それが顯在する仕方は、國によってちがっていたことを檢討作業の前提としたい。

　3つ目は、「開港」は、まずは、國家間ネットワークの再編のレヴェルの問題であって、それがどこまで民間レヴェルにまで及び、一般人にとっての「開國」となるのかについては、嚴密な檢証が必要である。維新政府が、当初は、德川幕府の政策を踏襲してキリスト教を嚴禁し、1866年に一般人の海外渡航を認めたものの、實態は、政府系の役人や留學生、商社員、官約移民などに限ったことをはじめとして、いわゆる「開國」言説を疑わせることが多い。この視点から國際關係の近代化の過程を照射することの必要性を、私は痛感しているのだが、ほとんどは今後の課題とせざるをえない。

　4つ目は、「鎖國・開國」言説の成立過程の檢討と重なることなのだが、近代化とともに、近世においてはむしろ「表」だったはずの日本海沿岸地域が、「裏」日本に位置付けられたことだ。この点についての檢討はすでに社會史の分野などでは進められているが、それらに學びながら、國際關係論の視点から、あらためて考えてみたい。

【參考文獻】

荒野泰典「日本の鎖國と對外意識」『歷史學研究別冊』1983年、後、「鎖國」
　　　　にカッコを付して、『近世日本と東アジア』(東京大學出版會、
　　　　1988年)に收錄。
同　　　「國際認識と他民族觀－「海禁」「華夷秩序」論覺書－」『現代を生
　　　　きる歷史科學2過去への照射』大月書店、1987年
同　　　「海禁と鎖國」『アジアのなかの日本史Ⅱ』東京大學出版會、1992年
同　　　「東アジアのなかの日本開國」『近代日本の軌跡1 明治維新』吉川
　　　　弘文館、1993年
同　　　「海禁と鎖國の間で」『新しい歷史教育②日本史研究に學ぶ』大月
　　　　書店、1993年
同　　　「東アジアへの視点を欠いた鎖國論」『徹底批判『國民の歷史』』、
　　　　大月書店、2000年
同　　　『鎖國を見直す』かわさき市民アカデミー講座ブックレット14、
　　　　2003年
同　　「日本型華夷秩序の形成」『日本の社會史1』岩波書店、1987年
同　　　「東アジアの華夷秩序と通商關係」(『講座世界史1世界史とは何か』
　　　　東京大學出版會、1995年)
同　　　「江戸幕府と東アジア」『日本の時代史14　江戸幕府と東アジア』
　　　　吉川弘文館、2003年
同　　　「近世日本において外國人犯罪者はどのようにさばかれていたか?
　　　　－明治時代における領事裁判權の歷史的前提の素描－」『史苑』
　　　　181号、2009年
同　　　「「開國」とは何だったのか－いわゆる「鎖國」との關連で考える－」
　　　　『開國史研究　第10号』2010年
大島明秀『「鎖國」という言說－ケンペル著・志筑忠雄譯「鎖國論」の受容
　　　　史－』ミネルヴァ書房、2009年
藤田　覺『近世後期政治史と對外關係』東京大學出版會、2005年
ヨーゼフ・クライナー編 『ケンペルのみたトクガワ・ジャパン』 六興出版、
　　　　1992年。
岩生成一「鎖國」(『岩波講座日本歷史10』岩波書店、1963年

同　　　『日本の歴史14 鎖國』中央公論社、1969年(後に中公文庫)

朝尾直弘「鎖國制の成立」『講座日本歴史4』東京大學出版會、1970年

同　　　『日本の歴史17 鎖國』小學館、1975年

同　　　「將軍政治の權力構造」『岩波講座日本歴史10 近世2』1975年。

山口啓二「日本の鎖國」『岩波講座世界歴史16』岩波書店、1970年

同　　　鎖國と開國』岩波書店、1993年

佐々木潤之介「鎖國と鎖國制について」『幕藩制國家論 下』東京大學出
　　　　版會、1984年

速水融編『歴史のなかの江戸時代』東洋経済新報社、1977年

社會経濟史學會編『新しい江戸時代像を求めて－その社會経濟史的接近
　　　　－』東洋経濟新報社、1977年

ロナルド・トビ　『近世日本の國家形成と外交』(創文社、1990年、速水融・
　　　　永積洋子らの翻譯、なお、原著はState and diplomacy in early
　　　　modern Japan：Asia in the development of the Tokugawa Bakuhu
　　　　(Princeton University Press,1984)

田中健夫「鎖國について」〔『歴史と地理』(255号、1976年)、後『對外關係
　　　　と文化交流』(思文閣出版、1982年)に再錄〕。

同　　　『中世對外關係史』東京大學出版會、1975年

同　　　「東アジア通交機構の成立と展開」(『岩波講座世界歴史16 近代3』
　　　　岩波書店、同『倭寇－海の歴史－』教育社歴史新書＜日本史＞66、
　　　　1982年

アンソニー・リードAnthony Reid 『大航海時代の東南アジアⅠ』法政大學
　　　　出版會、1997年(なお、原著は1988年)

浜下武志「東アジアの國際体系」『講座國際政治 1 國際政治の理論』東京
　　　　大學出版會、1989年

羽田　正『勳爵士シャルダンの生涯』中央公論新社、1999年

＊本稿は日本國際政治學會2006年度研究大會部會2「19世紀東アジア地域
　秩序の再編」(10月15日)における報告を原稿化したものです(未發表)。

「参考図」 中国と周辺関係(清代を中心として)

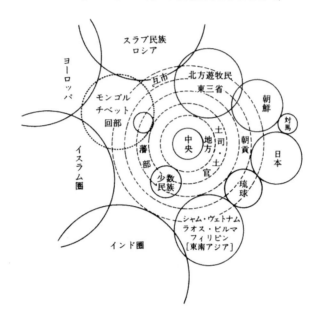

* 出典：浜下武志「東アジアの国際体系」『講座国際政治１国際政治の理論』(東京
　大学出版会、1989年)

図 I．18世紀ごろの東アジアの国際秩序―日本を中心に―

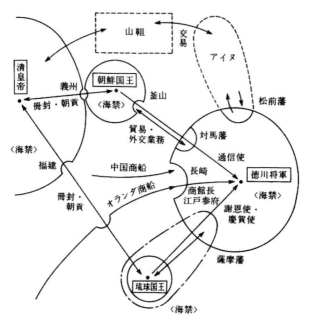

[注] (1) 釜山・義州以外の朝鮮の交易所(會寧・慶源)と,清のロシアとの交易所は本圖では
　　　　省略した.
　　　(2) 清の海禁は1717年以降.

＊出典：荒野泰典『近世日本と東アジア』(東京大学出版会、1988年)

図II 17世紀後半－19世紀半ばの東アジア貿易と日本

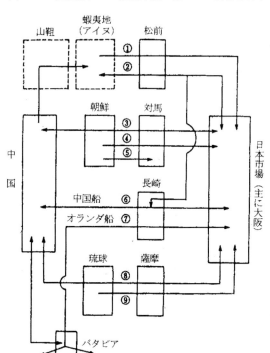

[注] (1) 交易品(概略)
①→鷹・金(～17世紀半ば), 木材(17世紀末)
②米・日用品など←海産物・毛皮など
③生糸・絹織物→銀(～18世紀初), 薬種・毛皮など←銅(18世紀半ば～)
④人蔘(～18世紀半ば), 木綿→
⑤米→
⑥生糸・絹織物→銀・銅(～17世紀末), 絹織物・薬種ほか←銅・海産物(18世紀～)
⑦生糸・絹織物→銀(～17世紀末), 絹織物←銅(17世紀末～)
⑧生糸・絹織物→銀(～18世紀半ば), 薬種・絹織物(ほか←銅・海産物(18世紀半ば～)
⑨砂糖
(2) 蝦夷地の重要性は, 18世紀に入り, 海産物が長崎の中國貿易の主要な輸出入品となり, またそのころ農業における金肥(魚肥)使用が盛んになつて, とくに増大.
(3) 琉球は, このほかに1万石余の貢米を上納(薩摩藩へ).
*荒野泰典, 『近世日本と東アジア』(東京大學出版會, 1988年) による.

近世対馬藩における朝鮮語通詞の職階と報奨について

金羽彬(九州大学博士課程)

I. はじめに

1. 通詞の定義

　鎖國制の下、近世日本には 「四つの口」と言われる貿易と外交の窓口が存在し、それぞれ 「通信の國」や 「異國」、或いは異域との交流が行われていた[1]。對馬はその四つの窓口の一つであり、主に朝鮮との關係を担当していた。生産環境が劣惡だった對馬は、生存するため朝鮮との貿易に依存していた。この場所を通じてこれらの交隣と實務を支えたのが 「通詞」である。

　「通詞」とは、本國と外國の間で言葉を譯す人であるが、單に言葉を譯すのではなく、当時外國に對しての情報と知識が乏しかった状況において、外交交隣の實務を進める上で重要な任務を果たしていた。近世日本には、三つの言葉を對象とする通詞がいた。長崎・平戸の唐通詞、オランダ通詞、そして對馬の朝鮮語通詞。唐通詞とオランダ通詞は江戸幕府の役

---

1) 荒野泰典,『近世日本と東アジア』(東京大学出版会、1998)

職だったものの、朝鮮語通詞は各藩の役職であった。江戸時代、日本側
の朝鮮語通詞は長州藩や薩摩藩などにもみられたが、中核となるのは對馬
藩のそれである。

　このような「通譯」を称するのに、色々な呼び方がある。例えば通詞・
通事・通辭・通譯・譯家・譯師・譯官・譯司・譯士・通弁・伝語官などであ
る[2]。一般に、朝鮮側の通譯は「譯官」と呼ばれており、日本側では「通
詞」と称されることが多い。本論でも、朝鮮側の通譯については「譯官」、
日本側の通譯については「通詞」という表現に統一して論述をすすめる。

　まず、朝鮮ではいつから日本語の通譯がいたのかは明らかではない
が、太祖2年(1393)に、朝鮮朝は事大交隣のためいわゆる外國語教育機
關である「司譯院」を設置した。初時は漢學と蒙學だけが設置されていた
が、太宗15年(1415)、倭學が設置された。朝鮮時代の基本法典『經國大
典』には、倭學訓導もふくめ、「譯官」の官位は正九品とあり[3]、通譯官の
地位があまり高くないことがわかる。漢學の生徒の定員が65名もいた一
方、倭學生徒の定員は31名に過ぎなかった[4]。他の言語と比べても、倭
學の教育を受ける人の数はあまり多いほうではなかった。

【表1】教育機關および額数(『経国大典』巻3´ 礼典´ 生徒條)

漢學	65
蒙學	10
女眞學	60
倭學	31

---

2) 姜信沆,「韓・日 両国訳官에 대한 비교연구」韓日両国訳官についての比較研究
　(『人文科学』23、1993年)47頁。
3) 漢学訓導や、蒙学訓導、女真学訓導の官位も正九品とある。「礼典、生徒条」
　『経国大典』巻3
4) 姜信沆,「韓・日 両国訳官에 대한 비교연구」(前揚)33-35頁。

　つまり、朝鮮では譯官が朝廷の官職として設置され、体系的な教育をうけることがすでに14世紀から始まっていたのである。しかし、日本においてはそのような体系的な教育機關は存在せず、對馬でも、18世紀に至って、一人の儒學者、雨森芳洲(1668-1755)により、ようやく朝鮮語教育機關が開設される[5]。

2. 先行研究

　對馬藩における朝鮮語教育と通詞に關しては、主として泉澄一、田代和生、米谷均、松原孝俊・趙眞環、鄭丞惠の研究がある[6]。これら先行

---

5) 雨森芳州の朝鮮語学校については、著者の論文を参照。(KIM Woobinn. "Amenomori Hōshū's Chosŏn Language School in Tsushima" in Sungkyun Journal of East Asian Studies, 10-1, pp.113-135.

6) 先行研究として、泉澄一『対馬藩藩儒学雨森芳洲の基礎的研究』(関西大学出版部、1997)、泉澄一編、雨森芳洲編著『芳洲外交関係資料』(関西大学出版部、1982)、田代和生『近世日朝通交貿易史の研究』(創文社、1981)、田代和生「対馬藩の朝鮮語通詞」(『史学』60-4、1991)、田代和生『倭館：鎖国時代の日本街』(文春新書、2002)、田代和生『日朝交易と対馬藩』(創文社、2007)、米谷均「対馬藩の朝鮮通詞と雨森芳洲」(『海事史研究』48、1991)、松原孝俊・趙真環「雨森芳洲と対馬藩『韓語司』設立経緯をめぐって」(『言語科学』32、1997)、松原孝俊・趙真環「雨森芳洲と対馬藩『韓国司』での教育評価方法について」(『日本研究』12、1997)、鄭丞惠「우삼방주(雨森芳洲)와 일본에서의 한어교육」雨森芳洲と日本における韓語教育(『문헌과 해석』32、2005)、鄭丞惠「대마도에서의 한어교육」対馬における韓語教育(『언문연구』130、2006)、鄭丞惠「日本에서의 韓語教育과 교재에 대한 概観 」日本における韓語教育と教材についての概観(『이중언어학』30、2005)がある。
　この他、朝鮮語通詞と情報については、木村直也「朝鮮通詞と情報」(岩下哲典・真栄平房昭『近世日本の海外情報』岩田書院、1997)、米谷均「対馬口における朝鮮・中国情報」(岩下哲典・真栄平房昭『近世日本の海外情報』岩田書院、1997)、徳永和喜「薩摩藩の朝鮮通詞」(岩下哲典・真栄平房昭『近世日本の海外情報』岩田書院、1997)、小川亜弥子「長州藩の朝鮮通詞と情報」(岩下哲典・

研究では、貿易主体である「六十人」と「雨森芳洲」、あるいは、教材が
注目されてある。通詞に關する最近の研究では、許芝銀の研究があり、
通詞の機能は情報收集と幕府への伝達であったと論じている[7]。

　しかし、この研究でも對馬における朝鮮語通詞の職階と役割について詳
しく說明されていない。そこで、本研究では、朝鮮語通詞の職階と役割を
分析し、職位と職務の相互關係を明らかにしたい。史料に關しては、現在
韓國國史編纂委員會に所藏している宗家文書『明和四丁亥年ヨリ寛政十庚
申二至 通詞 被召仕方 漂民迎送 町代官 御免札 朝鮮方』[8]を扱い研究を
行った。通詞の職階制度は、對馬藩と朝鮮との間で朝鮮語ができる通詞
を確保するために設置された。對馬藩は通詞に褒賞として朝鮮との貿易權
利を与え、財政負担を增やさず、通詞の役人を確保し、對朝鮮關係を維
持する方法をとった。

Ⅱ. 朝鮮語通詞の業務と職階

1. 通詞の業務

　通詞の任務は主に三つに分類できる。すなわち、倭館關係、朝鮮通信
使關係、そして、朝鮮漂流民送還に關する業務である。

　　真栄平房昭『近世日本の海外情報』岩田書院、1997)などがある。
　7) 許芝銀「近世対馬朝鮮語通詞의 情報収集과 流通」(西江大学校大学院史学科
　　東洋学博士論文、2007)
　8) (図書登録番号5423/MF0000870/청구기호 MF E종가 862)。以降、史料『通詞
　　(仮)』に省略する。

1) 朝鮮通信使に関する仕事

　朝鮮通信使は、豊臣秀吉の朝鮮侵略後、交隣關係を復旧するため派遣された使節である。約260年間の永い江戸時代の中、朝鮮通信使が派遣されたのは12回である[9]。通常、朝鮮通信使が派遣される際、必要とする通詞の人數はおよそ50人余りである。任務の内容については未だ詳しく知られていないが、通信使が無事に成功するよう取り計らい、通弁の役を果たした。

　宝暦14年(1764)、朝鮮語稽古所が開設されて以後、最初の朝鮮通信使を對馬藩は迎える。「【表2】宝暦14年(1764)朝鮮通信使來日時の隨行通詞と役割」はこれに隨行した對馬藩の「通詞」をまとめたものである。ここには、狭義ないし正式な通詞に數えられる15名[10]の通詞たち(「通詞中」)とならんで、平時には他の役職に従う者達が「通詞」として名を連ねている。彼らは平時にあって、必ずしも對朝鮮外交の窓口に立っているわけではないが、一旦通信使を迎える段になると、正式な通詞達とともに通信使一行に従ってその世話を行っている。言葉を換えると、専門の通詞以外に、朝鮮語を解する者がこれだけ澤山存在したということであろう。享保の通信使を迎えるようとした時、芳洲が、このままでは對馬の朝鮮語通詞は途絶してしまうのであろうと危機感を抱いた時代とは隔世の感がある。

---

9) 第1回は慶長12年(1607)、第2回は元和3年(1617)、第3回は寛永元年(1624)、第4回は寛永13年(1636)、第5回は寛永20年(1643)、第6回は明暦元年(1655)、第7回は天和2年(1682)、第8回は正徳元年(1711)、第9回は享保4年(1719)、第10回は寛延元年(1748)、第11回は宝暦14年(明和元年)(1764)、そして、第12回は文化8年(1811)である。

10) 通詞の数は田代の表で現われた通詞の人数と史料で確認できた通詞の人数を加算したものである。

【表2】宝暦14年(1764)朝鮮通信使来日時の随行通詞と役割

役割	通詞名	「通詞中」	史料『通詞(仮)』中の昇進
特定せず	渡嶋次郎三郎	大通詞	明和5年1月22日 大通詞 明和5年6月26日
特定せず	住永伊左衛門	大通詞	不明
特定せず	梅野甚介	(大通詞未席)	不明
特定せず	飯束吉郎兵衛	(大通詞未席)	明和4年10月6日 明和9年4月19日 明和9年8月23日
特定せず	樺嶋淳吉	(大通詞未席)	不明
三使附	俵要介	本通詞	明和4年10月6日 長崎勤番通詞 明和5年4月13日 通詞 明和5年9月20日 大通詞 明和6年5月 3日 大通詞 明和6年5月24日 大通詞
三使附	川村助五郎	本通詞	不明
三使附	小田四郎治	本通詞	不明
三使附	小田常四郎	稽古通詞	明和4年6月29日 稽古通詞 ｜ 明和4年10月 4日 稽古通詞 明和5年 1月23日 町人 明和5年 6月26日 御雇通詞 ｜ 明和6年1月16日 御雇通詞 明和7年9月13日 通詞 ｜ 安永3年2月26日 通詞 安永3年3月 8日 大通詞 安永6年2月13日 同斷(「五人通詞」) 安永7年3月23日 大通詞 ｜ 寛政12年8月2日 大通詞
三使附	荒川恕吉郎	稽古通詞	明和4年6月29日 明和5年4月13日 稽古通詞 明和6年3月15日 通詞 ｜ 安永3年2月26日 通詞 安永6年3月 6日 大通詞
三使附	江口壽吉	稽古通詞	明和4年9月12日

上従事附	吉松清右衛門	八人通詞	明和5年 4月13日 八人通詞 明和5年 5月16日 稽古通詞 | 安永3年 2月26日 稽古通詞 安永3年10月 8日 通詞 安永8年10月12日 大通詞 | 寛政12年3月20日 大通詞
上従事附	佐護伝右衛門		不明
人馬方	松本善右衛門		不明
人馬方	阿比留佐吉		明和4年9月24日 不明 安永3年2月晦日「五人通詞」 安永4年6月10日 稽古通詞 安永4年7月 5日 稽古通詞 寛政8年2月28日 六十人
人馬方	白水又右衛門		安永3年5月 1日 不明 寛政9年2月20日「五人通詞」
並通詞	圓嶋喜右衛門	八人通詞	不明
並通詞	山分庄次郎	八人通詞	明和4年9月8日 八人通詞
並通詞	梅野岩五郎		不明
並通詞	渡嶋忠六		不明
並通詞	澤田治右衛門		明和4年10月10日 詞稽古御免札 明和7年 2月27日 封進役人 明和7年12月24日 詞稽古御免札 | 安永3年3月27日 詞稽古御免札 安永5年10月4日 御町通弁役 | 安永7年5月 1日 御町通弁役 安永7年11月4日 不時通弁役 | 安永9年5月11日 不時通弁役
並通詞	杉原金十郎		安永5年1月 9日
並通詞	神田惣太郎		不明
特定せず	青柳伊吉	八人通詞	明和4年3月 1日 漂民送通詞 安永2年8月14日 八人通詞
特定せず	束田多四郎	八人通詞	明和8年10月21日 八人通詞
特定せず	扇善吉	八人通詞	不明

特定せず	矢木茂吉	八人通詞	明和4年6月 5日 八人通詞 ｜ 明和6年1月19日 八人通詞 明和6年2月 3日 稽古通詞 ｜ 明和9年4月20日 稽古通詞 安永2年4月16日
特定せず	服部甚兵衛		不明
特定せず	栗屋佐兵衛		不明
特定せず	福山文兵衛		安永3年4月12日 町人 安永3年6月19日 六十人 ｜ 安永5年7月 1日 六十人 天明4年3月26日 漂民八人御雇 天明6年4月 7日 六十人
特定せず	梅野四兵衛		不明
特定せず	白井源吉		不明
特定せず	山崎重吉		安永4年2月29日 六十人平右衛門忰 安永4年4月22日 六十人平右衛門忰
特定せず	津和崎又太郎		明和5年5月16日 詞稽古御免札 安永2年8月14日 八人通詞
特定せず	間永勝七		不明
特定せず	小田助三郎		明和5年6月25日 詞稽古通詞 安永5年1月 9日
特定せず	中嶋十郎治		明和8年12月25日 詞稽古御免札 ｜ 安永4年2月15日 詞稽古御免札 安永4年7月11日 稽古通詞 安永7年4月10日 通詞 安永7年7月10日 稽古通詞 安永7年7月13日 通詞
特定せず	岩永安左衛門		不明
特定せず	高原伝八		不明
特定せず	松岡忠右衛門		不明
特定せず	手束榮介		不明
特定せず	神宮吉藏		不明
特定せず	赤木橘郎次		不明
特定せず	小田四郎兵衛		天明2年2月 7日 「五人通詞」
特定せず	小島伊兵衛		不明

特定せず	飯束又三郎		不明
特定せず	鈴木伝蔵		不明
合計	47人	うち「通詞中」15人	21人

* 上の表は　田代和生『日朝交易と対馬藩』(前揚)の表3-5〔宝暦14年(1764)通信
使来日時随行通詞と役割〕の表に史料『通詞(仮)』(前揚)[11]の分析結果を追加し
たものである[12]。

　實際、これに先立つ、宝暦10年(1760)10月からは、朝鮮御用支配の
命令で、朝鮮語の試験が行われ、この試驗で優秀だと認められた者には
「詞稽古札」(稽古許可証)が与えられた[13]。

　通詞のなかでも職階が細分化されており、公式的な場面では、「通詞
中」の中でも上位職階の人が勤めていた。公式的な場面における通詞の
仕事とは、朝鮮語だけではなく、朝鮮の風習や、礼儀、知識などが用い
られた。

2) 倭館における任務

　對馬藩と朝鮮との關係で、貿易は重要である。豊臣秀吉の朝鮮侵略に
より、一旦中止になった對馬藩と朝鮮の貿易が再開され、慶長14年(己酉
の年、1609)、己酉約條がようやく締結され、幕末まで、對馬と朝鮮との
間の貿易關係が續いた。己酉約條により、朝鮮へ派遣する使送船である
「歳遣船」は一年間20隻が許された。そのうち「特送船」が3隻あった[14]。

　朝鮮の草梁倭館で行われる行事を簡單に紹介すると、まず、草梁倭館
に到着後、「茶礼儀」が行われる。「茶礼儀」は正官以下饗応場(宴廳)にお

11) 宗家文書『通詞(仮)』(韓国国史編纂委員会所蔵、図書登録番号5423)。
12) 田代は、宗家文書『宝暦信使記録』(慶応義塾大学三田メディアセンター所蔵)、
　　宗家文書『朝鮮詞稽古御免長』(韓国国史編纂委員会所蔵)などを引用している。
　　田代和生『日朝交易と対馬藩』(前揚)176頁参照。
13) 厳原町誌編集委員会編『厳原町誌』(厳原町、1997)613-4頁。
14) 田代和生『近世日朝通交貿易史の研究』(前揚)47頁。

いて東萊府使と釜山僉使に渡海の挨拶である。また、「進上」という儀礼が
行われ、そのときは對馬島主から朝鮮國王に獻上する書契(文書)が差し上
げられる。文書には物品の目錄(別幅)が付隨する。それに對し、朝鮮から
も「回請」というものが對馬側に渡され、これは對馬への返礼の品のことで
ある[15]。倭館に滯留が許された者には、館守・裁判・代官・東向寺僧・通
詞・横目・目付・医者・鷹匠・陶工・請負屋(御用商人)・水夫などがいた[16]。
要するに、倭館は朝鮮側と對馬藩が、外交・貿易業務を行う場所であっ
た。そのうち、通詞は草梁倭館で行われる儀礼や貿易で通譯を行う役を果
たしていた。

　許の研究によると、倭館に於ける通詞の役割は四つに分けられ、(1)通
譯、(2)外交私案と折衷、(3)文書の翻譯及び作成、(4)情報收集である。
公式的な交渉などでは、意思相通のために朝鮮語を用いたので、通譯が
必要であった[17]。また、通譯する際、ただ言葉を譯すのではなく、兩國の
交渉が成功に終わるため、兩國の意見を折衷することもまた通詞の役割で
あった[18]。朝鮮側の文書には、漢文や吏讀が混じっているので、通詞は
朝鮮側の文書を翻譯し、また日本側の文書を朝鮮側が讀めるように漢文や
吏讀を加えて翻譯しなければならなかった[19]。中國や朝鮮の朝廷の事情を
把握するため、通詞は情報を收集するように義務付けられた[20]。

3) 漂流民送還における役割

倭館は外交公館であり、貿易の他日本に漂流した朝鮮人の送還もここ

---

15) 田代和生『近世日朝通交貿易史の研究』(前揚)58-9頁。
16) 田代和生『近世日朝通交貿易史の研究』(前揚)176頁。
17) 許芝銀「近世対馬朝鮮語通詞의 情報収集과 流通」(前揚)37頁。
18) 許芝銀「近世対馬朝鮮語通詞의 情報収集과 流通」(前揚)37-38頁。
19) 許芝銀「近世対馬朝鮮語通詞의 情報収集과 流通」(前揚)41-43頁。
20) 許芝銀「近世対馬朝鮮語通詞의 情報収集과 流通」(前揚)44-50頁

を通じて行われた。朝鮮からの漂流民送還は日本と朝鮮の間、善隣關係を維持するのに重要な任務であり、ここにも通詞が活躍する場があった[21]。

朝鮮の漂流民は主に全羅道、慶尙道から出航した場合が多く、1628年から1888年までの期間に日本に漂着した朝鮮全羅道と慶尙道住民の件數は、史料から分かるだけで915件、さらに漂流民は9553人である。ある年は、10年のうち60回以上漂着しており、頻繁に行われた漂流民の送還は兩國の交隣關係に深く係わっていた[22]。

朝鮮漂流民が漂着した地域は、對馬・壹岐・五嶋・筑前・肥前・平戶・肥後・薩摩・大隅・長門・石見・隠岐・出雲・伯耆・因幡・但馬・駿河・丹後などがある。この他に琉球や蝦夷地への漂流も確認できる[23]。

全羅道と慶尙道の地域ともに、1600年代の後半になると、漂着件數が非常に高くなることが分かる。これは、密貿易が原因だという推測もある

---

21) 近世朝鮮漂流民送還に関する代表的な先行研究として、荒野泰典「近世日本の漂流民送還体制と東アジア」(『歴史評論』400、1983)、荒野泰典『近世日本と東アジア』(東京大学出版会、1988)、岸治「長門沿岸に漂着した朝鮮人の送還を巡る諸問題の検討」(『朝鮮学報』119・120、1986)、岡本健一郎「対馬藩の往来船管理と各浦の役割」(『九州史学』130、2002.2)、岡本健一郎「近世の日朝関係と対馬－往来船管理に注目して－」(『交通史研究』50、2007.7)、池内敏「近世朝鮮人漂着民に関する覚書」(『歴史評論』516、1993.4)、池内敏「17世紀、蝦夷地に漂着した朝鮮人」(直弘朝尾『日本国家の史的特質近世・近代』思文閣出版、1995)、池内敏『近世朝鮮人漂着年表(稿)1599-1872年』(湖山町、1996)、池内敏『近世日本と朝鮮漂流民』(臨川書店、1998)、米谷均「漂流民送還と情報伝達からみた16世紀の日朝関係」(『歴史評論』572、1997.12)、李薫「朝鮮後期 日本에서의 朝鮮人 漂民 취급과 善隣友好의 실태」朝鮮後期、日本における朝鮮人漂民の扱いと善隣友好の実態(『史学研究』47、1994.5)、李薫「조선후기 일본인의 조선 표착과 送還」朝鮮後期日本人の朝鮮漂着と送還(『韓日関係史研究』3、1995)、李薫「漂流兼帯制に対する一考察」(『年報朝鮮学』5、1995)、李薫「'漂流'를 통해서 본 근대 한일관계」「漂流」を通じてみた近代韓日関係(『韓国史研究会』123、2003.12)がある。

22) 李薫『朝鮮後期漂流民과 韓日関係』(국학자료원、2000年)69、82頁参照。

23) 池内敏『近世朝鮮人漂着年表(稿):1599-1872年』(湖山町、1996)。

が、朝鮮半島内で、外の地域との取引が盛んになったことが主な原因だとされる24)。このように多くの人数の漂流民を安全に送還するには組職的對応がなければ困難である。實際に、漂流民の生存率は96.1％で、当時としてはかなり高い率である25)。では、どのような形で漂流民の送還は行われたのか。

　朝鮮との外交關係を担当していた對馬藩は、近世における朝鮮漂流民の送還の件についても、管轄していた。對馬藩は、幕府によって規定された形で送還するよう決まりになっており、送還の手續きの変更、幕府の送還費用負担、および、對馬藩の漂流民送還を報告する必要があった。漂着した朝鮮漂流民は長崎へ移送され、宗門に關しての調査が終わった後、對馬藩の使者によって朝鮮まで送還されるようになっていた26)。

　朝鮮人が日本のどこの地域であっても漂着すれば、その領主が早速長崎へ送った。朝鮮人の漂船を長崎へ送る時、地域により漂流民の人数が少ない場合は、人間は陸路、船および手持ちの道具は海路を通じて送ったが、一方で筑前國のような地域では、漂流民と漂船の送還はすべて海路を用いた。また、朝鮮人の漂流民には領主が食べ物と衣服を提供した27)。

　再度流れを整理すると、朝鮮漂流民が日本へ漂着した場合、領主は彼らに食べ物や衣服を与え、様子をみて陸上か海を通って長崎へ行く。長崎では、對馬藩の長崎屋敷で宗門についての調査が行われる。長崎には朝鮮通詞が勤番として詰めており、彼らは、漂流民の出身・職業・漂流の次第などを訊問し、訊問した結果を長崎奉行に提出し、漂流民を受け取る事務手續きを行った。長崎には二名の勤番通詞が派遣され、同地の町代官とともに通詞任務を果たすことになっていた。その後、對馬藩に経由して、

24) 李薫『朝鮮後期漂流民과 韓日関係』(前揚)73-81頁。
25) 李薫『朝鮮後期漂流民과 韓日関係』(前揚)63-65頁。
26) 李薫『朝鮮後期漂流民과 韓日関係』(前揚)118-121頁。
27) 李薫『朝鮮後期漂流民과 韓日関係』(前揚)118-120頁。

朝鮮の草梁倭館へ送る。もし、漂流民が對馬に漂着した場合、對馬藩から送還するが、その際漂流民の出身地・人數・職業・漂流経緯・宗派などを幕府へ報告する取り決めとなっていた[28]。

【表3】朝鮮人漂流民送還過程

1) 対馬島外に漂着した場合：	2) 対馬に漂着した場合：
漂着地	**漂着地**
漂着地の領主の負担で長崎奉行まで護送する。	漂着地の浦方の負担で對馬府中まで護送する。
(長崎までの全ての経費は領主の負担である。)	(對馬府中までの全ての経費は浦方の負担である。)
▼	▼
長崎	**対馬府中**
長崎で對馬藩が漂流民を引継ぎ、對馬府中まで護送する。	對馬藩による事情聴取が行われる。
(對馬府中までの全ての経費は幕府の負担である。)	調書を作成する。
	以酊庵での臨檢が行われる。
▼	済んだ者は倭館まで漂差使に護送された。
対馬府中	▼
對馬藩による事情聴取が行われる。	**倭館**
調書[29]を作成する。	漂流民は一代官が受け継ぎ、屋敷で二度目の情報聴取が行われる。
以酊庵での臨檢が行われる。	漂流民は訓導・別差に渡される。
済んだ者は倭館まで漂差使[30]に護送された。	訓導・別差から漂流民を受け取った覺え書きを倭館館守に渡す。
▼	
倭館	
漂流民は一代官が受け継ぎ、屋敷で二度目の情報聴取が行われる。	
漂流民は訓導・別差に渡される。	
訓導・別差から漂流民を受け取った覺え書きを倭館館守に渡す。	

＊ 池内敏『近世日本と朝鮮漂流民』(臨川書店、1998)39頁参照。

---

28) 李薫『朝鮮後期漂流民과 韓日関係』(前揚)119-121頁。
29) 調書：漂流民の人数、漂流経過などを記録する(池内敏『近世日本と朝鮮漂流民』(前揚)39頁)。
30) 漂差使(朝鮮側では漂倭とも称す)：特別の使者。倭館まで漂流民を護送する任務に就いていた。池内『近世日本と朝鮮漂流民』(前揚)39頁。

漂流民が送還されるまでの費用は、幕府が、漂着した地域から長崎まで掛かる費用、または、長崎で滯在する費用と對馬藩の迎船が長崎から對馬まで移動するのに掛かる費用を負担した。しかし、對馬藩から朝鮮倭館までの必要な費用は對馬藩が負担していた[31]。

2. 通詞の職階

1) 職階の構成

米谷の研究によると、對馬藩の通詞職は、本來、通詞本役・稽古通詞の二つに分けられていた。その後、確實な時期は不明であるが、後に、大通詞・本通詞・稽古通詞・「五人通詞」(「八人通詞」)に區分された。米谷は、この変化が起こった理由を朝鮮語熟達者の確保が難しくなったので、新たな通詞予備軍の存在が必要であったからだと述べている[32]。

【表4】通詞職の階級

階級	人数
大通詞	2
本通詞(通詞)	4
稽古通詞(詞稽古通詞)	3
「八人通詞」(「五人通詞」)	8、あるいは、5

＊米谷均「対馬藩の朝鮮通詞と雨森芳洲」(前揚)の論文参照。

米谷の研究によると、大通詞・本通詞・稽古通詞・「五人通詞」という職階が對馬藩の朝鮮語通詞の中軸となるが、このほかに、大通詞を代理し

---

31) 李薫『朝鮮後期漂流民과 韓日関係』(前揚)122頁。
32) 米谷均「対馬藩の朝鮮通詞と雨森芳洲」(前揚)98頁。

た「仮大通詞」、定員外として「稽古通詞格」・「五人通詞格」などがいた。主な勤務地は嚴原・倭館・長崎の三箇所であり、倭館と長崎には 「勤番通詞」が駐在していた。概述のように、長崎に朝鮮通詞がいたのは、日本各地に漂着した朝鮮人漂流民がまずここに護送されたからである。後には、朝鮮語を話せない人が町代官として派遣されたので、勤番通詞は二人から一人に減員される。ただし、長崎から漂流民を護送する時は、對馬から 「五人通詞」の者が派遣された[33]。

　倭館にも同じく勤番通詞が置かれており、大通詞・本通詞・稽古通詞から二人が選ばれ駐在していた。任期は16ヶ月であったが、享保14年10月5日からは任期が丸2年に替わったので、毎年一人ずつ交代するようになった。しかし、勤務中、勤番通詞が病氣になったりして、對馬へ歸國すると、「五人通詞」が 「勤番助役」「勤番仮役」となって代わりに任務を果たしていた[34]。

　それでは、通詞の頂点に位置する 「大通詞」はいつから出來たのか。『日鮮通交史』によると、對馬藩における大通詞の初登場は、享保2年(1717)11月である。信使來聘する際、通詞として役を果たした江口金七と加瀬伝五郎の功を稱えて、大通詞に任命したのである[35]。これは恐らく、長崎出島の阿蘭陀通詞の職制を見習ったものであろう。

　片桐一男の研究で明らかになっているように、出島のオランダ通詞の職階は五つのランクに分かれていて、その間にも色々な助役がおり、さらに細分化されている。出島オランダ通詞て對馬通詞の職階を比較していると、オランダ通詞のほうが一層細分化されている。

---

33) 米谷均「対馬藩の朝鮮通詞と雨森芳洲」(前揚)99-100頁

34) 米谷均「対馬藩の朝鮮通詞と雨森芳洲」(前揚)100頁。

35) 「享保二年十一月五日江口　江口金七と加瀬伝五郎信使来聘のとき功あり大通詞の唱を賜ふ」釜山甲寅会編『日鮮通交史』(釜山甲寅会、1915年)491頁。

【表5】オランダ通詞の職階

阿蘭陀通詞目付
阿蘭陀通詞目付助
阿蘭陀大通詞
阿蘭陀大通詞助役
阿蘭陀小通詞
阿蘭陀小通詞助役
阿蘭陀小通詞並
阿蘭陀小通詞末席
阿蘭陀小通詞末席見習
阿蘭陀稽古通詞
阿蘭陀稽古通詞見習
阿蘭陀内通詞小頭
阿蘭陀内通詞

＊上の表は、片桐一男 『阿蘭陀通詞の研究』(前掲)の内容に基づいて著者が作成
したものである[36]。

　オランダ商館が平戸から長崎へ移管される際、何人かの通詞も平戸から
長崎へ移された。移管以前、通詞はオランダ商館に雇われていたが、長
崎においては奉行所に雇われるようになった[37]。つまり、長崎のオランダ通
詞を管轄する機關は長崎奉行になったことである。これは、恐らく日本の情
報をなるべく外に漏らさずに、統制を強化しようする幕府の試みが窺える。
寛永18年(1641)、移轉と同時に長崎奉行の馬場三郎左衛門・柘植平右衛門
は大通詞として採用された。しかし、大通詞という職が對馬藩に登場するのは
少なくとも出島で 「大通詞」の職階が設置されてから76年後のことである。

36) 片桐一男『阿蘭陀通詞の研究』(吉川弘文館、1985年)22頁。
37) 田代和生『日朝交易と対馬藩』(前掲)175頁。

　對馬藩における「大通詞」の職が初めて登場してから25年後、「五人通詞」職が設置された。寛保2年(1742)4月19日、「五人通詞」が「通詞中」の組職の中に定着した。「五人通詞」は「稽古通詞」の下に置かれた。その名称は、倭館で長期間留學をした春田治助・梅野松右衛門(勘助)・杉原久右衛門・渡嶋源右衛門(次郎三郎)・福山伝五郎らの五人を指す言葉で、4年前の元文3年(1738)からすでに使用されていた。「五人通詞」は状況によってその人數が変わることがある。例えば、「五人通詞」は、宝暦13年(1763)から「八人通詞」になり、安永2年(1773)それが再び「五人通詞」に復している[38]。

　そのほか「通詞中」に含まれない役もある。それは「御免札」である。朝鮮詞稽古札が与えられた者は「詞稽古御免札」「御免札」「詞稽古札」などと呼ばれ、後、これが彼らの身分を指すように轉化していった。彼らは、大通詞・通詞・稽古通詞・「五人通詞」等、正式な「通詞中」には含まれていなかったが、人員不足などが生じた場合には「御雇」「賄」などとして、通詞の仕事を支えてきた[39]。

　以上、通詞の職階について述べた。一般に通詞は以下のようなプロセスで昇進したと考えられる。

38)　米谷均「対馬藩の朝鮮通詞と雨森芳洲」(前揚)98頁。
39)　明和1年、朝鮮通信使に参加した通詞中とは、渡嶋次郎三郎(大通詞)・住永伊左衛門(大通詞)・俵要介(本通詞)・川村助五郎(本通詞)・小田四郎治(本通詞)・小田常四郎(稽古通詞)・荒川恕吉郎(稽古通詞)・江口寿吉(稽古通詞)である。田代和生「対馬藩の朝鮮語通詞」(前揚)80頁。

【表6】 通詞昇進のプロセス

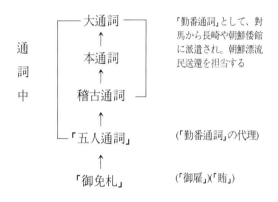

通
詞
中

```
──── 大通詞 ────     「勤番通詞」として、對
              ↑              馬から長崎や朝鮮倭館
           本通詞             に派遣され。朝鮮漂流
              ↑              民送還を担当する
           稽古通詞 ────
              ↑
└── 「五人通詞」      (「勤番通詞」の代理)
              ↑
       「御免札」      (「御雇」)(「賄」)
```

*上の表は史料『通詞(仮)』(前揚)の内容に基づいて著者が作成したものである。

2) 職階における変化とその背景

　安永2年(1773)年、「通詞中」に変化が起きた。 上で少し述べたように、「五人通詞」が 「通詞中」に定着した20年後、宝暦13年(1763)に 「五人通詞」の人數を8人に増やし、「八人通詞」に改称した。その理由とは、翌年の明和1(1764)年に行われた朝鮮通信使に備えて人數を増やしたと考えられる。明和1年、朝鮮通信使に参加した 「八人通詞」とは、吉松清右衛門・圓嶋喜太郎・山分庄次郎・青柳伊吉・束田多四郎・扇善吉・矢木茂吉である[40]。しかし、「八人通詞」が設置されてから十年後、安永2年(1773) 「八人通詞」は、再び 「五人通詞」に復した。 史料『通詞(仮)』では、以下のように記録されている：

---

40) 山分庄次郎と田中伝八郎は不明。

安永二癸巳年
　九月十七日　　　　　　　八人通詞中
　右者以来人數五人ニ御極被成ニは、以前之通、名目五人通詞与相唱
　候様、被相改候間、可被申渡旨、町奉行江相達、可被得其意旨、大目
　付・御勘定奉行所・御船奉行・朝鮮方頭役へ相達、

（史料『通詞(仮)』安永2年9月17日付き）

　なぜ、「八人通詞」の人數を減らしたのかは分からないが、史料で確認
できた当時の　「八人通詞」は、山分庄次郎・田中伝八郎・青柳伊吉・圓嶋
新藏・津和崎又太郎・今津機之介・住永甚藏の七人である。「八人通詞」が
「五人通詞」に替わって新しく入った新メンバーは、圓嶋新藏・福山文兵衛・
阿比留佐吉・朝野最藏・白水文治である。青柳伊吉と津和崎又太郎は安永
2年8月に、船町代官に任命され、今津機之介と住永甚藏は稽古通詞に昇
進された[41]。

　では、「通詞中」人數の変化はどのような影響が与えたのかを考察して
みよう。通詞の重要な任務の一つである、朝鮮漂流民送還は活發的に行
われていた。まだ、「八人通詞」であった時期は、「八人通詞」はもちろ
ん、「通詞中」のメンバーが朝鮮漂流民送還に携わっていた。しかし、天
明、寛政期に入ると、「通詞中」のメンバーより、「通詞中」外部の人が漂
流民送還に携わることになった。それは、「通詞中」の人數は減ったことに
對し、朝鮮人の日本漂着事件は以前とは変わらず頻繁に起こったからであ
る。朝鮮漂流民を研究された池内敏によると、明和4年から寛政12年まで
日本漂着した朝鮮漂流民の漂着件數は以下のようである。

---

41) 池内敏『近世朝鮮人漂着年表(稿):1599-1872年』(前揚)69-89頁。

【表7】日本に漂着した朝鮮漂流民1768-1800：船数・漂流民数・死亡者数

* 上の表は、池内敏の 『近世朝鮮人漂着年表(稿): 1599-1872年』の69-89頁に基づいて著者が作成したものである。

　日本に漂着した件數はあまり減ることなく、むしろその件數が最も多かった時は、安永8年で、漂着した船數は14艘で、漂着民數は157人であった。しかし、「通詞中」の人數を増やすことではなく、臨時的に「通詞中」に屬していない人を雇う方針を取っていた。臨時的に雇われた通詞は、御雇通詞、「御免札」、町人などであったが、このなかでも 「御免札」が通詞の代わりに朝鮮漂流民送還に携わっていた。

　上で記述したように 「御免札」とは、朝鮮へ渡海する許可書を意味していたが、史料の中では、またもう一つの意味があって 「通詞中」に屬していないが朝鮮語を學び、朝鮮への渡海許可(「御免札」)を持っていた人を指している。「御免札」をもらうためには「通詞中」の推薦が必要であった。朝鮮語を學んだ者が 「通詞中」からの推薦を得た上、對馬藩からもらうことが出來た。「通詞中」に職階の席が空くと、通例としては、「御免札」の人が選ばれていた。しかし、通詞の役人の人數は限られていることから、「御免札」が 「通詞中」に入るまでの期間は決まっていなかった。

　對馬藩は朝鮮語を學ぶ者に 「御免札」を与え、現地で朝鮮語を勉強す

ることを奬勵した。實際に、「八人通詞」が「五人通詞」に替わった翌年に、府中で朝鮮語に興味を持っている町人に向けて触書が出された。

　　　安永三甲午年
　　　　　　　　　十一月十四日
　　　朝鮮詞稽古御免札之者、其外、町家之子共、朝鮮詞心掛、通詞方ニ
　而、其稽古居候者素リ、別代官・町代官・詞功者之方候而、令修行之者共
　一統向後、毎月二七之日、於使者屋ニ朝鮮方頭役江通詞召連出席、来廿
　二日ら詞考被仰付候間、当日毎ニ吃度罷出相勤候様御免札之者稽古之子
　供中江手筋を以可被申渡候、以上、
　　　十一月十四日　　　　　朝鮮御用支配
　　　津江彦右衛門殿　　　　当日未之申刻相揃之様可被申渡候、
　　　朝鮮方頭役中　　　　　被仰其意一流相属令出精候様可被相心得候、

　　　(史料『通詞(仮)』(前揚)安永3年11月14日付き)

　　町人の子どもでも朝鮮語に興味がある者は、毎月2と7が入る日(2日・7
日・12日・17日・22日・27日)に、使者屋で通詞が出席しているところで朝鮮
語の實力高める授業ができるので、それに合格した者には「御免札」が与
えられるという触書である。實際に何人の町人の子供がその試驗を通じて
「御免札」を得たかはわからないが、明和4年から寬政12年まで「御免札」を
得た件數は、87件を數える。

【表8】「御免札」(1767-1800)

	「御免札」が与え られた人の人数	「御免札」を剥奪 されら人の人数		「御免札」が与え られた人の人数	「御免札」を剥奪 されら人の人数
1767	2	1	1784	1	0
1768	2	0	1785	0	0
1769	3	0	1786	1	0
1770	0	0	1787	18	4
1771	2	0	1788	2	0
1772	3	0	1789	1	0
1773	0	0	1790	1	0
1774	1	0	1791	2	0
1775	4	0	1792	2	16
1776	6	4	1793	0	0
1777	2	0	1794	2	0
1778	1	0	1795	0	0
1779	5	0	1796	3	0
1780	4	2	1797	0	2
1781	7	0	1798	2	0
1782	2	0	1799	0	0
1783	4	0	1800	4	0
			合計	87	29

＊上の表は史料『通詞(仮)』(前揚)の内容に基づいて著者が作成したものである。

　しかし、朝鮮語の勉強を奨励する一方で、厳しく管理することも怠らな
かった。

　　　　寛政四壬子年
　　　　　　　二月廿八日　　　山城治吉
　　　　　　　　　　　　　　　円嶋文蔵
　　　　　　　　　　　　　　　植松善次郎
　　　　　　　　　　　　　　　小林勝助
　　　　　　　　　　　　　　　山城忠蔵
　　　　　　　　　　　　　　　松本与市
　　　　　　　　　　　　　　　朝野寿吉郎
　　　　　　　　　　　　　　　八坂忠助

高礒吉五郎

早田宇右兵門

斎藤和吉

阿比留浅治

　右之者共通詞中ら願出候趣を以、追々詞稽古御免札被仰付置候処、
近来一体稽古方相止メ居候と相聞、不埒之者共ニ候如何之訳を以稽古相
止候哉、委細書付け申出候様可被相達候、尤、御国居合之者共ニ者早々
書付差出候様可被取計候、以上、

　(史料『通詞(仮)』(前揚)寛政4年2月28日付き)

　以上の史料にあげられた12名の　「御免札」所持者は、朝鮮語の稽古を
忠實に行っていなかったことが發覺され、その事情を聽取された。同年の4
月3日、8人[42]の「御免札」には朝鮮語に精を入れるよう注意をし、同日に、
10人[43](上の史料に見られる9人を含む)の「御免札」の「朝鮮語御免札」を
剥奪した。また、圓嶋文蔵・小林勝助の二人は「御免札」から除かれた。「御
免札」を持つ者の中には、朝鮮語を學ばずに、渡海許可書を利用し、朝
鮮で商賣をしている者も多かった。以下の山城吉右衛門と増田屋善吉はそ
の端的な事例である。

　寛政四壬子年

　　　　　　　　　　四月廿三日　　　　　山城吉右衛門

　　　　　　　　　　　　　　　　　　　　増田屋善吉

　右者詞稽古御免札被仰付置候処、役用又者病気等之申立を以、御免札
被差免被下候様願出見届候、抑御免札多人数被仰付置候処、其内ニ者年
数之者も有之候処、年齡相応之者共出精上達之沙汰も無之、只銘目を蒙
り居朝鮮渡勝手次第ニ相成候を実益ト心得候者多有之と相聞、御免札之

---

42)　斉藤利右衛門・井野長次郎・殿村周蔵・円嶋庄吉・飯野勝七・川上文蔵・陶山弥七
　　郎・滝山善吉。

43)　山城治吉・松本与市・植松善次郎・山城忠蔵・高礒吉五郎・朝野寿吉郎・八坂忠介・
　　早田卯右衛門・斎藤知吉・阿比留浅治。

　　　主意令忘却候段無相違相見、甚不埒至極之次第二候、依之先達而其筋々
　　　相糺、此上出精方を相達候品有之、勿論御時体柄二付而者、渡世方二差
　　　迫り、詞稽古方弟一篇貪着不相成段者左も可有之義二候へ共、此砌御免
　　　札御断中出候心体、甚不埒之次第二候へ共、此節迄者加用捨、願之通御
　　　免札被差免候間、此旨可被申渡旨、町奉行へ相達、大目付・御船奉行・朝
　　　鮮方頭役中・船改頭役・佐役々可被得其意旨廻達、

　　　（史料『通詞(仮)』(前揚)寛政4年4月23日付き）

　　山城吉右衛門と増田屋善吉は、役用や、病氣などを言い譯にして、「御
免札」を持って朝鮮へ渡り、朝鮮で自分のために利益を稼ぎたことが分か
る。やがて町人も朝鮮漂流民送還に携わるようになり、寛政6年からは町人
が臨時的に雇われ、朝鮮人漂流民を送還する通詞の任務である朝鮮漂流
民賄通詞を務める場合は、「御免札」と同じ手續きをすることになる[44]。この

---

44) 寛政六甲寅年
　　五月七日
　　"町奉行ち左之通伺出候付、評儀之上及差図候次弟二記之
　　今般二巡漂着使役人横田屋孫介義、賄通詞被仰付、朝鮮へ被差渡候、然処
　　賄通詞誓旨之"義、六十人者素リ、詞稽古御免札之者迄者此御役所二而誓旨
　　血判申渡候処、其外平町人右体候節、当役ち誓旨致見分候先例相見不申
　　候、然処去庚午年三月町人ち関野屋伝右衛門と申者、漂民賄通詞被仰付候差
　　渡候節、上船二差添出帆差支二付、右伝右衛門義御免札之格を以於此御役
　　所誓旨見分仕立候様被仰出候と留書二相見申候、此節右孫介誓旨之義者如
　　何可被仰付候成近々上船二も差添可申者奉行候付、奉詞之候、何分御差図
　　被仰付可被下候、此段為可申上如斯御達候、以上
　　五月七日　　　　　一宮惣左衛門
　　多田左膳様
　　平町人ち漂民送賄通詞申付候節、誓旨見分方之義被伺出候趣承届候、右体
　　之雇勤等申付候節者詞稽古御免札之通、其役所二おゐて誓旨見分有之候
　　様、以来共可被相心得候、此段為可申達如此候、以上、
　　五月七日　　　　　多田左膳
　　一宮惣左衛門殿
　　（史料『通詞(仮)』(前揚)寛政6年5月7日付き）

ようにして、町人の臨時的な雇用が定着していった。

　以上の様に、「八人通詞」はあくまでも明和1年(1764)の朝鮮通信使の來日に備えて對馬藩が通詞の人數を増やしたことがその背景であって、そこに朝鮮漂流民送還の問題が所在したわけではなかった。しかし、「八人通詞」が　「五人通詞」に替わった後から朝鮮漂流民送還をめぐって様々な変化が起こった。對馬藩は足りない人手を補うため、「通詞中」に屬していない「御免札」を徹底的に利用するようになった。また、場合によって「御免札」を持っていない平町人も用いたのである。寛政期、町人が　「通詞中」の代わりに臨時的通詞として朝鮮漂流民賄通詞として漂流民送還に携わっていたことが分かる。後には、朝鮮漂流民送還の手續きも「御免札」と同様になり、町人の臨時的雇用も定着していた。

Ⅲ．通詞の昇進について

　昇進とは、所屬している組織の中で、自分の能力が認められ位置が上昇すること意味する。昇進は、通詞の能力に對する報奨だとも言えよう。この節では、「通詞中」という組織における昇進と、對馬の社會における諸特權について話したい。

1.「通詞中」における職階の昇進

　「通詞中」における階級の昇進は、通詞の人數が限られているため、「通詞中」の中、誰かが辭任か、轉職をしない限り昇進することは難しいことであった。

　昇進の手順としては前に述べたように、「御免札」→「五人通詞」(或い

は、「八人通詞」)→稽古通詞→本通詞→大通詞の順で行われていた。下
級職階にあった人が、早い昇進により先に上級職階にあった人を追い抜くよう
な事例は見られるものの、昇進階梯の順序を破った事例は確認できない。

　ここでは、昇進が最も早かった小田常四郎と小田幾五郎、二人の人物
の事例を考察したい。

1) 小田常四郎の事例

　小田常四郎は、明和元年(1764)の朝鮮通信使來日の時、稽古通詞とし
て活躍した。しかし、明和4年に通詞であった彼の父與兵衛茂が法度に触
れたことで、常四郎の父だけではなく、常四郎も 「通詞中」での職を失っ
た。さらに、「六十人」格も失った常四郎は、町人として臨時的に雇われる
ことになった。しかし、通詞の役を果たす人が少ないという状況において、
その人柄や、朝鮮語の能力が高く評価されたため、彼は再び通詞に返り
咲くことができたのである。経歴をまとめると以下の様になる。

宝暦7年	「五人通詞」に雇用
明和元年	朝鮮通信使(稽古通詞)
明和4年6月29日	稽古通詞
同年10月 4日	稽古通詞

(父の通詞与兵衛が違反を犯したので、常四郎も稽古通詞の職と
「六十人」格を失う)

明和5年 2月 9日	町人(雇通詞として活躍)
同年 6月26日	御雇通詞
明和6年 1月16日	御雇通詞(通詞として召し抱えられる)
明和7年 9月13日	通詞(通詞として活躍)
明和9年 4月13日	通詞(「六十人」格を与えられる)
安永3年 2月28日	大通詞になる

　常四郎の能力は認められていたため、復歸時は「五人通詞」ではなく、ま
た稽古通詞に任命され、その翌年に本通詞に、また5年後に大通詞になる。

2) 小田幾五郎の事例

　小田幾五郎(1754~1831)は、「蒙胥紀聞」や「草梁話集」などを著述し
た通詞で、その人物ならびに著書については様々な研究者により、詳しく
分析されている[45]。幾五郎は雨森芳州に提案で開設された朝鮮詞稽古所
に學んだ。安永3年(1774)朝鮮詞稽古札であった幾五郎は、2年後「五人
通詞」になり、3年後に稽古通詞へ昇進した。経歴をまとめると以下の通りに
なる[46]。

宝暦4年11月28日	出生
明和4年	朝鮮へ渡り、朝鮮語を習得
	朝鮮詞稽古所で修業
安永3年	朝鮮詞稽古札
安永5年	「五人通詞」
安永8年	稽古通詞
寛政元年	本通詞
寛政6年	「蒙胥紀聞」著述。
寛政7年	大通詞(「蒙胥紀聞」の著述に対し、褒美が与えらる。)
寛政8年	「草梁話集」著述
文政6年	御役御免、詞稽古指南役頭取
天保2年	「通訳酬酢」著述・死亡

---

45) 小田幾頃郎著・栗田英二訳『蒙胥紀聞-대마도통사가 본 18세기 한반도문화』蒙
　　胥紀聞―対馬通詞がみた18世紀朝鮮半島文化 (이회, 2005), 田代和生「対馬藩
　　の朝鮮語通詞」(前揚、1991)83-4頁、許芝銀「近世対馬朝鮮語通詞의　情報収
　　集과 流通」(前揚)88-117頁。
46) 許芝銀「近世対馬朝鮮語通詞의　情報収集과　流通」(前揚)「＜表4＞小田幾五郎
　　略年譜」(90-1頁)参照。史料『通詞(仮)』(前揚)参照。

　幾五郎は本通詞という重職を務めながら、傍らで著述を作成できるような優秀な者であった。「蒙胥紀聞」を著述した翌年に、これに對し對馬藩から褒美として公木(木綿)1疋が与えられた場面が史料に殘っている。

　　　　　(寬政7年)
　　　　　同年十二月十四日
　　　　　　　　　　　　　通詞
　　　　　　　　　　　　　　　小田幾五郎
　　　　　右者安永五丙申年五人通詞ニ被召抱候、已後是迄多年之間重キ御用筋通訳数多被仰付候処、何レも心之及令精勤、其筋成就之条々不少候、就中通詞之義言訳之精熟者不及申人柄実直ニ無之候者、御間大切無限事ニ候処、幾五郎儀通訳方功を積候上、人柄格別実直ニ有之、衆人ニ勝連候勤方と相聞、寄持之至候、依而此節大通詞被仰付候、尤今程御用も有之候事故、今替リ在留被仰付候、猶又入念可相勤旨可被申渡越候、以上、
　　　　　　　　　　十二月十四日　　　　　　朝鮮御用支配
　　　　　　　　　　岩崎右平殿
　　　　　　　　　　御勘定奉行所
　　　　　　　　　　　　　　　　　　可被得其意候
　　　　　　　　　　朝岡要殿

　　　　　(省略)

　　　　　(寬政7年)
　　　　　同年十二月廿四日
　　　　　大通詞小田幾五郎蒙胥紀聞令編集差出候付、公木壱疋被成下、御褒美之部ニ出之、

　　　　　(史料『通詞(仮)』(前揚)寬政7年12月28日付き)

　なぜ、幾五郎に褒美を与える直前に大通詞へ昇進させたのか、その理由は不明であるが、彼の朝鮮語力と朝鮮に關する知識を承認していたことは確かである。實は、当時には既に二人の大通詞がいた(小田常四郎と吉松清

右衛門)にも係わらず、藩は小田幾五郎を大通詞へ昇進させたのである。

2. 帯刀の免許について

　對馬藩は、昇進とはまた違う形で 「通詞中」に報奨をしていた。此の節
では、對馬藩がまたどのような方法で 「通詞中」を奨勵していたのかを考察
したい。

1)「六十人格」について

　商品と階級だけではなく、「六十人」格も報奨として數えられる。これは
特別な貿易上の特権であり、朝鮮との貿易が許可される資格であった。

　「六十人」とは、本來宗氏に仕える武士であったが、對馬に來島するに
あたり 「町人」となり、朝鮮との貿易が認められた特権商人グループであ
る[47]。近世の城下町が形成されるときも、年行司・町乙名などの町役人に

---

47) 田代和生の研究により「六十人」の由来をまとめれば、次の通りである。嘉吉元年
(1441)少弐氏の家臣であった宗氏が、筑前・肥前を失ったため、彼の地に配した
家臣への知行宛行が不可能となった。対馬に帰島しても知行地が与えられなかった
ため、やむなく商人としたが、宗氏は彼らに給人同様の立場と格式を与えたので
ある。彼らは、島主に特権を公認されながら、時には、歳遣船に一定の利権をも
らうなどして朝鮮貿易にかかわっていた。その特権として、船の売買権、海上交
易権があり、後世も町人の筆頭格として町行政にあたった。最初は文字通り定員
も60名であったが、後その数は増加した。
近世になるとこの「六十人」に二度の変化が現れる。まず、一度目は、宗義智に
よる「新六十人」の設定である。これは慶長の役後の貿易再開にあたり、創設以
来の「六十人」の子孫が減ったことにより、新しく「六十人」を設定したことである。
そして、新しく設定された「六十人」は昔から継承されてきた「古六十人」30人あまり
と新しく任命された者たちで形成されていた。
そして、二度目は、寛永12年(1635)、柳川事件後、島内における藩主の勢力強
化に関連している。それまで分散化されていた朝鮮貿易が、大名宗氏を中心に集

つくとともに、特權商人として藩との關わりが強かった[48]。彼らの權利については、『嚴原町誌』によると次のようである[49]：

1. 小送使の權利を割り當てられ、若輩者は往來の切手がなくても朝鮮渡海が許可されていたこと、

2. 商賣は御法度外の武具のほかは自由に持ち渡って商賣をし、朝鮮より人參・虎皮・金襴の他は船賃銀を差し上げて商賣をしたこと、

3. 町人代官として倭館に派遣された者もいて、その時には運上銀を出していたこと、

4. それらの利潤銀と大小送使の助成で商業を營んでいたこと、

5. 柳川事件以降は、杉村釆女殿の支配筋が仰せ付けられ、小送使、その他町中の仕來りの商賣の權利の差上げが命ぜられた。

「六十人」格は通詞に報獎として與えられていた。史料 『通詞(仮)』で確認できる事例を整理すると次のようになる。

明和5年5月16日	春田治介	通詞	六十人格
同日	吉松清右衛門	稽古通詞	六十人格
安永元年4月13日	小田常四郎	通詞	一生六十人格
安永4年7月11日	小田常四郎	大通詞	永々六十人

約されるようになった。それは、「六十人」に與えられていた特權性が後退したことを意味する。「六十人」に與えられていた使船の所務權も中止され、朝鮮貿易はすべて藩が運營する形になってきた。やがて、この「六十人」とは別に同様な格式・待遇を許された「六十人格」という身分が登場することとなる。田代和生は、この六十人格の登場によって「六十人」自体もその性格をかえ、定數にこだわらない、御用商人の資格を有するグループに變質したとする。(田代和生『日朝交易と対馬藩』(前揚)155-156頁。)

48) 『嚴原町誌』(前揚)736頁。
49) 『嚴原町誌』(前揚)625頁。

同日	丸嶋信藏	通詞	永々六十人
同日	今津儀之介	稽古通詞	永々六十人
同日	中嶋十郎治	稽古通詞	永々六十人
天明2年12月29日	牛田善太郎	御免札	六十人格

　彼らは、長年にわたり通詞として忠實に任務を果したため「六十人格」、「一生六十人格」、または「永々六十人格」が与えられた。このように「六十人格」が設けられたのは、日朝貿易の全盛期、元祿期の頃である。元祿4年(1691)、24人の商人が藩主を訪れた。彼らの出身地は、對馬や、田代、大坂、京都など、様々なところで、「六十人」のグループには屬していなかった。しかし、その中には、町乙名役や、長崎買物役をする商人もいて、藩は彼らを「六十人」に準ずる働きをする商人だと認め、彼らに「六十人」のような商賣特權を与えるため、新しく「一生六十人格」・「一代六十人格」・「由緒竈」・「一代六十人」という制度を設けた。新六十人になるには、「由緒竈」→「六十人格」→「一代六十人」→「新六十人」という過程を経る必要があった[50]。

　ここで注目したい人物は、大通詞の小田常四郎である。彼は、明和4年(1767)から安永3年(1774)まで、丸8年にわたる史料において、小田常次郎の職位は大きく変わっている。なぜこのように大きく変化があったのか、この人物を通じて通詞に与えられた「六十人格」について考察したい。

　史料『通詞(仮)』で常四郎が初めて登場するのは、明和4年6月29日のことであり、その時、彼は稽古通詞であった。彼はまた、同年の10月4日にも登場し、その時も稽古通詞である。しかし、その翌年、明和5年2月9日では、町人として「雇通詞」(臨時通詞)として雇われた。そして、明和6年には、雇通詞から通詞になっている。彼の職位に変化が起こった理由は

---

50) 『厳原町誌』(前揚)777-8頁。

以下の通りである。

　　　　明和九壬辰年
　　　　　　　　四月十三日　　　　　　　通詞
　　　　　　　　　　　　　　　　　　　　小田常四郎
　　　右者先年父与兵衛無調法之依科稽古通詞六拾人共被召放候処、去ル子
　　年訳官渡海之節、通詞人少ニ付、御雇通詞被仰付帰帆之節駕船ら朝鮮へ
　　被差渡、直ニ勤番通詞被仰付、去ル丑年通詞被召抱候処、今程専御用立
　　令精勤ニ付、此節六拾人格被仰付被下候様、朝鮮方頭役中ら申出、常四
　　郎代専御用立相勤候与相聞候付、御仁恵を以、当節一生六拾人格ニ被仰
　　付候間、猶又以来令精勤候様可被申渡候、已上、
　　　　　　　　四月十三日　　　　　　　年寄中
　　　　　　　樋口左金吾殿
　　　　　　　大目付中　可被得其意候
　　　　　　　朝鮮方頭役中

　　　(史料『通詞(仮)』(前揚)明和9年4月13日付き)

　　明和4年、常四郎が稽古通詞を解雇され、一時期、彼の父與兵衛茂が
法度に触れたことで、職と共に「六十人」の商賣特權も失ったが、通詞の
役を果たす人が少ないという状況と、彼の人柄や、朝鮮語の能力が高く評
価されたため、彼は再び通詞になり、最終的には「六十人格」も取り戻し、
大通詞にまで昇進した。

　　この史料によると、通詞という任務は様々な理由で、雇用されること
も、解雇されることもあるが、朝鮮語の能力があればその役職に勤めること
ができた。そして、失っていた朝鮮との商賣特權を、彼の人柄と朝鮮語の
能力が高く評価されたため、取り戻すことができた。つまり、「六十人格」
は罰として失われることもあり、褒美として与えられることもあった。また、高
い職位である大通詞になる以前、すでに「六十人格」が与えられた場合が
多い理由は、報奬として私貿易の特權を与えたと推測できる。つまり、對馬

藩は通詞に褒賞として朝鮮との貿易權利を与え、財政負担を増やさず、通詞の役人を確保し、對朝鮮關係を維持する方法をとっていたと考えられる。

　また、天明期(1781-1789)に入ると大飢饉などで、「古六十人」・「六十人」・「六十人格」を藩へ返上するものが相次いでいた。天明8年(1788)に4人が返上し、寛政7年(1795)には、27人が返上した[51]。藩は不景氣を脱するべく優秀な通詞に報奨として「六十人格」を与えた。

2) 帯刀の免許について

　「通詞中」のなかでももっとも地位が高くて、これ以上昇進ができない大通詞に對して、對馬藩はまた特別な報奨を与えた。この節では、大通詞であった、吉松清右衛門と小田常四郎の事例を通じて對馬藩が大通詞に与えた特別な報奨について考察したい。

吉松清右衛門(寛政12年3月20日)

　清右衛門は、宝暦14年(1764)朝鮮通信使が來日したとき、「八人通詞」として活躍していた。その経歴をまとめると次のとおりである。

宝暦11年	「五人通詞」に雇用
宝暦14年	朝鮮通信使(八人通詞)
明和5年	「六十人格」授与(八人通詞)
明和8年10月19日	倭館勤番(稽古通詞)
安永6年5月3日	長崎漂民迎通詞(本通詞)
安永7年12月24日	大通詞へ昇進
天明1年12月21日	母の死亡(慰労金米2俵)
寛政3年10月2日	妻の死亡(慰労金米2俵)
寛政12年	帯刀の許可(大通詞)

---

51) 『厳原町誌』(前揚)868頁。

　彼は約40年間　「通詞中」として働いていた。その清右衛門に對し高く評価した藩は、寛政12年(1800)3月20日、帶刀特權を与えた。

    (寛政12年)
    同年三月廿日　　　　　　　大通詞
                    吉松清右衛門
    右者去ル宝暦十一辛巳年、五人通詞被召抱、勤向相応有之候付、段々繰上被仰付、是迄四拾ヶ年令精勤、尤朝鮮詞達者ニ有之、第一人柄実正之者ニ而、多年之勤中ニ者様々重キ御用筋も相勤、且訳官渡海数度之儀ニ候処、何レも御用無滞様、格別令心配、将又御国朝鮮ニおゐて仕立之者江詞指南方等多年之間、無油断加教諭、且自己之分限を相守、一途ニ通詞方ニ踏はまり、気楯宜、御用筋太切令精勤候段奇特之心得方ニ付、是迄之被称勤労、帶刀御免被仰付間、猶追往々心を用候様、可被申渡候、以上、
        三月廿一日　　　　　　　　年寄中
        大嶋七左衛門殿
        与頭衆中
        大目付中　　　　　可被得其意候、
        朝岡要

    (史料『通詞(仮)』(前揚)寛政12年3月20日付き)

　史料　『通詞(仮)』では、もう一人の通詞にも帶刀が許されていた。安永2年2月21日の記録によると、大通詞の表最兵衛の忠實な働きを認めた藩が帶刀を許された。帶刀を許すことは世襲的で一代のみであるのかはいまだ不明だが、これは大通詞に對して与えた特別な褒賞であったことは確かである。帶刀が許されたことで、彼らの地位が侍層になったとは思えないが、町における位置(或いは身分)は高くなったと考えられる。

小田常四郎(寛政12年8月2日)

　上で擧げたように、常四郎は華麗な経歴をもっている。明和１年朝鮮

通信使の來日のとき、常四郎も同じく「通詞中」として勤めた。その際、常
四郎は稽古通詞であった。父が不法を犯し、常四郎は一時期職と身分を
失ったが、その人柄との能力で、また「通詞中」に復歸することができた。
寛政12年、長年忠實に働いていた彼に、藩は報獎を與えた。

　　　　　　寛政十二庚申年
　　　　　　　八月二日　　　　大通詞
　　　　　　　　　　　　小田常四郎
　　　　右者去ル宝暦七丁丑年、五人通詞被召抱、其後安永三甲午年、大通詞
　　　被仰付候ら追々重キ御用筋ニ被召仕候処、格別御用立、殊、先達戸田頼
　　　母館守再勤被仰付候程之御用中、常四郎ニ無之候而者、難相叶、仍而其
　　　節之勤番ニ被召仕、入組たる御重用雖多端ニ候、言詞之精熟積年之勤功
　　　を以、段々之御用筋令調熟候様、通弁方尽心力令精勤、尤、人柄格別実
　　　直ニ有之、平日勤方宜敷所ら判事共ニも能々令信服居候故、重キ御用
　　　筋も無滞様相勤、将又通詞仕立之者も、右之志操を慕ひ、自然と志を
　　　据候様、押移、此所ニ至候而者、一己之事ニ無之、一体ニ押戻、不等関
　　　心入ニ候段、筋々ち委細申出無相違相聞候、然処段々及老年、先日令帰
　　　国候迄、相煩令難義居候と相聞候付、此節御憐愍を以、是迄四拾四ヶ年
　　　之間、御用便に相成候口々数多之義ニ有之衆人ニ勝候勤方ニ付、右之勤
　　　労を被称、不容易義なから次男大小姓迄之侍養子御免被仰付候間、此旨
　　　可被申渡候、以上、
　　　　　　八月二日　　　　年寄中
　　　　　大嶋七左衛門殿
　　　　　与頭衆中
　　　　　大目付中　　　　可被得其意候、
　　　　　朝岡要殿

　（史料『通詞(仮)』(前揚)寛政12年8月2日付き）

　史料に記述されているように、常四郎の次男は侍の養子に入った。侍
の養子となることは、また特別な報獎で、士農工商の秩序に基づいていた
江戸社會では光榮な報獎であったことに間違いない。

Ⅳ. まとめ

本論文では、朝鮮と對馬藩の間で通譯として働いていた通詞について
その基礎的なことについて考察した。通詞の任務の性格は主に三つに分類
できる。倭館關係、朝鮮通信使關係、そして、朝鮮漂流民送還に關する
業務である。朝鮮通信使や漂流民送還は、近世日本にとっては限られた
對外關係の一部分であり、重要な任務であった。朝鮮漂流民送還に關し
ては、幕府は直接には關わっておらず、主に對馬藩に一任していた。その
ような状況の中で、對馬と朝鮮のことをよく把握している對馬の朝鮮語通詞
が通譯として活躍していたのは大きな意味がある。

本稿では、宗家文書『通詞(仮)』を中心に明和4年から寛政12年におけ
る通詞の役割や、職階、また報獎について考察した。漂流民送還に關す
る仕事と長崎や朝鮮倭館における勤番には、主に「通詞中」の人がその任
務に就いていた。しかし、「通詞中」の「八人通詞」が五人に減った安永2年
を起点として、通詞職の構成も変化していくことになった。元々、天明1年
朝鮮通信使を備えて設置された「八人通詞」は、安永2年に「五人通詞」に
替わった。「五人通詞」になってからは、朝鮮漂流民送還に關する仕事や
朝鮮勤番、または長崎勤番の仕事には「通詞中」に屬していない「御免札」
や「六十人」家の者、平町人などが數多く携わっていた。「通詞中」の定員
數は限られていたため、当時、倭館における交易と漂流民送還のため朝鮮
語通詞の増員を要求されてはいたが、臨時的に「通詞中」以外の者が朝鮮
語の能力に応じて雇用されることになる。つまり、對馬藩は「通詞中」の人
數を増やすことではなく、「御免札」を登用するなどして、朝鮮語ができる
人材をうまく利用し對応したのである。

能力がある通詞は、その報獎として、昇進を許される場合がある。昇進
は、「通詞中」における職階が高くなる場合と、對馬藩において身分が上昇

する場合があった。朝鮮貿易の全盛期が過ぎたところ對馬藩は報奨として優秀な通詞に「六十人格」を与えるなど、財政負担を増やさず、通詞の役人を確保し、朝鮮との活發的な交流を取り戻そうと努力した。また、優秀な通詞には、「六十人格」だけではなく、その息子を武士の養子にさせるなど、對馬藩は通詞に對し、様々な特權を与えていた。

徳川政権と東アジア

鶴田啓(東京大学)

I. はじめに

　本報告では、近世の日本が周辺諸國・地域との關係をどのように形成して行ったかについて、主に徳川政権の側から見て行くことにする。年代としては、おおよそ1600年から1650年頃までの時期を扱う。議論を進めるに際しては、次の3点に留意したい。

1. 変わってゆく部分と一貫した部分

　江戸幕府の体制は、あるモデルを参照して作ったと言うよりは、さまざまな對応の積み重ねの結果として次第に形を整えていったと言える。しかし、その過程に一定の方向性を見ることは可能である。たとえばキリスト教の排除は、それが徹底したか否かはともかく、方向性としては一貫していた。豊臣秀吉は1587年に九州を平定した際、キリスト教勢力との間で妥協を試みたものの合意に至らず、事前に用意していた信仰制限令の代わりに宣教師追放の命令が出された[安野99]。徳川家康の對キリスト教政策も基本的に秀吉を引き継ぎ、1612年に家康が出させた宣教師追放命令は、秀吉の命

令と同じロジックであった。また、秀吉と家康の對外政策には、後述するように連續する部分がある。一方、家康が末年になってキリシタン取り締まりを強化したように、同じ政權でも政策が変化する場合がある。つまり、前政權の(あるいは、それまでの)政策を基本的に受け継ぎつつ、修正を加えて行くことの積み重ねとして、近世初期の對外政策の推移を見ることができる。

2. 国内向け政策からの規定

「惣無事」によって短期間で國内の戰爭を終息させた豊臣秀吉は、すぐに海外での戰爭に突入した。当初、秀吉は海外での領土擴大を前提に政治体制を考えていた。しかし實際の戰鬪は誤算の連續となり、それが國内での体制づくりにも影響した[中野08]。これに對して德川家康は、海外での戰爭を避けながら國内の体制固めを進め、1615年には豊臣氏を滅ぼして武家諸法度と禁中並公家諸法度を制定した。政權の運營に際して、國内の政治体制安定を第一の目標にすれば、對外的な面での選擇肢はおのずから限定されることになる。さらに、領主層全体が安定性を志向する段階になれば、對外政策の面での選擇肢もまた変わってくるであろう。

3. 国際環境からの規定

外國や海外勢力との安定的な關係は、何らかの形で相手方の承認があって成り立つ。当時の日本は、女眞人と直接戰った明・朝鮮や、ヨーロッパ勢力の武力行使を受けたインドネシア・フィリピンなどと比較して、對外政策の實現を物理的にはばむ條件は少なかった。とはいえ大局的には、その時々における國際環境に左右されたことは無視できない。この意味で、德川政權が「東アジア國際社會の中で自らが望むような國際關係

を築き上げた」と表現することは、「当時の國際的條件のもとで」という留保
をつけなければ、積極的に過ぎるかも知れない。權力の意思を反映しつ
つ、特定の國際的條件のもとで、体制に適合的な對外關係がつくられて
行く流れとして、近世初期の對外關係を描くことにしたい。

Ⅱ. 近世初期の 対外関係

1. 豊臣秀吉から徳川家康へ

　織田信長は 「天下布武」を掲げ、武力によって 「天下」を治めることを
目指した。そして國内統一が予測可能な段階になると、海外への出兵を口
にするようになった。つまり 「武」を及ぼす對象である 「天下」の範囲を、
日本國内から中華帝國を中心にした東アジアへと擴大したのである。信長
の後をついで國内統一を果たした豊臣秀吉も明征服の目標を継承し、諸外
國・海外勢力を、1)征服の對象である明、2)服屬すべき存在であるそれ以
外に區分した。しかしそれは、「外國の軍隊とどのように戦うか?」とか「外國
をどのように占領・統治するか?」といった分析を欠いていた。「外國との戦
争」あるいは「外國の占領・支配」を目指したと言うよりは、100年間混亂して
いた日本國内を統一した自信・自負を背景に、國内統一の論理を海外へ擴
大しようとしたものであった。
　さて、秀吉とその後をついだ徳川家康の外交姿勢の違いは、両者が
フィリピン諸島長官(スペイン勢力)に宛てた書翰に端的にあらわれている。
秀吉は1591年の書翰で次のように述べていた。(『異國往來書翰集』)
　わが邦は百年余り、諸國が雄を争い、統一の無い狀態であった。予
(秀吉)は、誕生の時に天下を治めるであろう兆候があり、壮年から國を領

有し、十年を歴ずして、少しの地も遺さず、日本國内は悉く統一した。これに
したがい、三韓・琉球・遠邦・異域が款塞來享している(歸服してもてなしを受け
ている)。今、大明國を征服しようと思う。思うにこれは自分の行爲ではな
い。天がそうさせるのである。その國(フィリピン)とは未だ交渉が無い。そこ
で軍卒に攻撃させようとも思ったが、ちょうど原田孫七郎が商船に乗ってこち
らに來た。そこでわが近臣に對して言うには、「私が早々その國(フィリピン)
に行きまして、日本が軍船を出すことを說明しましょう。そうすれば誤解は解
け貢ぎ物を獻上するでしょう」と云々。本陣に居たまま遠くの地で勝利すると
は、古(いにしえ)の人は上手く表現したものだ。故に身分の卑しい者(原田)の
言を聽いて、当面將士に出兵命令を出さないことにする。來春は九州肥前
に駐留する。時日を移さず、旗を降ろして來服せよ。もしぐずぐずと遅延す
るならば、速やかに必ず征伐を加えるであろう。悔るなかれ。不宣。

　一方家康は、1601年の書翰で次のように述べている。(『外蕃通書』)

　日本國源家康が、ルソン國ドン・フランシスコ・テェリヨ足下に返書す
る。旧年貴國(フィリピン)の海辺において海賊行爲を働いた大明とわが邦の
悪者たちについて、處罰すべき者は處罰せよ。明人は異域の民なので處
罰するに及ばず、本國(明)に送還すれば定めて大明において誅罰されるで
あろう。わが邦では、去年凶徒が反逆したが(關ヶ原の戰い)、1ヶ月ほど
の間にことごとく誅戮した。故に海陸安靜、國家康寧である。わが邦から
(フィリピンに向けて)出る商船は、多くなくて良いので、來書(にある船數制
限)の意向に從おう。今後わが邦の船がそちらに着いたならば、この手紙に
押印する印によって信を表わそう。この印以外は許可してはならない。わが
邦とノビスパンの關係を持ちたいと思う。貴國の毎年往來している人でなけ
れば航海困難である。可能ならば、足下の指示により船頭や水夫を時々
日本に往來させてもらいたい。貴邦の土地の產物は納受した。遠方からの
通信、厚意謝し難い。初冬漸く寒し、時節柄身体お大事に。

　秀吉の書翰は、明征服計畫を記した上で服屬を求めており、その根據は短期間に國內統一を實現したことである。これに對し家康の書翰は、服屬を強要せず、貿易關係を結ぶことを希望している。家康の書翰は、朱印船制度の創設を告げる文書としても知られるが、まず貿易關係を持とうとしている点が特徵である。2つの文書を比較する限りでは、秀吉は武力による威壓、家康は平和外交という見方が成り立つ。

　しかし事情はもう少し複雜である。すでに秀吉政權の途中で、右の書翰で服屬を求める前提であった 「大明征服」路線は放棄されていたからである。1592年に小西行長と沈惟敬の間で始まった日明講和交涉をめぐり、秀吉は93年の 「和平案7ヵ條」では明と對等の關係を指向した。しかし95年の「大明・朝鮮と日本和平の條目」では明の册封下に入ることも容認していた（『續善隣國宝記』）。96年に至り明皇帝の册封使節が來日すると、秀吉は大坂城で出迎え、明皇帝からの誥命・勅書や下賜品を受け取って日本國王に封じられた。しかし後日、明使が朝鮮半島からの完全撤退を求めたことにより講和は破綻した[中野08]。客觀的な情勢はともかく、秀吉の主觀では、1)日本軍の朝鮮半島からの撤退を明側が求めず、2)王子または大臣の來日など朝鮮から 「詫び言」的なものがあれば、3)自らの意向として朝鮮に領土を 「還付」し、4)政權の体面を保ちながら撤兵を行うことができる、という流れを構想していたと考えられる。しかし1)2)がともに實現せず、政權の体面が立たないと認識された結果、もっぱら朝鮮の 「違約」(3)の王子または大臣の來日が果たされなかったこと)を理由にあげて、半島南部の武力占領をめざした第二次出兵が始まった。結局のところ、「武威」を生の形で海外に出すことの困難に直面して、秀吉は「大明征服」の看板を降ろし明を交涉相手とする(次いで册封を受ける)方針に切り替えたが、政權の体面にこだわったために安定した關係を實現することができなかった。また先に 「服屬すべき存在」と區分した國・勢力との新たな關係を示すこともできなかった。

　さて、1600年前後の海外情勢に目を轉じれば、ヌルハチの元で勢力を統一した女眞族は、疲弊した明や朝鮮にとって無視できない勢力になりつつあった。また、1588年にスペインの無敵艦隊を破ったイギリスは1600年に東インド會社を設立し、同じスペインからの獨立戦争を戦っていたオランダも02年に東インド會社を設立して、「東インド」での貿易と植民地獲得に乗り出そうとしていた。○○年には、ローマ教皇クレメンス8世が日本での布教を全ての修道會に開放することを決定した。大きな對立軸としてはスペイン・ポルトガル(舊教國)對オランダ・イギリス(新教國)になるが、東アジアにおいてスペインとポルトガルは貿易や布教をめぐる競爭者でもあり、オランダとイギリスも貿易をめぐっては同樣であった。明や 「服屬すべき存在」とされた國・勢力と安定的な關係を築くこと、そして對立抗爭・合從連衡關係にあるヨーロッパ諸國の勢力にどのように對応するかが、秀吉の後をついで政權をとる者の課題であった。

2. 明·朝鮮·琉球との関係

　德川家康は、秀吉の政權運營を近くで見ることができる位置にいた。半島在陣中の諸將に對する撤退の指示も、實質的に家康と前田利家の主導で行われた。1598年末に朝鮮半島からの撤退が終了して以降、明との關係、それに關連して朝鮮や琉球との關係をどうするかは政權運營に大きく影響する課題だったが、海外との交渉を積極的に担う存在は家康以外にいなかった。家康としては、先の講和交渉が最終的に失敗する原因となった朝鮮半島からの撤兵を自分は實現したのだから、明と關係を結ぶことも可能と考えていた可能性がある。ただ秀吉時代の小西行長－沈惟敬のような交渉のパイプが家康には無かった。

　明との關係にかかわるもう1つの面は、貿易であった。中國産の生糸(と

くに上質の生糸である白糸)・絹織物・陶磁器や、東南アジア方面からの綿織物、武具につかう皮革などに對して、新しく支配者となった武士を中心に需要が高まっていた。当時國内では銀山の開發がすすみ、輸出品となる銀も豊富だった。しかし明は海禁政策をとっており、こうした商品を日本にもたらしていたのは、マカオと長崎をむすぶポルトガル船と、禁令をおかして出港してくる中國船だった。權力の側からみたとき、前者はキリスト教との關係で問題があり、後者は統制が困難だった。とはいえ、德川政權自身長崎にもたらされる生糸の相当部分を 「將軍糸」として確保しており、1604年には長崎での白糸購入に關与する日本側商人を糸割符仲間のかたちで組織するなど、ポルトガル船貿易の継續を前提に、積極的な對応姿勢を見せていた。前者は威信材としての生糸の重要性を示し、後者は旺盛な國内需要に応える政策を打ち出したものと言うことができるであろう。

　1599年、家康は薩摩の島津氏に對して、朝鮮半島での停戰の際に明軍から預かった人質を送還するように指示した。對馬宗氏に對しても、同年には朝鮮との交渉(明との關係仲介の打診を含む)を指示した。ともに五大老の1人としての立場からなされたものであったが、秀吉後の政權主導をねらう家康が、對外關係の面で他に先んじて手を打っていたことは確かである。島津氏は、1600年1月付で明の將官に宛てて、家康の意を承けた寺澤廣高(てらざわひろたか)と連名の書翰を出している。その目的は、人質返還という機會を利用して明との公的關係を結ぶことで、内容は 「以前のように金印・勘合によって往來しよう」とあることから、日本國王に任命された上で公的な貿易を行うことを想定していた。護送を託された薩摩坊津の商人鳥原宗安は同年福州を経て北京に到り、明朝廷は薩摩への商船派遣を約した。しかし、翌年薩摩に向かった明商船を堺の商人伊丹屋助四郎船が海上で襲撃したため、貿易は實現しなかった。なお本文中に、「本邦・朝鮮が和平すれば則ち皇朝に到る」とあり、家康が朝鮮との關係復活にも關与し

ていたことを示唆する。

　宗氏に對する指示の現物は殘らず、朝鮮側史料でも交涉初期の具體的な内容は確認できない。1601年と考えられる宗義智の礼曹宛て書翰は、朝鮮礼曹からの書翰に 「わが邦は大小となくみな天將(明將)の指示を受けている。少しも自分だけで勝手に處置することは無い。もし足下(宗義智)が禍を悔い誠を表し、以て今後の福を求めるならば、天朝の水陸諸將は、はっきりとした實績に基づき天朝に伝奏し、處置するであろう」とあったことを受け、「大閤(秀吉)生存中、家康は常に撤兵を諫しめたが、讒臣が強くこれを拒否した。太閤が逝去する日、惑いは既に解け、家康の諫言を受容した。故にわが邦は非を改め和を求む。これは何とも兩國の幸ではないだろうか」と家康の和交路線を強調している。その後に 「わが邦の人は貴賤とも氣が短い。希望する事の遅延が無ければ幸である」と脅しを付け加えているのは奇妙だが、おそらく交涉が遲滯すれば軍事動員の可能性があると家康側から示唆があったのであろう。

　2つの書翰の例からみると、家康の論理は、1)家康は秀吉政權の重臣で現在政治を主導している、2)以前から和交を望んでおり明と公的關係を持ちたい、3)色よい返事がなければ再戦になる、と整理することができる。もともと秀吉の講和交涉は明との間で行われていたものであり、秀吉政權の後継者をめざす立場からすれば、家康の目標が明との關係回復にあったことは自然である。宗氏や島津氏は、1600年の關ヶ原の戦いで西軍に屬したが、戦後もそのまま本領を安堵された。ともに主力を出さなかったとはいえ、石田三成や小西行長との深いつながりをみれば異例の措置で、明・朝鮮・琉球との交涉を考慮したからだと考えられる。もっとも、交涉を指示された島津氏や宗氏にとっては、秀吉政權の時代以来、琉球や朝鮮との交涉能力は大名としての死活問題と意識されていた。こののち兩氏が朝鮮・琉球との關係復活を目指して動いたのは自然なことであった。

　宗氏からのたび重なる使者派遣の結果、朝鮮は對馬に對して、一定程
度名分が立ち誠意が示されるならば日本との關係復活に応じてもよい、と
いう態度を見せた。1604年に朝鮮の僧惟政(松雲大師)が日本の國情を探る
目的で對馬を訪れたが、宗氏は惟政に家康と會うことを強く求め、翌年伏
見で家康・秀忠と會見させた。ついで07年には國王からの正式の使節団
が來日し、江戸で秀忠、ついで駿府で家康と會見した。家康は諸大名を
動員して朝鮮からの使節を接待させ、政權への「御礼」の使者として演出し
た。これは諸大名を動員する實績になるとともに、德川政權の力を國内に
印象づけた。朝鮮側が國威を示そうとして使節団の規模を大きくしたこと
も、こうした点では好都合であった。また、道中接待の態勢や多数の捕虜
送還は、德川政權の實力を朝鮮側に印象づけた。なおこのとき、朝鮮國
王の書翰原文には「奉書日本國王殿下」と書かれており、對馬では「奉書」
を　「奉復」に書き替えたが、「日本國王」には手を加えなかった。この呼び
かけ称号を幕府はとくに問題としなかった。一方、德川氏からの返書に
は、「日本國源秀忠」と肩書を書かなかった。この呼びかけ・自称の使い方
は室町將軍(前將軍含む)・朝鮮國王間の書翰と同じであり、幕府草創期、
朝鮮からの初めての使節ということを差し引いても、幕府が將軍の呼びかけ
称号をそれほど氣にしていなかったことを示している。
　琉球については、1602年陸奧國に琉球人が漂着した際、家康はその
送還を島津氏に命じ、あわせて琉球に、送還に對する御礼の使者派遣を望
んでいると伝えることを命じたが、薩摩・琉球間の交渉は難航した。これと
は別に、鹿兒島藩内部では、財政立て直しのため、奄美諸島を武力で琉
球から獲得しようとする動きがあり、06年以來、島津家久は琉球の「征伐」
を幕府に願い出ていた。家康は一旦これを許可したが、海外での戰爭には
愼重な姿勢を見せており、08年には家臣を通して「軍勢を準備して、先ず
御使者を琉球へお渡しになり、(琉球の使者が)渡海するように言ってやるこ

とが大事だと考えます。その上で解決しないなら、許可を得た上で軍勢を
派遣するのが適当と考えます。言うまでもありませんが、軍勢を派遣せ
ず、使者が渡海するよう工夫するのが重要と考えます」(08年8月13日島津
家久宛山口直友書状)と、交渉による御礼の使者派遣が第1であると念押し
をしている。

　家康としては、泥沼化する恐れのある海外での戦闘は、できる限り避け
たいとの気持ちがあったと考えられる。これに対して島津氏側は、琉球の防
備が手薄であることを知っており、また対馬・朝鮮関係に先を越される形に
なったことに焦りを感じていたのであろう。1609年3月、島津氏は3000の兵
を送って琉球を制圧し、国王尚寧や三司官以下の重臣を捕虜として鹿児島
に連行した。右の家康の慎重な姿勢が、平和主義から出たものではな
かったことは、琉球平定の知らせをうけて7月7日付で島津家久に与えた黒
印状の「琉球について、早速平定したとの由注進があった。手柄の段感じ
入った。即ち彼の国(琉球)を与えるので支配するように」という文面にあらわ
れている。(江戸の秀忠は7月5日付で黒印状を出しているが、琉球の支配
に関する文言はない。)幕府・家康としては、軍事的成功は賞賛すべきもの
であった。10年8月、尚寧ら一行は家久に伴われ、琉球の「使者」として江
戸で秀忠、駿府で家康に拝謁した。幕府は前もって本多正純から島津氏に
対し、琉球国王の道中の接待は朝鮮使節・勅使並に行うと指示しており、
来日を重視していたことを示している。島津氏の領地の一部であるとともに、
「異国」でもあるという近世琉球の位置づけは、このようにして決まった。

　朝鮮や琉球との関係が回復すると、家康は再び明への働きかけを試み
た。その1つは、中国人商人に福建総督の書状を託す形である。1610
年家康は、日本に来航した南京商人周性如に日本での安全と長崎への回
送を保証した朱印状を発給し、合わせて、福建総督宛の本多正純書状を持
たせた。これは漢文体の書状で、家康の意を奉じて出すことが明記されて

いる。「豊臣秀吉の朝鮮での戰争の時、中華の使者が我が國に來たこと
がありましたが、通譯が意味をねじ曲げ、事の取り扱いが食い違い、情意
が相通じませんでした。以來、戰争になって船の往來が絶えたのは。遺憾
であります」と経緯を釋明した上で、「大明天子の旨を承り、勘合の符を賜
わるならば、必ず我が國の使船を遣わし、來秋の番風を以て、西に航海
することは、疑いありません。符が來たならば、我はただ大使船一隻だけ
を遣わし、信義を明らかにします。(中略)遣使の交わりを修め、勘合の符を
索めんと欲します」。このように、陪臣の立場からとはいえ、非常に丁寧
な、へりくだった文体で明との公式關係を希望することが記されており、「中
華」「天子」などの語が使用されている。しかしこの書への返事はなかった。
もう一つの試みは、琉球を通した明との交渉である。中國に渡った琉球の
使者が口頭でどのように述べたかまでは分からないが、万曆41年5月13日
付の福建等處宣布政使司咨文(『歴代宝案』)は、日本からの歸國を報じ
て進貢・謝恩の使者を送るとした琉球國王尚寧の咨文に對して、琉球からの
使者を國內に入れず、また今後は10年1貢(從來は2年1貢)にするとした朝廷
の意向を伝達する内容である。明には、日本および日本に占領された琉
球に對する警戒感があり、幕府が期待した、琉球の交渉を介して中國との
公的な貿易關係を樹立する余地はなかった。

3. ヨーロッパ勢力・東南アジア諸国と朱印船貿易

　豊臣秀吉は、九州平定と同時にキリスト教禁止と宣教師追放を命じたと
はいえ、同時にポルトガル船の貿易は從來通りとし、國內で布教活動をし
ない商賣のためなら　「きりしたん國」よりの往來は自由だとしていた(天正15
年6月19日豊臣秀吉朱印狀)。外交關係としては服屬の原則を強調した
が、貿易自体は歡迎していた。

　德川家康は、17世紀になって新たに來航したスペイン・オランダ・イギリ
ス各國の勢力に日本での貿易を許可し、朱印船制度によって統制をかけな
がら日本人の海外渡航を認めた。それだけではなく、家康は安南・柬埔
寨・暹羅といった東南アジア諸國に對して每年のように書翰を出しており、使
者が來ればそのつど對應していた。また多くの場合、相手の希望に應じて
武器を贈ることも行っていた。ここには、對外關係を自分の手で掌握する
意思があらわれているとともに、たんに貿易ルートを增やすことにとどまら
ず、かつて秀吉が述べた 「三韓・琉球・遠邦・異域が款塞來享している」
(1591年のフィリピン諸島長官宛秀吉書翰)という狀況、すなわち海外から多
數の國が日本に來る狀態を實現しようとした姿勢を見ることができる。もとも
と秀吉の 「武威」は、明の征服とその他の國々の服屬を目指していた。明
の征服という目標が存在しなくなった段階で、家康は、政權(日本)の權威を
示すには違う方法が必要だと考えたのであろう。そして当時の日本の銀や
武器に對する需要は、それを可能にしていた。
　17世紀に入って日本に來航したオランダに對しては、カトリックと敵對して
いる國の商人であることから、さらにこれを優遇した。1609年7月25日付の
ちゃくすくるうんべいけ(ヤコブ・ホルーネウェーヘン)宛德川家康朱印狀
は、オランダ船が日本のどこに着岸しても問題ないことを保證しているが、
4年後の1613年8月28日付で出されたイギリス宛朱印狀がオランダ人と同樣
の保證內容だったとすれば、次のような內容を含んでいたことになる。1)
日本貿易での免稅、2)家康が用いる商品はその都度目錄により求めるこ
と。3)日本の內ではどの港に着岸してもよいこと。4)江戶に屋敷を遣わすこ
と。家を建て、居住し、商賣をしてよいこと。5歸國の時期は隨意であるこ
と。6)日本國內で病死などした場合、荷物を沒收したりしないこと。7)荷物
を强制的に賣らせたりしないこと。8)犯罪者は商館長が處罰すること。
　異國渡海朱印狀については、確認されている最古の例は幕府を開く前

の1602年のもので、ここにも對外關係の掌握によって政權を固めて行こう
とする姿勢があらわれている。異國渡海朱印狀の發行を獨占することは、
海賊／非海賊認定の權限を獨占することであり、それは家康が國内の秩
序を維持する立場にあることも意味した。朱印船貿易では、日本人の海外
渡航が禁止される1635年までの間に、少なくとものべ360隻ほどの朱印船
が海外に出たとされているが、船の警固や東南アジア方面での傭兵需要
から、牢人對策としてもこれは有效であった。なお、朝鮮や琉球の使節が
來日した折には、家康は自分より先に將軍秀忠に拜謁に行わせるなど將軍
の對面を重視しているが、外國勢力への貿易許可や異國渡海朱印狀發行
など、對外關係の實質的な權限はずっと家康が握っていた。

　このように、家康はヨーロッパや東南アジアの諸勢力との貿易關係樹立
を積極的に進めることで、秀吉がなし得なかった 「三韓・琉球・遠邦・異域
が款塞來享している」という狀況を國内に示すことに成功した。朝鮮や琉球
との關係回復とあわせ、その先の目標は明と公的な關係を持つことであっ
た。もしそれが實現すれば、貿易統制の面だけでなく、秀吉が投げ出した
講和問題に決着を付け、自分が秀吉を超える存在であることを示す意味で
もその価値は大きいと家康は考えたであろう。しかし東南アジア諸國からの
使者に自ら對応したり、明との公的關係模索が行われたりしたのは家康の
在世中までで、秀忠・家光の代になると日本側からの積極的な働きかけは
行われなくなった。

Ⅲ. 秀忠政権と対外関係

　1616年8月8日、幕府は酒井忠世・本多正純・酒井忠勝・土井利勝・安藤
重信連名の奉書により諸大名にキリスト教禁止の徹底を命じた。同じ文書の

後半で、「黑船・いきりす船」はキリスト教であることを理由に、領分に着岸した場合には長崎・平戸へ送り、貿易を行わないように指示した。この 「黑船・いきりす船」は、この後實際にとられた措置を見ると、ヨーロッパ諸國の船全般を指すことが分かる。この時、中國船はどこに着岸しても貿易自由であるとした。なお中國船については、16年6月に鹿兒島藩主島津家久は「今日本には一將軍(德川秀忠)がおり、東西に号令を發し、南北に命令を出しており、日本中皆それになびいている。長崎に一官を置き、異國の商船を招き、そこを來泊の場所にしている」として、領內來航の中國船を長崎へ行かせるよう指示を出している。しかし家久は同じ文書の後段で「一將軍の素心は、旧來の決まりを過たず・忘れず、みな旧來の決まりに由る(不愆不忘、率由旧章)とのことなので、長崎に商船を集める命令が出たといっても、後のことはまだ分からない。」(『異國日記』)と最終的な幕府の方針は未確定であると述べていた。結局8月令では、中國船については旧來の慣行が優先したことになる。中國船の長崎集中が實施されるのは19年後の1635年であった。

　個別の國を對象とした法令は、同年から翌年にかけて出されている。先ずイギリスに對しては、8月20日に先の1613年の朱印狀にならって5か條の秀忠朱印狀が出された。ここで貿易は平戸に限ることが明示され、他の場所での貿易は禁止された。これにともない、江戸屋敷に關する條文も消えている。ただし、それ以外の規定は前朱印狀を引き継いでいる。難風に遭った際の日本各地への入港は、同日付の交趾船に對する朱印狀でも認められている。オランダに對しては、1617年8月16日付けで秀忠の朱印狀、同23日付けで平戸藩主松浦隆信に宛てた本多正純・板倉勝重・安藤重信・土井利勝連名の奉書が出された。前者は難風に遭った際の日本各地への入港保証、後者は從來通り平戸でオランダ人が貿易できるよう命じた文書である。なお京都商人が平戸に下って相對商賣を行う可能性につい

て觸れており、京都所司代の板倉が連署者に加わっているのはそのためである。オランダもイギリスも、從來から平戸を貿易の據点にしていたとはいえ、これを幕府の政策轉換と受け取った。このような變化の背景としては、朱印船貿易家やその關係者が、家康沒後の機會をとらえて自分たちの貿易活動を有利にすべく、オランダ・イギリスの日本國內での活動に制約を加えようとした可能性が指摘されており、オランダ・イギリスの側でも当時そのように受け止めていた[永積90]。

　しかしそうした動きが實際にあったとしても、より本質的には、秀忠やその周囲が國內政策を重視したと考えられる。すでに前年、大坂城の豊臣氏を滅ぼした幕府は、「武家諸法度」と　「禁中幷公家諸法度」を定め、大名や朝廷を含み込んだ國家(「公儀」權力)の形を、法によって示していた。しかしこれらの法度や、大坂の陣における大名の動員と統制は、家康の存在抜きには考えられないものであった。誰もが認める軍事的・政治的實績をもっていた家康と違い、秀忠や後の家光は、先ず國內の諸大名に對して將軍と幕府の力を示す必要があった。後から見れば、德川氏の政權は家康沒後さしたる問題もなく引き継がれていったように見えるが、秀忠やその周囲は危機感を持って臨んでいたあろう。右のイギリスや交趾に對する文書は家康沒後4ヶ月ほどで出されていることから、キリスト教禁止と對外關係の統制を強める方向は、家康在世中からすでに　「家康後」を想定した政策の一環として練られていたと考えられる。實際この前後から、秀忠の弟である越後高田藩主松平忠輝の改易(16年7月)、およびそれに伴う譜代大名の大規模な移動、1617年の秀忠上洛と諸大名動員、諸大名・公家衆への領知判物・朱印狀發給(同5月・9月)、伏見城におけるポルトガル人・イギリス人・朝鮮使節の謁見(同8月)など、實質的な代替わりを機に幕府の力を示す政策が連續して實行されている。この後の福島正則の改易(19年)・大坂城の大規模な作り直し(20年～)・本多正純の失脚(22年)などもあげることが

できる。しかも幕府は單に力を見せつけるのではなく、松平忠輝や福島正
則の改易に際して、法や「公儀」の立場を根據に、秩序を亂す存在を排除
することが將軍・幕府の役割であることを示そうとしていた。つまり、軍事力
を實質的裏づけとしながら、個人の軍事的・政治的力量にもとづいて大名
たちを結集させる、主君と家臣の個人的結びつきに強く依存した狀態を脫し
て、將軍や幕府そのものが權威であり秩序である体制への轉換がめざさ
れていた。そして秀忠政權は、將軍を頂点とする身分秩序の整備という課
題に、誠實に取り組んだ。家康の時代、外國の使者や商人に會うか否か
は家康自身の判斷によっていたが、秀忠の時期になると、その使者が一
國を代表する資格を持つか否か、つまり將軍が會うにふさわしいか否かが
重視されるようになる。

　1620年代の東アジアでは、秩序が安定化に向かっていた日本國内とは
對照的に、2つの大きな抗爭が展開していた。東アジアの海上では、スペ
イン・ポルトガルとオランダ・イギリスの對立抗爭が激しくなっていた。幕府は
1621年にオランダに對して5か條の命令(1)日本人の海外輸出禁止、2)武器
輸出禁止、3)日本近海での海賊行爲禁止、4)日本における貿易は家康時
代の先規を変更しないこと、5)オランダ・イギリスに拿捕された平山常陳船に
宣教師が潛伏していた事件の究明)を出した。この命令は、日本の近海で
外國人の不法な暴力行爲を禁止し、將軍の權威・威信を守ろうとしたもので
あった。もう1つは、明と女眞人の對抗を軸とした大陸の變動であった。1619
年、ヌルハチの率いる後金軍は、撫順東方で明・朝鮮連合軍を大いに擊
破した(サルフの戰い)。ついで21年には遼陽と瀋陽を征服し、遼陽を都とし
た(25年瀋陽に遷都)。後金は遼東を制壓して明と朝鮮の間を押さえ、また
27年には朝鮮に攻め込んで兄弟の盟約を結ばせた。こうした情勢について
の情報は、朝鮮・對馬を通したルートと中國商船によって隨時もたらされて
いた。たとえば、27年1月の後金軍朝鮮侵攻については、翌月の内に對

馬藩に伝わっていた。幕府は28年歸國する藩主宗義成に對し、別途指示
があるまで國元に滯在して「韃靼」(女眞)の動きについて報じるよう命じた。翌
29年、宗義成は 「日本國王使」を朝鮮に送り、交渉の末漢城への上京を
認められた使者は、歸國後見聞した状況を報告した。幕府年寄酒井忠勝の
書状(29年8月)によれば、義成の速報には 「現在北狄(女眞人)と朝鮮は和
睦し全く靜謐」との報告があった模様である。少なくとも幕府は、日本自体
に危險があるか、防備や動員が必要になるかどうかについて情報を把握し
ていたと考えられる。

　しかし同時に、先に見た 「みな旧來の決まりに由る」も、秀忠政権のもう
ひとつの原則であった。中國船の取り扱いや21年のオランダへの命令(4)
に見るように、後の「鎖國」のように諸外國との關係を大きく変えるところまで
は考えず、將軍・幕府の權威を確立し、またキリスト教禁止を軸に一定統制
を強めつつも、從來から繼續している關係は維持するつもりであったろう。
たとえば幕府は、日本との通交および貿易再開交渉のためにマニラのス
ペイン總督が派遣した使節が來た際、外交使節としての儀礼(聘礼)を行わ
ないと回答した(1624年のスペインとの「斷交」とされる事件)。幕府側では、
かつて家康がスペインの違約(布教活動)を咎めて關係を止めたにもかかわら
ず、再開を求めてきたのは、「彼の國の僞謀か」と疑ったからであった。し
かしこの時も、幕府は私的な商船の來航は禁止しておらず、商船の來航が
止められたのは、翌25年に長崎へ來た船が、以前日本で國外追放の處
分を受けた者を乗せていたからであった[清水09]。幕府から見れば、スペ
インとの「斷交」や商船來航拒否は、あらかじめ幕府が示していた原則(修
道士やキリスト教關係の道具・書籍などを持ち込むことや、國外追放された
者を乗せて來ること)にスペイン側が違反した結果に他ならないであろう。な
お、マカオから來るポルトガル船はこれらの点について愼重であり、同様
の問題は起こらなかった。秀忠末年の1631年から始まる奉書船制度も、將

軍權威の象徵とも言える朱印狀の海外での毀損を防ぎつつ、日本船の海外渡航は維持しようとする工夫であった。

　秀忠政權の對外關係への姿勢について、さらにいくつか見てみることにしたい。明との公的關係について、家康死後日本側からの積極的な働きかけがなくなったことを述べたが、將軍の權威に抵触する明への朝貢を前提とするような關係は、秀忠政權では最初から考慮されなかったということであろう。また、秀忠の時期以降、東南アジア諸國宛の書翰や來航者との會見は、家康の時代と比較して極端に少なくなっている。その特徵は、1)國王など國の主權者と見なしうる相手には自らの書翰を出すが、それ以外の場合は老中(年寄)や長崎奉行などから返事をさせる、2)國を代表する使節と見なしうる場合以外、將軍が直接會うことはしない、という点である。國内の秩序化をすすめる中で、外國勢力に對しても例外があってはならないと意識された結果であろう。たとえば、明の浙直地方總兵官王某が海賊の禁壓を求めて來た際(1621年)、幕府內で問題になったのは、專ら文書が無禮であり信用するに足りないという点であった。この來書は咨文形式で、明の地方官と琉球國王との間でやり取りする咨文を參考に作成されたと考えられるが、幕府內では十分理解されなかったのであろう。幕府が使者に与えた回答(諭單)は、「大明と日本との通信は近年朝鮮・對馬を通して行っている。今これによらず取り次ぐことは出來ないので、朝鮮を通して求めるところを述べるように」と述べていたが、これは五島・平戶に來る明人が「明と日本の和睦のこと」などと言ってきた場合に取り合わないで濟ませた事例を寺澤廣高から聞いてそのまま利用したもので(『異國日記』)、朝鮮経由での明との關係を實際に模索していたわけではない。なお、24年福建總督に返書した際には、やはり海賊禁止を求める來書(今伝わらないが書狀形式だったと考えられる)に對して、幕府は長崎代官末次平藏(政直)から書狀形式で返書を送り、それは日本人ではない旨回答している。またオランダに

關して、1627年バタフィア總督の特使としてピーテル・ヌイツ來日した際、幕府は使者の資格について執拗な追及を行った末、秀忠への謁見を許可しなかった。實情としては、日本の事情に疎いヌイツに無礼の言動が見られたからだとされるが、形の上では、彼がオランダ本國の政府ではなく東インド總督によって任命されたことが、待遇を分けることになった。このように、使者がもたらす文書の文言、使者の姿勢・資格といった要素がきわめて重視されるようになった。

　1620年代には、海外で日本人(朱印船貿易家)と外國勢力の間にくりかえし衝突が起こった。1628年にはタイのメナム川河口で長崎年寄高木作右衛門の朱印船を、マニラを本據とするスペイン船が擊沈し乗組員を拘束した。それへの報復として、同年幕府は長崎のポルトガル船を抑留した。この問題は、30年にマカオから特使ドン・ゴンサロ・シルベイラが長崎に來たことで解決し、同年ポルトガル船の拘留は解除された。同じ28年には、長崎代官末次平藏の朱印船(船長浜田弥兵衛)とオランダのタイオワン(台湾)長官ピーテル・ヌイツが台湾で衝突した。その前段階として、すでに台湾における兩者の衝突は懸念されており、バタフィアの東インド總督は、釋明と台湾宛朱印狀一時停止要望のため特使としてヌイツを27年派遣した。しかし幕府は、江戸に到着したヌイツの資格をめぐり議論の末、將軍への謁見も(当然要求を行う機會も)實現しなかった。このことに對する報復的措置として台湾での事件がおこり、それに對抗して幕府は平戸商館での貿易を停止した。東インド總督は再度特使ヤンセンを派遣し、日本側の意向に即して当事者(ヌイツ)を處罰する策をとったので、33年から平戸商館での貿易は再開を許可された。これらポルトガル・オランダに對する貿易停止措置は、いずれも特使の來日で解決が図られており、家康以來の「御礼の使者」によって「武威」を示す方法が踏襲されていたことが分かる。

Ⅳ. 家光政権と対外関係(1632~1651)

1632年に 「大御所」秀忠が沒して政治の實權が將軍家光に移ると、秀忠政權の初期と同様に、將軍と幕府の權力を示す政策が打ち出された。加藤忠廣や德川忠長の改易(32年)、大規模な上洛(34年)、江戸と江戸城の普請継續など、いずれも秀忠政權の例を踏襲していた。34年の上洛では、琉球からの使節(この時は家光襲職の慶賀使と國王尙豊襲封の謝恩使同時)を迎えて將軍の 「威光」を示した。朝鮮からの使節は、家光が將軍職についた翌年の24年に1度來ており、また對馬藩主宗義成と重臣柳川調興の間で爭論(「柳川一件」)が起こっていたため、爭論解決後の36年になった。

幕府の對外政策は、秀忠が政治の實權を握っていた期間(1616~32)を通して、家康期の來航(國內的には來貢と認識される)重視から、將軍を頂点とする國內秩序に合致すること(少なくとも反しないこと)重視へと轉換していた。家光政權は、この秀忠時代の路線踏襲にとどまらず、1633年から39年にかけて對外關係の統制を強めていった。これがいわゆる「寛永の鎖國令」である。(「第1次鎖國令」~「第5次鎖國令」と呼ばれる場合もあるが、当時「鎖國」の語は未だなく、幕府自身も「鎖國令」とは言っていないので、便宜的な呼称である。)長崎奉行についても、秀忠は初め家康が任命した長谷川藤廣や同藤正をそのまま用い、その後水野守信や竹中重義など自らが信任する譜代大名を任命したが、家光はこれを改め、旗本の中から選んで上使(將軍の使者)的な性格をもたせて派遣するようにした。さらに34年には、元奉行の竹中重義(在職1627~33)を、在職中の不正を理由に改易し、さらに切腹を命じた。

では、家光政權の獨自色とは何だったのか。幕府が鎖國政策を進めた原因として、一般には、キリスト教禁止の強化と幕府による貿易利益の獨占が目指されていたとされるが、幕府が長崎貿易の経営に關わるように

なったのは1679年の長崎會所設置以後で、1610〜30年代當時、そうした組織や機構は存在しなかった。したがって、「貿易利益の獨占」云々は必ずしも正しくない。幕閣の中には貿易に投資して利益を得ている者もいたが、そうした個別の利害を排して貿易統制は進められたのである。そこで「寛永の鎖國令」のうち、「寛永12年令」と「寛永16年令」の内容について確認しておきたい。

　「寛永12年令」と呼ばれているのは、1635年5月20日頃(文書に月日無し)、長崎に赴任する奉行榊原職直(さかきばらもとなお)と仙石久隆(せんごくひさたか)に對して出された17か條の年寄連署下知狀である(『徳川禁令考』)。同文書は、將軍家光の意向をうけた年寄(後の老中)が長崎奉行に對して現地での取り扱い方針を示したもので、第1〜3條で日本人の海外渡航と海外からの歸國禁止を、4・5・7・8條でキリスト教の取り締まりを、第9〜16條で長崎での貿易における禁止事項や注意事項について規定している。なお第17條には「平戸え着候船も長崎の糸の直段の如くたるべく」とあり、前年の同種文書との比較により、中國船の薩摩での貿易が無くなり、長崎と平戸に集中させられたことが分かる。この文書では、日本人の海外渡航・歸國禁止とキリスト教の取り締まりが並んで記載されており、前者の目的がキリスト教禁止の徹底であったことを示している。なおポルトガル船の來航禁止については何も言っておらず、現に長崎ではポルトガル人の居留地とするため町人の出資により出島が築造中であり、この時には幕府もポルトガル船との貿易を繼續するつもりであったと考えることができる。

　ついで「寛永16年令」とは、39年7月5日に出された次の4つの文書を指す。1)ポルトガル船に對して申し渡すべき内容を記載した「條々」、2)同日付で諸大名に領分沿岸の警戒を命じた「覺」、3)中國船に伝える「覺」、4)オランダ船に伝える「覺」。文書の形式はやはり、將軍の命令を老中が取り次いで關係者に示す下知狀形式である。この日、長崎へ將軍上使とし

て派遣される若年寄太田資宗(おおたすけむね)は、將軍家光の前に召し出されて1)の「條々」および3)・4)の中國船やオランダ船に示す「覺」を渡され、これらの文書を長崎奉行に伝達するため長崎に赴いた。とくに將軍の意思であることを強調する手續きをとったものであろう。また幕府は同日、諸大名を江戸城に登城させ、2)の「覺」を示してこの來航禁止措置を諸大名に告げ、海岸防備・異國船接近時の取り扱い方法を指示した。1)のポルトガル船に對する日本來航禁止の表明では、理由としてi)日本國でキリスト教が禁止されていることを知りながら布教の爲の人間を現在まで密かに渡らせていること。ii)キリシタンが徒党を組んで一揆(島原・天草一揆)を起こしたので誅罰したこと、iii)潜伏しているキリシタンへ物質的な補助を行っていることの3点を上げている。

「寛永12年令」と「寛永16年令」の間には、1637年から38年にかけての島原・天草一揆があり、「キリシタンの脅威」が現實のものと意識される一方で、中國船の長崎集中やオランダ船の貿易實績など、ポルトガル船貿易と日本人の海外渡航無しでも國内で需要の高い貿易品を確保できる見通しが立ちつつあった。それらの條件を勘案して、幕府は最終的にポルトガル船の來航禁止を決定したのである。

このように統制の強化がはかられた理由としては、第1に、家光自身とその周囲が、キリスト教に對して神経をとがらせ、その流入防止を徹底しようと考えたためである。スペイン船の日本來航が停止され、監視の嚴しいポルトガル船がそのような行爲を自肅するなかで、キリスト教關係者の日本潜入は、海外へ往復する朱印船(奉書船)と日本に來航する中國船が中心になっていた。そこで日本船・日本人が海外に出ることと海外から戻ることを禁止するとともに、長崎に中國船を集中させ、長崎をキリスト教取り締まりや大名の動員を含む西國での對外關係統制の核にしようとする構想ができあがった。家光が長崎奉行に將軍の代理人的な性格を持たせたこともその表

れである。もっとも、ポルトガル船の來航禁止は最初の構想にはなく、島原・天草一揆によって付加されたものである。この時期長崎やその周辺でポルトガル船が關与したキリシタンの摘發事例があったわけではない。しかし島原・天草一揆が幕府や諸大名に与えた衝撃は、そうした具体的な事例を拔きにしてポルトガル船の來航禁止を決定し、納得させるのに十分であった。

　第2には、將軍家光の個性がある。家光はしばしば「しん(神)」家康の姿を夢に見てそれを肖像畫に描かせており、また自分は家康の生まれ変わりであるとか、自分は家康の特別な加護を受けていると信じていた。あるいは、そうであるに違いないと信じようとしていた、と言うべきかも知れない[高木03]。家光は1641年7月5日付若狹小浜藩主酒井忠勝に對する書狀で、「この天下は、權現樣(家康)が御骨を折られ武力で御治めになり、台德院殿(秀忠)が仁義によってその後を繼がれ、代々治まってきた。このような天下は中國にも日本にも稀なことである。その後を不肖の身で繼いだことは、恐ろしいほどの幸運で、何としても天下が引き續き治まるよう朝夕いろいろ考えているが、とくに近年は病氣がちになり、天下の政事も十分に勤め兼ねている狀態で、兩御所(家康・秀忠)の恩惠も、これではどうなることだろうと思う。そのことは昨日もそなたに詳しく語った」と語っている(小浜酒井家文書)。1641年といえば、福岡・福江・大村の各藩主に当年の參勤を免じ、在國してポルトガル船來航に備えさせ(2月)、オランダに對して商館の長崎移轉を命じる(4月)など、ポルトガル船來航禁止後の政策が打ち出されていた時期であるが、その背後には、天下を治めることについてこれだけの不安があった。『オランダ商館長日記』によれば、忠勝は39年4月の時点で「最高の閣僚」であり、ポルトガル船の來航禁止措置に伴い問題となる貿易品の入手(日本船海外渡航の可否)をめぐる幕閣内の議論を、「我々は、他の人々の奉仕を受けることができる限りは、日本が自身の船を國外に渡航させることを必要としない。私は、良い時期にこの件を考えた上、そうする

のに良い機會に陛下(德川家光)に取次ぐつもりである」と結論づけた人物で
ある。幕閣たちは、將軍職に重壓を感じる家光の心境を知った上で、將軍
職や幕府自体の權威を高め、守って行くことが一層重要だと考えたであろ
う。外から見れば、それは將軍權威の絶對性がますます強調されて行く過
程であった。もっとも、幕府の一方的な來航禁止表明で、事態が完結した
わけではなかった。翌40年、貿易再開を求めて長崎にマカオから來航した
ポルトガル船に對し、幕府は乘組員を殺害し船を燒くという強硬手段をとり、
下級の船員のみを助命して歸國させた。ついで47年には、ポルトガルのス
ペインからの獨立を報告し、ああわせて貿易再開を希望するために國王ジョ
アン4世の特使が來航した。この時幕府は、諸大名に命じて大軍を動員
し、長崎湾内にポルトガル船を包囲して軍事力を誇示しつつ、説諭して歸
帆させた。この後ポルトガル船の貿易要求や報復攻撃はなく、これらの對
応は結果として將軍・幕府が國内に「武威」を示す機會となった。

　1641年、幕府はオランダ商館長マクシミリアン・メールに對して、平戸商
館の閉鎖・破却と商館の長崎出島への移轉を命じた。その直接の理由
は、平戸の商館が立派すぎるというものであった。オランダ東インド會社や
平戸の領主松浦氏にとっては、特段の落ち度がない中での理不盡とも言え
る命令であったが、國内の身分秩序体系の中にオランダ人を位置づけて
行くとすれば、平戸のオランダ商館がそれから逸脱した施設であることは事
實であった。また、同年から幕府はオランダに海外情報の提供を義務づけ
た。当初は宣教師の日本潜入に關する情報が對象であったが、徐々に對
象を廣げつつ慣例化していった。こうした幕府の締め付けに對して、42年
東インド總督ファン・デーメンは、長崎での諸制限の緩和を求めて長崎奉
行に手紙を送った。オランダ側は權威を重視する幕府の姿勢をよく認識して
おり、「御奉公」「譜代の御被官」などの用語を用いて恭順の態度を見せつ
つ、貿易條件の改善を實現しようとした。しかし幕府から見た場合、オラン

ダ人もキリスト教徒であり、その貿易は家康の朱印状と代々の將軍の特別な恩寵により許されるものであった。長崎奉行はこの文書の受け取りに難色を示し、結局正式に提出されることはなかった。ついで43年には、東インド會社の北方探檢船ブレスケンス号が南部藩領山田浦に入港し、上陸中のスハープ船長ら10人が捕縛されるという事件が發生した。日本に來るオランダの貿易船は、避難のためであればどこの港に入港しても良いとされていたが、この船は貿易船ではなく、日本人と意思疎通を圖るための準備も不十分だった。一行は陸路江戸に送られたが、彼らが一貫して從順な態度を取ったことと、商館長エルセラックの説明と態度が適切であったため、大事には至らなかった。しかしこの事件の處理にあたり、幕府はオランダに對して特使の派遣を希望した[ヘスリンク98]。またこれとは別に、幕府は47年に來たポルトガル使節にオランダ管理下のバタフィアで補給があったことを問題視し、オランダ人に對してこの年の拝禮・参府を停止する締め付けを行った。52年に幕府はこの件は解決濟みとしたが、この　「寛大な」處置に關して、やはり特使の派遣希望をにおわせていた[松方07]。このように幕府はオランダに對しても機會をとらえて「御礼の使者」を要求し、幕府の「武威」を示そうとした。

　1644年、中國では李自政の亂によって明が滅亡し、その後には女眞人の國家である淸が入った。翌45年から46年にかけて、福州の南明政權(明の殘存勢力が淸に對抗して建てた政權)から日本への援軍要請がもたらされた。幕府は、中國船の船頭等がもたらす情報と合わせて情勢を分析した結果、「今回加勢を派遣すべきかと數日御評議の上、派遣しないことに大形決まった。但し豊後府内城主日根野織部正(ひねのおりべのしょう)に内藤庄兵衛を差し添え、上使として長崎へ遣わし、黄徴明の使者に對面し、上意の旨を申渡し、使者を歸國させる。但しなお使者が言うことがあれば、よく聞いて、江戸に歸って言上せよ。」(『華夷変態』)と決定した。海外への派

兵を前向きに檢討したわけではないが、最初から全くゼロ回答のつもりでも
なく、なお情勢を見ながら對應できるよう愼重を期そうとしたのである。37年
の 「マニラ遠征計畵」(實体としてはオランダ人に對する、マニラ攻擊の可
否についての私的な打診)などにも見られたように、当時國內の一部には出
兵を期待する雰囲氣があり、家光や幕閣としても、そのような動向には注意
をはらう必要があった。しかしこの後福州陷落の知らせが到着すると上使派
遣は中止となり、長崎奉行から使者に援兵拒否を伝えるにとどまった。

Ⅴ. おわりに－「武威」と 「華夷秩序」

　近世統一政權の成立期、「武威」は國內の平和實現と海外への擴大
と、2つの面を持っていた。織田信長や豊臣秀吉は、國內の統一が見えて
きた段階から海外への出兵を掲げた。言うならば、武力による國內統一を
背景に、東アジアの中で自らの 「武威」を試そうとした。しかし朝鮮半島で
の戰局推移は思わしくなく、秀吉は途中から中華帝國中心体制の中で領土
や貿易の利益を追求するようになった。統一政權の 「武威」がそのままの形
では通用しないのが、海外での現實であった。德川家康は秀吉後半の路
線に修正を加え、基本的に海外に武力を出さない方針を維持しつつ、外國
からの使節を 「御礼の使者」として演出し、海外勢力にも 「武威」が及ぶこ
とを誇示した。家康の後をついだ秀忠政權や家光政權は、この2点を踏襲
しながら、將軍・幕府の權威が貫徹していることを示すため、キリスト教の
禁壓と對外關係の統制を強化していった。

　17世紀前半から中葉にかけての東アジアの情勢は、こうした幕府の政策
が成立する上で有利に作用した。ポルトガルもスペインも、來航を禁止した
日本に對する報復攻擊は行わなかった。貿易が再開される可能性が無けれ

ば、そのような報復には何の利益もなかったからである。オランダは日本貿易繼續を最優先にして、日本國内において幕府が設定する統制を受け入れた。鄭氏を初めとする清への抵抗勢力は、資金源として日本貿易を積極的にすすめた。清は琉球に弁髪を強制せず、琉球や朝鮮を通して日本に國家間の關係を求めることもなかった。幕府の對外政策を阻害しようとする海外勢力は存在しなかったのである。もちろん、國内の島津氏や松浦氏が、貿易船の取り上げに表立って異を唱えることはできなかった。こうして、少なくとも日本の沿岸から内側では、大名も、外國人も、將軍・幕府の威光に伏しているように見える狀態ができあがった。

【參考文獻】

朝尾直弘(Naohiro Asao)「16世紀後半の日本－統合された社會へ」(『岩波講座日本通史一近世1』1993、岩波書店)

朝尾直弘『朝尾直弘著作集三 將軍權力の創出』(2004、岩波書店)04A

朝尾直弘『朝尾直弘著作集四 豊臣・德川の政治權力』(2004、岩波書店)04B

朝尾直弘『朝尾直弘著作集五 鎖國』(2004、岩波書店)04C

朝尾直弘『朝尾直弘著作集八 鎖國』(2004、岩波書店)04D

安野眞幸(Masaki Anno)『バテレン追放令 一六世紀の日歐對決』(1999、日本エディタースクール出版部)

池享(Susumu Ike)編『日本の時代史一三 天下統一と朝鮮侵略』(2003、吉川弘文館)

池內敏(Satoshi Ikeuchi)『大君外交と「武威」』(2006、名古屋大學出版會)

加藤榮一(Eiichi Kato)「統一權力形成期における國際的環境」(『講座日本近世史2 鎖國』1981、有斐閣) á加藤81Ａ

加藤榮一「鎖國と幕藩制國家」(『講座日本近世史2 鎖國』1981、有斐閣)á加藤81Ｂ

紙屋敦之(Nobuyuki Kamiya)『大君外交と東アジア』(1997、吉川弘文館)

木崎弘美(Hiromi Kizaki)『長崎貿易と寛永鎖國』(2003、東京堂出版)

清水有子(Yuko Shimizu)「日本・スペイン斷交(1624年)の再檢討－江戸幕府「鎖國」政策の形成過程－」(『歷史學研究』853、2009)

高木昭作(Shosaku Tagkagi)『將軍權力と天皇』(2003、靑木書店)

高瀬弘一郎(Koichiro Takase)『キリシタン時代の貿易と外交』(2002、八木書店)

田代和生(Kazui Tashiro)『書き替えられた國書』(1983、中公新書)

永積洋子(Yoko Nagadumi)『近世初期の外交』(1990、創文社)

中野等(Hitoshi Nakano)『戰爭の日本史16 文祿・慶長の役』(2008、吉川弘文館)

中村質(Tadashi Nakamura)『近世對外交渉史論』(2000、吉川弘文館)

Ｐ.パステルス(Pastells, Pablo)著・松田毅一(Kiichi Matsuda)譯『16-17世紀日本・スペイン交渉史』(1994、大修館書店)

松方冬子(Fuyuko Matsukata)『オランダ風說書と近世日本』(2007、東京大

　　　　學出版會)

水本邦彦(Kunihiko Mizumoto)『全集日本の歴史10　徳川の國家デザイン』
　　　　(2008、小學館)

山口啓二(Keiji Yamaguchi)『鎖國と開國』(1993、岩波書店)

レイニアー・H・ヘスリンク(Reinier H. Hesselink)著・鈴木邦子(Kuniko Suzuki)
　　　　譯『オランダ人捕縛から探る近世史』(1998、山田町教育委員會)

村上直次郎(Naojiro Murakami)譯注　『異國往來書翰集・増訂異國日記抄』
　　　　(1929、駿南社)

ロナルド・トビ(Toby, Ronald P.)著・速水融(Tooru Hayami)・永積洋子・川勝
　　　　平太(Heita Kawakatsu)譯 『近世日本の國家形成と外交』(1990、創
　　　　文社)

ロナルド・トビ『全集日本の歴史9 「鎖國」という外交』(2008、小學館)

엮은이 소개

허남린

캐나다 브리티시 콜럼비아대학(UBC) 아시아학과 교수.
주요저서 및 논문으로는
Prayer and Play in Late Tokugawa Japan(2000), *Death and Social Order in Tokugawa Japan*(2007), "Confucianism and Military Service in Early Seventeenth-Century Chosŏn Korea"(2011)
등이 있다.

조선시대 속의 일본

초판 인쇄 2013년 4월 10일
초판 발행 2013년 4월 15일

엮 은 이 허남린
발 행 인 한정희
발 행 처 경인문화사
등록번호 제10-18호(1973년 11월 8일)
주   소 서울특별시 마포구 마포동 324-3
전   화 718-4831~2
팩   스 703-9711
홈페이지 www.kyunginp.co.kr
이 메 일 kyunginp@chol.com

ISBN 978-89-499-0933-2 93910
값 28,000원